Die Haftungsverwirklichung nach der Insolvenzordnung
als Steuerungsinstrument des Mobiliarkreditsicherungsrechts

Europäische Hochschulschriften
Publications Universitaires Européennes
European University Studies

Reihe II
Rechtswissenschaft

Série II Series II
Droit
Law

Bd./Vol. 4290

PETER LANG
Frankfurt am Main · Berlin · Bern · Bruxelles · New York · Oxford · Wien

Christian Müller

Die Haftungsverwirklichung nach der Insolvenzordnung als Steuerungsinstrument des Mobiliarkreditsicherungsrechts

PETER LANG
Europäischer Verlag der Wissenschaften

Bibliografische Information Der Deutschen Bibliothek
Die Deutsche Bibliothek verzeichnet diese Publikation in der Deutschen Nationalbibliografie; detaillierte bibliografische Daten sind im Internet über <http://dnb.ddb.de> abrufbar.

Zugl.: Hannover, Univ., Diss., 2005

D 89
ISSN 0531-7312
ISBN 3-631-54567-3

www.peterlang.de

Vorwort

Die vorliegende Arbeit wurde im Sommersemester 2005 von der juristischen Fakultät der Universität Hannover als Dissertationsschrift angenommen. Rechtsprechung und Literatur sind im Großen bis Ende 2004, in Einzelfragen bis Mai 2005 berücksichtigt.

Die wenigen Zeilen eines Vorwortes sind wie jetzt, so wohl häufig die letzten Arbeiten an einem Manuskript, welches regelmäßig einen guten Teil der Arbeitskraft eingenommen und dem Verfasser so einiges an Mühen bereitet hat. Doch nicht nur ihm, denn der Doktorand ist mitteilungsbedürftig, wenn er sich seine Erkenntnisse erarbeitet, zweifelnd, ob die gefundenen Ergebnisse auch stichhaltig seien und manchmal wehklagend, wenn ein Bogen sich nicht schließen lassen will. Bisweilen beansprucht er dabei seine Mitmenschen, teils über Gebühr, bei denen er sich wenn schon nicht entschuldigen, so doch wenigstens artig bedanken sollte. So soll es auch hier geschehen.

Danken möchte ich zunächst meinem Doktorvater, Herrn Prof. Dr. Christian Wolf, der mich mitsamt dem gewählten Thema aufgenommen, betreut und in so manchem Gespräch mit Anregungen versorgt, neue Ideen geliefert und von Irrwegen abgehalten hat. Herrn Prof. Dr. Dr. h.c. Hans-Peter Schneider danke ich für die Erstellung des Zweitgutachtens und die lehrreiche Zeit, die ich als sein Dekanatsassistent verbringen durfte.

Zugleich danke ich auch demjenigen, dessen Lehrgebiet ich seit zwei Jahren angehören darf und der sich stets als wertvoller Ratgeber erwiesen hat, Herrn Prof. Dr. Dr. Peter Salje.

Herzlich danken will ich meinen Eltern. Siegfried und Barbara Müller haben mir meine Ausbildung ermöglicht und mich bei der Veröffentlichung dieser Arbeit unterstützt; meiner Mutter ist hoch anzurechnen, daß sie gar einen Teil der Korrekturarbeiten an diesem Manuskript übernommen hat.

Mein inständigster Dank gilt Frau Dipl.-Ing. Kathrin Riefke. Daß diese Arbeit fertiggestellt werden konnte, ist ein Stück weit ganz gewiß auch ihr Verdienst.

Hannover, im Juni 2005, Christian Müller

Inhaltsverzeichnis

4. Teil

5. Teil

Abkürzungsverzeichnis

a. A.	anderer Ansicht
a. a. O.	am angegebenen Ort
a. E.	am Ende
a.M.	andere(r) Meinung
abgedr.	abgedruckt
Abs.	Absatz
AcP	Archiv für civilistische Praxis
AG	Aktiengesellschaft
AktG	Aktiengesetz
Alt.	Alternative
AnfG	Anfechtungsgesetz
AO	Abgabenordnung
Art.	Artikel
Aufl.	Auflage
BAG	Bundesarbeitsgericht
BB	Der Betriebs-Berater
Bd.	Band
Begr.	Begründung
BFH	Bundesfinanzhof
BFHE	Sammlung der Entscheidungen des Bundesfinanzhofs
BFuP	Betriebswirtschaftliche Forschung und Praxis
BGB	Bürgerliches Gesetzbuch
BGBI.	Bundesgesetzblatt
BGH	Bundesgerichtshof
BGHZ	Entscheidungen des Bundesgerichtshofs in Zivilsachen
BMJ	Bundesminister der Justiz
BR-Drs.	Bundesrats-Drucksache

BT-Drs.	Bundestags-Drucksache
BVerfGE	Entscheidungen des Bundesverfassungsgerichts
BVerwG	Bundesverwaltungsgericht
bzw.	beziehungsweise
d. h.	das heißt
DB	Der Betrieb
ders.	derselbe
DGVZ	Deutsche Gerichtsvollzieher-Zeitung
dies.	dieselben
DiskEInsO	Diskussionsentwurf des Bundesministeriums der Justiz zum Gesetz zur Reform des Insolvenzrechts
DJT	Deutscher Juristentag
DRiZ	Deutsche Richter-Zeitung
DStR	Deutsches Steuerrecht
DtZ	Deutsch-Deutsche Rechts-Zeitschrift
DVO	Durchführungsverordnung
DZWiR	Deutsche Zeitschrift für Wirtschaftsrecht
EDV	Elektronische Datenverarbeitung
EGInsO	Einführungsgesetz zur Insolvenzordnung
Einl.	Einleitung
EStG	Einkommenssteuergesetz
etc.	et cetera
EU	Europäische Union
EuInsVO	Europäische Insolvenz-Verordnung
EuZW	Europäische Zeitschrift für Wirtschaftsrecht
EWiR	Entscheidungen zum Wirtschaftsrecht
f., ff.	folgende, fortfolgende
FGG	Gesetz über die Angelegenheiten der freiwilligen Gerichtsbarkeit
FLF	Finanzierung, Leasing, Factoring

Fn.	Fußnote
GenG	Gesetz betreffend die Erwerbs- und Wirtschaftsgenossenschaften
GesO	Gesamtvollstreckungsordnung
GG	Grundgesetz
ggf.	gegebenenfalls
GmbH	Gesellschaft mit beschränkter Haftung
GmbHG	Gesetz betreffend die Gesellschaften mit beschränkter Haftung
GmbHR	GmbH-Rundschau
GVG	Gerichtsverfassungsgesetz
h.M.	herrschende Meinung
Halbbd.	Halbband
Hdb.	Handbuch
HGB	Handelsgesetzbuch
Hrsg.	Herausgeber
IAS	International Accounting Standard
i.d.F.	in der Fassung
i.d.R	in der Regel
IFRS	International Financial Report Standards
i.V.m.	in Verbindung mit
InsOÄndG	Änderungsgesetz zur Insolvenzordnung
InVo	Insolvenz & Vollstreckung
JA	Juristische Arbeitsblätter
JR	Juristische Rundschau
JZ	Juristenzeitung
Kap.	Kapitel
KG	Kommanditgesellschaft
KGaA	Kommanditgesellschaft auf Aktien
KO	Konkursordnung
KTS	Zeitschrift für Konkurs-, Treuhand- und Schiedsgerichtswesen

KuT	Zeitschrift für Konkurs- und Treuhandwesen
LG	Landgericht
m. w.	mit weiterer/n
m. w. N.	mit weiteren Nachweisen
MDR	Monatszeitschrift für Deutsches Recht
n.F.	neue Fassung
NJW	Neue Juristische Wochenschrift
NJW-RR	NJW Rechtsprechungs-Report
Nr.	Nummer
NWB	Neue Wirtschafts-Briefe für Steuer und Wirtschaftsrecht
NZI	Neue Zeitschrift für das Recht der Insolvenz und Sanierung
OHG	Offene Handelsgesellschaft
OLG	Oberlandesgericht
Rdnr.	Randnummer
RefE	Referentenentwurf
RefEInsO	Referentenentwurf des Bundesministeriums der Justiz zum Gesetz zur Reform des Insolvenzrechts
RegE	Regierungsentwurf
RegEInsO	Gesetzentwurf der Bundesregierung, Entwurf einer Insolvenzordnung
RGZ	Entscheidungen des Reichsgerichts in Zivilsachen
Rpfleger	Der Rechtspfleger
RpflG	Rechtspflegergesetz
s.	siehe
S.	Seite
s. o.	siehe oben
sogen.	sogenannte
str.	strittig
u. a.	unter anderem, und andere
u. U.	unter Umständen

UR	Umsatzsteuer-Rundschau
UStG	Umsatzsteuergesetz
v.	von
Verf.	Verfasser
VersR	Versicherungsrecht
vgl.	vergleiche
VglO	Vergleichsordnung
Vorbem.	Vorbemerkung
WM	Wertpapiermitteilungen
WuM	Wohnungswirtschaft und Mietrecht
z.B.	zum Beispiel
ZEuP	Zeitschrift für Europäisches Privatrecht
ZfB	Zeitschrift für Betriebswirtschaft
ZGR	Zeitschrift für Unternehmens- und Gesellschaftsrecht
ZHR	Zeitschrift für das gesamte Handels- und Wirtschaftsrecht
Ziff.	Ziffer(n)
ZIP	Zeitschrift für Wirtschaftsrecht
ZInsO	Zeitschrift für das gesamte Insolvenzrecht
ZPO	Zivilprozessordnung
ZRP	Zeitschrift für Rechtspolitik
ZVG	Gesetz über die Zwangsversteigerung und die Zwangsvollstreckung
ZZP	Zeitschrift für Zivilprozeß

Einleitung

„Die Quelle aller Konkurse ist der Kredit."

- Leopold Levy, Konkursrecht, S. 1 -

„Jeder Eingriff in das feine Gefüge des Meisterwerks, das die Reichskonkursordnung unstreitig darstellt, muß mit äußerster Sorgfalt erwogen werden. Zu verpfuschen ist sehr leicht, zu verbessern aber schwer."

- Ernst Jaeger, Protokolle des I. internationalen Kongresses für Gläubigerschutz, Wien 1930 -

I.

Die Bedeutung der Insolvenzordnung durch die Vernetzung mit dem gesamten Bürgerlichen Recht, dem Arbeits-, Sozial- und Steuerrecht und in zunehmendem Maße auch internationaler Rechtsmaterie ist nicht hoch genug einzuschätzen.[1] Die vielfältigen Einflußnahmen auf das doch selbstständige Rechtsgebiet, dessen Zweck letztlich eine amtliche Abwicklung in staatlich vorgegebener Ordnung bei Versagen privatautonomer Regelkreise ist,[2] führt dazu, daß die Reformationsmaschinerie des Gesetzgebers nicht zur Ruhe kommt. Nach dem großen Erneuerungsschritt, der die „Perle der Reichsjustizgesetze"[3], die Reichskonkursordnung von 1877, in die heutige Insolvenzordnung vom 05.10.1994[4] überführt hat, ist schon bald das Insolvenzrechtsänderungsgesetz vom 26.10.2001[5] erforderlich geworden. Der europäische Gesetzgeber hat danach mit der Verordnung (EG) über Insolvenzverfahren[6] die grenzüberschreitenden Insolvenzen besser handhabbar zu machen versucht,[7] was wiederum Reformbedarf mit sich brachte.[8]

---

[1] Häsemeyer, Einführung S. 1; Vallender, 5 Jahre Insolvenzordnung, NZI 2004, S. 17, *S. 17f.*

[2] Pick, Die neue Insolvenzordnung – Ein Überblick, NJW 1995, S. 992, *S. 992.*

[3] Jaeger, KO 1904, Einl. S. XII; zum Begriff Pape, Die Insolvenzordnung ist in Kraft getreten, NJW 1999, S. 29; Uhlenbruck, Das neue Insolvenzrecht, S. 17.

[4] BGBl. I 1994, S. 2866ff.

[5] BGBl I 2001, S. 2710ff.

[6] Verordnung (EG) Nr. 1346/2000 des Rates vom 29.05.2000.

[7] Huber, Die Europäische Insolvenzverordnung, EuZW 2002, S. 490, *S. 490f.*

[8] Vgl. Gesetz zur Neuregelung internationalen Insolvenzrechts, BGBl. I 2003, S. 345ff.

Und schon gibt es weitere umfassende Überlegungen des Bundesministeriums der Justiz, wie die „Baustelle Insolvenzordnung“ weiter vorangetrieben werden könnte.[9]

Stein des Anstoßes und entscheidender Grund für die Schaffung der Insolvenzordnung war, daß der Konkursordnung ein ständig fortschreitender Funktionsverlust durch immer häufiger werdende Abweisung der Konkursanträge mangels Masse vorgeworfen wurde,[10] was vor allem durch die Vorabverteilung des Vermögens des Gemeinschuldners durch publizitätslose Mobiliarkreditsicherheiten mitverursacht war.[11]

Insoweit war es nur konsequent, daß die Berichte der Kommission für Insolvenzrecht diesen vermeintlichen Mißstand zu beseitigen suchten.[12] Um dieses Ziel zu erreichen sind zwei unterschiedliche Wege gangbar. Entweder, man gestaltet die Sicherungsrechte bereits an ihrer Wurzel im materiellen Sachenrecht neu aus, indem man, wie im Zuge der Insolvenzrechtsreform mit § 449 Abs. 3 BGB für den Drittvorbehalt geschehen, einem bestimmten Sicherungsmittel die Wirksamkeit versagt oder Entstehungsvoraussetzungen auferlegt. Denn was materiell keine Rechtswirkung erzeugt, vermag auch nicht die Insolvenzmasse aufzuzehren. Scheut man davor, vor allem wegen der Gefahr des Eingriffs in sachenrechtliche Privatrechtsprinzipien,[13] aber auch weil die eigentliche Konfliktsituation der Sicherungsgläubiger sich überhaupt erst im Konkurs manifestiert, bleibt eine insolvenzrechtsspezifische Lösung durch die Ausgestaltung der Haftungsverwirklichung bei Zusammenbruch des Schuldnervermögens. Die Grenze indessen verläuft nicht trennscharf, denn wenn das Insolvenzgesetz die Haftungsverwirklichung ganz ausschließt, wie im Falle der Mobiliarhypothek bei Erlaß der Konkursordnung von 1877, so wird die materiell wirksam zu bestellende Sicherheit unbrauchbar und verschwindet aus der Rechtsanwendung.

Ersterer Weg wurde nur im genannten Einzelfall des § 449 Abs. 3 BGB beschritten und damit nur die Unwirksamkeit eines Sicherungsmittels kodifiziert, dessen Wirksamkeit ohnehin schon bestritten war. Ansonsten meinte die Insolvenzrechtskommission, für eine Neugestaltung des Sachenrechts nicht zuständig zu sein und war bemüht, im Sinne eines insolvenzrechtsspezifischen Ansatzes die Haftungsverwirk-

---

[9] Vgl. dazu Vallender, Reparatur- und Verschönerungsarbeiten auf der „Baustelle Insolvenzordnung“ schreiten voran, NJW 2003, S. 3605-3606; dazu auch Uhlenbruck, Die Insolvenzordnung – ein Jahrhundertgesetz?, NJW 2000, S. 1386f.

[10] Vgl. Pape, Die Insolvenzordnung ist in Kraft getreten, NJW 1999, S. 29, *S. 29*.

[11] Zu Kritik an der mangelnden Publizität vgl. Drobnig, Empfehlen sich gesetzliche Maßnahmen zur Reform der Mobiliarsicherheiten? in: Verhandlungen des 51. Deutschen Juristentages (1976), Band 1: Gutachten, S. F1, *F 56*.

[12] Vgl. Erster Bericht der Kommission für Insolvenzrecht, 1985 und Zweiter Bericht der Kommission für Insolvenzrecht, 1986.

[13] So etwa Staudinger, *Wiegand*, Anh. zu §§ 929-931, Rdnr. 38.

lichung der jeweiligen Sicherungsrechte neu auszugestalten. Diese Tendenz, die Reform der Mobiliarsicherheiten über eine breit angelegte Reform des Insolvenzrechts voranzutreiben, wird weitgehend und auch mit Blick auf die Zukunft grundsätzlich begrüßt.[14]

In diese Richtung verlief denn auch der gesamte Reformprozeß, doch wurde vor erheblichen Einschnitten der Kommissionsvorschläge in vielen kleinen Schritten wieder zurückgewichen, bis schließlich in der Insolvenzordnung bezüglich der Sicherheitenverwertung im Falle Mobiliarkreditsicherungsmittel kaum noch substantiell Reformiertes ersichtlich blieb. Und noch heute wird kritisiert, daß die Insolvenzordnung mit einem Rückschnitt der Aus- und Absonderungsbefugnisse viel zu zaghaft war.[15]

Dabei scheint der Weg über eine Änderung des materiellen Sachenrechts auch unter einem anderen Gesichtspunkt nicht völlig verschlossen zu sein. Denn das Schuldrecht des BGB hat die größte Reform seiner Geschichte mit dem Jahr 2001 gerade hinter sich gebracht.[16] Und die treibende Kraft war die Angleichung im Hinblick auf europarechtliche Vorgaben. Daher steht zu erwarten, daß auch das Sachenrecht des BGB auch und gerade im Zuge der voranschreitenden Europäisierung und der Bedeutungssteigerung länderübergreifender Insolvenzen angeglichen werden muß. Und daß sich eine solche Reform ausschließlich auf das Insolvenzgesetz begrenzen lassen wird, ist zweifelhaft. Die meisten Friktionen dürften im Zuge einer solchen Rechtsangleichung aus nationaler Sicht die Einzigartigkeit der besitzlosen Mobiliarsicherheiten nach deutschem Recht erzeugen, so daß auch dies für eine „große Lösung“ außerhalb der Insolvenzordnung streiten könnte.

Fraglich ist danach, auf welchem Wege sich die notwendigen und notwendig werdenden Reformschritte am effektivsten umsetzen lassen: Genügt die verfahrenstechnische Lösung über das Insolvenzgesetz, oder sind sachlich-rechtliche Änderungen erforderlich.

---

[14] Vgl. Staudinger, *Wiegand*, Anh. zu §§ 929-931 BGB Rdnr. 36; vgl. auch Drobnig, Empfehlen sich gesetzgeberische Maßnahmen zur Reform der Mobiliarsicherheiten? in: Verhandlungen des 51. Deutschen Juristentages (1976) Band 1: Gutachten, S. F 1, *S. F 85f.*

[15] Häsemeyer, Rz. 4.03; vgl. im Übrigen Windel, Die Insolvenzordnung – Reform im Banner von Masseanreicherung, Unternehmenssanierung und Schuldbefreiung, Jura 1999, S. 1ff.; Burger, Zur Leistungsfähigkeit der Insolvenzordnung (InsO), AG 2000, S. 412ff.

[16] Gesetz zur Modernisierung des Schuldrechts, BGBl I 2001, S. 3138ff.

II.

Wie tauglich die Mittel des Insolvenzrechts im Unterschied zu sachenrechtlichen Änderungen sind, um das System des Mobiliarkredites zu beeinflussen, ist bislang weitestgehend unerörtert geblieben.[17] Insbesondere die Berichte der Kommission haben insoweit zwar Kritik heraufbeschworen, jedoch ließ der Wechsel der politischen Prioritäten während des Reformprozesses eine gründliche Analyse nicht zu. Und die Diskussion, die stattgefunden hat, wurde mit viel Polemik geführt.[18] Die geplanten Eingriffe wurden als „gesetzlich erlaubter Griff in fremde Taschen"[19] und „Möglichkeiten der Enteignung von Vorbehaltslieferanten zum Nulltarif" tituliert.[20]

Zudem entzündete sich Kritik jeweils an Einzelfallregelungen, ohne daß je hinterfragt worden wäre, ob es nicht feststehende Grenzen gäbe, in denen sich der Gesetzgeber bei weiteren Reformbemühungen zu bewegen hat.

III.

Die vorliegende Arbeit unternimmt den Versuch, diese Grenzen aufzuzeigen und zu ermitteln, ob sich eine Reform des Mobiliarkreditsicherungsrechts mit den Mitteln eines Insolvenzgesetzes wirksam verwirklichen läßt. Dabei kann es nicht darum gehen, eine bestimmte rechtspolitische Ansicht zu stützen. Statt dessen soll mit dem Blick gelöst vom Einzelfall im Gesamtzusammenhang aufgezeigt werden, wo die abstrakten Grenzen gesetzgeberischer Gestaltungsmöglichkeiten verortet werden können.

Im Hinblick auf eine Effektivitätssteigerung der Insolvenz ist damit auch der Betrachtungswinkel vorgegeben: Von dogmatischem Interesse ist die Insolvenz des Sicherungsgebers wie des Sicherungsnehmers gleichermaßen. Praktisch bedeutsam indessen ist in erster Linie die Insolvenz des Sicherungsgebers. Und auch nur in diesem Fall kommt es wegen der Sicherungsvergabe unter Umständen zur Massearmut des Verfahrens durch Aushöhlung des Gemeinschuldnervermögens und ist nicht, wie im umgekehrten Fall, weiteres Vermögen zur Masse vorhanden, welches

---

[17] Entweder erschöpft sich der Untersuchungsgegenstand allein in rein insolvenzrechtlichen Erwägungen, vgl. etwa Hilgers, Besitzlose Mobiliarsicherheiten im Absonderungsverfahren unter besonderer Berücksichtigung der Verwertungsprobleme – Ein Vergleich des geltenden Konkursrechts mit der im Regierungsentwurf geplanten Insolvenzordnung, Frankfurt a. M., Berlin, Bern, New York, Paris, Wien 1994, oder es wurde nur allgemein das Verhältnis von Verfassungs- und Insolvenzrecht untersucht, vgl. Lepa, Insolvenzordnung und Verfassungsrecht, Berlin 2002.

[18] So Baum, Von der Freiheit des Reformgesetzgebers – Verfassungskonforme Behandlung der Publizitätslosen Mobiliarsicherheiten, KTS 1989, S. 553, *S. 553*.

[19] Serick, Die Insolvenzrechtsreform aus der Sicht der Wissenschaft, Betriebs-Berater 1985, S. 2202, *S. 2204*.

[20] Serick, Mobiliarsicherheiten im Diskussionsentwurf zur Reform des Insolvenzrechts – Möglichkeiten der Enteignung von Vorbehaltslieferanten zum Nulltarif, ZIP 1989, S. 409, *S. 411*.

es zu verteilen gilt. Mit wenigen Ausnahmen, die ausschließlich einer dogmatischen Zielfindung dienen sollen, ist die Untersuchung daher auf die Fälle der Insolvenz des Sicherungsgebers zu beschränken.

Insolvenzrechtliche Untersuchungen sind in besonderem Umfang gehalten, die Geschichte des Insolvenzrechtes zu berücksichtigen.[21] Aus diesem Grunde soll in einem ersten Abschnitt die hier relevante geschichtliche Entwicklung der Mobiliarkreditsicherheiten und der Insolvenzgesetze aufgezeigt werden. Denn erst im historischen Kontext wird ersichtlich, wie es beispielsweise dazu kommen konnte, daß mit der Reichskonkursordnung zugleich ein Mobiliarkreditsicherungsmittel ohne Publizität völlig verschwunden ist: die ehemals auch in Deutschland verbreitete Mobiliarhypothek. Auch bedürfen Aussagen, wie daß der Gesetzgeber der Konkursordnung den besitzlosen Mobiliarkredit nicht habe erahnen können, [22] eines Fundaments.

Lediglich eine abstrakte Standortbestimmung gesetzgeberischer Möglichkeiten ist wegen deren denkbarer Fülle nur schwerlich leistbar. Anknüpfungspunkte aber gibt es aus dem vergangenen großen Reformprozeß ebenso zur genüge wie Stellungnahmen zur Auswirkung der Insolvenzrechtsreform.[23] Jegliche Einzelmaßnahmen können ebensowenig einer dezidierten Prüfung unterzogen werden, zu breit ist das Spektrum gesetzgeberischen Gestaltungsspielraums. Daher wird im zweiten Teil der Untersuchung der Reformprozeß in dem hier relevanten Themenbereich nachvollzogen und seine spezifisch kreditregelnden Vorschläge dargestellt und untersucht werden – wo erforderlich, sollen auch die ökonomischen Konsequenzen beleuchtet werden. Die Summen der Einzelmaßnahmen sind soweit wie möglich zu abstrahieren und kategorisieren, um generelle Aussagen über die Regelkraft der Insolvenzordnung zuzulassen. Wenn sich ergibt, daß sich Einzelmaßnahmen auf bestimmte immergleiche Eingriffsebenen zurückführen lassen, ermöglicht dies auch Aussagen über die Zulässigkeit bislang noch hypothetischer, weil künftiger Reformbemühungen.

Den Kern der Arbeit bildet der dritte Teil, in dem die Grenzen der gesetzgeberischen Gestaltungsfreiheit untersucht werden. Manches, was einem Reformgedanken entspringt, mag nur zweckwidrig sein, anderes wird sich schlicht als rechtswidrig erweisen. Das Grundgesetz als evidenter Ordnungsfaktor einfachen Rechts gebietet den Schutz des Eigentums und das Recht auf rechtliches Gehör, es verbietet die Zwangsmitgliedschaft in Vereinigungen und eine nicht zu rechtfertigende Ungleichbehandlung von Lebenssachverhalten. Und all diese Bereiche können durch

---

[21] Baur/Stürner, Zwangsvollstreckungsrecht II, Rz. 3.1.

[22] Etwa Häsemeyer, Rz. 4.01.

[23] Vgl. Wellensiek, Ein Jahr Insolvenzordnung – Erste Praxiserfahrungen mit dem neuen Recht, Betriebs-Berater 2000, S. 1ff.; Kirchhof, Zwei Jahre Insolvenzordnung – ein Rückblick, ZInsO 2001, S. 1ff.; Vallender, 5 Jahre Insolvenzordnung, NZI 2004, S. 17f.

eine Regelung des Mobiliarkredites vermittels eines Insolvenzgesetzes beeinträchtigt werden. Es wird sich zeigen, ob die gemachten und denkbaren Vorschläge ebenso wie die Rechtslage *de lege lata* gerade die insolvenzrechtsspezifisch gesteckten Grenzen einhalten.

Mit den Resultaten des dritten Teils sollen die Konsequenzen aus Möglichkeiten und Unmöglichkeiten gesetzgeberischen Gestaltungsspielraums aufgezeigt und etwaig alternative Lösungsmöglichkeiten zur Verwirklichung gesetzgeberischer Ziele benannt werden.

Als Ergebnis der Arbeit soll schließlich auch ausgeworfen werden können, in welche Richtung weitere reformatorische Überlegungen zielen sollten, will man sich auf einen zulässigen und sinnvollen Weg, heran an eine Steuerung des Mobiliarkredites durch die Haftungsverwirklichung in der Insolvenz oder, wo dies nicht möglich ist, auf andere Art, begeben.

Begriffsbestimmungen

In der Untersuchung wird insbesondere von den Auswirkungen gesetzgeberischer Maßnahmen auf die Mobiliarsicherheiten die Rede sein. Daher soll zunächst eine kurze Bestimmung dieses Begriffs erfolgen. Die wörtliche Auslegung des Begriffs Mobiliarsicherheiten oder Mobiliarkredit impliziert, daß es sich dabei um das Recht der Sicherheitenbestellung an Mobilien handelt (nach der Konstruktion des BGB also um Realkreditsicherheiten in Gestalt eines Pfandrechts an beweglichen Sachen).

Terminologisch wird unter Mobiliarkredit aber regelmäßig auch etwa die Sicherungsabtretung gefaßt, obgleich es sich dabei nicht um eine Sicherheitenbestellung an einer beweglichen Sache, sondern an einem Recht handelt.[24] Auch der 51. Deutsche Juristentag, welcher die Reform dieser Rechte zum Schwerpunkt hatte, verstand unter Mobiliarkredit Sicherungsrechte an beweglichen Sachen und Forderungen.[25]

Daß die Begrifflichkeiten aus dem Urtyp der Sachsicherung, dem Faustpfand, den einstigen Rahmen längst verlassen haben, läßt sich auch an anderer Stelle, namentlich schon beim Mobiliarsachenrecht selbst, zeigen:

---

[24] Vgl. Weber, Kreditsicherheiten, S. 299f.; die Kommission für Insolvenzrecht faßt etwa unter den Begriff der Mobiliarsicherheit: „Sicherungseigentum, Eigentumsvorbehalt und Sicherungsabtretung", Legaldefinition aus Leitsatz 1.1.5 Abs. 2 Erster Bericht der Kommission für Insolvenzrecht, S. 95. Kritisch dazu Serick, Bd. 6, § 82, I, 2, S. 818 Fn. 12.

[25] Vgl. Drobnig, Empfehlen sich gesetzliche Maßnahmen zur Reform der Mobiliarsicherheiten? in: Verhandlungen des 51. Deutschen Juristentages (1976), Band 1: Gutachten, S. F 1, *F 14*.

Heute allgemein anerkannt entstehen etwa bei der aufschiebend bedingten Übereignung beim Eigentumsvorbehalt oder bei der Sicherungsübereignung einer Sache bei von vornherein vereinbartem Eigentumsrückfall nach Tilgung des Kredites Anwartschaftsrechte, wenn von dem mehraktigen Entstehungstatbestand eines Rechts schon so viele Erfordernisse erfüllt sind, daß der Veräußerer die Rechtsposition des Erwerbers nicht mehr durch einseitige Erklärung zerstören kann.[26] Es handelt sich dabei zwar um subjektiv beschränkte dingliche Rechte, nicht aber schon um das Vollrecht selbst,[27] auch wenn es nach den Regeln des Vollrechts übertragen, wenn auch nach herrschender Meinung nicht gepfändet wird.[28] Auch das Anwartschaftsrecht kann zur Kreditsicherung übertragen werden, obwohl es sich um ein Recht, nicht aber um das Eigentum an einer Mobilie handelt.[29]

Die Übertragung auch dieses wesensgleichen Minus dem Recht der Mobilien zuzuordnen, ist daher unerläßlich. Von dort ist es nur noch ein kurzer Schritt zur Sicherungsabtretung, denn diese entspricht der Sicherungsübereignung beweglicher Sachen, bis auf die Tatsache, daß Forderungen und sonstige Rechte übertragen werden können.[30] Die Terminologie hat sich damit von der ursprünglichen Sichtweise aus dem Blickwinkel des Sacheigentums längst gelöst. Daher soll auch in dieser Untersuchung von Mobiliarkredit und Mobiliarsicherheiten die Rede sein, wenn Pfandrecht, Eigentumsvorbehalt, Sicherungsübereignung und auch Sicherungsabtretung gemeint sind.[31]

---

[26] Vgl. BGH NJW 1955, S. 544, *S. 544* unter Bezug auf Westermann; BGHZ 45, S. 186, *S. 189f*; 49, S. 197, *S. 201*; 83, S. 395, *S. 399*. In Abgrenzung dazu stellt die Anwartschaft als Vorstufe zum Erwerb des Rechts eine rechtlich ungesicherte Aussicht auf einen Erwerb dar. Die Terminologie ist im übrigen nicht unumstritten, vgl. Medicus, Bürgerliches Recht, Rdnr. 456; vgl. auch Wolf/Lange, Der praktische Fall – Bürgerliches Recht: Pfändung von Anwartschaftsrechten, JuS 2003, S. 1180, *S. 1180f.*

[27] Palandt, *Bassenge*, § 929 Rdnr. 37.

[28] Vgl. Baur/Stürner, Sachenrecht, § 3 Rdnr. 44ff.

[29] Vgl. allein Palandt, *Bassenge*, § 929 Rdnr. 45.

[30] Weber, S. 299f.

[31] Im Ergebnis ebenso etwa: Serick, Bd. 5, § 57 1., S. 46; Serick, Bd. 6, § 72 I 2, S. 3; Reinicke/Tiedtke, Rdnr. 447, 590: wegen der Nähe zur Sicherungsübereignung.

1. Teil: historische Entwicklung

Unabdingbar für das Verständnis des Systems von Aus- und Absonderung und mit ihnen der Kreditsicherungsmittel ist zunächst eine Betrachtung der historischen Entwicklung derselben. Der Konkurs ist das Produkt eines geschichtlichen Prozesses.[1] Jede neue Reform wird ohne dessen Beachtung allzu leicht idealisiert und nicht als vielleicht nur eine Spielart eines bekannten historischen Grundkonzeptes erkannt, die immer wiederkehrt. Die Konkursrechtswissenschaften werden zu nicht mehr als bloßem Handwerk, läßt man den Bezug zur Geschichte des Insolvenzrechtes außer acht. [2]

Dem vorzubeugen, soll der erste Teil der Arbeit einen historischen Abriß der Entwicklung des Insolvenzrechts mit Blick auf die Stellung bevorrechtigter Gläubiger liefern, angefangen von der Entwicklung in klassischer Zeit bis hin zur „Perle der Reichsjustizgesetze“[3], der Konkursordnung.

Parallel dazu sollen die sich entwickelnden besitzlosen Mobiliarsicherheiten darauf beleuchtet werden, wie sie sich in das System des Konkursrechts einfügten.

A. Konkursordnung

I. Römisches Recht

Die Entwicklung des deutschen Konkursrechtes war vom römischen Recht geprägt.[4]

Dieses sah zunächst als Grundidee im Rahmen der Vollstreckung nicht nur einen Zugriff auf die Person des Schuldners, sondern auch die Einweisung in dessen Vermögenspositionen vor.[5] Wesentlicher Unterschied zum moderneren Insolvenzverfahren war damit, daß das römische Verfahren als ein besonderes Urteilsvollstreckungsverfahren ausgestaltet wurde, indem grundsätzlich ein Urteil zugunsten des Gläubigers Voraussetzung für die Inanspruchnahme des Schuldners war.[6]

Im späteren römischen Recht wie auch zunächst im deutschen Recht kam es nur dann zum Konkurs, verstanden als ein Zusammenlaufen der Gläubiger, wenn der

---

[1] Baur/Stürner, Zwangsvollstreckungsrecht II, Rz. 3.1.

[2] Baur/Stürner, Zwangsvollstreckungsrecht II, Rz. 3.1.

[3] Jaeger, KO 1904, Einl. S. XII; zum Begriff Pape, Die Insolvenzordnung ist in Kraft getreten, NJW 1999, S. 29; Uhlenbruck, Das neue Insolvenzrecht, S. 17.

[4] Häsemeyer Rz. 4.01.

[5] Baur/Stürner, Zwangsvollstreckungsrecht II Rz. 3.2.

[6] Baur/Stürner Zwangsvollstreckungsrecht II, Rz. 3.6.

Schuldner starb oder sich durch Flucht seiner Verantwortung zu entziehen versuchte.[7] Auch dann allerdings erfolgte die Vermögensabwicklung durch den *executor* in Gestalt einer Vermögensexekution durch Einzelvollstreckung.[8]

II. Das Deutsche Konkursrecht

Das ältere Deutsche Recht[9] kannte zunächst keinen Konkurs, verstanden als ein Verfahren zur gleichzeitigen Befriedigung mehrerer Gläubiger bei Zahlungsunfähigkeit des Schuldners. Vielmehr bestand nur ein Vorzugsrecht desjenigen Teils, der die Vollstreckung in Gestalt von Beschlagnahme und Pfändung betrieb.[10] Erst im dreizehnten Jahrhundert sah das Stadtrecht größerer Handelsstädte ein sogenanntes Befriedigungsrecht nach der Marktzahl vor, daß heißt nach dem Verhältnis der Summen für diejenigen Gläubiger, welche sich binnen einer bestimmten Frist meldeten.[11] Dieses dem auch dem heutigen Konkursrecht zugrundeliegende Prinzip einer Gesamtvollstreckung setze sich in dessen Folge mehr und mehr durch. Aus dem Römischen Recht wurde die Klassifikation der verschiedenen Forderungen übernommen, was insbesondere auch Auswirkungen auf das Pfandrechtssystem zeitigte. Während das gemeine Recht die sog. Vindikanten, also diejenigen, denen ein Vindikationsrecht zustand, zunächst in das Konkursverfahren einbezog, setzte sich erst im achtzehnten Jahrhundert die Erkenntnis durch, daß diesen eine grundsätzlich andere Stellung zukommt, so daß sie aus dem Kreis der Konkursgläubiger ausgeschieden wurden.[12] So wurden die Einteilung in Vindikanten, die einen Gegenstand aufgrund bestimmter Rechte, insbesondere des Eigentums, aus der Konkursmasse aussondern konnten,[13] Absonderungsberechtigten und Massegläubigern geschaffen.[14] Auch die preußische Konkursordnung von 1855 behielt diese Unterscheidung in wesentlichen Zügen bei, verringerte jedoch die Anzahl der Vorrechte, ohne Vindikation und Separation und damit Aus- und Absonderung inhaltlich neu zu regeln.[15]

---

[7] a. a. O.

[8] Baur/Stürner, Zwangsvollstreckungsrecht II, Rz. 3.4.

[9] Verstanden als Recht vor der Rezeption des römischen Rechts, vgl. Stammler, *Lass*, S. 150.

[10] Dernburg, § 111, S. 264f.

[11] Dernburg, § 111, S. 247, Stammler, *Lass*, Bd. 2, S. 150.

[12] Ludovici, Einleitung zum Konkursproceß, Halle 1709, Kap. 9, § 1 bis 2, zitiert nach Dernburg, § 112, S. 267.

[13] Der Begriff des Vindikanten entspricht dem des Aussonderungsberechtigten, Dernburg, § 117, S. 288, Fn. 1, Stammler Bd. 2, *Lass*, S. 151 Fn. 7.

[14] Dernburg, § 111, S. 247.

[15] Stammler Bd. 2, *Lass*, S. 152; Dernburg, S. 267ff.

Die Lage bei den Sicherungsrechten materiellen Rechts war weithin uneinheitlich, es gab jedoch mit dem auch in Deutschland verbreiteten Vertragspfand durchaus Sicherungsmittel, die der Publizität entbehrten.[16]

III. Bevorrechtigte Haftungsverwirklichung im Konkurs

1. Aussonderung

a) Vor der Konkursordnung

Maßgebend für die Einteilung in Aus- und Absonderungsrechte war von alters her die Frage, wer Eigentümer des von dem Konkurs betroffenen Gegenstandes war und bestimmte sich auch damals schon nach den Vorschriften außerhalb der Konkursordnungen, da auch beispielsweise die PrKO mit § 22 PrKO[17] die Frage nach der Eigentümerstellung den allgemeinen Grundsätzen überließ.[18]

Die materielle dingliche Rechtslage wurde damit grundsätzlich in der KO selbst nicht unmittelbar geregelt, sondern vorausgesetzt.

b) Die Konkursordnung von 1877

Die Konkursordnung von 1877 sah in §§ 35[19] bis 38 das Recht auf Aussonderung als die Geltendmachung der Massefremdheit des Rechts vor, in dem es feststellte, daß sich die Rechte auf Aussonderung nach den außerhalb des Konkursverfahrens geltenden Gesetzen bestimmt. Damit war klargestellt, daß der Anspruch auf Aussonderung nach der KO unberührt bleiben soll von den Herausgabeansprüchen materiellen Rechts, beispielsweise denen aus dem Eigentum.[20] Die Regelung wurde auch unverändert aus dem Entwurf von 1874 übernommen. Zur Begründung wird ausgeführt, daß Vermögensstücke, die dem Gemeinschuldnervermögen fremd sind und die bei Eröffnung des Konkurses in Beschlag genommen worden sind, ausgeschieden und an den Berechtigten herauszugeben sind.[21]

---

[16] Vgl. Coing, S. 323f.

[17] § 22 PrKO 1855: Wenn in der Konkursmasse sich Sachen befinden, welche dem Gemeinschuldner nicht eigenthümlich gehören, so findet die Rückforderung derselben nach den allgemeinen gesetzlichen Vorschriften statt.

[18] Dernburg, § 117, S. 289.

[19] § 35 KO 1877: Die Ansprüche auf Aussonderung eines dem Gemeinschuldner nicht gehörigen Gegenstandes aus der Konkursmasse auf Grund eines dinglichen oder persönlichen Rechts bestimmen sich nach den außerhalb des Konkursverfahrens geltenden Gesetzen.

[20] Hahn, Konkursordnung, Band 4, S. 160.

[21] Hahn, Konkursordnung, Band 4, S. 157.

Der Regelung der Frage, welche Rechtspositionen das Recht zur Aussonderung einräumen, hat sich der Gesetzgeber allerdings ausdrücklich enthalten. Nach dem Entwurf wurde die Aufzählung einzelner Rechte deswegen unterlassen, weil man fürchtete, nicht alle Regelungen erfassen zu können.[22] Vielmehr sollte § 35 KO 1877 lediglich die Kategorien in Gestalt der Ansprüche aus dem Eigentum wie auch persönlicher Rechte erfassen.[23] Aussonderungsberechtigt sollte insbesondere sein, wem eine Eigentumsklage oder dingliche Klage wegen eines Nutzungsrechtes zusteht.[24]

Die Weitmaschigkeit dieser Regelung erklärt sich auch daraus, daß sich zum Zeitpunkt des Erlasses der Konkursordnung der Eigentumserwerb in den einzelnen Ländern des Deutschen Reiches in Ermangelung einer einheitlichen Regelung des erst 1900 in Kraft tretenden Bürgerlichen Gesetzbuches nach dem jeweiligen Landesrecht richtete.[25]

Maßgebliches Leitmotiv für das Aussonderungsrecht war jedenfalls das Eigentum als dingliches Recht. Dritteigentum sollte grundsätzlich die Aussonderung ermöglichen.

aa) Der Distanzverkauf

Eine Besonderheit in Gestalt einer Ausnahmeregelung wies allerdings bereits das damalige Konkursrecht in Gestalt der §§ 26ff.[26] PrKO, später dann § 36 RKO

---

[22] Hahn, Konkursordnung, Band 4, S. 160.

[23] Hahn, Konkursordnung, Band 4, S. 160.

[24] Dernburg, § 117, S. 288.

[25] Kohler, § 33, S. 156.

[26] § 26 PrKO 1855: Wer Waaren an den Gemeinschuldner verkauft und abgesendet hat, kann dieselben zurückfordern, wenn sie nicht schon vor der Konkurseröffnung in das Waarenlager oder in einem anderen Aufbewahrungsort des Gemeinschuldners oder eines Dritten abgeliefert sind, welcher den Auftrag hat, sie zur Verfügung des Gemeinschuldners zu halten.

§ 27 PrKO 1855: Das Recht der Rückforderung der an den Gemeinschuldner verkauften und abgesendeten Waaren (§ 26) ist ausgeschlossen:

1. wenn der Kaufpreis vor der Konkurseröffnung bereits vollständig berichtigt ist;
2. wenn die Gläubigerschaft in das Kaufgeschäft eintritt und die Verbindlichkeiten des Gemeinschuldners aus demselben erfüllt;
3. wenn die Waaren vor der Konkurseröffnung durch einen Dritten in gutem Glauben auf Grund des Konnossements oder des Frachtbriefs gekauft worden sind. Hat ein Dritter vor der Konkurseröffnung ein Pfandrecht an den Waaren erworben, so findet die Rückforderung nur gegen Bezahlung der Pfandschuld statt.

§ 28 PrKO 1855: Sind die in den §§. 22. 25. 26. erwähnten Sachen in dem Konkurse verkauft worden, so kann an deren Stelle die Übereignung des Kaufpreises gefordert werden, soweit derselbe noch aussteht.

1877[27] und schließlich bis zur Insolvenzrechtsreform, die zur Insolvenzordnung führte, § 44 KO[28] auf.

aaa) Tatbestand

Regelungsgegenstand war der sogenannte Distanzverkauf. Nach der Theorie des Allgemeinen Preußischen Landrechts ging das Eigentum an abgesendeter Ware mit der Absendung vom Erfüllungsort, wenn der Besteller die Versendung verlangte, auf den Käufer über.[29] Die damit verbundene Konsequenz für den Fall, daß die Ware nach der Eröffnung des Konkursverfahrens beim Käufer und Gemeinschuldner eintrifft, wurde allgemein als unbillig empfunden. Denn da die Übereignung bereits vor dem Konkursfall stattfand, wäre der Verkäufer bloßer Insolvenzgläubiger, ohne daß seine Forderung auf den Kaufpreis schon erfüllt worden ist.

Der historische Gesetzgeber entschloß sich daher, die Ausnahmevorschrift des späteren § 44 KO aufzunehmen, die ihrerseits eine Billigkeitsausnahme zu § 17[30] und § 43 KO[31] darstellt.[32] § 44 KO stellt damit ein Aussonderungsrecht unabhängig von

---

[27] § 36 RKO 1877: Der Verkäufer oder Einkaufskommissionär kann Waaren, welche von einem anderen Orte an den Gemeinschuldner abgesendet und von dem Gemeinschuldner noch nicht vollständig bezahlt sind, zurückfordern, sofern nicht dieselben schon vor der Eröffnung des Verfahrens an dem Orte der Ablieferung angekommen und in den Gewahrsam des Gemeinschuldners oder einer anderen Person für ihn gelangt sind. Die Bestimmungen des § 15 finden Anwendung.

[28] § 44 KO: Verfolgungsrecht

Der Verkäufer oder Einkaufskommissionär kann Waaren, welche von einem anderen Orte an den Gemeinschuldner abgesendet und von dem Gemeinschuldner noch nicht vollständig bezahlt sind, zurückfordern, sofern nicht dieselben schon vor der Eröffnung des Verfahrens an dem Orte der Ablieferung angekommen und in den Gewahrsam des Gemeinschuldners oder einer anderen Person für ihn gelangt sind. Die Bestimmungen des § 17 finden Anwendung.

[29] Dernburg, § 117, S. 290.

[30] § 17 KO: Zweiseitige Verträge

(1) Wenn ein zweiseitiger Vertrag zur Zeit der Eöffnung des Konkursverfahrens von dem Gemeinschuldner und von dem anderen Teile nicht oder nicht vollständig erfüllt ist, so kann der Konkursverwalter an Stelle des Gemeinschuldners den Vertrag erfüllen und die Erfüllung von dem anderen Teile verlangen.

(2) Der Verwalter muß auf erfordern des anderen Teils, auch wenn die Erfüllungszeit noch nicht eingetreten ist, demselben ohne Verzug erklären, ob er die Erfüllung verlangen will. Unterläßt er dies, so kann er auf die Erfüllung nicht bestehen.

[31] § 43 KO: Grundsatz

Die Ansprüche auf Aussonderung eines dem Gemeinschuldner nicht gehörigen Gegenstandes aus der Konkursmasse aufgrund eines dinglichen oder persönlichen Rechts bestimmen sich nach den außerhalb des Konkursverfahrens geltenden Gesetzen.

[32] Jaeger, § 44 Rdnr. 2.

der materiellen Rechtslage in Bezug auf das Eigentum zur Verfügung.[33] Damit wird von der Konkursordnung der Grundsatz durchbrochen, daß sich die für die Aus- und Absonderung maßgebliche Rechtslage nach außerhalb der jeweiligen Konkursordnung befindlichen Grundsätzen bestimmt. Das Bedürfnis für die Regelung des sogenannten Verfolgungsrechtes ist anderen Rechtsordnungen gleichfalls angenommen worden; so ist § 44 an den französischen a. 576 code de commerce[34] angelehnt.[35] Dort wird dieses Recht mit revendication, im englischen mit right of stoppage in transitu bezeichnet. Mit Inkrafttreten des Bürgerlichen Gesetzbuches hat diese Regelung jedoch weitgehend an Bedeutung verloren.

Dem Bürgerlichen Gesetzbuch ist wegen des Abstraktionsprinzips der Eigentumsübergang kraft Kaufvertragsschlusses fremd. So hatte der § 44 KO nur noch in den Fällen Bedeutung, in denen etwa die Übereignung durch Abtretung des Herausgabeanspruchs gemäß § 929, 931 BGB bereits vor der Versendung erfolgt ist oder im Falle der handelsrechtlichen Übereignung durch Übergabe eines Warenpapiers, wie eines Lagerscheins, Ladenscheins oder Konnossements.[36]

Die Regelung wurde wegen ihrer geringen Bedeutung nicht in die Insolvenzordnung übernommen.

bbb) Dingliches Recht in der KO?

Umstritten war die Rechtsnatur des Verfolgungsrechts. Die ältere Rechtsprechung und Lehre nahm an, daß es sich um ein dingliches Recht handelte, welches entsprechend absolut auch gegen denjenigen wirkt, der den versandten Gegenstand vom späteren Gemeinschuldner erwirbt.[37] Es sollte sich um ein Gestaltungsrecht handeln, daß mit ähnlich rückwirkender Kraft wie die Anfechtung ausgestattet ist.[38] Wenn dieser Ansicht zu folgen wäre, so hätte die Konkursordnung selbst ein ding-

---

[33] Jaeger, § 44 Rdnr. 2.

[34] Heute:

CODE DE COMMERCE (Partie Législative)

Article L621-119:

Peuvent être revendiquées les marchandises expédiées au débiteur tant que la tradition n'en a point été effectuée dans ses magasins ou dans ceux du commissionnaire chargé de les vendre pour son compte.

Néanmoins, la revendication n'est pas recevable si, avant leur arrivée, les marchandises ont été revendues sans fraude, sur factures ou titres de transport réguliers.

[35] Jaeger, § 44 Einl.

[36] Jaeger, § 44 Rdnr. 3.

[37] Mentzel/Kuhn, § 44 Anm. 11; Jaeger, § 44 Rdnr. 5; RGZ 8, S. 80, *S. 84*: „... ensteht für den Absender ein in der Regel gegen jeden Inhaber der Waren verfolgbares Recht aus Ausantwortung der Waren an den Absender."

[38] Jaeger, § 44 Rdnr. 5.

liches Recht geschaffen und sich damit über den selbst aufgestellten Grundsatz hinweggesetzt, diejenigen Rechte, die zur Aus- und Absonderung berechtigen, den Regelungen der außerhalb der Konkursordnung geltenden Gesetze zu überlassen. Damit hätte die Konkursordnung auch selbst konstitutiven Einfluß auf das System der Gläubigersicherheiten ausgeübt. Die besseren Argumente sprechen jedoch dafür, daß es sich bei § 26ff. PrKO, § 36 bzw. 44 KO lediglich um einen schuldrechtlichen Anspruch handelt und damit die dingliche Rechtslage weiterhin nicht von der Konkursordnung beeinflußt wird. Bereits der Wortlaut „kann zurückfordern" spricht für eine schuldrechtliche Natur. Auch ist im Gesetz von einem Eigentumsrückfall nicht die Rede, so daß eher von einer Art des Rücktrittsrechtes ausgegangen werden kann.[39] Weiterhin führt die Annahme eines dinglichen Rechtes zu einem unbilligen Ergebnis auf der Wertungsebene: denn dann könnte der Absender die Waren selbst dann noch zurückverlangen, wenn sie der Empfänger eigentlich dinglich wirksam auf einen Dritten übertragen hat. Das allerdings stellt eine nicht unerhebliche Gefährdung des Rechtsverkehrs dar, der auch nicht über die Anwendung des Erwerbs vom Nichtberechtigten korrigiert werden kann, da der Empfänger als Eigentümer ja gerade als Berechtigter handelt.[40]

Somit ist davon auszugehen, daß das Verfolgungsrecht lediglich einen im Gesetz festgeschriebenen schuldrechtlichen Anspruch zur Rückgewähr auslöst, der zur gegenseitigen Rückgewähr des Erhaltenen zwingt. § 44 KO normiert damit einen Anspruch auf Rückübertragung des Besitzes und des Eigentums an dem versandten Gegenstand, dem Aussonderungskraft zukommt.[41]

Eine weitere Ausnahme aus Billigkeitsgründen stellt auch die Ersatzaussonderung, § 23ff. PrKO[42], § 38 RKO 1877[43], § 46 KO[44], dar, nach welcher der Eigentümer be-

[39] Jaeger, § 44 Rdnr. 5.

[40] Jaeger, § 44 Rdnr. 6.

[41] Hess, KO, § 44 Rdnr. 1.

[42] § 23 PrKO 1855: Sind fremde Sachen vor der Konkurseröffnung durch den Gemeinschuldner verkauft worden, so kann an deren Stelle die Übereignung des Kaufpreises gefordert werden, soweit derselbe noch aussteht.

[43] § 38 RKO 1877: Sind Gegenstände, deren Aussonderung aus der Konkursmasse hätte beansprucht werden können, vor der Eröffnung des Verfahrens vom Gemeinschuldner oder nach der Eröffnung des Verfahrens von dem Verwalter veräußert worden, so ist der Aussonderungsberechtigte befugt, die Abtretung des Rechts auf die Gegenleistung, soweit dieses noch aussteht, zu verlangen. Er kann die Gegenleistung aus der Masse beanspruchen, soweit sie nach der Eröffnung des Verfahrens zu derselben eingezogen worden ist.

[44] § 46 KO Ersatzaussonderung: Sind Gegenstände, deren Aussonderung aus der Konkursmasse hätte beansprucht werden können, vor der Eröffnung des Verfahrens vom Gemeinschuldner oder nach der Eröffnung des Verfahrens von dem Verwalter veräußert worden, so ist der Aussonderungsberechtigte befugt, die Abtretung des Rechts auf die Gegenleistung, soweit dieses noch aussteht, zu verlangen. Er kann die Gegenleistung aus der Masse beanspruchen, soweit sie nach der Eröffnung des Verfahrens zu derselben eingezogen worden ist.

fugt ist, die Abtretung eines Anspruchs auf Kaufpreis oder Gegenleistung zu verlangen, wenn der Gemeinschuldner vor der Konkurseröffnung einen der späteren Aussonderung unterliegenden Gegenstand veräußert hat.[45] Dieser Anspruch ist allerdings zweifellos schuldrechtlicher Natur.

bb) Zwischenergebnis

Nach zutreffender Ansicht konstituierte die Konkursordnung damit nie selbst ein dingliches Recht zur Haftungsverwirklichung im Konkurs, sondern ordnete lediglich in Reaktion auf ein solches eine bestimmte Rechtsfolge für den Konkurs des Sicherungsnehmers an.

2. Abgesonderte Befriedigung

a) Vor der Konkursordnung

Die Preußische Konkursordnung schaffte ein gesondertes Verfahren, um die Absonderungsberechtigten zu befriedigen.[46]

Das Recht auf Absonderung bzw. Separation sollte demjenigen zustehen, der Spezialvorrechte an einzelnen Objekten der Masse oder gewissen Klassen derselben geltend machen kann.[47]

Seine Ausrichtung fand das Absonderungsrecht an dem Pfandrecht. Wer bereits vor dem Konkurs das Recht zur Verwertung des Pfandes unter bestimmten Voraussetzungen hatte, soll dieses Recht nicht dadurch verlieren, daß nun das Konkursverfahren über das Vermögen des Gemeinschuldners eröffnet wird. Vielmehr soll dessen gesicherte Forderung Vorrang vor den Masse- und Konkursgläubigern eingeräumt werden, indem in einem gesonderten Verfahren zwar nicht der Gegenstand herausverlangt werden kann, denn dies hätte der Pfandgläubiger auch vor dem Konkurs nicht verlangen können, sondern der Gläubiger nach Veräußerung der Sache den ihm gebührenden Anteil am Erlös erhält. Bereits die PrKO stellte diesen Grundsatz auf und stellte sodann besonders Berechtigte einem solchen Pfandgläubiger gleich.[48]

---

[45] Dernburg, § 117, S. 290.

[46] Dernburg, § 113, S. 270.

[47] Dernburg, § 117 S. 291.

[48] Vgl. Gernhuber, § 117, S. 291.

b) Die Konkursordnung von 1877

Der historische Gesetzgeber erfaßte die Absonderung in den §§ 39 bis 45 KO 1877, wobei gemäß § 40 KO1877[49] das Faustpfandrecht als Muster für diejenigen Rechte diente, die zu einer vorzugsweisen Befriedigung aus der Konkursmasse berechtigen sollen.[50] In § 41 KO 1877[51] wurde das Pfändungspfandrecht sowie in Ermangelung einer einheitlichen Regelung gesetzlicher Pfandrechte im BGB das Pfandrecht des Verpächters, des Pächters, des Vermieters, des Gastwirtes, der Künstler, Werkmeister, Handwerker und Arbeiter, bestimmter Sachnutzer und solche nach dem Handelsgesetzbuch dem Faustpfandrecht gleichgestellt.

Ziel des Gesetzgebers war es insbesondere, mit den völlig unübersichtlichen Sicherungsmitteln in den einzelnen Ländergesetzen bereits durch die Konkursordnung

---

[49] § 40 KO 1877: Gläubiger, welche an einer beweglichen körperlichen Sache, an einer Forderung oder an einem anderen Vermögensrechte des Gemeinschuldners ein Faustpfandrecht haben, können aus den ihnen verpfändeten Gegenständen abgesonderte Befriedigung wegen ihrer Pfandforderung verlangen, zunächst wegen der Kosten, dann wegen der Zinsen, zuletzt wegen des Kapitals.

[50] Dernburg, § 117, S. 291.

[51] § 41 KO 1877: Den Faustpfandgläubigern stehen gleich:

1. Die Reichskasse, die Staatskassen und die Gemeinden, sowie Amts-, Kreis- und Provinzialverbände wegen öffentlicher Abgaben, in Ansehung der zurückgehaltenen oder in Beschlag genommenen zoll- und steuerpflichtigen Sachen;
2. Verpächter wegen des laufenden und rückständigen Zinses, sowie wegen anderer Forderungen aus dem Pachtverhältnisse, in Ansehung der Früchte des Grundstücks und der eingebrachten Sachen, sofern die Früchte oder Sachen sich noch auf dem Grundstück befinden;
3. Pächter in Ansehung des in ihrem Gewahrsam befindlichen Inventars wegen der Forderungen für dieses;
4. Vermiether wegen des laufenden und des für das letzte Jahr vor der Eröffnung des Verfahrens rückständigen Zinses, sowie wegen anderer Forderungen aus dem Miethverhältnisse, in Ansehung der eingebrachten Sachen, sofern die Sachen sich noch auf dem Grundstücke befinden;
5. Gastwirthe wegen ihrer Forderungen für Wohnung und Bewirthung des Gastes, in Ansehung der von demselben eingebrachten, von ihnen zurückbehaltenen Sachen;
6. Künstler, Werkmeister, Handwerker und Arbeiter wegen ihrer Forderungen für Arbeit und Auslagen, in Ansehung der von ihnen gefertigten oder ausgebesserten, noch in ihrem Gewahrsam befindlichen Sachen;
7. Diejenigen, welche etwas zum Nutzen der Sache verwendet haben, wegen des, den noch vorhandenen Vortheil nicht übersteigenden Betrages ihrer Forderung aus der Verwendung, in Ansehung der zurückbehaltenen Sache;
8. Diejenigen, denen nach dem Handelsgesetzbuche an gewissen Gegenständen ein Pfandrecht oder Zurückbehaltungsrecht zusteht, in Ansehung dieser Gegenstände;
9. Diejenigen, welche durch Pfändung ein Pfandrecht erlangt haben, in Ansehung der gepfändeten Gegenstände.

aufzuräumen und zu zeigen, daß beispielsweise die Mobiliarhypothek sowie bestimmte Legalpfand- und Vorzugsrechte im Konkurs keinen Anspruch begründen.[52]

Denn die Verschiedenheit der materiellen Partikulargesetze führte dazu, daß etwa ein Pferdefuhrwerk, welches mit einer Mobiliarhypothek belegen ist, je nachdem, in welchem Territorium es sich gerade befindet, mit einer wirksamen oder unwirksamen Sicherheit belastet war.

War die Mobiliarhypothek durch die Regelungen des Handelsgesetzbuches schon stark eingeschränkt, so sollte sie durch die Reichskonkursordnung „zu Grabe" getragen werden.[53]

Auch die Rechtsprechung erkannte bald an, daß andere als die in § 41 KO 1877 aufgezählten Rechte Aus- oder Absonderungsforderungen nicht begründen.[54] Der Gesetzgeber hatte in der Konkursordnung von 1877 die Absonderung damit deutlich detailliert niedergelegt, als den offenen Tatbestand der Aussonderung, indem diejenigen Rechte, die zur abgesonderten Befriedigung berechtigen sollten, ausdrücklich geregelt wurden, ohne diese dem bürgerlichen Gesetzbuch zu überlassen. Einer reichseinheitlichen sonstigen Regelung des Pfandrechtes zum trotz stellte der Gesetzgeber allerdings nur Mindestanforderungen an ein zur Absonderung berechtigendes Pfandrecht auf und stellte diese Anforderungen auch lediglich in das Einführungsgesetz zur KO und nicht in diese selbst mit der Begründung ein, daß eben nicht die Konkursordnung die Absonderungsberechtigten normiere, sondern dies dem bürgerlichen Recht zu überlassen sei; das Verhältnis der Gesetze zueinander bestimme sich demgemäß nach dem Einführungsgesetz, so daß die Regelung der Mindestanforderungen auch dort geregelt werden müsse.[55]

Als sich zu späterer Zeit die Mobiliarsicherheiten unter der Ägide des BGB bereits zu entwickeln begonnen hatten, rückte eine Diskussion aus dem Gesetzgebungsprozeß wieder in den Vordergrund, die zunächst nur eine untergeordnete Rolle einnahm. Sie betraf eine geplante Regelung für einen nur zur Sicherheit gegebenen Wechsel.[56]

Vorgesehen war ursprünglich, hier eine Norm auszunehmen, die eine Art Umgehungsverbot für nur formale Rechtsübertragungen zum Zwecke späterer Aussonderung aufstellte; die Regelung ist jedoch nicht in das endgültige Gesetzeswerk aufgenommen worden. Bereits in der Kommissionssitzung vom 16.11.1875 zur Bera-

---

[52] Mugdan/Hahn, S. 201; Kohler, S. 157; im französischen Recht ist ein der Mobiliarhypothek ähnliches Sicherungsrecht bis heute vorhanden, sog. „gage automobile", vgl. Gravenhorst, S. 40.

[53] Hahn, Konkursordnung. S. 192.

[54] RGZ 13, S. 39ff., Urteil vom 10.3.1885 für Absonderung nach dem Code civil, anders noch die erste Instanz, LG Köln.

[55] Protokolle S. 38, zit. nach Mugdan, S. 548.

[56] Jaeger, KO 1902, § 43 Anm. 18.

tung der Konkursordnung in 1. Lesung wurde ein Antrag auf Aufnahme besagten § 35a KO im Anschluß an die Aussonderungsregelung des § 35 KO gestellt, der folgenden Inhalt haben sollte:[57]

„Wechsel, Handelspapiere und andere Urkunden über Forderungen, welche dem Gemeinschuldner nur behufs der Einziehung oder mit der Bestimmung übertragen worden sind, daß sie zur Sicherung gewisser, bei der Übertragung bezeichneter künftiger Zahlungen dienen sollen, können zurückgefordert werden, wenn sie zur Zeit der Konkurseröffnung noch unbezahlt bei dem Gemeinschuldner oder einem Dritten vorhanden sind, welcher sie für den Gemeinschuldner besitzt." Nach der Begründung des Antragstellenden sollte diese Vorschrift verhindern, daß die Parteien formell zwar dasjenige getan hätten, was erforderlich sei, um das Eigentum an einem Wechsel zu übertragen, wohingegen der materielle Erfolg nach der Absicht beider Teile gerade ausbleiben, das Eigentum also nicht endgültig übergehen solle.[58] Gestützt wird diese Vorschrift überdies auf Billigkeitserwägungen.[59]

Dies scheint der Situation der Sicherungsübereignung bereits vergleichbar. Auch hier wollen die Parteien zwar die formelle Eigentumsstellung des Sicherungsnehmers begründen, materiellrechtlich soll die Eigentumsstellung aber von der zu sichernden Forderung zumindest dann abhängig sein, wenn der Eigentumsrückfall bereits im Zeitpunkt der Sicherungsübertragung vereinbart worden ist, die Sicherungsübereignung also auflösend bedingt ist.

Letztlich wurde der Antrag auf die Aufnahme des § 35a KO jedoch abgelehnt und zwar vor allem deshalb, weil man dessen ersten Teil für überflüssig erachtete. So hätte bereits das Reichsoberhandelsgericht für den Fall der Einziehung einer Forderung entschieden, daß es nicht auf formelle, sondern materielle Gesichtspunkte ankomme.[60]

Diese Betrachtungsweise läßt assoziativ bereits dasjenige anklingen, was bei der Bewertung der Aussonderungskraft besitzloser Sicherheiten bis zum heutigen Stand der Rechtswissenschaft als tragendes Argument gebraucht wird, um die formelle Zuordnung über die Eigentumsverhältnisse des Sicherungsmittels zu überwinden: eine wirtschaftliche und damit ebenfalls materielle Betrachtungsweise. Diese führt dazu, daß einerseits der Gläubiger des verlängerten Eigentumsvorbehaltes nicht zur Aussonderung berechtigt ist, obgleich er Eigentümer der Vorbehaltssache bleibt,[61] und andererseits dem Treugeber der eigennützigen Treuhand (etwa der Sicherungs-

---

[57] Protokolle zur KO S. 29, zitiert nach Mugdan, S. 540.

[58] Protokolle S. 29, zit. nach Mugdan, S. 540.

[59] Protokolle S. 29, zit. nach Mugdan, S. 540.

[60] Protokolle S. 29, zit. nach Mugdan, S. 540.

[61] BGH JZ 1971, S. 505, *S. 506*; BGH WM 1977, S. 1422; BGHZ 98, S. 160, *S. 170*; Wiegand AcP 190, 112, *S. 113*; a.A. noch für die Konkursordnung: Baur/Stürner, Zwangsvollstreckungsrecht II, Rdnr. 14.8f.

übereignung) durchaus ein solches Aussonderungsrecht zugebilligt wird, obgleich er formal sein Eigentum bereits verloren hat.[62]

Zudem sei der § 35a KO unter Umständen sogar schädlich, da die Rechtspraxis *e contrario* schließen könnte, daß andere Vermögensobjekte, die in entsprechender Weise freizugeben seien, gerade nicht zurückgefordert werden könnten.[63]

Auch dies liefert einen Ansatz dafür, daß sich der Gesetzgeber einer weiteren Regelung der Aussonderungsrechte bewußt enthalten hat.

Begründet wird die Ablehnung des § 35a KO auch wiederum mit einer formalistischen, nicht wirtschaftlichen Betrachtung: Wenn die Parteien tatsächlich eine Eigentumsübertragung wollten und nicht lediglich ein simuliertes Geschäft, so müsse die Eigentumsübertragung als auch im Konkurs wirksam betrachtet werden und dürfe nicht zur Aussonderung berechtigen.[64] Lediglich als Randproblem sah der Gesetzgeber die Möglichkeit fiduziarischer Geschäfte, etwa des Verkaufs zum Zwecke der Sicherung einer Forderung mit der Möglichkeit des Rückkaufs, an. Zudem sollte die Einschränkung solcher Geschäfte dem Zivilrecht überlassen bleiben.[65]

Im Rahmen der zweiten Beratung der KO im Reichstag wurde noch einmal hervorgehoben, daß sich die Bestimmung der Aussonderungsrechte am bürgerlichen Recht orientiere; dies sei die Regel, die § 35 KO (§ 43 KO neuer Folge) ausspreche.[66]

Anhand der Gesetzgebungsmaterialien könnte man danach zumindest darauf schließen, daß der Gesetzgeber die Aussonderung eines unter formaler Betrachtungsweise dem Schuldner gehörenden Gegenstandes jedenfalls nicht ausschließen wollte. Dies könnte zu dem Schluß verführen, daß der historische Gesetzgeber die Möglichkeit eines sich etwickelnden Rechts der Kreditsicherheiten sehr wohl gesehen hat und diesem nicht ablehnend gegenüberstand.

Dies spricht zunächst gegen die überwiegende Ansicht, daß der historische Gesetzgeber eine Entwertung der Grundprinzipien der Konkursordnung durch die Entwicklung besitzloser Sicherheiten schlichtweg nicht erkannt habe.[67]

Doch ergibt sich dies nur in der Einzelschau der Diskussion des Aussonderungsrechts. Berücksichtigt man hingegen gleichfalls die Argumentation um die Absonderung, insbesondere das Anliegen des Gesetzgebers, die Mobiliarhypothek abzuschaffen und mit der Unübersichtlichkeit der landesrechtlichen Sicherungsinstitute

---

[62] Bork, Rdnr. 240; Jauernig, § 73 II 1; RGZ 94, S. 305, *S. 307*.

[63] Protokolle S. 570: Zweite Beratung im Plenum des Reichstages, zit. nach Mugdan, S. 718.

[64] Protokolle S. 164f, zit. nach Mugdan, S. 660.

[65] Protokolle S. 38f, zit. nach Mudan, S. 548.

[66] Zweite Beratung im Plenum des Reichstages vom 02.12.1876, zit. nach Mugdan, S. 718.

[67] Häsemeyer, Rz. 4.01.

aufzuräumen, so ergibt sich, daß es gerade nicht Sinn der Konkursordnung sein sollte, die Möglichkeit solcher fiduziarischer Rechte zu schaffen. Die Weitmaschigkeit der der Haftungsverwirklichung dienenden Regelungen resultiert wiederum nur aus der Tatsache, daß sich der Gesetzgeber der materiellrechtlichen Regelung der Sicherungsrechte enthalten wollte.[68]

Die Motive zur Konkursordnung beinhalten vielmehr eine Aufstellung von Sonderregelungen einzelner Ländergesetze, die durch die einheitliche Konkursordnung gerade beseitigt werden sollte.[69]

3. Die Konzeption der Gläubigersicherheiten nach der KO

Mit dem Inkrafttreten der Insolvenzordnung von 1877 konnte sich noch keine Linie im Hinblick auf die heute relevanten Mobiliarsicherheiten Eigentumsvorbehalt, Sicherungsübereignung und Sicherungszession herausbilden. Ein wesentlicher Grund dafür liegt sicher zunächst in der Tatsache, daß das Bürgerliche Gesetzbuch noch nicht in Kraft getreten ist und sich die Dogmatik der Sicherungsmittel nicht etablieren konnte. Der Konkursordnung oblag damit nur, die Grundrichtung der Haftungsverwirklichung im Konkurs festzulegen; die Materialien sind insoweit aufschlußreich, als sich aus ihnen die stark ablehnende Haltung des Gesetzgebers gegenüber besitzlosen Sicherungsmitteln ablesen läßt.

Während für die Absonderung das Faustpfandrecht das Maß der Dinge war, an welchem sich die weiteren verwandten Sicherungsmittel ausrichteten, war die Einordnung der Sicherungsrechte, welche zur Aussonderung berechtigten, nicht näher bestimmt. Neben dem persönlichen Anspruch auf den Gegenstand sollte aber vor allem das Eigentum als Muster dinglichen Rechts dienen.[70]

Gleichzeitig hält das Faustpfandprinzip, von dem noch die Rede sein wird, Einzug in die Konkursordnung, wie § 40 RKO belegt.[71] Auffällig ist, daß dieses Prinzip durch Gesetze geregelt eingeführt wird, die jeweils nur Teilbereiche des Pfandrechtes regeln. Die Begründung dafür liegt in der mangelnden Gesetzgebungskompetenz zunächst des Norddeutschen Bundes und später auch des Deutschen Reiches, da diese jeweils nur die Kompetenz über das Obligationsrecht ausübten.[72] Erst

---

[68] Motive zur KO S. 158, zit nach Mugdan, S. 160: „Es liegt nicht in der Aufgabe der Konkursordnung, die Verschiedenheiten auszugleichen, welche die einzelnen Landesrechte in den Bestimmungen über den Eigenthumserwerb beweglicher und unbeweglicher Sachen, über Zession von Forderungen, über die Befugnis zur Vindikation u.s.w. enthalten. Bei dieser Verschiedenheit des bürgerlichen Rechts muß es auch für den Konkurs bewenden ... ."

[69] Motive S. 159ff, zit nach Mugdan, S. 161.

[70] Hahn, Konkursordnung, S. 160.

[71] Hromadka, S. 128.

[72] Hromadka, S. 128: Art. 4 Nr. 2 der Verfassung des Norddeutschen Bundes; für das Deutsche Reich galt zunächst dasselbe mit Art. 4 Nr. 13 der Deutschen Reichsverfassung.

durch Gesetz vom 20.12.1873 (RGBl. S. 379) wurde die Gesetzgebungskompetenz „über das gesamte bürgerliche Recht" erweitert. Aber schon dem historischen Gesetzgeber war bewußt, daß er mit der Konkursordnung tief in das System der Sicherungsrechte eingriff und dies zur Regelung des Konkursverfahrens auch unabdingbar war.[73] Aus der Rechtsnatur des Pfandrechtes und daraus, daß dieses dem Gläubiger nur zum Zwecke der Sicherung überlassen bleiben sollte, folgerte der Gesetzgeber, daß dem Pfandrechtsgläubiger lediglich ein Absonderungsrecht zustehen sollte.[74] Mit der Reichskonkursordnung wurde die Beseitigung der Mobiliarhypothek damit lediglich mittelbar herbeigeführt, indem für den Fall des Konkurses dieser die Konkurrenzstellung neben dem Pfandrecht genommen und sie damit für den Rechtsverkehr unbrauchbar wurde. Das Faustpfandrecht wurde damit de facto zur einzig tauglichen Verpfändungsform.[75]

Ausgangspunkt des Aussonderungsrechtes war jedenfalls das Eigentum. Besitzlose Sicherungsrechte sah der historische Gesetzgeber hingegen als unbillig an, da ihnen die Offenkundigkeit fehle.[76] Erste Andeutungen weiterer Sicherungsrechte finden sich jedoch bereits in den Materialien, soweit davon gesprochen wird, daß der Anspruch aus dem Eigentum mit einem obgligatorischen Anspruch konkurrieren könne.[77] Deshalb könne der zur Aussonderung berechtigende Anspruch auch ein obligatorischer sein. Im Auge hatte der Gesetzgeber insbesondere den Fall, daß von einer Kaufpreisforderung trotz Lieferung an den Schuldner ein Teil noch nicht bezahlt ist. Diese Forderung nehme Einfluß auf den Erfolg eines Vindikationsanspruches. Dies deutet auf die Konstellation hin, die später der Eigentumsvorbehaltskauf auf sachenrechtlichen Wegen zu lösen sucht. Auch sollte die Belastung mit einem vereinbarten Eigentumsrückfall zur Aussonderung berechtigen.[78] Die Belastung mit einem Eigentumsrückfall stellt bereits einen Ansatz zur späteren Sicherungsübereignung dar.

Durch das Trennungs- und Abstraktionsprinzip des Bürgerlichen Gesetzbuches und die damit verbundene Loslösung des obligatorischen Geschäftes von der dinglichen Rechtslage wurden diese Erwägungen – zumindest bis zur Etablierung der durch die Sicherungsabrede mit dem Eigentum verbundenen Sicherungsmittel – obsolet. Daß der Gesetzgeber wegen der oben aufgeführten Diskussion um die Aufnahme des § 35 a KO allerdings die Möglichkeit fiduziarischer Geschäfte bereits ersehen hätte, ohne schon überhaupt die Rahmenbedingungen des Sachenrechts des BGB überblicken zu können, erscheint dagegen wenig wahrscheinlich.

---

[73] Mugdan, Hahn, S. 160 und S. 163.

[74] § 40 RKO, Mugdan, Hahn, S. 11, S. 184ff.

[75] Vgl. Hromadka, S. 128.

[76] Hahn, Konkursordnung, S. 201.

[77] Hahn, Konkursordnung, S. 160.

[78] Kohler, § 33, S. 156.

Die Eigentumsdogmatik in Bezug auf die besitzlosen Mobiliarsicherheiten befand sich damit allenfalls in den Anfängen. Jedenfalls aber kann festgehalten werden, daß der Gesetzgeber besitzlosen Sicherungsrechten in der Entstehungsphase der Konkursordnung eine deutliche Absage erteilen wollte, wie aus dem Willen, die Mobiliarhypothek abzuschaffen, erkennbar wird.[79]

Als Ergebnis läßt sich bereits hier festhalten, daß die Konkursordnung schon während ihres Entstehens maßgeblich auf das Bestehen bestimmter Sicherheiten eingewirkt hat, indem es durch die Absonderungskraft nur des Pfandrechtes der Sicherungshypothek ihr Ende bereitete.[80] Zumindest unter diesen historischen Gegebenheiten spricht auch nichts gegen eine solche Regelung in einem Bereich, der die Zulässigkeit von bestimmten Sicherungsmitteln nur mittelbar betrifft. Von der Warte des historischen Gesetzgebers war es zulässig und sogar erforderlich, diese Regelung an dieser Stelle zu treffen, da anderweitige Möglichkeiten in Ermangelung der entsprechenden Normsetzungskompetenz von vornherein nicht bestanden. Es wird zu prüfen sein, ob allerdings aus heutiger Sicht mit der Gesetzgebungskompetenz des Art. 74 Abs. 1 Nr. 1 GG für das Bürgerliche Recht eine Regelung für die Zulässigkeit bestimmter Sicherungsmittel ausgerechnet in der Insolvenzordnung noch möglich ist, oder die Entscheidung über Aus- und Absonderungskraft die Regelungen des Bürgerlichen Gesetzbuches dem Grunde nach hinzunehmen hat und sich entsprechende Regelungen durch verfahrenstechnische Ausgestaltung der Haftungsverwirklichung verbieten. Aus- und Absonderungsrechte stellten sich aus historischer Sicht damit als mittelbarer Regelkreis für die ansonsten unklare Rechtslage der zur Verfügung stehenden Sicherungsmittel dar. Was im materiellen Recht bislang nicht geregelt war, erhielt seine Grenzen durch die Entscheidung des Gesetzgebers, welches Recht im Konkurs des Schuldners eine bevorrechtigte Position erhielt oder keine Berücksichtigung fand und damit praktisch unbrauchbar war.

B. Das Bürgerliche Gesetzbuch

Auch das Inkrafttreten des Bürgerlichen Gesetzbuches änderte oberflächlich betrachtet zunächst nichts an der grundsätzlichen Absage des Gesetzgebers an die besitzlosen Mobiliarsicherheiten. Das BGB war dem Grundsatz verhaftet, daß die dingliche Belastung des Vermögens nur als wirksam anzusehen ist, wenn eine ausreichende Publizität gesichert ist. Das Mittel dieser Publizität konnte bestehen in der Registereintragung bei den Grundpfandrechten, im Besitz des Rechtsinhabers beim rechtsgeschäftlichen Pfandrecht an beweglichen Sachen oder in der Benachrichtigung der Beteiligten bei der Anzeige der Verpfändung einer Forderung an den Drittschuldner.

---

[79] Bei Hahn, Konkursordnung, S. 201 als verwerflich bezeichnet.

[80] Hromadka, S. 127.

Nach der Konzeption des Gesetzgebers bildeten die Sicherungsrechte Hypothek, Grundschuld und Pfandrecht eine systematische und dogmatische Einheit mit dem Zweck, die dingliche Sicherung durch die Belastung eines Gegenstandes mit einem Verwertungsrecht zu erreichen, um damit die Befriedigung des zu sichernden Gläubigers zu ermöglichen.[81]

I. Das Pfandrecht

Im Bereich der Fahrnissicherung sollte dieses Ziel das Pfandrecht verwirklichen.

Das Faustpfandrecht ist zunächst streng akzessorisch.[82] Es entsteht nur, wenn auch die zu sichernde Forderung besteht, § 1204 Abs. 1 BGB.

Kennzeichnend für das Fahrnispfand ist weiterhin der Grundsatz der Spezialität, wonach als Pfand nur eine einzelne Sache dienen kann, nicht aber eine Gesamtheit beweglicher Sachen des Schuldners.[83]

1. Faustpfand

Als Publizitätsmittel dient dem Pfandrecht der Besitz, wobei beim Vertragspfand die Anforderungen an die Übergabe gar strengere Anforderungen gestellt werden als an die Übereignung beweglicher Sachen, da eine Verpfändung durch Besitzkonstitut ausgeschlossen ist und die Verpfändung durch die Abtretung eines Herausgabeanspruchs dem Besitzmittler angezeigt werden muß, § 1205 Abs. 2 BGB.[84] Der Gesetzgeber sah das Faustpfandprinzip schon durch die Konkursordnung für manifestiert an und meinte, mit dem BGB lediglich noch auf dieses vermeintlich gefestigte Prinzip zurückbeziehen zu können.[85]

Das strenge Festhalten an diesem Publizitätserfordernis hat allerdings dazu geführt, daß das Pfandrecht seine ihm zugedachte Funktion nur unzureichend übernehmen konnte.[86] Mit der Entscheidung für das Faustpfandprinzip hat der Gesetzgeber die

---

[81] Staudinger, *Wiegand*, Vorbem. zu §§ 1204ff., Rdnr. 1.

[82] Paulus, Grundfragen des Kreditsicherungsrechts, JuS 1995, S. 185, *S. 188*.

[83] Baur, Sachenrecht, § 55 I, 3, a), bb); im einzelnen ist die Rechtsnatur des Pfandrechtes umstritten: die herrschende Meinung erblickt darin ein dingliches Verwertungsrecht, vgl. Staudinger, *Wiegand*, Vorbem. zu §§ 1204ff. BGB Rdnr. 12ff; Soergel, *Habersack*, Vor § 1204 BGB Rdnr. 4 zum Grundsatz der Spezialität auch Rott, S. 179f.

[84] Bereits während des Gesetzgebungsverfahrens wurde an der strengen Anforderung des Publizitätsmittels Besitz jedoch Kritik geübt. In den vom Deutschen Anwaltsverein beauftragten und 1890 erschienenen „Gutachten aus dem Anwaltsstande" wird die Regelung als unpraktikabel, weil zu eng dargestellt, vgl. BGB Gutachten, *Wernick*, Pfandrecht an beweglichen Sachen und an Rechten, S. 376, *S. 377ff.*

[85] Vgl. Motive III, S. 800ff.

[86] Staudinger, *Wiegand*, Vorbem. zu §§ 1204ff., Rdnr. 1; Baur, § 55 I, 3, b).

Bedürfnisse der Praxis nur unzureichend berücksichtigt und hat diese deshalb bald die gesetzlichen Vorschriften zu unterlaufen versucht.

Als praktisch relevanter Anwendungsbereich des Faustpfandes ist bis heute lediglich geblieben:[87]

- das Gewerbe der Pfandleihanstalten für die Kreditgewährung für den Kleinkredit des täglichen Lebens
- aus der Bankpraxis das sogenannte Lombarddarlehen, das aus der Hingabe eines Darlehns gegen Bestellung eines Pfandes an Wertpapieren, Edelmetallen und sonstigen Waren und das formularmäßige Pfandrecht der Banken aufgrund ihrer allgemeinen Geschäftsbedingungen.[88]

Bereits im Laufe des Gesetzgebungsverfahrens zum Bürgerlichen Gesetzbuch klang an der strikten Haltung des Gesetzgebers Kritik an. So hieß es, daß die Wirtschaft ohne Kredit nicht auskommen könne. Führte man das Faustpfandprinzip ein, nehme man all denjenigen, die gezwungen sind, Fahrnis zu leihen, jegliche Kreditgrundlage.[89] Aus diesem Grund wurde sich auch dafür ausgesprochen, wenigstens die Mobiliarhypothek in das BGB zu übernehmen.[90] Es wurden auch erste Stimmen laut, die befürchteten, daß die Praxis Mittel und Wege finden werde, die strenge Regelung des Faustpfandes zu umgehen.[91]

Diese Kritik konnte den Gesetzgeber allerdings nicht davon abbringen, am Faustpfandprinzip festzuhalten.[92]

Anders als beispielsweise der sich in der gleichen Lage befindliche schweizerische Gesetzgeber[93] unterließ es der deutsche Gesetzgeber jedoch, diesen Weg auch konsequent weiterzugehen, in dem er keine Regelung schuf, der möglichen Umgehung des Pfandrechtsprinzips vorzubeugen.[94]

Heute wird im Gegensatz zu früheren Ansichten daraus überwiegend geschlossen, daß der Gesetzgeber nicht die Absicht hatte, Sicherungskauf und Sicherungsübereignung durch die Einführung des Faustpfandes gänzlich auszuschließen, sondern der Entscheidung über den Mobiliarkredit ausgewichen sei.[95]

---

[87] Dazu Baur, Sachenrecht, § 55 II.

[88] Hromadka, S. 169; Zum Verhältnis von Eigentumsvorbehalten und Sicherheiten der Banken auch Heß, S. 148ff.

[89] Leonhard, Verhandlungen des 15. DJT, II, 109, zit. nach: Hromadka, S. 169.

[90] Hromadka, S. 169.

[91] Wernick, S. 381, zit. nach: Hromadka, S. 169.

[92] Staudinger, *Wiegand*, Vorbem. zu § 1204ff., Rdnr. 1.

[93] Staudinger, *Wiegand*, Vorbem. zu § 1204ff., Rdnr. 1.

[94] Vgl. Gmür, S. 116f.

[95] Hromadka, S. 172ff., Staudinger, Wiegand, Vorbem. zu §§ 1204ff., Rdnr. 1f.; Gaul, Lex commissoria und Sicherungsübereignung, AcP 168 (1968), S. 351, *S. 358ff.*

2. Besondere Pfandrechte

Auch der Gesetzgeber selbst hielt nicht strikt an dem Erfordernis des Besitzes als Publizitätsmittel fest.

Neben dem BGB-Pfandrecht wurden jedoch auch besondere Formen des Pfandrechts in Spezialgesetzen festgeschrieben, die nicht nur in ihren besonderen Entstehungstatbeständen, sondern auch und hier von Interesse, in ihrer Erscheinungsform von den Pfandrechtsgrundsätzen abwichen.[96] Grund für diese Abweichungen war, daß sich die die Besitzerlangung durch den Pfandgläubiger nicht immer realisieren ließ.

Auch einige gesetzliche Pfandrechte verzichten auf den Besitz des Gläubigers.[97] Für die sogenannten Registerpfandrechte ersetzte die Eintragung der Verpfändung in ein öffentliches Register das Publizitätsmittel des Besitzes.[98] Es liegt auf der Hand, daß sich beispielsweise Hochseekabel nicht durch Inbesitznahme verpfänden ließen.

3. Bewertung

Das Faustpfandrecht erscheint für die Kreditsicherungsbedürfnisse einer flexiblen Wirtschaftsordnung wenig geeignet.[99]

Der vom Gesetzgeber präferierte Vorrang der Publizität in Gestalt der Besitzübertragung hat zwar für sich, daß für den Vertragspartner eher ersichtlich wird, wie es um das Vermögen seines Gegenübers bestellt ist, da die Möglichkeit, daß der Schuldner eine Sache zwar zur Sicherheit übereignet, jedoch den Besitz behält, oder eine Sache unter Eigentumsvorbehalt kauft und die tatsächliche Verfügungsgewalt erhält, ohne an ihr das Eigentum zu erwerben, ausgeschlossen ist.

Die Nachteile des Pfandrechts sind aber vor allem praktischer Natur. Der Kreditgeber hat in der Regel keine Räumlichkeiten, um die verpfändeten Gegenstände

---

[96] Kabelpfandgesetz vom 31.03.1925 (RGBl. I 37): Registerpfandrecht; Gesetz über Rechte an eingetragenen Schiffen und Schiffsbauwerken vom 15.11.1940 (RGBl. I, 1499): Registerpfandrecht; Gesetz über Rechte an Luftfahrzeugen vom 26.02.1959 (BGBl. I 57, 223): Registerpfandrecht; Pachtkreditgesetz vom 05.08.1959 (BGBl. I 494): Registerpfandrecht; Gesetz zur Sicherung der Düngemittel- und Saatgutversorgung vom 19.01.1949 (WiGBl. 8): gesetzliches Früchtepfandrecht; Pfandleihverordnung vom 01.02.1962 (BGBl. I 58 und BGBl. I 1976 I 1335 sowie BGBl. 1979 I 1986).

[97] Pfandrecht des Vermieters, § 559 BGB, Pfandrecht des Verpächters, § 583 BGB, Pfandrecht des Gastwirtes an eingebrachten Sachen seiner Vertragspartner, § 704 BGB.

[98] Baur § 55 A I, 3, b), bb).

[99] Umfassend dazu: Simitis, Das besitzlose Pfandrecht, eine rechtsvergleichende Untersuchung, Acp 171, S. 94ff.

sachgerecht zu lagern.[100] Der Transport des Pfandes zum Pfandgläubiger verursacht überdies Kosten und birgt in sich die Gefahr des Untergangs der Sache. Die sicherungshalber Verpfändung einer Sachgesamtheit, wie beispielsweise des Warenlagers, ist gänzlich unmöglich. Schließlich scheidet die Verpfändung von Produktionsmitteln, die für den laufenden Betrieb benötigt werden, gänzlich aus.

Diese Nachteile werden auch nicht durch die vorhandenen Möglichkeiten einer Immobiliarsicherung kompensiert. Steht ausreichend Kapital zur Verfügung, so entspricht die Immobiliarsicherung nicht mehr den wirtschaftlichen Bedürfnissen, da die Kreditgeber auch demjenigen Kredit zu gewähren bereit sind, der nicht über Immobiliarvermögen verfügt.[101] Aus den genannten Gründen standen einem solchen Kreditschuldner jedenfalls dingliche Sicherheiten nach dem Gesetz nicht zur Verfügung. Vor allem diese restriktive Möglichkeit der Sicherheitenbestellung an Mobilien durch Faustpfand hat überhaupt erst dazu geführt, daß wegen des wirtschaftlichen Drucks sich die Mobiliarsicherheiten entwickeln konnten.

II. Der gesetzliche Rahmen des Mobiliarkreditsicherungsrechts

1. Ausgangsregelung

Der Eigentumsvorbehalt war im besonderen Schuldrecht des Bürgerlichen Gesetzbuches von Anfang an in § 455 BGB (§ 449 n. F.) geregelt. Während noch dem römischen Recht der Eigentumsvorbehalt unbekannt war, entspricht die Regelung des § 455 BGB dem pactum reservati dominii des gemeinen Rechts.[102] Nach dieser Auslegungsregel soll das Eigentum im Zweifel unter der aufschiebenden Bedingung der vollständigen Kaufpreiszahlung übergehen. Das BGB regelte damit nicht den Eigentumsvorbehalt mit dinglicher Wirkung, sondern setzt ihn nur in § 455 BGB voraus.[103]

Die Sicherungsübertragung, also insbesondere die Sicherungsübereignung beweglicher Sachen, die Sicherungsabtretung von Forderungen und die Sicherungsübertragung von Rechten, sind im Bürgerlichen Gesetzbuch hingegen nur im Ansatz erwähnt.[104] Daß der historische Gesetzgeber allerdings auch hier bereits die Möglichkeit einer Sicherungsübertragung unter Umständen gesehen hat, läßt sich allerdings

---

[100] Simitis, Das besitzlose Pfandrecht, eine rechtsvergleichende Untersuchung, Acp 171, S. 94, *S. 95.*

[101] Simitis, Das besitzlose Pfandrecht, eine rechtsvergleichende Untersuchung, Acp 171, S. 94, *S. 95.*

[102] Staudinger, *Honsell*, § 455 Rdnr. 1.

[103] Leske, Band 3, § 60, S. 194.

[104] Serick, Bd. 1, S. 1.

anhand des Gesetzgebungsverfahrens nachweisen.[105] In der zweiten Lesung des Entwurfes des BGB wurde der Antrag abgelehnt, dem § 930 BGB einen zweiten Absatz anzufügen, der die Verwendung des Besitzkonstitutes bei der Sicherungsübertragung verhindern sollte.[106] In der Gesetz gewordenen Fassung des § 930 BGB, der diese Restriktion gerade nicht enthielt, schaffte der Gesetzgeber also überhaupt erst die Möglichkeit der späteren Sicherungsübereignung.[107]

Auch an anderer Stelle läßt sich ersehen, daß dem historischen Gesetzgeber die Übertragung eines dinglichen Rechts lediglich zum Zwecke der Kreditsicherung nicht ganz fremd war. So heißt es, allerdings an versteckter Stelle in den Motiven zum BGB in den Erläuterungen zu § 183 EntwurfBGB für die Verjährung der Pfandschuld, daß es keinen Unterschied machen könne, ob eine Forderung durch Bestellung eines Pfandrechtes oder „durch Uebertragung eines Rechtes (Eigenthum, Grundschuld u. s. f.) sichergestellt worden ist."[108] Die unverändert in § 223 Abs. 2 BGB übernommene Regelung setzt die Sicherungsübertragung eines Rechtes damit wohl voraus.[109] Zudem hat sich der Gesetzgeber einer ausdrücklichen Regelung zur möglichen Umgehung des Faustpfandprinzips enthalten, denn er hat auch etwa nicht davon Gebrauch gemacht, § 1205 BGB als absolutes Verbot anderer Kreditsicherung zu formulieren.[110]

2. Zwischenergebnis

Ein klares Konzept zur Regelung der Sicherungsrechte wird damit weder aus dem Bürgerlichen Gesetzbuch noch aus dessen Entstehungsgeschichte ersichtlich.[111] Einerseits schaffen Traditions- und Abstraktionsprinzip sowie die Akzessorietät und Publizität strenge Grenzen, die jedoch durch die ausdrückliche Zulassung des Eigentumsvorbehaltskaufes, ohne diesen allerdings inhaltlich auszugestalten und die stillschweigende Zulassung von Sicherungsübereignung gleich wieder aufgeweicht werden.[112]

---

[105] Seif, S. 67.

[106] Mugdan, Bd III, S. 626.

[107] Staudinger, *Wiegand*, Anh. zu §§ 929-931 BGB, Rdnr. 7.

[108] Motive I, S. 345.

[109] RGZ 57, S. 175, *S. 177*; Wolff-Raiser, § 179, S. 733f.

[110] Vgl. Hromadka, S. 171ff.; MüKo, *Oechsler*, Anh. §§ 929-936 BGB, Rdnr. 3; Staudinger, *Wiegand*, Anh. zu §§ 929-931, Rdnr. 42; Gaul, Lex commissoria und Sicherungsübereignung, AcP 168 (1968), S. 350, *S. 357f.*

[111] Hromadka, S. 133ff.; Staudinger, *Wiegand*, Anh. zu §§ 929-931 BGB, Rdnr. 10.

[112] Dazu, daß die Spannweite der rechtsgeschäftlichen Sicherungsrechte durch das Bürgerliche Gesetzbuch vorgegeben ist, vgl. Schmidt, Handelsrecht, § 22 II 1., S. 641.

Die heute häufig beklagte Entwicklung des Kreditsicherungsrechts außerhalb der Regeln des Bürgerlichen Gesetzbuches erscheint damit bereits angelegt.[113]

C. Entwicklung der heutigen besitzlosen Sicherungsmittel und deren Auswirkung auf die KO

Die eigentliche Entwicklung der heutigen Sicherungsmittel fand demgemäß im wesentlichen auch außerhalb des BGB statt.

Das Bedürfnis der Wirtschaft erforderte ein variables Kreditsystem. Dazu paßte es kaum, daß das BGB in seinem Bestreben um das Publizitätserfordernis für das Pfandrecht die Besitzerlangung voraussetzte und andere Mobiliarsicherheiten kaum im Ansatz zur Verfügung stellte.

Doch war die Aufweichung der Prinzipien von BGB und KO kein plötzlich auftretendes Phänomen, sondern vollzog sich die Entwicklung in Etappen.

I. Sicherungsübereignung

Den Ausgangspunkt der Regelungen des Bürgerlichen Gesetzbuches hat die Kautelarjurisprudenz bald verlassen. Die Sicherungsübereignung gemäß §§ 929,930, 868 BGB vermied die für die Pfandbestellung notwendige Übergabe nach § 1205 Abs. 1 BGB.[114] Im Rahmen der Sicherungsabtretung entfiel die für die Forderungsverpfändung notwendige Anzeige an den Drittschuldner.[115]

Treibende Kraft dieser Entwicklung war das Bedürfnis des Schuldners, auch die zur Kreditfinanzierung dienenden Gegenstände seines Gewerbebetriebs in seinem Unternehmen auch weiterhin nutzen zu können.[116]

1. Wirtschaftliche Erwägungen gegen formalistische Eigentumsbetrachtung

Bereits im Jahre 1899 relativierte die Rechtsprechung des RG die erst soeben getroffene Entscheidung für das Faustpfandprinzip und gegen die Möglichkeit von besitzlosen Sicherheiten, indem es wirtschaftliche Betrachtungen in die Entscheidung für und gegen die Formalisierung der Eigentümerstellung einfließen ließ.[117] Der zur Entscheidung gestellte Fall betraf die Frage, ob die Aussonderung von Grundstückseinheiten möglich ist, die dem Gemeinschuldner mit der Maßgabe übertragen worden sind, sie an Dritte zu übereignen.

---

[113] So auch Staudinger, *Wiegand*, Anh. zu §§ 929-931 BGB, Rdnr. 10.

[114] Vgl. Gerhard, Mobiliarsachenrecht, S. 146f.

[115] Reinicke/Tiedtke, Kreditsicherung, Rdnr. 591.

[116] Erster Bericht der Kommission für Insolvenzrecht, S. 296.

[117] RGZ 45, S. 80ff.

Das Reichsgericht ging der Frage nach, ob die Eigentumsübertragung, zu der es nur gekommen war, weil die Parteien sonst Schwierigkeiten bei der weiteren Übertragung der Grundstücke fürchteten, lediglich als Scheingeschäft zu deuten sei, da die „vollständige" Übertragung des Eigentums nicht gewünscht war, sondern es sich um ein fiduziarisches Geschäft handelte.[118] Für letztlich entscheidend hielt das Gericht dann aber die Erwägung, daß der Gemeinschuldner zwar „formell und juristisch", nicht aber „materiell und wirtschaftlich" Eigentümer der Grundstücke geworden sei.[119]

Auch in diesem Sinn interpretiert das Reichsgericht die Vorschriften der Reichskonkursordnung, indem es davon ausgeht, daß die §§ 21[120], 35[121] RKO, wenn sie auf die Eigentumsposition abstellten, nicht anordnen wollten, daß dem Gemeinschuldner im Konkurs ein mehr an Rechtsmacht zusteht, als dies im Innenverhältnis der Fall sei.[122]

Diese höchstrichterliche Entscheidung kann als richtungsweisend auf dem Gebiet des Kreditsicherungsrechtes gelten. Anders als der Gesetzgeber, dem Faustpfandrecht verhaftet und vornehmlich von dogmatischen und rechtspolitischen Fragen geleitet, hielt eine sehr viel pragmatischere Betrachtungsweise Einzug. Mittel dieser Betrachtungsweise waren wirtschaftliche Erwägungen.

Damit relativiert sich die erst gerade in Kraft getretene Entscheidung des Gesetzgebers gegen fiduziarisches Eigentum. Das Reichsgericht differenziert zwischen verschiedenen Arten des Eigentums: solches, welches dem Berechtigten tatsächlich „gehört" und dem Treuhandeigentum, welches ihm lediglich formell zustehe. Hierin manifestiert sich das Auseinanderdriften der formalen Eigentumsbetrachtung nach dem Sachenrecht des BGB und der wertenden Betrachtung im Rahmen der konkursrechtlichen Frage, ob dem Eigentümer dieses Eigentum auch tatsächlich „gehört".

Wie die Entwicklung hätte aussehen können, wenn der deutsche Gesetzgeber konsequent am Verbot der Mobiliarsicherheiten durch das Bürgerliche Gesetzbuch festgehalten hätte, läßt sich an der fast zeitgleichen schweizerischen Rechtspre-

---

[118] RGZ 45, S. 80, *S. 81f.*

[119] RGZ 45, S. 80, *S. 85.*

[120] § 21 KO 1877: Wenn infolge der Eröffnung des Konkursverfahrens die Nichterfüllung einer Verbindlichkeit oder die Aufhebung eines Rechtsverhältnisses des Gemeinschuldners eintritt, so ist der andere Theil nicht berechtigt, die Rückgabe seiner in das Eigenthum des Gemeinschuldners übergegangenen Leistung aus der Konkursmasse zu verlangen. Er kann eine Forderung wegen der Nichterfüllung oder der Aufhebung nur als Konkursgläubiger geltend machen, soweit ihm nicht ein Anspruch auf abgesonderte Befriedigung zusteht.

[121] § 35 KO 1877: Die Ansprüche auf Aussonderung eines dem Gemeinschuldner nicht gehörigen Gegenstandes aus der Konkursmasse auf Grund eines dinglichen oder persönlichen Rechts bestimmen sich nach den außerhalb des Konkursverfahrens geltenden Gesetzen.

[122] RGZ 45, S. 80, *S. 84f.*

chung mit der eindeutige Absage des Art. 717 ZGB[123] an besitzlose Sicherheiten ermessen: Das schweizerische Bundesgericht greift die Rechtsprechung des RG zwar auf, erteilt dieser aber eine Absage und stellt darauf ab, daß es für den absoluten Begriff des Eigentums lediglich eine juristische, nicht durch wirtschaftliche Betrachtung verwässerte Betrachtungsweise geben müsse.[124]

Das Reichsgericht setzte hingegen seine Linie fort. Die Sicherungsabrede wurde als konkretes Besitzmittlungsverhältnis für die Sicherungsübereignung anerkannt und das Rechtsinstitut gefestigt.[125] Schließlich wurde herausgestellt, daß die Sicherungsübereignung ein zulässiges Sicherungsmittel eigener Art sei und keine Umgehung des vom Gesetzgeber in § 1205 BGB festgelegten Faustpfandprinzips vorläge.[126] Nur zeitweise war etwa auch die Frage umstritten[127], ob dem Sicherungsgeber im Falle der eigennützigen Treuhand in Gestalt einer Sicherungsübereignung ein Aussonderungsrecht zustehen soll, obgleich er nicht Eigentümer des Treugutes ist. Nach anfänglichem Widerstand setze sich die Ansicht durch, daß in konsequenter Anwendung der Rechtsprechung dem Treugeber trotz mangelnder formaler Eigentumsstellung die Aussonderung zu gewähren ist,[128] wie es bis zum Ende der Konkursordnung dann mit allgemeiner Meinung bejaht wird.[129]

Damit war das gesetzgeberische Leitbild der Sicherheitenbestellung für Mobilien kontakarriert.

So konstatierte auch *Jaeger* bereits im Jahre 1902, daß die ursprüngliche Aussonderungslehre durch die Entwicklung im bürgerlichen Recht erheblich umgestaltet worden sei.[130]

---

[123] Nach Art. 717 ZGB ist der durch Besitzkonstitut bewirkte Eigentumsübergang Dritten gegenüber unwirksam:

Art. 717 ZGB:

3. Erwerb ohne Besitz

(1) Bleibt die Sache infolge eines besonderen Rechtsverhältnisses beim Veräusserer, so ist der Eigentumsübergang Dritten gegenüber unwirksam, wenn damit ihre Benachteiligung oder eine Umgehung der Bestimmungen über das Faustpfand beabsichtigt worden ist.

(2) Das Gericht entscheidet hierüber nach seinem Ermessen.

Ausführlich Nickel-Schweizer, S. 50ff.; zu weiteren Länderregelungen Gravenhorst, Mobiliarsicherheiten für Darlehens- und Wartenkredite in den sechs Ländern der europäischen Gemeinschaften.

[124] BGE 39 II, S. 800, *809ff.* zit. nach Staudinger, *Wiegand*, Anh. zu §§ 929-931 BGB Rdnr. 9.

[125] RGZ 49, S. 170, *S. 173*; 52, S. 385, *S. 394f.*; 57, S. 175, *S. 178,* dazu Wolff-Raiser, S. 733.

[126] RG 59, S 146, *S. 148.*

[127] Überblick bei Jaeger, KO 1902, § 43 Anm. 17f.

[128] Zum damaligen Meinungsstand vgl. Jäger, Lehrbuch des Deutschen Konkursrechts, § 16 III, S. 103.

[129] Statt vieler: Kilger/Schmidt 16. Aufl., § 43 KO Anm. 9.

[130] Jaeger, KO 1902, § 43, Einl.

2. Zwischenergebnis

Mit Hilfe dieser wirtschaftlichen Betrachtungsweise war ein Instrument gefunden, die gesetzliche Regelung mit ihrer vordergründig ablehnenden Haltung gegenüber dem Mobiliarkredit in weiterem Umfang zur Disposition des Richterrechts zu stellen. Nicht mehr nur die dingliche Zuordnung der Sache zu einer Person sollte den Ausschlag für ein mögliches Aussonderungsrecht geben, sondern konnte mit einer wirtschaftlichen Betrachtung eine gesonderte, nunmehr auf Wertungen beruhende Zuordnung zum Vermögen von Sicherungsgeber oder Sicherungsnehmer erfolgen.

II. Eigentumsvorbehalt

Auf weit weniger Widerstand als die Sicherungsübereignung stieß die Entwicklung des Eigentumsvorbehaltes, der in § 455 BGB von vornherein seine Stütze im Gesetz hatte.

Die kauterlajurisprudistische Entwicklung des Eigentumsvorbehaltes verlief dadurch so schnell, daß die wissenschaftliche Behandlung des Eigentumsvorbehaltes damit längst nicht Schritt halten konnte.[131]

Als der Eigentumsvorbehalt dann mit Unterstützung gleichfalls der Rechtsprechung erst gefestigt war, begannen sich auch dessen Verlängerungs- und Erweiterungsformen rasch zu entwickeln.

Während noch das Reichsgericht für den Fall des verlängerten Eigentumsvorbehaltes strenge Anforderungen an die Bestimmtheit der im Voraus abgetretenen Forderungen stellte, lockerte der BGH diese Anforderungen mehr und mehr und sorgte so dafür, daß sich die Erweiterungsform des Eigentumsvorbehaltes immer größerer Beliebtheit erfreute.[132] Bei der Sicherungsübereignung eines Warenlagers mit wechselndem Bestand ist es nach der Rechtsprechung des BGH unschädlich, wenn das Eigentum an den zu übertragenden Gegenständen teilweise noch aufgrund eines Eigentumsvorbehaltes dem Lieferanten zusteht, solange vertraglich geregelt ist, daß auch die bereits erworbenen Eigentumsanwartschaften des Schuldners zur Sicherung übertragen werden.[133] Damit war von den zunächst strengen Anforderungen an das Publizitätsprinzip kaum mehr etwas geblieben, weil Eigentum und Besitz entgegen der Vermutung des § 1006 BGB oftmals dauerhaft auseinanderfielen.[134]

---

[131] So im Jahre 1930 Rühl, S. 1, der sich gleichzeitig dafür ausspricht, diese Entwicklung nicht durch gesetzgeberische Gegenmaßnahmen aufzuhalten bzw. rückgängig zu machen, S. 308.

[132] Vgl. etwa BGHZ 7, 365, *S. 369* für Vereinbarungen in Allgemeinen Geschäftsbedingungen.

[133] BGHZ 28, S. 16, anders noch BGHZ 21, S. 52.

[134] Vgl. Gmür, S. 116.

Eine entscheidende Stufe der weiteren Ausweitung stellte dabei insbesondere die Zulassung der Erweiterungsformen des Eigentumsvorbehaltes dar.[135] Zwar erlaubte auch das Pfandrecht die Sicherung künftiger Forderungen, doch leitete man aus dem Akzessorietätsprinzip als dessen Konkretisierung das Bestimmtheitserfordernis her, wonach die künftige Forderung bereits dergestalt bezeichnet sein muß, daß die Sicherungsabrede bereits auf eine dingliche Forderung hinleitet.[136]

III. Sicherungsabtretung

Die Entwicklung der Sicherungsabtretung für Forderungen statt der Forderungsverpfändung entspricht der Entwicklung der Sicherungsübereignung für Mobilien anstatt des Sachpfandes.[137] War es beim Faustpfand die Besitzverschaffung, die der Sicherungsgeber vermeiden wollte, so scheute er bei der Sicherungsabtretung die seinem Kredit- und Geschäftsansehen nicht unbedingt zuträgliche Anzeige der Verpfändung an den Schuldner gemäß § 1280 BGB.[138]

Aus den gleichen Gründen wie bei der Sicherungsübereignung und wiederum mit Billigung der Rechtsprechung hat die Sicherungsabtretung die ursprünglich vom Gesetz vorgesehene Verpfändung der Forderung fast vollständig verdrängt.[139] Auch die Globalzession gegenwärtiger und künftiger Forderungen eines Unternehmens zur Sicherung eines Kredites wurde anerkannt,[140] ohne daß hier ebenfalls die Bestimmbarkeit der einzelnen Forderungen im Wege stünde, obgleich weder die Person des Schuldners noch der Inhalt des Anspruchs zum Zeitpunkt der Sicherung bezeichnet werden kann.

Die Entwicklung der Sicherungszession verlief damit nahezu exakt parallel zur Sicherungsübereignung und wegen § 1280 BGB noch deutlicher gegen den Willen des Gesetzgebers.

Obgleich in der Rechtslehre bemängelt wurde, daß die Sicherungsabtretung dem BGB fremd sei, wurde dennoch – denn anders wäre die Entwicklung des Instituts in die Leere gegangen – die Absonderungskraft derselben anerkannt.[141]

---

[135] Zur heutigen praktischen Bedeutung zur Sicherung der Geldleistung vgl. auch Heussen, Teil 2, Rndr. 180ff.

[136] Motive III, S. 798; Staudinger, *Wiegand*, Anh. zu §§ 929-931 BGB, Rdnr. 10.

[137] Vgl. Staudinger, *Busche*, Einl. zu §§ 398ff., Rdnr. 66.

[138] Vgl. Staudinger, *Busche*, Einl. zu §§ 398ff., Rdnr. 66.

[139] Vgl. Reinicke/Tiedtke, Kreditsicherung, Rdnr. 591; Kaduk, Verlängerter Eigentumsvorbehalt und Globalzession als konkurrierende Gläubigerrechte in: Festschrift für Larenz, 1973, S. 683, *S. 685f.*

[140] RGZ 136, S. 100, *S. 103f.*

[141] Vgl. Jaeger, Lehrbuch des Deutschen Konkursrechts, § 17 III, S. 113.

IV. Zusammenfassung

Aus den Materialien zur Konkursordnung läßt sich eine offene Haltung des Gesetzgebers in Bezug auf weitere Sicherungsmittel und gerade besitzlose Sicherheiten – anders als im Bürgerlichen Gesetzbuch - nicht herleiten.

Die eigentliche Regelung derjenigen Rechte, die zur Aussonderung berechtigen sollten, wollte der Gesetzgeber der Konkursordnung vielmehr dem bürgerlichen Recht überlassen. Dort sollten die materiellrechtlichen Regelungen getroffen werden, denen die Konkursordnung lediglich zur Durchsetzung auch für den Fall des Konkurses verhelfen sollte.

Was damit als Lückenbüßer für ein noch nicht existierendes bürgerliches Recht bzw. für verschiedenste ländereigene Bestimmungen geschaffen wurde, mußte flexibel werden, um auf die Wandlungen der bürgerlich rechtlichen Regelungen – seien sie vom Gesetzgeber vorgesehen oder durch die Rechtspraxis erst geschaffen worden – zu reagieren. Dies geschah allerdings um den Preis der Aufgabe einer formal an der Eigentümerstellung ausgerichteten Dogmatik.

Die vornehmlich von der Praxis entwickelten Sicherheiten[142] in die Konkursordnung zu integrieren, stellte sich mit den Regularien von Aus- und Absonderung als problematisch dar. Die Ausrichtung des historischen Gesetzgebers auf das zur Aussonderung berechtigende Eigentum einerseits und das zur Absonderung führende Pfandrecht andererseits war nicht für die neuen Sicherungsinstitute, die diejenigen, die vom bürgerlichen Gesetzbuch vorgesehen waren, an der Rand der Bedeutungslosigkeit bringen sollten, vorgesehen.

D. Bewertung der historischen Entwicklung

Die Konkursordnung sollte eine Rechtsvereinheitlichung für das Deutsche Reich auf dem Rechtsgebiet des Konkursrechts erreichen. Dies sollte durch ein Gesetz geschehen, das sowohl materiellrechtliche wie auch verfahrensrechtliche Regelungen enthält.[143] Dem Privatrecht zugeordnet ist das Gesetz durch das materielle Recht geprägt.[144] Gerade diese Prägung durch das materielle Recht führte zu der Unterscheidung zwischen Aussonderung und abgesonderter Befriedigung. Das deutschlandeinheitliche Recht in Gestalt des Bürgerlichen Gesetzbuches bestand noch nicht, so daß die Frage, welche Vermögensgegenstände zumindest ihrem Werte nach nicht an einem Konkursverfahren teilnehmen sollten, entsprechend offen angelegt werden mußte.

---

[142] Vgl. auch Heussen, Teil 2, Rdnr. 180ff.

[143] Häsemeyer, Rz. 1.05.

[144] Häsemeyer, Rz. 1.05.

I. Aussonderung und abgesonderte Befriedigung als Platzhalter für ein kommendes Kreditsicherungsrecht

Die Betrachtung der historischen Entwicklung zeigt, daß zum Zeitpunkt des Entstehens der Konkursordnung die Tatsache, daß ein einheitliches Bürgerliches Recht für das Deutsche Recht nicht existiert hat, die Regelungen von Aus- und Absonderung maßgeblich beeinflußt hat. Der Gesetzgeber konnte wegen dieses Defizits also noch nicht ausdrücklich festlegen, welches materielle Recht zur Aus- oder eben nur Absonderung berechtigen soll, ohne maßgeblich sachenrechtliche Grundentscheidungen schon hier zu treffen. Zwei Eckpunkte aber waren bereits festgelegt. Auszuscheiden aus der Konkursmasse sei das Eigentum, bevorzugt zu befriedigen der Inhaber eines Pfandrechtes.

Dieses Pfandrecht aber sollte unbedingt mit Publizität versehen sein, wie die Abschaffung des Mobiliarhypothek und deren Begründung zeigt.

Daß eine grundsätzliche Gläubigergleichbehandlung im Konkurs durch die Kreditsicherungspraxis unterlaufen worden ist,[145] liegt damit wohl weniger daran, daß der historische Gesetzgeber im Gesetzgebungsverfahren zur Konkursordnung diese Möglichkeiten der Kreditsicherung nicht erkannt hat, sondern vielmehr darin begründet, daß er auf eine diesbezügliche Regelung in der Konkursordnung verzichtete, um einer solchen im Bürgerlichen Gesetzbuch den Vorzug zu gewähren. Dies wurde zur offenen Flanke der Konkursordnung. Die Praxis der besitzlosen Mobiliarsicherheiten hätte danach von Gesetzgeber bzw. später Rechtsprechung und Lehre im Rahmen des Bürgerlichen Gesetzbuches eingedämmt werden müssen, wenn man eine solche denn verhindern wollte. Die Konkursordnung war als solches Regelwerk nicht konstruiert.

II. Systematischer Zusammenhang zwischen bürgerlichem Recht und Konkursrecht

Was aus Sachzwängen heraus geboren war, nämlich Aus- und Absonderung als Lückenbüßer statt benannter Rechte in die Konkursordnung zu übernehmen, birgt allerdings auch Vorteile für die Fortentwicklung des Rechts. Die Instrumente Aus- und Absonderung waren flexibel genug, auch die neuen Rechtsinstitute ohne Gesetzesänderung in das bestehende Regularium einzubeziehen, mag dies wegen mangelnder Spezifizierung auch zu so manchem Meinungsstreit geführt haben. Auch hier wäre allerdings der Raum gewesen, die Ausdehnung des Mobiliarkredites wirksam zu verhindern. Das bürgerliche Recht läßt ausdrücklich, von für die Kreditierung unwichtigen Ausnahmen der Register- und besitzlosen Pfandrechte abgesehen, nur mit Publizität ausgestattete Pfandrechte zu. So muß die Mobiliarsicherheit Pfandrecht unter Besitzübertragung verpfändet werden, §§ 1205, 1206 BGB.

---

[145] So Häsemeyer, 4.01.

Diesem Pfandprinzip schon vorher verhaftet, ließ auch die Konkursordnung mit § 48 KO[146] nur und ausdrücklich die Pfandrechte als Absonderungsrechte zu.

Wenn heute aus der Tatsache, daß der Deutsche Gesetzgeber es unterließ, eine Norm wie den schweizerischen Art. 717 ZGB, zu schaffen, gefolgert wird, daß er den Mobiliarsicherheiten nicht gänzlich ablehnend gegenüberstand, so sollte zumindest die Kontinuität der Entwicklung des Prinzips berücksichtigt werden. Denn die Grundlage des Faustpfandprinzips war mit der durch die Konkursordnung geschaffenen Unterscheidung zwischen zulässigem publizitätshaften Pfandrecht und dem dinglichen Vollrecht in Gestalt des Eigentums bereits teilweise festgelegt.

Die Linie der Konkursordnung setzte das Bürgerliche Gesetzbuch mit seiner Absage an Mobiliarsicherheiten formal fort. Wenn allerdings ergründet wird, ob der Gesetzgeber des BGB die Möglichkeit der fiduziarischen Sicherung gesehen, nicht gesehen, abgelehnt oder versteckt befürwortet habe,[147] sollte auch dieser Umstand berücksichtigt werden. Die Absage der Konkursordnung an den Mobiliarkredit war stringent. Und ohne Widersprüche konnte der Gesetzgeber des BGB von dieser Diktion kaum abweichen. Das aber spricht dafür, daß die leisen Töne, die das BGB zum Mobiliarkredit bereits anschlägt, stärker zu gewichten sind, weil der Reichsgesetzgeber sich insoweit um Widerspruchsfreiheit bemühen mußte, selbst wenn es ihm mit der Absage an die Mobiliarsicherheiten für das BGB längst nicht mehr so ernst gewesen sein sollte.

1. Spannungsfeld der Gegenstandszuordnung von KO und BGB

Der historische Abriß zeigt deutlich das Spannungsfeld zwischen der Sachzuordnung nach Konkursordnung und Bürgerlichem Gesetzbuch.

Wie aufgezeigt, ordnet die Konkursordnung eigentlich das Vollrecht und damit das Eigentum mit seinem gesamten Wert dem Vermögen des Rechtsinhabers zu und toleriert ansonsten im wesentlichen nur das Besitzpfand.[148]

Unter dem BGB war hingegen bald schon die fiduziarische Eigentumsübertragung gestattet, wonach eine Person formal und juristisch, nicht aber wirtschaftlich und materiell Eigentümer einer Sache werden kann.

---

[146] § 48 KO: Rechtsgeschäftliches Pfandrecht

Gläubiger, welche an einem zur Konkursmasse gehörigen Gegenstand ein durch Rechtsgeschäft bestelltes Pfandrecht haben, können aus den ihnen verpfändeten Gegenständen abgesonderte Befriedigung wegen ihrer Pfandforderung verlangen, zunächst wegen der Kosten, dann wegen der Zinsen, zuletzt wegen des Kapitals.

[147] Vgl. Hromadka, S. 172ff., Staudinger, *Wiegand*, Vorbem. zu §§ 1204ff., Rdnr. 1f.; Gaul, Lex commissoria und Sicherungsübereignung, AcP 168 (1968), S. 351, *S. 358ff.*

[148] Häsemeyer, Rz. 1.06.

Betrachtet man vorangestelltes am Beispiel einer Sicherungsübertragung des Eigentums, so ergibt sich folgendes Bild:

Übereignet der Sicherungsgeber an den Sicherungsnehmer und wird dieser insolvent, so kann ersterer nicht die Rückübertragung und damit Aussonderung des Sicherungsgutes an sich fordern, denn dies widerspräche der vollen Zuordnung des Vollrechtes zum Vermögen des Sicherungsnehmers, welche die KO verlangt. Danach muß die Eigentumsübertragung eigentlich haftungsrechtlich Bestand haben.

Fällt der Sicherungsgeber in Konkurs, so bleibt das Eigentum bei konsequenter Zuordnung nach der KO eigentumsrechtlich dem Sicherungsnehmer zugeordnet. Entsprechend muß dieser dann aussondern können. Eine Absonderung käme hingegen nicht in Betracht, denn die KO erkennt nur das Pfandrecht als Absonderungsrecht an.

Statt dessen soll aber der Sicherungsgeber im Konkurs des Sicherungsnehmers im Falle eigennütziger Treuhand aussondern,[149] der Sicherungsnehmer im Konkurs des Sicherungsgebers aber nur zur abgesonderten Befriedigung berechtigt sein.[150] Dies soll daran liegen, daß die Sicherungsübereignung dem Pfandrecht näher stehe als dem Eigentum.[151]

Deutlich ablesen lassen sich diese Friktionen auch am Gesetzeswortlaut: Während das BGB, wenn es in § 932 BGB davon spricht, daß eine Sache „nicht dem Veräußerer gehört" die formale Eigentumsposition meint, war mit dem „nicht gehörigen" Gegenstand aus § 43 KO[152] wegen der materiellen und wirtschaftlichen Betrachtungsweise schon kurz nach Inkrafttreten des Bürgerlichen Gesetzbuches unter Umständen etwas ganz anderes gemeint.

Dem Grunde nach sind beide Positionen also unvereinbar. Um diesen Widerspruch aufzulösen, mußte eine der beiden Sichtweisen aufgegeben werden, und es war von vornherein klar, welche dies sein würde. Denn mit der Zulassung fiduziarischer Geschäfte war die Grundentscheidung gefallen, und das Konkursrecht mußte

---

[149] Vgl. Baur/Stürner, Zwangsvollstreckungsrecht II, Rz. 4.7; Pape/Uhlenbruch, Rdnr. 543.

[150] Vgl. Pagenstecher/Grimm, S. 11; Jaeger, Lehrbuch des Deutschen Konkursrechts, S. 113; für die Insolvenzordnung schon § 51 Nr. 1 InsO, Gesetzentwurf InsO BR-Drs. 12/2443, S. 125; MüKo InsO, *Ganter*, § 51 Rdnr. 4ff.; Smid § 2 Rdnr. 32.

[151] Neben dieser herrschenden Meinung gibt es weitere Erklärungsversuche für die im Ergebnis einhellige Ansicht, daß der Sicherungsnehmer nur abgesonderte Befriedigung verlangen, nicht aber aussondern dürfe: So die Lehre vom geteilten Eigentum, die Einordnung als besitzloses Pfandrecht und das Umwandlungsprinzip; vgl. zu den Einzelheiten MüKo InsO, *Ganter*, § 51 Rdnr. 5f.

[152] § 43 KO: Grundsatz

Die Ansprüche auf Aussonderung eines dem Gemeinschuldner nicht gehörigen Gegenstandes aus der Konkursmasse aufgrund eines dinglichen oder persönlichen Rechts bestimmen sich nach den außerhalb des Konkursverfahrens geltenden Gesetzen.

sich entsprechend anpassen, sollten die Sicherungsgeschäfte nicht nur Theorie bleiben, sondern in der Praxis nutzbar sein.

Dies alles zeigt, wie sehr materielles Kreditsicherungsrecht und Insolvenzrecht einander bedingen. Die Auswirkungen der Änderung des einen treffen unmittelbar die andere Regelungsmaterie.

2. Flexibilität von Aus- und Absonderung

Nimmt man die aufgezeigten Verwerfungen in Kauf, so stellen Aus- und Absonderung flexible Elemente zur Einordnung von Sicherungsrechten über eine wirtschaftliche Betrachtungsweise dar, die sogar eine unterschiedliche Behandlung eines Sicherungsmittels in KO/InsO und ZPO zu rechtfertigen vermag.[153]

Für die weitere Untersuchung kann an dieser Stelle festgehalten werden, daß sich die Frage nach der Aus- oder Absonderungskraft jedenfalls nicht mit der Frage nach einem absoluten dinglichen oder beschränkten dinglichen Recht deckt.[154]

Die Übereinstimmung von dinglicher Zuordnung und der Entscheidung, ob ein Recht Aus- und Absonderung nach sich zieht, ist damit jedenfalls kein generelles Unterscheidungskriterium für die haftungsrechtliche Behandlung und schränkt insoweit auch die Entscheidung des Gesetzgebers für das eine oder andere nicht (mehr) ein.

Ob sich statt der formalen Zuordnung eine haftungsrechtliche Zuordnung herausgebildet hat, die nun als übergeordnetes Ordnungsprinzip zu beachten ist, wird noch zu erörtern sein.

III. Lückenhafter Schutz gegen die Umgehung des Faustpfandprinzips

Die Konkursordnung des Jahres 1877 hatte die Voraussetzungen der künftigen Bestellung von Krediten am Vermögen des Schuldners vorbereiten wollen. Der Gesetzgeber wandte sich gegen den Mobiliarkredit zugunsten des Pfandrechtes.

Die gesetzliche Absicherung dafür war jedoch lückenhaft.

Dies hat allerdings die Konkursordnung nicht in erster Linie vertreten. Sie konnte nur vorbereiten, was das bürgerliche Recht hätte vollenden sollen: die Verhinderung des Mobiliarkredites. Aus der Gesetzgebungsgeschichte des BGB ist einiges dafür ersichtlich, daß die Absage an besitzlose Sicherheiten nicht ganz so deutlich gewesen ist, wie sie hätte ausfallen können, wie die entsprechende Antwort des schweizerischen Gesetzgebers zeigt. Eine Rolle könnte hier auch der mit der Kon-

---

[153] Dazu MüKo InsO, *Ganter*, § 31 Rdnr. 9.

[154] Vgl. Henckel, Zur Dogmatik der besitzlosen Mobiliarsicherheiten in: Festschrift für Zeuner, S. 193, *S. 210ff.*; Häsemeyer, Rz 11.03f.

kursordnung einmal eingeschlagene restriktive Weg spielen, von dem jedenfalls ausdrücklich nicht mehr abgewichen werden sollte. So war der Gesetzgeber auch der Auffassung, schon mit der Konkursordnung das Faustpfandprinzip in hinreichendem Maße abgesichert zu haben.[155]

Wenn als Grund für die Reformbedürftigkeit des Insolvenzverfahrens immer wieder auch die Aushöhlung der Masse durch Aus- und Absonderungsrechte und der damit verbundene Funktionsverlust des Verfahrens bei der Liquidation angeführt wird,[156] so kann festgehalten werden, daß diese im Zusammenspiel von Konkursordnung und Bürgerlichem Gesetzbuch bereits in der Anlage begründet worden sind. Wenn es weiter heißt, daß der Gesetzgeber der Konkursordnung die Gefahren der besitzlosen Mobiliarsicherheiten nicht erkannt habe,[157] so kann dem im wesentlichen zugestimmt werden. Eine andere Frage ist allerdings, ob ihm dieses auch zum Vorwurf gemacht werden kann. Denn bei Erlaß der Konkursordnung hatte der Gesetzgeber nicht die Gesetzgebungskompetenz über das gesamte bürgerliche Recht, so daß er sich einer dezidierten Regelung der Aussonderung zu recht enthielt. Und im Rahmen der Absonderung tat er das ihm mögliche: er bereitete der Mobiliarhypothek ihr Ende und legte die Grundsteine des Faustpfandprinzips.

Dem rund 30 Jahre später agierenden gleichen Gesetzgeber des Bürgerlichen Gesetzbuches hätte es durch strenge Struktur des Mobiliarsachenrechts oblegen, eine Aushöhlung der Zielsetzung der Konkursordnung in Gestalt auch gleichmäßiger Befriedigung der Gläubiger von vornherein zu verhindern.

Über die Konkursordnung hat allenfalls noch eine Korrektur der sich verändernden Verhältnisse der Kreditwirtschaft erfolgen können.

Ob eine spätere Korrektur über die Haftungsverwirklichung in der Insolvenz gesetzgeberisch zulässig und sinnvoll ist, soll die weitere Untersuchung zeigen.

---

[155] Motive III, S. 800: „Das Faustpfandprinzip, welchem das Erfordernis der Übergabe entspricht, ist seit Erlaß der Vorschriften der Konk. O. über die Geltendmachung des Pfandrechtes an beweglichen Sachen im Konkurse überall angenommen, auch wo es bis dahin noch nicht streng durchgeführt war."

[156] Baur/Stürner, Zwangsvollstreckungsrecht II, Rz. 4.07.

[157] Häsemeyer, Rz. 4.01.

2. Teil: Insolvenzrechtsreform

Nach der kursorischen sicherungmittelspezifischen Betrachtung der Geschichte des Insolvenzrechtes soll nun ein genauerer Blick auf den Ablauf der jüngeren Reform des Insolvenzrechtes unternommen werden.

Diese Betrachtung soll die in Aussicht genommenen Lösungsansätze für den beklagten Funktionsverlust des Insolvenzverfahrens aufzeigen und insbesondere die Modalitäten und Intensität der Eingriffe in das Kreditsicherungsrecht analysieren, um die unterschiedlichen Ansätze dann auf ihre Zulässigkeit und Effektivität für die Ziele des Insolvenzverfahrens zu untersuchen. Mit deren Darstellung im Zusammenhang mit obigem historischen Abrisses soll dem Umstand Rechnung getragen werden, daß der Konkurs auch immer als ein Produkt eines historischen Prozesses zu betrachten ist, der sich nur in diesem Kontext in seiner Tiefe erschließt.[1] Dies beugt zugleich einer Gefahr vor, der sich jeder Reformvorschlag in gewachsenen Rechtsstrukturen gegenübersieht und gilt für die Insolvenzrechtsreform in besonderem Maß: Ein vermeintlich neuer Reformansatz droht idealisiert und zu wenig als das erkannt zu werden, was er eigentlich in Wahrheit ist: lediglich eine Spielart historisch bekannter Grundkonzeptionen, die kommen und wieder gehen und in der einen oder anderen Weise immer wieder in der Reformdiskussion zu finden sind.[2]

A. Entwicklung der Konkursordnung

Zunächst unterlag auch die Konkursordnung selbst über die Jahre einer Reihe von Änderungen,[3] die jedoch allesamt das Gefüge der Haftungsverwirklichung des Mobiliarkredites weitgehend unberührt ließen.

Beachtung verdient hier insoweit jedoch gerade wegen gesetzgeberischer Untätigkeit die erste umfassendere Änderung im Zusammenhang mit der Einführung des BGB durch Reichsgesetz vom 17.05.1898, welches gleichzeitig mit dem Bürgerlichen Gesetzbuch am 01.01.1900 in Kraft trat.[4] Aufgrund dieses Ermächtigungsgesetzes war lediglich der Text der Konkursordnung mit neuer Praragraphennennung neu bekannt gemacht worden.

---

[1] Baur/Stürner, Zwangsvollstreckungs- und Konkursrecht Band II: Insolvenzrecht, § 3 Rz. 3.1.

[2] Vgl. Baur/Stürner, Zwangsvollstreckungs- und Konkursrecht Band II: Insolvenzrecht, § 3 Rz. 3.1.

[3] Übersicht Hess, InsO, *Weis*, Vor § 1 InsO, Rdnr. 112.

[4] RGBl. S. 612.

Inhaltliche Änderungen wurden hingegen nicht vorgenommen, was nach den Ergebnissen zum 1. Teil darauf deuten läßt, daß der Gesetzgeber einen Widerspruch zwischen Konkursordnung und neuem bürgerlichen Recht nicht erblickte, sondern vielmehr von einem stimmigen Konzept beider Gesetze ausging.

Diese vermeidliche Harmonie bestand aber nur scheinbar, weil die Absage des BGB an den Mobiliarkredit inkonsequent war und sich letztlich eine formale eigentumsrechtliche Zuordnung der Vermögensgegenstände nicht halten ließ.

Die mangelnd deutliche Absage des bürgerlichen Gesetzbuches und die wirtschaftlichen Bedürfnisse nach Kreditsicherheiten, insbesondere auch nach dem zweiten Weltkrieg, führten schließlich dazu, daß die Konkursmasse zunehmend verarmte.[5] Der wachsende Anteil von Aus- und Absonderungsrechten ließ dem einfachen Konkursgläubiger kaum mehr eine nennenswerte Quote.[6]

I. Mangelnde Entlastung durch die Vergleichsordnung

Der Gesetzgeber hat bei der Einführung der Konkursordnung den Vergleich des vom Konkurs bedrohten Schuldners mit seinen Gläubigern noch für überflüssig gehalten.[7]

Bereits in der wirtschaftlichen Krisenzeit des ersten Weltkrieges zeigte sich jedoch ein Bedürfnis nach einem Vergleich, der den Konkurs im Konsens mit den Gläubigern abzuwenden vermag, wie er bereits im gemeinen Deutschen Recht vorgesehen war.[8] Aus dieser Notwendigkeit und den entsprechenden Verordnungen der Jahre 1914 und 1916 wurde 1927 die Vergleichsordnung,[9] die 1935 umgestaltet worden ist.[10]

Die Vergleichsordnung wies allerdings zahlreiche Unzulänglichkeiten insbesondere betriebswirtschaftlicher Natur auf, die eine wirksame Entlastung des Konkursverfahrens verhinderten.[11]

Die Vergleichsordnung setzt beispielsweise einen Konkursgrund für die Eröffnung des Vergleichsverfahrens voraus. Dann aber war es regelmäßig für eine einvernehmliche Betriebsfortführung unter Verzicht auf einen Teil der Gläubigerforderungen schon zu spät. Zudem werden Gesellschafter einer vom Konkurs bedrohten Gesellschaft nicht persönlich an dem Vergleich beteiligt. Werden die Gesell-

---

[5] Hess InsO, Weis, Vor § 1 InsO Rdnr. 110.

[6] Hess InsO, Weis, Vor § 1 InsO Rdnr. 111.

[7] MüKo InsO, *Stürner*, Einleitung Rdnr. 31.

[8] MüKo InsO, *Stürner*, Einleitung Rdnr. 32.

[9] RGBl. I, 139.

[10] RGBl. I, 321.

[11] Vgl. Frege/Keller/Riedel, Rdnr. 16; Bley/Mohrbutter, Einl. Rdnr. 2.

schaftsanteile also neu bewertet, so nützt dies den Gesellschaftern, ohne ihnen dafür auch entsprechende Opfer abzuverlangen.[12] Zudem war ein für Gerichte und Gläubiger maßgeblicher Finanzplan überhaupt nicht vorgesehen.

Ein erheblichen Anteil an der Wirkungslosigkeit der Vergleichsordnung kommt jedoch wiederum den Mobiliarsicherheiten zu: Die Vergleichsordnung stellte an die Vergleichsfähigkeit der Parteien hohe Anforderungen und ließ die Aussonderungsberechtigten und bevorrechtigten Gläubiger außerhalb des Vergleichs, § 26 VerglO.[13] Damit konnte die Vergleichsordnung kein wirksames Mittel zur Abwendung des Konkurses werden, denn am Vergleichsverfahren waren diejenigen Gläubiger beteiligt, die ohnehin nur noch über den durch Aus- und Absonderungsrechte bereits verarmten Anteil des Vermögens des Schuldners verhandeln konnten. Der Gesetzgeber hatte die Vergleichsordnung der Masseverarmung nach der Konkursordnung praktisch vor-, aber auch gleichgeschaltet: Wo die Masse durch den Mobiliarkredit ausgehöhlt worden ist, vermag auch die Vergleichsordnung den Konkurs nicht zu verhindern, da diese Vermögenswerte dem Schuldner auch hier schon nicht zur Disposition stehen.So mögen einige Faktoren, wie auch die mangelnde persönliche Beteiligung von Gesellschaftern oder das Vorlegen eines Status gemäß § 5 VerglO[14] statt eines Finanzplanes und einer Deckungskostenbeitragsrechnung für die letztliche Erfolglosigkeit der Vergleichsordnung eine Rolle spielen.[15] Maß-

---

[12] Uhlenbruck, Das neue Insolvenzrecht, S. 18f.

[13] § 26 VerglO: Nichtbeteiligte Gläubiger

(1) Gläubiger, denen im Konkurse ein Anspruch auf Aussonderung oder Ersatzaussonderung oder ein Verfolgungsrecht zusteht, ferner Gläubiger, deren Forderungen im Konkurs ein Vorrecht genießen und Gläubiger, deren Anspruch durch eine Vormerkung gesichert ist, sind nicht Vergleichsgläubiger.

(2) Ebenso gehören die Gebühren und Auslagen des Gerichts sowie Ansprüche des vorläufigen Verwalters nicht zu den Vergleichsforderungen, auch soweit sie vor der Eröffnung entstanden sind. Zu den Vergleichsforderungen gehören ferner nicht die Ansprüche, die im Konkurs Masseschulden nach § 59 Abs. 1 Nr. 3 der Konkursordnung sind.

Dazu Bley/Mohrbutter, § 26 Rdnr. 1ff.

[14] § 5 VerglO: Vermögensübersicht. Bilanz

(1) In der Übersicht des Vermögensgegenstandes (§ 4 Abs. 1 Nr. 1) müssen sämtliche Vermögensgegenstände (Aktiven) und Verbindlichkeiten (Passiven) einzeln unter Angabe ihres Betrags oder Wertes angeführt und einander gegenübergestellt werden. Uneinbringliche oder zweifelhafte Aktiven sind als solche kenntlich zu machen. Bei Grundstücken und eingetragenen Schiffen und Schiffsbauwerken, die zu den Aktiven gehören, sind ihre Grundbuchblätter oder Registerblätter anzugeben.

(2) Ist der Schuldner nach Handelsrecht verpflichtet, Bücher zu führen, so hat er die Bilanzen und nach Möglichkeit die Gewinn- und Verlustrechnungen vorzulegen; betreibt er sein Geschäft länger als drei Jahre, so genügt die Vorlage der Bilanzen und der Gewinn- und Verlustrechnungen über die letzten drei Jahre.

[15] Uhlenbruck, Das neue Insolvenzrecht, S. 18.

geblichen Anteil hatten aber wiederum erst die Mobiliarsicherheiten. Da das Grundproblem der aufkommenden Mobiliarsicherheiten auch mit der Vergleichsordnung nicht in den Griff zu bekommen war, stellte diese trotz des grundsätzlich lobenswerten Ansatzes, bereits die Einleitung des Konkursverfahrens durch Vergleich zu verhindern, kein wirksames Mittel zur Vermeidung des Konkurses dar.

Der Gesetzgeber hat mit der Vergleichsordnung die Chance vertan, dem Konkurs des Konkurses bereits frühzeitig Einhalt zu gebieten.

II. Statistisches

Die Zahl der eingeleiteten Insolvenzverfahren ist maßgeblicher Indikator konjunktureller und wirtschaftlicher Entwicklung und daher von gesamtwirtschaftlicher Bedeutung. Ihre Anzahl ist daher seit je her gut dokumentiert. Sie gibt zunächst einen Anhalt für die Bedeutung der Regelungsmaterie Insolvenzrecht insgesamt. Je häufiger die Anzahl der Insolvenzen, desto gewichtiger die Vorgaben, die ein Insolvenzgesetz für Liquidation oder Fortführung des Schuldnervermögens macht.

Neben der volkswirtschaftlichen Situation läßt sich an diesem Zahlenmaterial aber auch die Effektivität des Insolvenzverfahrens ablesen. Wenn die vorhandene Masse nicht einmal ausreicht, die Kosten der Verfahrens zu decken, wird der Eröffnungsantrag abgewiesen – die sogenannte Abweisung mangels Masse, § 107 KO [16] bzw. jetzt 26 InsO.[17]

In diesen Fällen hat das Insolvenzgesetz versagt, denn es ist überhaupt keine Gläubigerbefriedigung mehr möglich, einfache Insolvenzgläubiger erleiden regelmäßig Totalausfall.[18]

---

[16] § 107 KO: Abweisung mangels Masse

(1) Die Abweisung des Eröffnungsantrages kann erfolgen, wenn nach dem Ermessen des Gerichts eine dem Kosten des Verfahrens entsprechende Konkursmasse nicht vorhanden ist. Die Abweisung unterbleibt, wenn ein zur Deckung der im § 58 Nr. 1, 2 bezeichneten Massekosten ausreichender Geldbetrag vorgeschossen wird.

(2) Das Gericht hat ein Verzeichnis derjenigen Schuldner zu führen, bezüglich derer der Eröffnungsantrag auf Grund der Vorschrift des Absatzes 1 Satz 1 abgewiesen worden ist. Die Einsicht des Verzeichnisses ist jedem gestattet. Nach dem Ablaufe von fünf Jahren seit der Abweisung des Eröffnungsantrages ist die Eintragung in dem Verzeichnis dadurch zu löschen, daß der Name unkenntlich gemacht wird.

[17] Vgl. Pape/Uhlenbruck, Rdnr. 465.

[18] Zur Masselosigkeit Uhlenbruck InsO, *Uhlenbruck*, § 26 Rdnr. 4; zu den Möglichkeiten, wenigstens bei beschränkt haftenden Gesellschaften des Handelsrechts nach der Lehre vom Doppeltatbestand noch Ansprüche der Gesellschaft gegen organschaftliche Vertreter oder sonstige Aktiva geltend zu machen vgl. Pape/Uhlenbruck, Rdnr. 465.

Seit 1950 stellt sich die Entwicklung der Insolvenzen wie folgt dar:[19]

Jahr	Konkurs/ Insolvenz-verfahren	Eröffnete Konkurs- / Insolvenz-verfahren	Abwei-sung mangels Masse	Eröffnete Ver-gleichs-verfahren	Anschluß-konkurse	Insolvenzen insgesamt[20]
1950	4497	3286	1211	1721	483	5735
1955	4066	2497	1569	885	243	4708
1960	2689	1742	947	343	74	2958
1965	2928	1659	1269	267	38	3157
1970	3943	2081	1862	324	66	4201
1975	8942	3056	5886	355	102	9195
1980	9059	2420	6639	94	13	9140
1985	18804	4292	14512	105	33	18876
1988	15887	3649	12238	57	8	15936
1990	13243	3214	10029	42	14	13271
1991	13304	3564	9740	39	20	13323
1992	15279	4360	10919	37	14	15302
1993	20243	5842	14401	73	18	20298
1994	24886	6832	18054	67	25	24928
1995	28759	8024	20735	56	30	28785
1996	31456	8610	22846	53	38	31471
1997	33363	8834	24529	35	--	33398
1998	33947	8963	24984	30	--	33977
1999	26476	9564	16898	--	--	26476
2000	28235	11673	16502	--	--	28235
2001	32278	14646	17551	--	--	32278
2002	37579	21513	16066	--	--	37579
2003	39220	23060	16260	--	--	39220

[19] Bis 1997: Hess InsO, Weis, Vor § 1 InsO Rdnr. 193; 1998: ZIP 1998, S. 2181, *S. 2182*; ab 1999: statistisches Bundesamt, Wiesbaden, www.destatis.de. Ab 1999 wegen des Inkrafttretens der InsO nur Unternehmensinsolvenzen wegen des neu eingeführten Verbraucherinsolvenzverfahrens.
[20] Bzw. Gesamtvollstreckungsverfahren ab 1991 abzüglich der Anschlußkonkurse.

Die Statistik zeigt, daß auch mit der Insolvenzordnung die absolute Zahl der Insolvenzen nicht abgenommen hat; jedenfalls zu Beginn ihrer Geltung hat die InsO zwar einen merklichen Rückgang der Gesamtzahl der Insolvenzverfahren bewirkt. Wohl auch wegen wirtschaftlicher Stagnation hat die Anzahl nunmehr jedoch das Niveau der Konkursordnung erreicht und übertroffen.

Eines deren Ziele war es indessen aber auch gerade, zu verhindern, daß vermögenslose Gesellschaften weiter am Geschäftsverkehr teilnahmen und so andere schädigten; die Insolvenz soll gerade auch den Marktaustritt erzwingen können.[21]

Die Tatsache, daß die Insolvenzen insgesamt stark zugenommen haben, besagt noch wenig über die Leistungsfähigkeit der Insolvenzordnung. Von besonderem Interesse in dem hier untersuchten Zusammenhang ist, wie es sich mit der Quote der beantragten Verfahren und deren Ablehnung mangels Masse verhält. Hier gilt allerdings zu beachten, daß mit der Verengung der Verfahrenskosten durch § 26 Abs. 1 InsO auf den Kernbereich gerichtlicher und außergerichtlicher Kosten die Eintrittsschwelle in das Insolvenzverfahren gegenüber dem Konkursverfahren nicht unerheblich abgesenkt worden ist.[22] Es gelangen damit Schuldner ins Insolvenzverfahren, deren Konkursantrag bei selbiger Vermögenslage unter der KO abgelehnt worden wäre. Die Anzahl der vermögensarmer Insolvenzverfahren, die zwar eröffnet werden, an deren Ende aber die Gläubiger doch kaum etwas erhalten, muß damit naturgemäß steigen.

Hier ergibt die prozentmäßige Auswertung folgendes Bild:[23]

Jahr	Konkursverfahren	Abweisung mangels Masse	**Quote**
1950	4497	1211	26,93
1955	4066	1569	38,59
1960	2689	947	35,22
1965	2928	1269	43,34
1970	3943	1862	47,23
1975	8942	5886	65,82
1980	9059	6639	73,29
1985	18804	14512	77,18
1988	15887	12238	77,03

[21] MüKo InsO, *Haarmeyer*, § 26 Rdnr. 1; Uhlenbruck InsO, *Uhlenbruck*, § 26 Rdnr. 4.

[22] Dazu MüKo InsO, § 26 Rdnr. 1.

[23] Ab 1999 wegen des Inkrafttretens der InsO nur Unternehmensinsolvenzen wegen des neu eingeführten Verbraucherinsolvenzverfahrens.

1990	13243	10029	75,73
1991	13304	9740	73,21
1992	15279	10919	71,46
1993	20243	14401	71,14
1994	24886	18054	72,55
1995	28759	20735	72,10
1996	31456	22846	72,63
1997	33363	24529	73,52
1998	33947	24984	73,60
1999	26476	16898	63,82
2000	28235	16502	58,45
2001	32278	17551	54,37
2002	37579	16066	42,75
2003	39220	16260	41,46

Allen Zweifeln[24] zum Trotz kann man hier ablesen, daß der Insolvenzordnung ein gewisser Erfolg beschieden ist. Schlagartig mit deren Inkrafttreten 1999 sank die Zahl der mangels Masse abgewiesenen Verfahren um fast 10 Prozentpunkte ab und sinkt bis heute kontinuierlich weiter. Dieser Erfolg darf indessen nicht darüber hinwegtäuschen, daß in der vierjährigen Geschichte der Insolvenzordnung im Mittel immer noch fast exakt 50 % der beantragten Insolvenzen schon am Vorhandensein eines gegenüber der Konkursordnung noch abgesengten Mindestvermögens gescheitert sind. Und daß dies als erstrebenswerter Zustand gelten darf, ist mehr als fragwürdig.

Losgelöst von der absoluten Anzahl der Verfahren tritt jedoch der Funktionsverlust des Konkursverfahrens besonders augenfällig hervor: Die Anzahl der mangels Masse abgelehnten Konkursverfahren steigt stetig an und stagniert dann auf hohem Niveau von durchschnittlich über 70 Prozent; nahezu ¾ der eingeleiteten Konkursverfahren haben damit nicht einmal mehr eröffnet werden können.

Dies macht deutlich, daß die Konkursordnung die ihr zugedachten Aufgaben insbesondere der Gläubigerbefriedigung nicht mehr zu erfüllen vermochte. Beantragte der Schuldner das Konkursverfahren, so war häufig genug das Betriebsgrundstück mit einem Grundpfandrecht belastet, die Maschinen sicherungsübereignet oder lediglich unter Eigentumsvorbehalt gekauft, Forderungen durch Global- oder Ein-

[24] Statt vieler: Pape, Die neue Insolvenzordnung ist in Kraft getreten, NJW 1999, S. 29, *S. 32.*

zelzession abgetreten und gelieferte Rohprodukte gleichfalls lediglich unter Eigentumsvorbehalt geliefert.[25] Daß ein solcher Betrieb nicht einmal über genug Vermögen verfügte, um die voraussichtlichen Kosten des Verfahrens decken zu können und so der Abweisung mangels Masse trotz zulässigem und (im übrigen) begründeten Konkursantrag zu entgehen, ist nachvollziehbar.

Der eingetretene Funktionsverlust, an welchem die Ausweitung der Mobiliarsicherheiten einen erheblichen Anteil hatte, machte eine Reform des gesamten Insolvenzrechtes dringend erforderlich.

B. Reformbemühungen

Aus der oben aufgezeigten historischen Entwicklung lassen sich die grundsätzlichen Ziele des Insolvenzverfahrens auf drei immergleiche Säulen festlegen:[26] Es soll der soziale Friede erhalten, möglichst gleiche Haftungsbedingungen für die Gläubiger erreicht und nach Möglichkeit die wirtschaftliche Existenz des Schuldner aufrecht erhalten werden.

I. Reformumfeld

Der oben beschriebene Funktionsverlust der Konkursordnung war treibende Kraft, eine grundlegende Reform des Insolvenzgesetzes in Angriff zu nehmen.

Daneben einen weiteren Ausschlag, die Reform nun in die Tat umzusetzen, gab auch das nebeneinander von Konkursordnung und Gesamtvollstreckungsordnung für das Gebiet der ehemaligen DDR. Der Druck, hier eine einheitliche Regelung zu treffen, war damit so groß wie nie zuvor.[27]

Einigkeit herrscht darüber, daß auch die beste Insolvenzrechtsreform die wirtschaftlichen Ursachen der Insolvenz nicht wird vermeiden können.[28] Eine Insolvenzrechtsreform hat sich demgemäß im Rahmen ihrer Möglichkeiten an den Vorgaben durch die jeweilige Wirtschaftslage zu orientieren. Der Schwerpunkt einer Regelung des Insolvenzrechts ist damit bereits im Vorfeld des eigentlichen Insolvenzfalles angesiedelt: So können etwa die Bedingungen, unter denen Einvernehmen zwischen Schuldner und Gläubiger über die Schuldenbereinigung erzielt werden kann, festgelegt, oder auch Sicherheiten so weit eingeschränkt werden, daß sie wenigstens in gewissem Umfang für das Insolvenzverfahren zur Verfügung stehen.[29] Daß die bisherige Insolvenzrechtsreform insbesondere die Möglichkeit der

---

[25] Hess, *Weis*, vor § 1 KO, Rdnr. 111.

[26] Dazu Häsemeyer, Rz. 4.04.

[27] Hess, *Weis*, Vor § 1 InsO, Rdnr. 177.

[28] Häsemeyer, Rz. 4.03.

[29] Häsemeyer, Rz. 4.03.

Verwertung von Sicherheiten für das Insolvenzverfahren nur unzureichend ermöglicht habe, ist einer der Hauptkritikpunkte der Reform. Davon wird in der Analyse der bisherigen Reformschritte noch die Rede sein. Bevor ein genauer Blick auf die Diskussionen des Gesetzgebungsverfahrens in Bezug auf Aus- und Absonderung unternommen wird, noch kurz zu den Grundlinien der Insolvenzreform: Das Grundziel eines Insolvenzgesetzes hat jedoch auch die Insolvenzordnung von ihrer Vorgängerin übernommen: die gleichmäßige Befriedigung der Gläubiger des insolventen Schuldners.[30]

Eine Änderung erfuhr jedoch die Art und Weise, vermittels derer diese Gläubigerbefriedigung zu erzielen sei: Maßgeblich sollte die Insolvenzordnung im Unterschied zur Konkursordnung dieses Ziel nicht mehr durch die vollständige Liquidierung und damit Zerschlagung des Schuldnervermögens, sondern durch die Befriedigung der Gläubiger aus den Erträgen des fortgeführten Unternehmens bewirkt werden.[31]

Neu in der Insolvenzordnung ist auch die Restschuldbefreiung für natürliche Personen, die dem Schuldner die Befreiung von sämtlichen Verbindlichkeiten ermöglichen und ihm so Ansporn sein soll, die Gläubiger nach seinen Kräften zu befriedigen, um so in den Genuß der Befreiung von der Last der Verbindlichkeiten zu erlangen.

Um ein Insolvenzverfahren möglichst frühzeitig beginnen zu können und nicht abzuwarten, bis an eine effektive Durchführung des Verfahren wegen inzwischen desaströs gewordener Finanzlage des Schuldners nicht mehr zu denken ist, wurde das Instrument der Eigenverwaltung durch den Insolvenzschuldner geschaffen, mit welcher der neue Insolvenzgrund der drohenden Zahlungsunfähigkeit einhergeht.[32] Neu ist auch der Insolvenzplan, der die Möglichkeit eines solchen Planes anstelle des bisherigen Regelverfahrens vorsieht und gleichfalls der Sanierung des Schuldnervermögens dient.[33]

Schließlich nahm sich der Gesetzgeber zum Ziel, die Massearmut der bisherigen Konkursverfahren auch durch die Einschränkung der Konkursvorrechte zu erreichen.

Wie stets im Rahmen eines solch umfangreichen Reformvorhabens sind viele Vorschläge gemacht, diskutiert und verworfen worden. Nur weniges wird tatsächlich umgesetzt. Der Inhalt eines solchen Diskurses bietet jedoch die Möglichkeit, den Reformbestrebungen – zumindest im nur schmalen Ausschnitt der Reform des Mobiliarkredites – bestimmte Entwicklungslinien zu entnehmen und auch Seiten-

---

[30] Alvensleben/Huntemann/Brockdorff InsO, Kap. 1 Rdnr. 11.

[31] Alvensleben/Huntemann/Brockdorff InsO, Kap. 1 Rdnr. 11.

[32] Alvensleben/Huntemann/Brockdorff InsO, Kap. 1 Rdnr. 14.

[33] Alvensleben/Huntemann/Brockdorff InsO, Kap. 1 Rdnr. 15.

wegen, die Gesetz geworden sind, nachzugehen. Denn wenn selten ein Reformansatz wirklich Neuerungen bringt,[34] werden sich bestimmte Zielrichtungen stets wiederholen. Dies gilt auch für die Möglichkeiten der Steuerung des Mobiliarkredites mit den Mitteln des Insolvenzgesetzes.

Im folgenden sollen daher die Reformvorschläge auf dem Weg zur Insolvenzordnung nachgezeichnet werden, soweit sie den Mobiliarkredit betreffen. Ein weites Feld möglicher Steuerungsansätze wird sich bereits aus dieser Darstellung ergeben.

II. Reformvorschläge

1. Reformgeschichte

Bereits zu Beginn des neuen Jahrhunderts wurde Kritik am bisherigen Konkursverfahren laut. In den Jahren 1938/39 und 1955/59 verfestigte sich diese Kritik zu konkreten Gesetzesvorschlägen zur Insolvenzrechtsreform, die über das Entwurfstadium jedoch nicht herausreichten.[35] Erste Auswirkungen zeigten die Bemühungen der Reformbefürworter erst in den 70er Jahren des letzten Jahrhunderts, dies vor allem durch die wirtschaftlichen Auswirkungen, die die sogenannte Ölkrise mit sich brachte.

Insbesondere durch *Uhlenbruck*[36] und *Kilger*[37] wurde im Jahr 1975 die Frage nach der Reformbedürftigkeit des Konkurs- und Vergleichsrechtes erneut zur Diskussion gestellt.[38] Im Jahre 1976 befaßte sich der 51. Deutsche Juristentag ebenso wie ein Jahr darauf der Kölner Insolvenzrechtskongreß ausführlich und kritisch mit den zur Reform vertretenen Ansätzen. Es bildete sich schließlich als allgemeine Meinung heraus, daß das geltende Konkurs- und Vergleichsrecht den veränderten Realitäten einer modernen Industriegesellschaft sowohl in rechtlicher wie wirtschaftlicher Hinsicht nicht mehr gewachsen war.

Das Bundesministerium der Justiz setze darauf hin durch den damaligen Minister Dr. Hans Jochen Vogel eine Expertenkommission ein, die zur Aufgabe hatte, Vorschläge für ein modernes, effektives und wirtschaftliches aber zugleich sozialbezogenes Insolvenzrecht zu erarbeiten.

---

[34] Vgl. Baur/Stürner, Zwangsvollstreckungs- und Konkursrecht Band II: Insolvenzrecht, § 3 Rz. 3.1.

[35] Hess, *Weis*, Vor 1 InsO, Rdnr. 62.

[36] Uhlenbruck, Zur Krise des Insolvenzrechts, NJW 1975, S. 897ff.

[37] Kilger, Der Konkurs des Konkurses, KTS 1975, S. 142ff.

[38] Vgl. Hess, *Weis*, Vor § 1 InsO, Rdnr. 174.

In den Jahren 1984 und 1985 legte die Kommission für Insolvenzrecht dann jeweils einen Bericht über die geplanten Neuerungen vor.[39]

Im Jahr 1988 erschien dann, gleichfalls herausgegeben vom Bundesministerium der Justiz, ein Diskussionsentwurf zur Insolvenzordnung, der auch bereits eine Entwurfsfassung des künftigen Gesetzestextes enthielt. 1989 folgte ein Referentenentwurf, der gegenüber dem Diskussionsentwurf nur wenig abgeändert war, in welchem jedoch bereits zahlreiche Stellungnahmen der betroffenen Verbände und Organisationen Eingang gefunden haben.[40] In nur noch geringfügig abgeänderter Fassung wurde dieser Referentenentwurf zum Regierungsentwurf[41] einer Neufassung des Insolvenzrechtes, der trotz einiger Kritik - insbesondere die personellen Voraussetzungen des Verfahrens betreffend - in das parlamentarische Gesetzgebungsverfahren gelangte.[42] Der Regierungsentwurf wurde am 03.06.1992 erstmals im Bundestag gelesen und dem Rechtsausschuß zur weiteren Bearbeitung überwiesen.

Der Rechtsausschuß des deutschen Bundestages änderte den Regierungsentwurf auch unter dem Einfluß der Änderungen des US-amerikanischen Rechts weiter ab.[43] Am 21.04.1994 verabschiedete der Deutsche Bundestag den Gesetzentwurf. Als Teil des Bürgerlichen Rechts ist das Insolvenzrecht Gegenstand konkurrierender Gesetzgebung nach Art. 77 Abs. 1 Nr. 1 GG[44], wegen Art. 84 Abs. 1 GG aber zugleich zustimmungsbedürftig durch den Bundesrat.

Wegen der Bedenken der Länder wurde daher der Vermittlungsausschuß angerufen, welcher am 15.06.1994 den Zeitpunkt des Inkrafttretens der Insolvenzordnung auf den 01.01.1999 verschob, um so Vorlaufzeit für die befürchtete Kostenlast durch personelle Beanspruchung der Gerichte, vor allem hervorgerufen durch das neue Verbraucherinsolvenzverfahren, zu gewinnen. Weitere inhaltliche Änderungen wurden nicht vorgenommen, so daß die Insolvenzordnung am 01.01.1999 in der vom Bundestag am 21.04.1994 beschlossenen Fassung in Kraft getreten ist.[45] Damit war das Gesetzgebungsverfahren zumindest vorerst abgeschlossen.

2. Die Reformvorschläge in Einzelheiten

Im folgenden sollen die einzelnen Berichte der Kommission sowie die Gesetzentwürfe nach obiger Maßgabe im Hinblick auf Eingriffe in das Kreditsicherungsrecht näher dargestellt werden.

---

[39] Uhlenbruck, Das neue Insolvenzrecht, S. 20.

[40] Hess, *Weis*, Vor § 1 InsO, Rdnr. 176; MüKo InsO, *Stürner*, Einl., Rdnr. 40.

[41] BR-Drs.: 1/92.

[42] MüKo InsO, *Stürner*, Einleitung, Rdnr. 43.

[43] MüKo InsO, *Stürner*, Einleitung, Rdnr. 44.

[44] Vgl. BVerwGE 108, S. 269, *S. 271*; Jarass/Pieroth, *Pieroth*, Art. 74 Rdnr. 3.

[45] Huntemann, I. Kapitel, Nr. 2 Rdnr. 10.

a) Berichte der Kommission für Insolvenzrecht

Der erste Bericht der Kommission für Insolvenzrecht geht auf die vom Bundesministerium der Justiz unter sozial-liberaler Regierungskoalition eingesetzte Expertenkommission zurück. Der Auftrag des damaligen Bundesjustizministers Dr. Hans Jochen Vogel lautete zusammengefaßt, ein gänzlich neues Insolvenzrecht zu erarbeiten, welches sich in die gegenüber den Umständen des ausgehenden neunzehnten Jahrhunderts zum Zeitpunkt des Inkrafttretens der Konkursordnung wesentlich veränderten Rechts- und Wirtschaftsordnung einfügen sollte.

Der voll ausgeprägte Mobiliarkredit musste über die Jahre in das System der Haftungsverwirklichung im Konkurs eingearbeitet werden. Da flankierende Maßnahmen des Gesetzgebers fehlten, blieb die Rechtsfortentwicklung ausschließlich Rechtsprechung und Lehre vorbehalten. Aus- und Absonderungsrechte hatten inzwischen einen ganz anderen Stellenwert erhalten, als der historische Gesetzgeber diesen noch beigemessen hatte. Als Ausnahmen von der *par creditorum* Regel für Sonderfälle konstruiert, war die bevorzugte Haftungsverwirklichung zu Lasten einfacher Insolvenzgläubiger längst zur Regel geworden.

Am Ende der Kommissionsarbeit stand kein ausgearbeiteter Gesetzentwurf, sondern ein in Leitsätze gekleideter Berichte, die lediglich Zielvorgaben formulierten und Wege zu deren Umsetzung vorschlugen. Insoweit bot die Kommissionsarbeit Raum auch für tiefgreifende Änderungsvorschläge und neue (oder doch für neu gehaltene) Ansätze.

aa) Selbstverständnis der Kommission

Die Kommission beurteilte die Lage des zu diesem Zeitpunkt geltenden Konkurs- und Vergleichsrechts als in hohem Maße kritisch.[46]

Als Hauptkritikpunkt stellten die Mitglieder die Massermut der Verfahren heraus, die eine geordnete Abwicklung des Schuldnervermögens in vielen Fällen unmöglich machte.[47]

Sie bestand aus unabhängigen und ehrenamtlich tätigen Mitgliedern aus Wissenschaftlern und Praktikern des Insolvenzrechtes sowie aus Sachverständigen aus den Wirtschaftsverbänden und den Gewerkschaften. Ziel dieser Zusammensetzung war es, die zu erarbeitenden Vorschläge auf eine möglichst breite Grundlage zu stellen, die auch in diesem frühen Stadium bereits die Interessen der Wirtschaft und der Arbeitnehmer berücksichtigen sollte.[48]

---

[46] Erster Bericht der Kommission für Insolvenzrecht, Einleitung, S. 3.
[47] Erster Bericht der Kommission für Insolvenzrecht, Einleitung, S. 3.
[48] Erster Bericht der Kommission für Insolvenzrecht, Einleitung, S. 6.

Es wurden vier ständige Arbeitsgruppen gebildet, die sich mit den Schwerpunkten der Reform befaßten. Eine dieser Arbeitsgruppen unter der Führung von *Henckel* trug die Bezeichnung „Reform der Mobiliarsicherheiten".[49] Diese eigenständige Arbeitseinheit zeigt bereits, welchen Stellenwert die Kommission der Reform des Mobiliarkredits beimaß.

Hinzu kamen Anhörungen zahlreicher Experten zu den jeweiligen Schwerpunktproblemen; auch nahm die Kommission für sich in Anspruch, die öffentliche Diskussion vorangetrieben und aus ihr auch wertvolle Rückschlüsse für das Verfahren gewonnen zu haben.[50]

Die erarbeiteten Kommissionsvorschläge wurden schließlich in Leitsätzen festgeschrieben, die im Anschluß jeweils entsprechend begründet wurden. Die Kommission verstand dies nicht bereits als den Entwurf einer neuen Insolvenzordnung, sondern lediglich als eine Arbeit, die die Ausarbeitung eines Gesetzentwurfes erleichtern soll und räumt ein, daß die Regelungsdichte der Leitsätze nicht an einen endgültigen Gesetzestext heranreicht.[51]

bb) Einfluß rechtsvergleichender Erwägungen auf die Kommissionsarbeit

Die Arbeit der Insolvenzrechtskommission wurde auch von rechtsvergleichenden Überlegungen geprägt.[52] Wie schon die Rechtsvergleichung maßgeblichen Einfluß auf die Konkursordnung von 1877 nahm, ließ sich auch die Insolvenzrechtskommission von rechtsvergleichenden Erwägungen beeinflussen.[53] Im Zuge ihrer Arbeit hat sie sich durch Expertenvorträge über die bereits abgeschlossenen Reformen sowie laufende Reformbestrebungen informiert und dabei besonderes Interesse für die Neugestaltungen in den Ländern Vereinigte Staaten, Japan, Frankreich und Österreich an den Tag gelegt.[54]

Eine maßgebliche Prägung hinterließ dabei das im Jahr 1978 neugestaltete US-amerikanische Recht,[55] wie bereits die Einleitung zum ersten Kommissionsbericht zeigt. Die Kommission verwies insbesondere auf denjenigen Teil des Insolvenzgesetzes (Bankruptcy Code), der den Anstoß für eine Neuerung im deutschen Insolvenzrecht gab: die Regelung des Reorganisationsverfahrens. Dieses Verfahren ermöglicht dem Schuldner, einen Antrag auf Eröffnung des Verfahrens ohne den Nachweis von Zahlungsunfähigkeit oder Überschuldung zu stellen und bietet um-

---

[49] Serick, Band 6, S. 760f.

[50] Erster Bericht der Kommission für Insolvenzrecht, Einleitung, S. 8f.

[51] Erster Bericht der Kommission für Insolvenzrecht, Einleitung, S. 9.

[52] Uhlenbruck, Das neue Insolvenzrecht, S. 22.

[53] Häsemeyer, Rz. 4.02.; Uhlenbruck, Das neue Insolvenzrecht, S. 22.

[54] Erster Bericht der Kommission für Insolvenzrecht, Einleitung, S. 13.

[55] Vgl. Häsemeyer, Rz. 4.02; Erster Bericht der Kommission für Insolvenzrecht, Einleitung S. 10.

fassende Möglichkeiten zur Sanierung des in wirtschaftliche Schwierigkeiten geratenen Unternehmens. Die Bestellung eines staatlich bestimmten Insolvenzverwalters ist dabei die Ausnahme, die Weiterführung durch die Unternehmensführung die Regel. Auch die dinglich gesicherten Gläubiger werden in das Verfahren einbezogen und können ihre Rechte wenigstens zunächst nicht ausüben. Diejenigen Maßnahmen, die zur wirtschaftlichen Gesundung des Unternehmens erforderlich sind, werden in einem Reorganisationsplan zusammengefaßt und der Mehrheitsentscheidung der verschiedenen Gruppen von Gläubigern und Anteilseignern unterworfen, wobei das Insolvenzgericht weitreichende Kompetenzen zur Ersetzung fehlender Mehrheiten innehat. Die Unternehmensfortführung steht allerdings insgesamt unter dem Grundsatz, daß die Gläubiger im Reorganisationsverfahren nicht schlechter gestellt werden dürfen als im Liquidationsverfahren. Augenfällig ist auch, daß die Kommission ausdrücklich auf eine weitere Verfahrensart aufmerksam macht, die das Liquidationsverfahren für Privatpersonen regelt,[56] wie es schließlich auch Aufnahme in die deutsche Insolvenzordnung gefunden hat.

In der Rechtsvergleichung wird auch Japan angeführt, welches zunächst über eine Konkursordnung und eine Vergleichsordnung nach österreichischem bzw. deutschen Vorbild verfügte und diesen Gesetzen 1952 ein Gesellschaftssanierungsgesetz zur Seite stellte, welches ein den weiteren Insolvenzgesetzen unbekanntes Reorganisationsverfahren nach dem bisherigen US-amerikanischem Vorbild zur Seite stellte.[57]

In Frankreich waren die Reformbestrebungen zum Zeitpunkt der Kommissionsarbeit gleichfalls in vollem Gange, ebenfalls mit dem Ziel, die Fortführung angeschlagener Unternehmen zu erleichtern.[58]

Auch in Österreich, welches über ein dem bisherigen deutschen Konkurs- und Vergleichsrecht vergleichbares Rechtssystem verfügte, wurde schon im Jahr 1982 ein besonderes Vorverfahren eingeführt, währenddessen die Ausübung von Aus- und Absonderungrechten verweigert werden konnte, sollte dies die Fortführung des Unternehmens gefährden.[59]

Im Zuge der englischen Reformbestrebungen wurden schließlich gleichfalls Vorschläge unterbreitet, die Geltendmachung von Sicherheiten einzuschränken.[60]

---

[56] Erster Bericht der Kommission für Insolvenzrecht, Einleitung, S. 11.
[57] Erster Bericht der Kommission für Insolvenzrecht, Einleitung, S. 11.
[58] Erster Bericht der Kommission für Insolvenzrecht, Einleitung, S. 12.
[59] Erster Bericht der Kommission für Insolvenzrecht, Einleitung, S. 11.
[60] Erster Bericht der Kommission für Insolvenzrecht, Einleitung, S. 11.

Aus dem reformatorischen Umfeld, in welchem die Kommission für Insolvenzrecht ihre Tätigkeit aufnahm, lassen sich zwei für die Mobiliarsicherheiten einschlägige Tendenzen ausmachen, die auch der erste Kommissionsbericht besonders hervorhebt:

Die Fortführung eines in wirtschaftliche Schieflage geratenen Unternehmens sollte durch ein gesondertes Vorverfahren, das der der Konkursordnung zugrunde liegenden Idee der Unternehmensliquidation vorangestellt ist, nach Möglichkeit beseitigt und so die Fortführung des Unternehmens insgesamt ermöglicht werden. Auch dem deutschen Insolvenzrecht ist dieser Ansatz nicht fremd. Dachte man zunächst bei Erlaß der Konkursordnung von 1877 noch, daß ein wie auch immer gestaltetes Verfahren zur gütlichen Abwendung des Konkurses überflüssig sei, zeigt die Vergleichsordnung von 1927, daß dieses Bedürfnis bald auch vom deutschen Gesetzgeber erkannt worden ist.

Weiterer Reformanlaß auch auf internationaler Ebene war die Tatsache, daß sich die dingliche Sicherung der Gläubiger – und dies umso mehr, je weiter außerhalb des Insolvenzverfahrens eine Sicherung möglich war – als Hemmschuh für die angestrebte Fortführung des Betriebs des Insolvenzschuldners erwies. Diese hemmende Wirkung zeigten die deutschen Insolvenzgesetze in ganz besonderem Maße: Weil die insbesondere durch Mobiliarkredit gesicherten Gläubiger weitgehend außerhalb des Konkursverfahrens standen, wurde die Insolvenzmasse zunehmend ausgehöhlt. Und weil es, anders als in den USA seit alters her oder wie in jüngerer Zeit bezeichnenderweise in den deutschen Insolvenzgesetzen besonders ähnlichen Gesetzen Österreichs, kein entsprechend deutsches Verfahren gab, das die Mobiliarkreditgläubiger zu einer Beteiligung an der Abwicklung des überschuldeten Schuldnervermögens zwang, scheiterte der Ansatz der deutschen Vergleichsordnung:[61] Kein dinglich gesicherter Gläubiger hatte ein wirtschaftliches und damit vitales Interesse im Rahmen des Vergleichs nach der Vergleichsordnung auf einen Teil seiner gesicherten Forderung zu verzichten. Dies führte neben dem beklagten Funktionsverlust der Konkursordnung zu einem völligen Leerlaufen des Verfahrens nach der Vergleichsordnung.

Zusammenfassend stellte die Kommission damit zwei Ansätze in der rechtsvergleichenden Betrachtung heraus: eine stärkere Einbindung gesicherter Gläubiger in das Insolvenzverfahren (Beteiligungsgedanke). Darüber hinaus die Schaffung eines gesonderten Vorverfahrens, daß die Ausübung solcher Sicherheiten gegebenenfalls noch stärker einschränkt, um so die Gläubiger eines wirtschaftlich rettungsfähigen Unternehmens gleichsam in die Fortführung desselben zu zwingen (Reorganisationsgedanke).

---

[61] Siehe oben, S. 42f.

cc) Die Maßnahmenvorschläge, insbesondere den Mobiliarkredit betreffend

Wie aufgezeigt sollte die Effektivität des Insolvenzverfahrens insbesondere dadurch gesteigert werden, daß im Zuge eines Reorganisationsverfahrens die Ausübung dinglicher Sicherungsrechte erschwert und noch im Liquidationsverfahren Inhaber insbesondere besitzloser Mobiliarsicherheiten stärker am Verfahren beteiligt werden sollten. Liquidation und Reorganisation standen dabei in einem bedingten Alternativverhältnis. Wo immer die Reorganisation möglich erschien, sollte dieser Weg eingeschlagen werden; scheiterte dieser, sollte in das Liquidationsverfahren übergeleitet werden können.[62]

Insgesamt sollte die Transparenz der Sicherungsmittel erhöht, die Erlösverteilung zu Lasten der Gläubiger verändert werden. Im Zuge des Gesetzgebungsverfahrens gewinnt neben der Zielsetzung jedoch eine weitere Komponente an Bedeutung: die rechtstechnische Umsetzung der Vorgaben. Die Kommission beschränkte sich dabei, wie schon aufgezeigt, darauf, lediglich Leitsätze zu formulieren, die nach eigenem Bekunden die Regelungsdichte eines ausformulierten Gesetzestextes zwar nicht erreicht, jedoch schon hinreichend präzise ist, um auf eine endgültige Gesetzesfassung Rückschlüsse zu ermöglichen.

aaa) Die Insolvenzmasse

Erster Ansatz des Kommissionsvorschlags war es, den Begriff der Insolvenzmasse neu zu fassen. Während § 1 KO als das den Gläubigern zugewiesene Haftungsobjekt in Gestalt der Konkursmasse lediglich das gesamte der Zwangsvollstreckung unterliegende Vermögen des Gemeinschuldners, welches ihm zum Zeitpunkt der Eröffnung des Verfahrens gehört,[63] bezeichnet, wollte die Kommission den Begriff der Konkursmasse dezidierter fassen.

---

[62] Erster Bericht der Kommission für Insolvenzrecht, Einführung Reorganisationsverfahren, S. 152.

[63] § 1 KO: Konkursmasse

(1) Das Konkursverfahren umfaßt das gesamte einer Zwangsvollstreckung unterliegende Vermögen des Gemeinschuldners, welches ihm zur Zeit der Eröffnung des Verfahrens gehört (Konkursmasse).

(2) Die im § 811 Nr. 4, 9 der Zivilprozeßordnung und im § 20 des Gesetzes über das Postwesen des Deutschen Reiches vom 28. Oktober 1871 vorgesehenen Beschränkungen kommen im Konkursverfahren nicht zur Anwendung.

(3) Zur Konkursmasse gehören auch die Geschäftsbücher des Gemeinschuldners.

(4) Gegenstände, die nicht gepfändet werden sollen, gehören nicht zur Konkursmasse.

Der Leitsatz 1.1.4 des Kommissionsvorschlages beginnt die Definition der Insolvenzmasse zunächst mit dem Regelungsbereich des bisherigen § 1 KO.[64] Klargestellt wird die bisher herrschende Meinung in Rechtsprechung und Literatur, wonach Sachen und Rechte, die der Gemeinschuldner zur Sicherheit übertragen hat, zur Masse gehören. Erweitert wird die Insolvenzmasse durch diejenigen beweglichen Sachen im Besitz des Schuldners, an denen sich der Verkäufer das Eigentum vorbehalten hat.[65] Diese Maßnahmen sollen dazu dienen, das erklärte Ziel der Masseanreicherung durch Einbeziehung des Mobiliarkredites zu verwirklichen.[66] Zugleich enthält der Leitsatz Maßnahmen gegen eine mögliche Umgehung der Einbeziehung des Eigentumsvorbehaltes in die Insolvenzmasse. Es soll verhindert werden, daß die Parteien statt einer bedingten Übereignung vereinbaren, die Einigung über den Eigentumsübergang überhaupt erst nach Kaufpreiszahlung zu erklärten. Aus dem gleichen Grund müsse verhindert werden, daß der Käufer ohne Eigentumsvorbehalt vom Verkäufer ermächtigt wird, vor dem Erwerb des Eigentums über die Sache im eigenen Namen zu verfügen und sie auch dann zu bezahlen, wenn er sie nicht veräußert (unechtes Kommissionsgeschäft im Unterschied zur echten Kommission der § 383ff. BGB, welches unangetastet bleiben sollte.).[67]

---

[64] Leitsatz 1.1.4 Insolvenzmasse:

(1) Das Insolvenzverfahren umfaßt als Insolvenzmasse:

a) das gesamte, einer Zwangsvollstreckung unterliegende in- und ausländische Vermögen des Schuldners, das ihm zur Zeit des Insolvenzverfahrens gehört;

b) die pfändbaren beweglichen Sachen, die der Schuldner in diesem Zeitpunkt im Besitz hat und an denen sich ein Verkäufer das Eigentum vorbehalten oder die der Schuldner zu Sicherungszwecken übereignet hat, es sei denn der Sicherungsnehmer kann nach §§ 861, 869 BGB die Wiedereinräumung des Besitzes verlangen;

c) die pfändbaren beweglichen Sachen, die der Schuldner in diesem Zeitpunkt im Besitz hat, sofern sie ihm vom Verkäufer aufgrund eines Kaufvertrages überlassen wurden, in dem der Verkäufer und der Schuldner vereinbart haben, diesem das Eigentum erst nach der Übergabe zu übertragen;

d) die pfändbaren beweglichen Sachen, die der Schuldner in diesem Zeitpunkt im Besitz hat, sofern sie ihm vom Verkäufer aufgrund eines Kaufvertrages überlassen wurden und der Verkäufer den Schuldner ermächtigt hat, über die Sache in eigenem Namen zu Verfügen;

e) pfändbare Forderungen und sonstige Rechte, die der Schuldner zu Sicherungszwecken abgetreten hat.

(2) die Vorschriften des Absatzes 1 Buchstabe b bis d gelten für andere Austauschgeschäfte als den Kauf entsprechend.

(3) Gegenstände, die nicht gepfändet werden sollen, gehören nicht zur Insolvenzmasse. Die in § 811 Nr. 4, 9 der Zivilprozeßordnung vorgesehenen Beschränkungen sind nicht anzuwenden. Zur Insolvenzmasse gehören auch die Geschäftsbücher des Schuldners.

[65] Erster Bericht der Kommission für Insolvenzrecht, S. 93f.

[66] Erster Bericht der Kommission für Insolvenzrecht, S. 94.

[67] Erster Bericht der Kommission für Insolvenzrecht, S. 94.

bbb) Die Insolvenzgläubiger

Spiegelbildlich zur Neuregelung der Insolvenzmasse wurde auch der Begriff der Insolvenzgläubiger neu geregelt. Als wesentliche Änderung gegenüber dem bisherigen Recht wird herausgestellt, daß nunmehr Inhaber von besitzlosen Mobiliarsicherheiten, wie auch von Vermieter- oder Verpächterpfandrechten und Pfändungspfandrechten unter Verzicht auf Aus- oder Absonderungsverfahren in das Insolvenzverfahren einbezogen werden sollen.[68] Auch das Volleigentum soll dem Eigentumsvorbehalt gleichgestellt werden, sofern die zwischen Gläubiger und Schuldner getroffene Abrede gerade der Umgehung der Einbeziehung des Eigentumsvorbehaltes dient.[69] Ausdrücklich weist die Kommission dabei auch auf den Unterschied zur bisherigen Vergleichsordnung hin, nach welcher nur einfache Gläubiger am Vergleichsverfahren beteiligt sind, jetzt jedoch auch die Gläubiger besitzloser Mobiliarsicherheiten bereits in das Reorganisationsverfahren eingebunden werden.[70] Die Gleichstellung dieser Gläubiger mit den Inhabern eines Vermieter- oder Verpächterpfandrechtes rechtfertigt die Kommission damit, daß es in beiden Fällen am Besitz des Gläubigers als Publizitätsmittel und damit an der Erkennbarkeit der Sicherheit fehlt.

Gleichgestellt werden sollte auch das Pfändungspfandrecht, obgleich dies durch die Anbringung des Pfandsiegels nach außen erkennbar ist; jedoch fürchtete die

---

[68] Leitsatz 1.1.5: Insolvenzgläubiger

(1) Insolvenzgläubiger sind alle persönlichen Gläubiger, die einen zur Zeit der Eröffnung des Insolvenzverfahrens begründeten Vermögensanspruch gegen den Schuldner haben.

(2) Zu den Insolvenzgläubigern gehören auch die Inhaber von vertraglich begründeten besitzlosen Mobiliarsicherheiten (Sicherungseigentum, Eigentumsvorbehalt, Sicherungsabtretung), von Vermieter- und Verpächterpfandrechten sowie die Inhaber von Pfändungspfandrechten, die früher als sechs Monate vor der Eröffnung des Insolvenzverfahrens entstanden sind; in die Sechsmonatsfrist wird der Zeitraum nicht eingerechnet, während dessen dem Schuldner Vollstreckungsschutz gewährt worden ist.

(3) Im Insolvenzverfahren können nicht geltend gemacht werden:

a) die seit Eröffnung des Verfahrens laufenden Zinsen für Forderungen der Insolvenzgläubiger sowie die Kosten, die den einzelnen Gläubigern durch die Teilnahme an dem Verfahren erwachsen;

b) Geldstrafen, Geldbußen, Ordnungsgelder und Zwangsgelder sowie solche Nebenfolgen einer Straftat oder Ordnungswidrigkeit, die zu einer Geldzahlung verpflichten;

c) Ansprüche auf unentgeltliche Leistung des Schuldners.

(4) Familienrechtliche Unterhaltsansprüche und familienrechtliche Erstattungsansprüche der Mutter eines nichtehelichen Kindes gegen den Schuldner können im Insolvenzverfahren für die Zeit nach der Eröffnung nur geltend gemacht werden, soweit der Schuldner als Erbe des Verpflichteten haftet.

[69] Erster Bericht der Kommission für Insolvenzrecht, S. 96 mit Verweis auf Leitsatz 1.1.4 (Insolvenzmasse).

[70] Erster Bericht der Kommission für Insolvenzrecht, S. 96.

Kommission auch hier eine Umgehung der Einbeziehung der Mobiliarsicherheiten: Der Gläubiger könne versuchen, das Pfandrecht über einen längeren Zeitraum bestehen zu lassen und es so als Sicherungsmittel zweckzuentfremden.[71]

Einschnitte sollte die Mobiliarkreditgläubiger auch dadurch erfahren, daß ihre Forderung, anders als bisher der Fall, im laufenden Verfahren nicht mehr verzinst werden sollten (Zinsstopp); dies war allerdings auch innerhalb der Kommission nicht unumstritten: Eine Minderheit der Mitglieder hielt eine solche Einschränkung für wirtschaftlich nicht mehr zu vertreten.[72]

ccc) Eröffnungsbeschluß und Forderungsanmeldung

Nach Leitsatz 1.2.10 geht mit dem Eröffnungsbeschluß das Recht des Schuldners über sein Vermögen zu verfügen auf den Insolvenzverwalter über. Insolvenzgläubiger mit Sicherungsrechten im Sinne des Leitsatzes 1.1.5 Abs. 2 haben keine Berechtigung, das Sicherungsgut auszusondern oder abgesonderte Befriedigung zu verlangen.[73] Die Forderungen sind anzumelden.

ddd) Ausschluß der Aussonderung und der abgesonderten Befriedigung im Reorganisationsverfahren; Verwertung durch den Insolvenzverwalter

Im Interesse der durch das Reorganisationsverfahren eingeleiteten Sanierung sollten die Gläubiger durch den Reorganisationsplan Einschränkungen ihrer Rechte erfahren können. Es sollten für den Beschluß des Insolvenzplans drei Abstimmungsgruppen, Arbeitnehmer, nicht gesicherte Gläubiger und eben die Gruppe der durch Mobiliarsicherheiten gesicherte Gläubiger gebildet werden. Der Beschluß sollte vorsehen können, daß das Recht des Sicherungsinhabers um bis zu 50 % gekürzt werden kann.[74]

Im Rahmen des Reorganisationsverfahrens wird der Ausschluß von Aussonderung und abgesonderter Befriedigung im Leitsatz 2.4.4.1 festgeschrieben.[75] Die Verwaltungsbefugnis geht auf den Insolvenzverwalter über. Nach den Leitsätzen 2.4.4.2 bis 2.4.4.8 ist einzig der Insolvenzverwalter befugt, die Sicherungsgegenstände zu verwerten; die Kommission sah hierin eine unverzichtbare Voraussetzung für das Gelingen der mit dem Reorganisationsverfahren beabsichtigten Sanierung des insolventen Schuldnervermögens.[76]

---

[71] Erster Bericht der Kommission für Insolvenzrecht, S. 97.

[72] Erster Bericht der Kommission für Insolvenzrecht, S. 97.

[73] Erster Bericht der Kommission für Insolvenzrecht, S. 118.

[74] Erster Bericht der Kommission für Insolvenzrecht, Einleitung, S. 17.

[75] Erster Bericht der Kommission für Insolvenzrecht, S. 251.

[76] Erster Bericht der Kommission für Insolvenzrecht, S. 251.

Auch der Kommissionsvorschlag ging indes nicht so weit, die Inhaber besitzloser Mobiliarsicherheiten den ungesicherten Gläubigern gleichzustellen. Vielmehr betont der Kommissionsbericht, daß diesen Gläubigern eine besondere Stellung zukäme und dies nicht nur im Liquidationsverfahren, sondern bereits bei der Reorganisation. Insoweit erkennt die Kommission das Bedürfnis der Wirtschaft nach Kreditversorgung an, auch wenn in den Formulierungen anklingt, daß die Kommission eher einen noch tieferen Einschnitt in die Kreditmittel erwogen hätte, hätte sie nicht gemeint, den Bedürfnissen des Marktes insofern entgegen kommen zu müssen.[77] Die Beachtung, die die Mobiliarsicherheiten im Rahmen des Reorganisationsverfahrens fanden, dienten jedoch nicht dazu, die Verwirklichung dieser Rechte bereits im Reorganisationsplan zu berücksichtigen, sondern vielmehr der Absicherung für das Liquidationsverfahren für den Fall, daß das Reorganisationsverfahren fehlschlägt.[78] Im einzelnen ist festgelegt, daß der Insolvenzverwalter berechtigt ist, das Sicherungsgut zu verbinden, zu vermischen, zu verarbeiten und zu veräußern, wobei sich das Sicherungsrecht am Surrogat des Sicherungsgutes fortsetzen soll. Im Falle der Verwertung durch den Insolvenzverwalter hat dieser den Erlös gesondert zu verwahren, um ihn für den Fall des Liquidationsverfahrens an den Gläubiger auszukehren, Leitsatz 2.4.4.4; gelingt das Reorganisationsverfahren, so bestimmt der Reorganisationsplan über die Verwendung der erzielten Mittel.[79]

Die Einzelheiten des Reorganisationsverfahrens betreffend vertragliche Sicherungsmittel sparte die Kommission bewußt aus und überließ die Regelung dem ein Jahr später folgenden zweiten Bericht der Kommission für Insolvenzrecht. Dort wird in Leitsatz 9.8 zunächst ausdrücklich bestätigt, daß die Inhaber von Mobiliarsicherheiten am Reorganisationsverfahren beteiligt sind und gerade nicht, wie im bisherigen Vergleichsverfahren, außerhalb der Verfahren stehen. Durch den Reorganisationsplan kann bestimmt werden, daß die Sicherheiten begrenzt oder sogar aufgehoben werden; im Gegenzug kann vorgesehen werden, daß und in welchem Umfang aufgehobene Mobiliarsicherheiten durch andere Sicherheiten ersetzt werden.[80] Etwa war vorgesehen, daß sich das Vorbehaltseigentum im Falle der Kürzung der gesicherten Forderung durch Reorganisationsplan oder Zwangsvergleich in Sicherungseigentum verwandeln solle.[81]

---

[77] Erster Bericht der Kommission für Insolvenzrecht, S. 252: „Ebensowenig wie im Liquidationsverfahren werden die Inhaber von besitzlosen Mobiliarsicherheiten im Reorganisationsverfahren den ungesicherten Gläubigern gleichgestellt. Vielmehr haben sie nach Maßgabe der Leitsätze 2.4.4.2 bis 2.4.4.8 eine besondere Stellung, die auch im Reorganisationsverfahren um der Kreditversorgung der Wirtschaft willen gewahrt werden muß."

[78] Erster Bericht der Kommission für Insolvenzrecht, S. 252.

[79] Erster Bericht der Kommission für Insolvenzrecht, S. 253.

[80] Zweiter Bericht der Kommission für Insolvenzrecht, S. 194.

[81] Zweiter Bericht der Kommission für Insolvenzrecht, S. 142; S. 192.

Die Hürde für die gänzliche Beseitigung einer Kreditsicherheit liegt jedoch sehr hoch: ein diesbezüglicher Reorganisationsplan bedarf einer Mehrheit von 80 % der Gesamtsumme der Forderungen der Sicherungsnehmer, soweit deren Forderungen durch ein Sicherungsrecht gedeckt sind.[82] Zudem sollte ein sogenannter Minderheitenschutz installiert werden. Dieser sah vor, den Mobiliarsicherungsgläubigern für den Fall, daß diese überstimmt worden sind, zumindest die Hälfte des Wertes des Sicherungsgutes zu belassen bzw. die Hälfte der gesicherten Forderung, für den Fall, das der Wert des Sicherungsgutes die Höhe der Forderung übersteigt.[83]

Eine Besonderheit war für den Eigentumsvorbehalt vorgesehen: Um zu verhindern, daß sich im Falle einer Forderungskürzung der Eigentumserwerb bereits durch das Erfüllen der gekürzten Forderung vollzieht, sollte sich diese Sicherheit in Sicherungseigentum umwandeln, um gegenüber weiteren Kreditsicherungsmöglichkeiten nicht benachteiligt zu werden.[84]

Eine Vorzugstellung sollte der gesicherte Gläubiger im Reorganisationsverfahren auch dadurch erhalten, daß er – soweit der Wert seiner persönlichen Forderung denjenigen des Sicherungsmittels übersteigt – als ungesicherter Gläubiger der Forderung wegen am Reorganisationsverfahren teilnimmt.[85]

eee) Die Stellung der besitzlosen Mobiliarsicherheiten im Liquidationsverfahren

Die Kommission hielt auch im Liquidationsverfahren Einschnitte in die Mobiliarsicherungsrechte, wie auch in sonstige Vorrechte, für die Verwirklichung des angestrebten Ziels der Masseanreicherung für unverzichtbar. Sie weist zunächst darauf hin, daß die Entwicklung der besitzlosen Sicherheiten jedenfalls im Widerspruch zum Ansinnen des historischen Gesetzgebers gestanden habe, gibt eine Übersicht über die Entwicklung der Mobiliarsicherheiten und greift sodann die Bestrebungen zur Eindämmung dieser Sicherheiten im geschichtlichen Verlauf, wie insbesondere im Zuge des 51. deutschen Juristentages, auf.[86] Dem Grundgedanken der Konkurs-

---

[82] Zweiter Bericht der Kommission für Insolvenzrecht, S. 195.

[83] Leitsatz 2.4.4.7, Erster Bericht der Kommission für Insolvenzrecht, S. 257.

[84] Zweiter Bericht der Kommission für Insolvenzrecht, S. 196.

[85] Leitsatz 2.4.4.8, Erster Bericht der Kommission für Insolvenzrecht, S. 258.

[86] Erster Bericht der Kommission für Insolvenzrecht, S. 296ff.; insbesondere nimmt die Kommission folgende Einzelvorschläge in diese Richtung auf: Publizitätssteigerung von Eigentumsvorbehalt, Sicherungsübereignung und Sicherungsabtretung sollte insbesondere dadurch verstärkt werden, daß ein Schriftformerfordernis eingeführt werden sollte. Für wertvolle Maschinen und Fahrzeuge sollten Gerätebriefe eingeführt werden. Im Insolvenzverfahren sollte der Insolvenzverwalter berechtigt sein, die Herausgabe des Sicherungsgutes an den Gläubiger zu verweigern, allerdings verbunden mit einer angemessenen Entschädigung für den Gläubiger für die Benutzung der Güter. Auch die Verwertung des Sicherungsgutes soll ausschließlich durch den Verwal-

ordnung, daß nur erkennbare Sicherheiten zur Aussonderung berechtigen, solle wieder verstärkte Bedeutung zukommen, auch wenn sich die Entwicklung der Mobiliarsicherheiten nicht vollständig zurücknehmen ließe.[87] So solle dem Kreditgeber wieder die Möglichkeit eingeräumt werden, sein Risiko aufgrund der erkennbar bereits gegebenen Sicherheiten besser abschätzen zu können.[88]

Auch für das Liquidationsverfahren wird von Leitsatz 3.1.1. noch einmal betont, daß die Wirkung des Eröffnungsbeschlusses auch für das Liquidationsverfahren Wirkung behält, will heißen, daß auch im Liquidationsverfahren die Inhaber besitzloser Mobiliarsicherheiten am Insolvenzverfahren grundsätzlich teilnehmen.[89] Um zu verhindern, daß die einschränkenden Wirkungen des Insolvenzverfahrens, wie etwa auch der Ausfall der Verzinsung der gesicherten Forderung, so lange anhalten, daß für den Gläubiger unzumutbare Härten oder etwa eine Wettbewerbsverzerrung dadurch eintreten, daß ein wirtschaftlich nicht rentables Unternehmen durch die Hinauszögerung des Verfahrens übermäßig lange am Wettbewerb teilnimmt, ist vorgesehen, daß eine über die Abwicklung der Geschäfte hinausgehende Fortführung der gerichtlichen Zustimmung bedarf.[90]

An die Bestellung besitzloser Mobiliarsicherheiten sollten gesteigerte Anforderungen gestellt werden. Insgesamt wollte die Kommission diesbezügliche Regelungen auf die Insolvenzordnung beschränken und nicht zugleich auch in das Sachenrecht des Bürgerlichen Gesetzbuches eingreifen: Gemäß ihres Auftrages sah sie es nicht als ihre Aufgabe an, Regelungsvorschläge auch außerhalb des Insolvenzverfahrens zu unterbreiten.[91] In Leitsatz 3.2.3 ordnete sie die Wirksamkeit der Anforderungen an die Bestellung der Sicherheiten jedenfalls für das Insolvenzverfahren an, ließ indessen aber offen, ob diese Sicherheiten auch in der Einzelvollstreckung und im allgemeinen bürgerlichen Recht der Schriftform unterliegen sollten.[92]

Für den verlängerten und erweiterten Eigentumsvorbehalt sollte ein einseitiges Schriftformerfordernis gelten.[93] Der einfache Eigentumsvorbehalt sei hingegen das „natürliche" Sicherungsmittel des vorleistenden Verkäufers und werde in der Praxis

---

ter erfolgen. Für die Feststellung von Aus- und Absonderungsrechten sollten die so gesicherten Gläubiger eine Pauschale von 10 % des Wertes übernehmen; Zinsen sollten ab Eröffnung des Insolvenzverfahrens nicht mehr geltend gemacht werden dürfen.

[87] Erster Bericht der Kommission für Insolvenzrecht, S. 298.

[88] Erster Bericht der Kommission für Insolvenzrecht, S. 298f.

[89] Erster Bericht der Kommission für Insolvenzrecht, S. 304.

[90] Leitsatz 3.1.2, Erster Bericht der Kommission für Insolvenzrecht, S. 305.

[91] Erster Bericht der Kommission für Insolvenzrecht, S. 300.

[92] Leitsatz 3.2.3, Erster Bericht der Kommission für Insolvenzrecht, S. 310.

[93] Leitsatz 3.2.1, Erster Bericht der Kommission für Insolvenzrecht, S. 308; vgl. auch Drobnig, Empfehlen sich gesetzliche Maßnahmen zur Reform der Mobiliarsicherheiten? in: Verhandlungen des 51. Deutschen Juristentages (1976), Band 1: Gutachten, S. F1, *F 64ff.*

durchweg vereinbart, wenn die Kaufsache schon vor der Bezahlung geliefert werde. Somit sei auch die dingliche Rechtslage für den Insolvenzverwalter ersichtlich: Wenn die Ware zwar geliefert, aber noch nicht bezahlt ist, so könne der Insolvenzverwalter darauf schließen, das die Waren noch im Eigentum des Lieferanten stehen.[94]

Zudem sei ein solcher Eingriff in das System des Sachenrechts kaum vertretbar, denn die nach § 929 BGB erforderliche Einigung fehle auch bei einem mündlich erklärten Vorbehalt.[95] Sie müßte daher in diesen Fällen fingiert werden, um den Eigentumsübergang zu ermöglichen.[96]

Auf die Erweiterungs- und Verlängerungsformen des Eigentumsvorbehaltes träfen dagegen die Gründe für eine Publizität der Sicherungsmittel mittels Schriftformerfordernis zu: hier soll eine Schriftform entsprechend § 38 Abs. 2 S. 2 ZPO erforderlich sein. Danach reicht es aus, wenn die mündlich getroffene Vereinbarung des erweiterten und verlängerten Eigentumsvorbehaltes spätestens bei Übergabe der Sache von einer Partei bestätigt wird; eine weitere Erleichterung für den Rechtsverkehr war in Anlehnung an § 2 Abs. 2 AGBG (jetzt § 305 Abs. 3 BGB) vorgesehen, indem der verlängerte oder erweiterte Eigentumsvorbehalt für eine Mehrzahl von Fällen formularmäßig vereinbart wird, ohne daß es dann bei jedem Einzelgeschäft dieser Schriftform bedarf.[97] Zudem sollten die Erweiterungs- und Verlängerungsformen bei Verstoß gegen das Schriftformerfordernis wenigstens als einfacher Eigentumsvorbehalt (der in der Erweiterungs- und Verlängerungsform stets enthalten ist)[98] Bestand haben, was zur Konsequenz haben sollte, daß das Eigentum übergeht, sobald die Sache übergeben und der Kaufpreis bezahlt ist.[99]

---

[94] Erster Bericht der Kommission für Insolvenzrecht, S. 308f.

[95] Woher allerdings der Systemwiderspruch kommen soll, bleibt weithin unklar. Denn dinglich bewirkt der Eigentumsvorbehalt, daß die Einigung zwar erklärt wird, jedoch mit dem Inhalt, daß der Eigentumsübergang erst bei vollständiger Tilgung der Forderung eintritt, Palandt, *Bassenge*, § 929 Rdnr. 28. Insoweit kann nicht die Rede davon sein, daß bei einem einfachen Eigentumsvorbehalt es an der Einigung fehle.

[96] Vgl. Erster Bericht der Kommission für Insolvenzrecht, S. 309; eine Fiktion wäre allerdings nur dann erforderlich, wenn der Eigentumsübergang trotz Schriftformerfordernis ermöglicht werden soll. Aber warum dann dieses, wenn man sich zur Unwirksamkeit einer bloß mündlich erklärten Einigung unter aufschiebender Bedingung nach § 158 BGB durchringt? Allenfalls kann sein, daß die Kommission schon hier in Anlehnung an § 28 Abs. 2 ZPO unterstellt, daß beim Eigentumsvorbehalt die Einigung zunächst unterbleibt und doch schriftlich fixiert werden muß. Und da nicht schriftlich fixiert werden kann, was noch nicht vorliegt, bedürfe es beim eigentlichen Eigentumsübergang einer Fiktion der Einigungserklärung der schriftlich im Voraus fixierten aber inexistenten Einigungserklärung.

[97] Erster Bericht der Kommission für Insolvenzrecht, S. 309.

[98] Vieweg/Werner, § 11 Rdnr. 1.

[99] Erster Bericht der Kommission für Insolvenzrecht, S. 309.

Die volle Schriftform des § 126 BGB sollte hingegen für die Sicherungsübereignung und die Sicherungsabtretung gelten, da dies die typischen Sicherungsmittel der Kreditwirtschaft und damit zumeist der Banken seien und eine Einschränkung wie bei dem Eigentumsvorbehalt aus Verkehrschutzgesichtspunkten nicht erforderlich sei.[100]

Der Erweiterungsform des Eigentumsvorbehaltes in Gestalt des Konzernvorbehaltes, nach welcher der Eigentumsübergang erst mit Erfüllung sämtlicher Verbindlichkeiten des Käufers gegenüber dem mit dem Verkäufer in einem Konzern zusammengefaßten Unternehmen sollte ganz unwirksam sein, wie es bereits der damalig herrschenden Meinung entsprach.[101]

fff) Die Beschränkung der Wirksamkeit besitzloser Mobiliarsicherheiten im Liquidationsverfahren

Die Einbeziehung der besitzlosen Mobiliarsicherheiten in das Liquidationsverfahren, wie es schon die Definition des Insolvenzgläubigers aus Leitsatz 1.1.5 Abs. 2 voraussetzt, sollte dadurch realisiert werden, daß Aus- und Absonderung ausgeschlossen sein sollten.[102] Eine Gleichstellung mit einfachen Insolvenzgläubigern sollte jedoch auch nach dem Kommissionsbericht nicht eintreten, vielmehr sollte den mit diesen Sicherheiten ausgestatteten Gläubigern eine Sonderstellung zukommen. Einbezogen werden in diese Neuregelung sollten auch das Vermieter- und Verpächterpfandrecht.[103] Das nicht als Sicherungsmittel mißbrauchte Pfändungspfandrecht (als solches sah die Kommission ein Pfändungspfandrecht an, welches innerhalb der letzten sechs Monate vor der Eröffnung des Insolvenzverfahrens entstanden ist) sollte nach wie vor zur abgesonderten Befriedigung berechtigen.[104] Technisch sollte die Einbeziehung so erfolgen, daß der Insolvenzverwalter die Sicherheiten wie beschrieben verwertet und die bevorrechtigte Stellung der Inhaber der Sicherungsrechte dadurch realisiert wird, daß sie aus dem Veräußerungserlös vorab, also wieder vor Verteilung des Verbleibenden unter den nicht eine bevorzugte Stellung genießenden Insolvenzgläubigern, befriedigt werden.[105]

[100] Leitsatz 3.2.2, Erster Bericht der Kommission für Insolvenzrecht, S. 310.

[101] Leitsatz 3.2.3, Erster Bericht der Kommission für Insolvenzrecht, S. 310.

[102] Leitsatz 3.3, Erster Bericht der Kommission für Insolvenzrecht, S. 311.

[103] Leitsatz 3.3.1, Erster Bericht der Kommission für Insolvenzrecht, S. 311.

[104] Leitsatz 3.3.1, Erster Bericht der Kommission für Insolvenzrecht, S. 311.

[105] Leitsatz 3.3.2, Erster Bericht der Kommission für Insolvenzrecht, S. 312.

Von diesem Betrag sollte allerdings ein Verfahrensbeitrag einbehalten werden, dessen Höhe die Mehrheit der Kommission mit 25 % anzusetzen gedachte; eine Minderheit der Kommissionsmitglieder favorisierte demgegenüber einen Beitrag in Höhe von nur 20 %, einige von nur 15 %.[106]

Mit dem Verfahrensbeitrag verfolgte die Kommission zwei Ziele: Zum einen sollte die Unbilligkeit, daß lediglich die ungesicherten Insolvenzgläubiger bisher die Kosten des Verfahrens dadurch zu tragen hatten, daß diese unmittelbar von der Insolvenzmasse abgezogen und damit konkrete Auswirkungen auf den Anteil der einfachen Konkursgläubiger hatte, beseitigt werden.

Der Verfahrensbeitrag sollte gerade diese Konkurskosten decken.[107]

Andererseits sollte der Verfahrensbeitrag ein ausdrückliches Rechtsprechungskorrektiv darstellen: Der die Konkurskosten überschießende Teil des Verfahrensbeitrages sollte einen Ausgleich dafür bieten, daß die Rechtsprechung die Ausweitung besitzloser Mobiliarsicherheiten, wie Sicherungsübereignung, Sicherungsabtretung und verlängertem Eigentumsvorbehalt in immer weiterem Rahmen anerkannt und damit zu einer drastischen Einschränkung der Befriedigungsaussichten der einfachen Gläubiger beigetragen hat.[108]

Aus diesen Erwägungen hat sich die Kommission auch mehrheitlich für die recht hohe Verfahrensquote von 25 % entschieden, um so über den Betrag der reinen Verfahrenskosten hinaus eine Verbesserung der Stellung der ungesicherten Gläubiger zu erzielen.

Der Verwertungserlös sollte zudem durch die Höhe der gesicherten Forderung begrenzt werden. Übersteigt also der Verwertungserlös die gesicherte Forderung, so steht der überschießende Teil der Masse zu.[109] Denn dann liege ein Fall der Übersicherung vor.

In konsequenter Weiterführung der Verwertungshoheit des Insolvenzverwalters sollte ausschließlich dieser bestimmen können, wann massezugehörige Gegenstände veräußert werden sollen, oder ob es sinnvoll sei, zunächst zu versuchen, einen Käufer für eine Betriebsgesamtheit oder das ganze Unternehmen zu finden.[110] Ein Recht des einzelnen Insolvenzgläubigers, die Verwertung seines Sicherungsgutes zu beschleunigen und damit wiederum Einfluß auf die Verwertung zu nehmen, war hingegen ausdrücklich nicht vorgesehen, da es nicht in das konzeptionelle System des neuen Insolvenzrechts paßte: Die Gläubiger sollten zwar aus dem Verwertungserlös bevorzugt befriedigt werden, nicht aber die Möglichkeit haben, das Si-

---

[106] Leitsatz 3.3.2, Erster Bericht der Kommission für Insolvenzrecht, S. 312f.

[107] Leitsatz 3.3.2 ,Erster Bericht der Kommission für Insolvenzrecht, S. 312.

[108] Leitsatz 3.3.2, Erster Bericht der Kommission für Insolvenzrecht, S. 312.

[109] Leitsatz 3.3.2, Erster Bericht der Kommission für Insolvenzrecht, S. 314.

[110] Leitsatz 3.3.3, Erster Bericht der Kommission für Insolvenzrecht, S. 315.

cherungsgut zur Unzeit aus der Masse zu ziehen.[111] Die Rechtschutzmöglichkeit des Gläubigers gegen die Fortführung waren demgemäß stark beschränkt; der Insolvenzverwalter benötigte nach Einleitung des Insolvenzverfahrens zur Fortführung des Unternehmens die Zustimmung des Insolvenzgerichts, das seinerseits die Gläubigerversammlung und als deren Teil auch die Gläubiger mit Mobiliarsicherheiten anzuhören hatte.[112] Ein direktes Rechtschutzelement, wie etwa ein eigenes Antragsrecht, war hingegen nicht vorgesehen.

Dem Gläubiger sollte lediglich ein sogenanntes „Eintrittsrecht" eingeräumt werden, welches ihm die Möglichkeit bot, das Sicherungsrecht selbst zu erwerben.[113] Sollten die Gläubiger der Auffassung sein, das Sicherungsgut besser verwerten zu können als der Insolvenzverwalter, so sollten sie von dieser Möglichkeit Gebrauch machen. Sind mehrere Gläubiger betroffen, so sollten sie das Sicherungsgut, etwa ein Warenlager mit verschiedenen Sicherungsrechten, gemeinsam vom Verwalter erwerben können. Machen der oder die Gläubiger von ihrem Übernahmerecht keinen Gebrauch, so sind die vom Verwalter erzielten Erlöse verbindlich.[114] Die Möglichkeit des Eintritts des Gläubigers galt jedoch nicht auf dessen Initiative, sondern lediglich dann, wenn der Verwalter beabsichtigte, das Sicherungsgut einzeln oder als Sachgesamtheit zu veräußern. Gänzlich ausgeschlossen sollte das Eintrittsrecht sein, wenn der Verwalter die Veräußerung eines Betriebes oder Betriebsteiles beabsichtigte, denn dann sei dem einzelnen Gläubiger die Übernahme nicht zuzumuten.[115]

Dieser starke Einschnitt in die Rechte des Gläubigers war allerdings auch unter den Mitgliedern der Kommission nicht ganz unumstritten: Eine Minderheit hielt ein Initiativrecht der Inhaber von Mobiliarsicherheiten für unverzichtbar, da der andernfalls eintretende Liquiditätsverlust für den Gläubiger unzumutbar sei.[116] Dem Gläubiger würde ansonsten nicht nur der Zugriff auf sein Sicherungsgut verwehrt, er erhielte nicht einmal eine Nutzungsentschädigung für das vom Verwalter verwendete Sicherungsgut noch würde seine Forderung für den Verlauf des Insolvenzverfahrens verzinst. Dieses stelle ein überobligatorisches Opfer dar.[117] Diese Minderheit verwies auch explizit auf die völlige Umkehrung gegenüber dem Recht der KO: Dort kann ein Absonderungsrecht auch wegen der während des Konkursverfahrens weiter anlaufenden Zinsen während des Verfahrens geltend gemacht werden und der Sicherungsgeber den Verwertungszeitpunkt selbst bestimmen. Zu-

---

[111] Leitsatz 3.3.3, Erster Bericht der Kommission für Insolvenzrecht, S. 316.

[112] Leitsatz 3.1.2, Erster Bericht der Kommission für Insolvenzrecht, S. 305.

[113] Leitsatz 3.3.5, Erster Bericht der Kommission für Insolvenzrecht, S. 317.

[114] Leitsatz 3.3.5, Erster Bericht der Kommission für Insolvenzrecht, S. 317.

[115] Leitsatz 3.3.5, Erster Bericht der Kommission für Insolvenzrecht, S. 317f.

[116] Leitsatz 3.3.3, Erster Bericht der Kommission für Insolvenzrecht, S. 316.

[117] Erster Bericht der Kommission für Insolvenzrecht, S. 319.

dem seien wettbewerbsverzerrende Wirkungen zu erwarten, wenn ein entschädigungsloser Gebrauch der Sicherungsmittel zu Lasten des Wettbewerbs ermöglicht werde.

Das Eintrittsrecht des Sicherungsgläubigers nach Leitsatz 3.3.5 sei überdies zu schwach.

Durchzusetzen vermochten sich diese Argumente gegenüber der Mehrheit der Mitglieder der Kommission für Insolvenzrecht jedoch nicht.

Vorgesehen hat die Kommission einen Ausgleich von Wertverlusten für die Benutzung des Sicherungsgutes.[118] Der Inhaber der Sicherheit sollte zumindest davor geschützt werden, daß der letztendlich erzielte Verwertungserlös durch die Abnutzung des Sicherungsgutes oder durch die Pflichtwidrigkeit des Insolvenzverwalters geschmälert wird. Erreicht werden sollte dies dadurch, daß dem Verwertungserlös bis zur Höhe der gesicherten Forderung diese Entwertung hinzugerechnet wird. Kein Ausgleich sollte der gesicherte Gläubiger für Wertminderungen erhalten, die dadurch entstanden sind, daß im Rahmen der ordnungsgemäßen Durchführung des Insolvenzverfahrens das Sicherungsgut nicht früher verwertet worden ist, noch dafür, daß das Sicherungsgut überhaupt genutzt worden ist. Zudem war eine Regelung vorgesehen, nach welcher auch eine Wertsteigerung des Sicherungsgutes durch Verbindung, Vermischung und Verarbeitung nicht dem gesicherten Gläubiger zu Gute kommt, sondern in diesen Fällen die Forderung auf den Wert des Sicherungsgutes vor den genannten Maßnahmen begrenzt bleibt.[119]

Für Streitigkeiten zwischen dem Inhaber des Sicherungsrechts und dem Insolvenzverwalter über den Wert des Sicherungsgutes war ein besonderes Bewertungsverfahren vorgesehen.[120] Diesem Maß die Kommission selbst kein größeres Gewicht bei, sondern ging davon aus, daß diese Streitigkeiten durch das aufgezeigte Eintrittsrecht des Gläubigers einerseits und die Bindung desselben an den vom Verkäufer erzielten Verkaufserlös andererseits vermieden werden kann (Leitsätze 3.3.5 Abs. 2 und 3).[121] Für die verbleibenden Fälle war vorgesehen, daß der Insolvenzverwalter die Wertfestsetzung nach Ablauf der Anmeldefrist vornimmt. Erkennt der Sicherungsinhaber diese Festsetzung nicht an, kann der Gläubiger binnen zwei Wochen einen Antrag zum Insolvenzgericht stellen, welches über die Bewertung endgültig entscheidet.

---

[118] Leitsatz 3.3.6, Erster Bericht der Kommission für Insolvenzrecht, S. 318.

[119] Leitsatz 3.3.6 Abs. 3, Erster Bericht der Kommission für Insolvenzrecht, S. 318f.

[120] Leitsatz 3.3.7, Erster Bericht der Kommission für Insolvenzrecht, S. 320.

[121] Leitsatz 3.3.7, Erster Bericht der Kommission für Insolvenzrecht, S. 320.

Da die Mobiliarsicherheiten nach dem Vorschlag der Kommission nunmehr zur Insolvenzmasse zu zählen sind, war zudem ein Prüfungs- und Feststellungsverfahren für den Streitfall um die Sicherungsrechte in Anlehnung an das bisherige Forderungsfeststellungsverfahren nach § 138ff. KO vorgesehen.[122]

Schließlich sollte es eine Ausschlußfrist geben, binnen derer Sicherungsrechte, die im Prüfungstermin nicht festgestellt worden sind und für welche ein vollstreckbarer Titel nicht vorliegt, dergestalt nachgewiesen sein müssen, daß entweder Klage erhoben oder das Verfahren in einem früheren Rechtsstreit wieder aufgenommen wird.[123] Für den Fall, daß dieser Nachweis nicht geführt wird, sollte das Sicherungsrecht erlöschen und der Verwalter berechtigt sein, den Verwertungserlös zur Masse zu ziehen.[124]

Da die Kommission der Ansicht war, daß Leasingverträge eine den vertraglichen Sicherungsmitteln vergleichbare Wirkung erzielen konnten, wurden auch sie besonderen Regelungen unterworfen.[125]

Schließlich sollte ein umfangreiches Umgehungsverbot installiert werden, indem Verträge, die darauf abzielten, einen dem Schuldner überlassenen Gegenstand zur Sicherung des Gegenwertes herauszuverlangen und verwerten zu können und dabei die insolvenzrechtlichen Vorschriften für Sicherungsrechte zu umgehen, den vom Kommissionsentwurf erfaßten Sicherungsrechten gleichgestellt werden sollten.[126]

ggg) Verzinsung

Binnen der Zeit bis zur Verwertung der Sicherheit war eine Verzinsung der gesicherten Forderung nicht vorgesehen.[127] Dies war allerdings keine spezifisch die gesicherten Gläubiger treffende Regelung. Schon allgemein war formuliert, daß die Insolvenzgläubiger während des gesamten Insolvenzverfahrens die seit Eröffnung laufenden Zinsen für Forderungen und Kosten, die den Gläubigern überhaupt durch die Teilnahme am Insolvenzverfahren entstehen, nicht geltend machen können.[128] Und da nach Leitsatz 1.1.5 Abs. 2 des Berichts die Inhaber vertraglich begründeter Mobiliarsicherheiten zur Gruppe der Insolvenzgläubiger gehörten, traf dieser Zinsstop auch sie.

---

[122] Leitsatz 3.3.8, Erster Bericht der Kommission für Insolvenzrecht, S. 322.

[123] Leitsatz 3.3.9, Erster Bericht der Kommission für Insolvenzrecht, S. 322f.

[124] Leitsatz 3.3.9, Erster Bericht der Kommission für Insolvenzrecht, S. 322f.

[125] Leitsatz 3.3.11, Erster Bericht der Kommission für Insolvenzrecht, S. 324f.

[126] Leitsatz 3.3.1; Leitsatz 1.1.4, Erster Bericht der Kommission für Insolvenzrecht, S. 93; S. 311f.

[127] Leitsatz 3.3.6, Erster Bericht der Kommission für Insolvenzrecht, S. 319.

[128] Leitsatz 1.1.5 Abs. 3 a), Erster Bericht der Kommission für Insolvenzrecht, S. 95ff.

hhh) Anfechtungsrecht

In zeitlicher Hinsicht sollte eine Neuordnung des Anfechtungsrechts die Einbeziehung der Sicherungsinhaber in das Insolvenzverfahren sicherstellen.

Es sollte ein neuer Anfechtungstatbestand geschaffen werden, der die vor der Eröffnung des Insolvenzverfahrens zwar unanfechtbar begründeten, aber in anfechtbarer Weise ausgeübten Mobiliarsicherungsrechte erfaßte.[129] Denn die Kommission fürchtete, daß die Mobiliarsicherungsgläubiger dazu übergehen könnten, ihre Rechte noch vor der Eröffnung des Insolvenzverfahrens auszuüben, indem sie das Sicherungsgut in Besitz nehmen und selbst verwerten. Diese Gefahr könne etwa drohen, wenn der Sicherungsgeber das Sicherungsgut herausgibt, der Sicherungsnehmer diese eigenmächtig an sich nimmt oder der Gläubiger das Sicherungsrecht zwangsweise durchsetzt.[130] Diese Regelung sollte auf die Mithaftung des Grundstückszubehörs ausgedehnt werden.[131]

Die Voraussetzungen bestimmten sich nach den Tatbeständen der Deckungsanfechtung (Leitsatz 5.2.1, 5.2.2) und der Anfechtung wegen vorsätzlicher Benachteiligung (Leitsatz 5.3).

iii) Übrige Sicherungsmittel

Die weiteren denkbaren Sicherungsmittel, etwa Grundpfandrechte, Besitzpfandrechte an beweglichen Sachen und Pfandrechte an Forderungen, sollten hingegen deutlich weniger angetastet werden.[132] Sie sollten, wie es Stand der Konkursordnung war, wie bislang zur abgesonderten Befriedigung berechtigen. Gesteigerten Reformbedarf sah die Kommission hier nicht, denn anders als bei besitzlosen Mobiliarsicherheiten sei durch die Eintragung der Grundpfandrechte in das Grundbuch eine hinreichende Publizität gewährleistet.[133]

Allerdings griff die Kommission die für den Mobiliarkredit entwickelten Ansätze teilweise auch hier wieder auf. Soweit Grundstückszubehör für Grundpfandrechte gemäß § 1120 BGB haftet, sollte gleichfalls ein Verfahrensbeitrag erhoben werden: Bei der Zwangsversteigerung des zur Insolvenzmasse gehörenden Grundstücks sollten 10 % des Wertes des Zubehörs gleichfalls der Insolvenzmasse zugeschlagen werden, mit den oben aufgezeigten Konsequenzen.[134]

---

[129] Leitsatz 5.5, Erster Bericht der Kommission für Insolvenzrecht, S. 420f.

[130] Leitsatz 5.5, Erster Bericht der Kommission für Insolvenzrecht, S. 421.

[131] Leitsatz 5.5, Erster Bericht der Kommission für Insolvenzrecht, S. 421.

[132] Erster Bericht der Kommission für Insolvenzrecht, Einleitung, S. 19.

[133] Erster Bericht der Kommission für Insolvenzrecht, Leitsatz 3.5, S. 333 und Leitsatz 2.4.5.1, S. 259; vgl. dazu auch Müko InsO, *Lwowski*, § 165 Rdnr. 7ff.

[134] Dazu Müko InsO, *Lwowski*, § 165 Rdnr. 13.

dd) Zusammenfassung zu den Berichten der Kommission für Insolvenzrecht

Die Kommission für Insolvenzrecht hat in ihren zwei Berichten nach 7 Jahren der Erarbeitung einige erhebliche Änderungen gegenüber der bisherigen Rechtslage vorgeschlagen.

Innerhalb eines einheitlichen Insolvenzverfahrens, das den bisherigen Konkurs und Vergleich vereinigen sollte, sollte die Ausgestaltung des Liquidationsverfahrens weitgehend dem bisherigen Verfahren nach der Konkursordnung entsprechen.[135] Einigen Änderungen maß die Kommission jedoch erhebliches Gewicht gegenüber der bisherigen Rechtslage zu, die allesamt zum Ziel hatten, bevorrechtigte Rechtsstellungen abzubauen und damit die Masse für das Verfahren zu gewinnen.

Die Kommission schlug vor, dies durch einen Katalog von Maßnahmen sicherzustellen: Es sollten die allgemeinen Konkursvorrechte und dort insbesondere das Vorrecht für Lohnansprüche und das Fiskusvorrecht beseitigt werden. Weiterhin sollte die Höhe von Sozialplanansprüchen im Liquidationsverfahren gesetzlich bestimmt werden.

Wesentlich erschien der Kommission eine Eindämmung des Mobiliarkredites, welcher sich losgelöst von den Grundlagen der Konkursordnung entwickelt hatte.

Für die besitzlosen Mobiliarsicherheiten sollte die Aushöhlung der Masse durch einen Katalog von Maßnahmen sichergestellt werden, die sich auf folgende Schwerpunkte zusammenfassen lassen.

aaa) Reorganisationsverfahren

Mit dem Antrag auf Eröffnung des Insolvenzverfahrens waren die Weichen hinsichtlich des Verfahrensziels noch nicht gestellt; erst nach der Ermittlung der vorhandenen Vermögenswerte sollte dann dieses Ziel das weitere Schicksal des Verfahrens bestimmen: entweder Reorganisation auf der Basis des Reorganisationsplanes oder Liquidation.[136]

Mittelbare Auswirkungen auf die Mobiliarsicherheiten hatte der Vorschlag, den der Vergleichsordnung zugrundeliegenden Gedanken der Schuldenbefreiung und Betriebsfortführung unter Vermeidung des eigentlichen Konkursverfahrens in Gestalt eines Reorganisationsverfahrens in die Insolvenzordnung zu integrieren.

Während dinglich durch Mobiliarkredit gesicherte Gläubiger gerade außerhalb des Vergleichsverfahrens standen, sollen sie im Reorganisationsverfahren einbezogen werden.[137]

---

[135] Erster Bericht der Kommission für Insolvenzrecht, Einleitung, S. 17.

[136] Hofmann, Geschichte der Reform des Insolvenzrechtes, DRiZ 1994, S. 411, *S. 412*.

[137] Erster Bericht der Kommission für Insolvenzrecht, Einleitung, S. 16f.

Damit das nach US-amerikanischem Vorbild angeschlagene, aber rettungsfähige Unternehmen unter Einfluß des Insolvenzverfahrens wieder wettbewerbsfähig gemacht werden kann, sollte die Wirkung besitzloser Sicherungsmittel für die Dauer des Reorganisationsverfahrens teilweise suspendiert werden: Die Gläubiger solcher Rechte sollten generell weder aussondern, noch abgesonderte Befriedigung verlangen können und speziell an der Verwertung ihrer Sicherheiten im Reorganisationsverfahren gehindert sein. Damit greift die Kommission eine auch von ihr als solche erkannte Schwäche des bisherigen Vergleichsverfahrens auf.[138] Wie oben aufgezeigt,[139] war die Schwäche der Vergleichsordnung gerade auch darauf zurückzuführen, daß die gesicherten Gläubiger nicht am Vergleichsverfahren beteiligt waren und folglich keinerlei Interesse an einem teilweisen Forderungsverzicht hatten, wenn ihnen ihre Mobiliarsicherheit eine quotenmäßig höhere Befriedigung oder gar die Aussonderung im Fall des Konkurses möglich machte. Die Kommission wich insoweit vom US-amerikanischen Vorbild ab, indem sie die Grundpfandrechtsgläubiger gegenüber den Mobiliarsicherungsgläubigern privilegiert und nicht wie im dortigen Verfahren den Mobiliarkreditgläubigern gleichstellt.[140]

Das Reorganisationsverfahren, die eigentliche „Erfindung" der Insolvenzrechtskommission, sollte in der Art eines Schutzschildes den in Not geratenen Schuldner auch davor bewahren, daß die Verbindlichkeiten stetig weiter steigen, indem ein Zinsstop verfügt wird und die Liquidität durch Sanierungsdarlehen, notfalls mit Masseschuldcharakter, verbessern helfen.[141]

bbb) Einbeziehung der Mobiliarsicherheiten in das Insolvenzverfahren; Umgehungsverbot

Einen einschneiden Schritt stellt die Einbeziehung der durch besitzlose Sicherungsmittel[142] gesicherten Gläubiger in das Insolvenzverfahren dar, verbunden mit der geänderten Verwertung derselben.[143]

Für den Eigentumsvorbehalt und die Sicherungsübereignung sollten Ab- und Aussonderung entfallen und die Verwertungsbefugnis dieser Sicherheiten auf den Insolvenzverwalter übergehen. Der Vorschlag der Kommission bleibt dabei jedoch

---

[138] Erster Bericht der Kommission für Insolvenzrecht, Einleitung, S. 16f.

[139] Siehe oben, S. 42f.

[140] Berges, Erster Bericht der Kommission für Insolvenzrecht, Betriebs-Berater 1986, S. 753, *S. 754*; Erster Bericht der Kommission für Insolvenzrecht, S. 158; dazu auch Reifner, § 48 Rdnr. 48.

[141] Hofmann, Geschichte der Reform des Insolvenzrechtes, DRiZ 1994, S. 411, *S. 412*.

[142] Die Kommission faßte als besitzlose Mobiliarsicherheiten den Eigentumsvorbehalt, die Sicherungsübereignung, die Sicherungsabtretung, Vermieter- und Verpächterpfandrecht und das Pfändungspfandrecht (soweit es als langfristiges Sicherungmittel zweckentfremdet wird) auf.

[143] Geiß, Grundzüge der Insolvenzrechtsreform, in Rpfleger 1989, S. 353, *S. 356*; Schmidt, Institutionen eines künftigen Insolvenzrechts der Unternehmen, ZIP 1985, S. 713, *S. 724*.

hinter dem schwersten denkbaren Eingriff in das Kreditsicherungsrecht zurück. Dieser wäre gewesen, den Sicherungsmitteln für das Insolvenzverfahren gänzlich die Wirksamkeit zu versagen und vollends in die Masse einzugliedern. Diesem Schicksal war im Zuge des Gesetzgebungsprozesses zur damaligen Konkursordnung letztlich die Mobiliarhypothek erlegen.

Statt dessen wählte die Kommission ein insoweit milderes Mittel: Die Verwertungsbefugnis über besitzlose Sicherheiten sollte auf den Insolvenzverwalter übergehen.[144] Einzig er sollte über den Zeitpunkt und die Art der Verwertung entscheiden und dadurch die Voraussetzungen schaffen, daß ein für die Gesamtheit der Gläubiger und nicht lediglich für den Inhaber der Sicherheit ein möglichst günstiges Verwertungsergebnis erzielt werden kann. Dies wiederum wird für den Gläubiger dadurch abgemildert, daß ihm das Recht zustehen soll, in eine vom Verwalter beabsichtigte Veräußerung selbst eintreten zu können, um so besonders günstige eigene Verwertungsmöglichkeiten nutzbar zu machen. Wertminderungen, die das Sicherungsgut dadurch erleidet, daß es während der Zeit bis zur Verwertung durch Ingebrauchnahme abgenutzt wird, sollen dem Gläubiger gegenüber ausgeglichen werden; eine darüber hinausgehende Verzinsung oder die Erstattung des eigenen Nutzungsausfalls waren hingegen nicht vorgesehen.[145] Damit der Gläubiger vor übermäßigen Verzögerungen bei der Verwertung durch den Verwalter zumindest im Liquidationsverfahren geschützt wird, soll dieser per Gesetz zur zügigen Abwicklung angehalten werden. Wie überhaupt sollte die Fortführung des Unternehmens im Liquidationsverfahren nur dann möglich sein, wenn das Insolvenzgericht zugestimmt hat, wobei diese Zustimmung zur Voraussetzung hat, daß begründete Aussicht auf alsbaldige Veräußerung des Unternehmens besteht.

Die Einschränkungen, die die Mobiliarsicherheiten hinzunehmen gehabt hätten, waren durch umfangreiche Umgehungsverbote abgesichert.[146] Erstmalig wäre mit Wirkung für das materielle Sachenrecht[147] der Kautelarjurisprudenz damit Grenzen auferlegt, die sich ausdrücklich bislang weder im BGB noch der KO fanden. Anders als bei der Entwicklung des überkommenen Mobiliarkredites, in denen nur die

---

[144] Erster Bericht der Kommission für Insolvenzrecht, Einleitung, S. 18f.

[145] Verzinsung der gesicherten Forderung und die Gewährung eines Nutzungsausfalls an den gesicherten Gläubiger waren indessen auch in den Reihen der Kommission, wie angeführt, nicht unumstritten, vgl. Erster Bericht der Kommission für Insolvenzrecht, Leitsätze 1.1.5 Abs. 3, S. 97, wo eine Minderheit einen Zinsstop für nicht mehr vertretbar hält und andererseits Erster Bericht der Kommission für Insolvenzrecht, Leitsätze 2.4.4.3 Abs. 1 Nr. 1; 2.4.4.5 Abs. 2 und schließlich 3.3.6 Abs. 1 in denen wiederum eine Minderheit eine Nutzungsentschädigung vorsehen wollte.

[146] Leitsatz 1.1.4 Abs. 1 c) und d), Erster Bericht der Kommission für Insolvenzrecht, S. 94.

[147] Denn das Umgehungsverbot hätte zumindest faktisch die Umgehung auch im Rahmen des BGB verhindern können: Eine Sicherungsabrede, die im Insolvenzfall nicht wirksam ist, bleibt ohne praktische Bedeutung.

Rechtsprechung Begrenzungen aufzwang, die jedoch mit der Zeit immer weiter verschoben werden konnten, wäre damit der Weiterentwicklung des Rechts vertraglicher Mobiliarsicherheiten, soweit dies aus *ex ante* Sicht prognostizierbar ist, stark eingeschränkt. Die Umsetzung des Umgehungsverbotes führte allerdings dazu, daß vom Grundsatz dinglicher Zuordnung, wie ihn auch Leitsatz 1.1.4 des ersten Berichts der Kommission für Insolvenzrecht nur leicht modifiziert aus der Konkursordnung übernimmt, nicht mehr viel geblieben wäre. Für Konkurs- wie Insolvenzordnung stimmen haftungsrechtliche und dingliche Zuordnung jedoch ansonsten regelmäßig überein.[148] Die bekannten Sicherungsmittel finden zumindest ihren Ursprung noch in der dinglichen Eigentumszuordnung und erleben im Insolvenzfall lediglich wirtschaftlichen Überlegungen entspringende Modifikationen. Wegen des *numerus clausus* der Sachenrechte ermöglichte das BGB auch nur in ganz geringem Umfang Rechtsfortbildungen mit dinglicher Wirkung.[149] Wenn aber schon eine Umgehung der Einbindung der Mobiliarsicherheiten vorliegen soll, wenn sich die Parteien eines Kaufvertrages noch überhaupt nicht über den Eigentumsübergang geeinigt haben, sondern die Einigung erst nach vollständiger Kaufpreiszahlung erfolgen soll,[150] wird die Frage nach der Haftungsverwirklichung von der dinglichen Rechtslage vollends entkoppelt und steht ohne Grundlage – allerdings mit entsprechenden Schwierigkeiten für die juristische Praxis.

ccc) Transparenz der Sicherungsmittel

Ein weiterer Ansatz der Kommission war es, den Sicherungsmitteln eine größere Transparenz zu verleihen.

Umgesetzt werden sollte dies jedoch nicht durch den klassischen Publizitätsträger Besitz, sondern eine Art Urkundspflicht durch Schriftformerfordernis.

Der vollen Schriftform unterliegen sollten nur die Sicherungsabtretung und die Sicherungsübereignung als typische Kreditsicherungsmittel der Banken – hier wird ohnehin allzumeist schon *de lege late* eine schriftliche Abrede bestehen, die den Anforderungen der vollen Schriftform nach § 126 BGB genügt. Der einfache Eigentumsvorbehalt bedürfe hingegen keiner Form, da nicht mehr die unbedingte Übereignung, sondern die Lieferung von Waren unter Eigentumsvorbehalt der Normalfall geworden ist. Besonders schwer zu ermitteln ist hingegen die Erweiterungs- und Verlängerungsform des Eigentumsvorbehaltes, da hier zwar bei Lieferung nach den Grundsätzen des einfachen Eigentumsvorbehaltes nicht von einem anfänglichen Eigentumsübergang ausgegangen werden kann, jedoch nicht sicher ist, bei Tilgung welcher Forderungen das Eigentum tatsächlich übergeht. Aus diesem

---

[148] Vgl. Häsemeyer, Rz. 1.15.

[149] Baur/Stürner, Sachenrecht, § 1 Rdnr. 7.

[150] So Erster Bericht der Kommission für Insolvenzrecht, S. 94.

Grund soll auch hier ein zumindest einseitiges Schriftformerfordernis genügen, welches auch in der nachträglichen schriftlichen Bestätigung[151] einer zuvor mündlich vereinbarten Abrede bestehen kann. Maßgeblich ist danach allein die Tatsache, daß überhaupt eine Art Publizitätsträger existiert, der spätestens dem Insolvenzverwalter Klarheit über die Eigentumsverhältnisse an vorgefundenen Mobilien verschafft.

Die Begründung, daß die Bestellung dieser Sicherheiten damit transparenter werde, läßt erkennen, daß die Kommission insoweit dem vom historischen Gesetzgeber zugrunde gelegten Publizitätserfordernis Rechnung tragen will. Ausgehend von der Ausgangseinschätzung, daß der „Wildwuchs" der publizitätslosen Sicherungsmittel außerhalb der Vorgaben des Gesetzgebers stattgefunden habe,[152] sollte so eine Rückbesinnung auf erkennbare Sicherheiten herbeigeführt werden. Wie auch schon im historischen Vorbild der Konkursordnung sollte die Einschränkung des bestehenden Mobiliarkredites über das Insolvenzgesetz erfolgen.

ddd) Erlösverteilung; Nutzungsentschädigung und Wertverlust

Einen weiteren Reformansatz sah die Kommission in der Folge der Einbeziehung der durch Mobiliarkredit gesicherten Gläubiger: der Verteilung des durch Verwertung durch den Insolvenzverwalter erzielten Erlöses.

Dieser sollte nach der Verwertung dem Gläubiger sofort ausbezahlt werden und zwar ohne Rücksicht auf die Verteilung der Masse an die ungesicherten Gläubiger.[153] Von dem Erlös sollten allerdings 25 % einbehalten werden. Die so erzielte Summe sollte die Kosten ausgleichen, die der Insolvenzmasse durch Feststellung der Sicherheit und den Kosten des Verwertungsverfahrens durch den Insolvenzverwalter entsteht. Außerdem sollte die Stellung der Gläubiger verbessert werden, deren Stellung in der geschichtlichen Entwicklung des Insolvenzrechts durch weitere Verbreitung besitzloser Mobiliarsicherheiten ständig verschlechtert hat. Auf den 25 %igen Forderungsausfall, den der gesicherte Gläubiger zu verzeichnen hat, sollte allerdings dann im Gegenzug die Quote der einfachen Gläubiger aufgeschlagen werden. Damit erwartete die Kommission, daß der regelmäßige Verfahrensbeitrag durch Mobiliarkredit gesicherter Gläubiger unter 25 % liegen wird.

Man könnte annehmen, daß diese neue Regelung keine wesentlichen Neuerungen beinhaltet, denn die Idee eines Verfahrensbeitrages ist nicht neu: Bereits zu Zeiten

---

[151] Erster Bericht der Kommission für Insolvenzrecht, Einleitung, S. 18f.

[152] Erster Bericht der Kommission für Insolvenzrecht, Einleitung, S. 18f; Landferman, Die Rechtstellung der gesicherten Gläubiger im neuen Insolvenzverfahren, in KTS, S. 381, *S. 393*; Geiß, Die Grundzüge der Insolvenzrechtsreform, in Rpfleger 1989, S. 353, *S. 356*; Drobnig, Empfehlen sich gesetzliche Maßnahmen zur Reform der Mobiliarsicherheiten? in: Verhandlungen des 51. Deutschen Juristentages (1976) Band I: Gutachten, S. F1, *S. F56ff.*

[153] Erster Bericht der Kommission für Insolvenzrecht, Einleitung, S. 18f.

der Konkursordnung wurde von einer Mindermeinung vertreten, daß der Aussonderungsberechtigte der Konkursmasse die notwendigen Kosten der Aussonderung gemäß §§ 677, 663, 670 BGB zu erstatten habe und auch unter der Insolvenzordnung wird ein entsprechender Kostenbeitrag diskutiert.[154]

Auch die Kommission betont, daß die bisherigen aus- und absonderungsberechtigten Gläubiger ihre besondere Stellung auch nach der Reform behalten sollen.[155]

Die Maßnahme bekommt jedoch dann ein besonderes Gewicht, wenn man auf die Eigentümerstellung des Aussonderungsberechtigten oder desjenigen Gläubigers, welcher abgesonderte Befriedigung verlangen kann, abstellt. Denn nach § 903 BGB ist es gerade Inbegriff des zivilrechtlichen Eigentumsbegriffs, mit einer Sache nach eigenem Belieben zu verfahren. Diese Möglichkeit wird aber für die bisher aussonderungsberechtigten Gläubigern jedenfalls genommen, wenn sie für eine Sache nicht mehr die Herausgabe an sich verlangen können. Aber auch die bisherigen absonderungsberechtigten Mobiliargläubiger sind von der Verwertung der Sicherheit durch den Insolvenzverwalter abhängig. Nach dem Recht der Konkursordnung erfolgte die Verwertung des mit einem Absonderungsrecht belegenen Gegenstandes regelmäßig nach § 127 Abs. 2 KO[156]:

---

[154] LG Bayreuth, KTS 1972, S. 269ff.; AG Hamburg, KTS 1974, S. 244ff.; Hess, 5. Auflage, *Hess*, § 43 Rdnr. 138. Mit Verweis auf die Gesetzesbegründung wird eine solche Kostenbeteiligung des Aussonderungberechtigten für die Insolvenzordnung weitgehend abgelehnt. Der Gesetzgeber habe deutlich zum Ausdruck gebracht, daß er eine solche Beteiligung ablehne (Wimmer, InsO, *Jonleit/Imberger*, § 47 InsO Rdnr. 64 mit Verweis auf Begr. zu § 195 RegE BR-Drs. 1/92, S. 180f.). Die Rechtsrechung geht davon aus, daß die Kosten der Aussonderung insoweit der Masse anheim fallen (BGHZ 104, 304, 307f.; 127, 156, 166). *Häsemeyer* vertritt die Auffassung, daß die Kostenansprüche vom Aussonderungsberechtigten als Insolvenzforderung geltend gemacht werden können (Rz. 11.27).

[155] Erster Bericht der Kommission für Insolvenzrecht, S. 312.

[156] § 127 KO: Pfandverwertung

(1) Der Verwalter ist berechtigt, die Verwertung eines zur Masse gehörigen beweglichen Gegenstandes, an welchem ein Gläubiger ein durch Rechtsgeschäft bestelltes Pfandrecht oder ein diesem gleichstehendes Recht beansprucht, nach Maßgabe der Vorschriften über die Zwangsvollstreckung oder über den Pfandkauf zu betreiben. Der Gläubiger kann einer solchen Verwertung nicht widersprechen, vielmehr seine Rechte nur auf den Erlös geltend machen.

(2) Ist der Gläubiger befugt, sich aus dem Gegenstand ohne gerichtliches Verfahren zu befriedigen, so kann auf Antrag des Verwalters das Konkursgericht dem Gläubiger nach dessen Anhörung eine Frist bestimmen, innerhalb welcher er den Gegenstand zu verwerten hat. Nach dem Ablaufe der Frist findet die Vorschrift des ersten Absatzes Anwendung.

Die dem Sicherungsmittel zugrundeliegenden Sicherungsverträge enthielten regelmäßig ein Verwertungsrecht des Sicherungsgebers aufgrund vertraglicher Vereinbarung mit der Folge, daß der Gläubiger diese Sicherheit nicht herausverlangen, so dennoch selbst verwerten konnte.[157]

Insofern ist die Änderung gegenüber der bisherigen Rechtslage erheblich, wenn man nicht lediglich auf einen gesteigerten Beitrag der Mobiliarsicherungsgläubiger am gesamten Insolvenzverfahren, sondern auf die Änderung der dinglich gesicherten Verwertungsmöglichkeiten der Sache abstellt. Die Reformvorschläge gehen aber über ein bloßes Kostenmodell noch hinaus. Der Verfahrensbeitrag soll ausdrücklich auch zur Vermögensumverteilung genutzt werden: Gesicherte Gläubiger sollen zugunsten ungesicherter Gläubiger einen Beitrag zur Insolvenzmasse leisten.

b) Der Diskussionsentwurf zur Insolvenzordnung

Im Jahre 1988 wurde der Diskussionsentwurf zur Insolvenzordnung vorgelegt, welcher erstmals auch einen konkreten Entwurf des künftigen Insolvenzgesetzes beinhaltete. Maßgeblich erarbeitet wurde er unter Leitung des Bundesjustizministeriums von *Manfred Balz* und *Hans-Georg Landfermann*, – anders als noch die Berichte der Kommission für Insolvenzrecht – unter christlich-liberaler anstatt sozialliberaler Koalition.

Auch der Diskussionsentwurf stellt den Funktionsverlust von Konkurs- und erst recht Vergleichsordnung in das Zentrum der Rechtfertigung des Reformbedarfs; zudem sollte ein einheitliches Insolvenzgesetz geschaffen werden, welches Vergleichs- und Konkursrecht zusammenführt.[158]

Als einen hier maßgeblichen Aspekt wird herausgestellt, daß vier Fünftel des bei dem insolventen Schuldner vorhandenen Vermögens mit Aus- und Absonderungsrechten Dritter belastet sind und folglich das Betriebsvermögen bei einem Zugriff der Sicherungsgläubiger zerschlagen und der Betrieb lahmgelegt, dessen Fortführung oder Veräußerung unmöglich gemacht wird.[159] Zudem stellt der Diskussionsentwurf fest, daß ein individueller Zugriff der Sicherungsgläubiger gar zu kriminellen Handlungen führe, insbesondere zu Taten der Sachbeschädigung und der Nötigung.[160]

---

[157] Pape/Uhlenbruck, Rdnr. 540; Stern, Insolvenzrechtsreform und verfassungsrechtlicher Schutz der Mobiliarsicherungsgläubiger in: Festschrift für Helmrich, S. 737, *S. 744*: Die betrifft diejenige Sicherungsrechte, welche nach dem Recht der KO zur Absonderung berechtigten, also Sicherungsübereignung, Sicherungzession sowie die Verlängerungs- und Erweiterungsformen des Eigentumsvorbehaltes.

[158] Diskussionsentwurf, S. A1; S. A5ff.

[159] Diskussionsentwurf, S. A1.

[160] Diskussionsnetwurf, S. A3.

Neben dem Mißstand, daß die Gläubigerbefriedigung unter der Konkursordnung nach der Meinung des Diskussionsentwurfes nur unzureichend möglich sei, rückt vor allem auch die Unternehmenssanierung in den Vordergrund.[161] Einer der folgenschwersten Mängel des geltenden Konkursrechts sei es, daß den Beteiligten kein funktionsfähiger Rahmen für die Sanierung eines notleidenden Unternehmens zur Verfügung gestellt werde.[162] Zielsetzung war es demgemäß, durch die Schaffung günstigerer Verwertungsbedingungen sowohl die Höhe der Forderungsverluste zu verringern, wie auch die Erhaltung sanierungswürdiger Unternehmen zu gestatten.[163]

Die grundsätzliche Zielrichtung des Diskussionsentwurfes und die festgestellten Mängel bis dahin geltenden Rechts stellt der Diskussionsentwurf damit weithin ebenso heraus, wie es schon die Kommission für Insolvenzrecht mit ihren beiden Berichten tat. Die Maßnahmen, mit denen diese Ziele erreicht werden sollen, weichen jedoch von denen der Kommission für Insolvenzrecht teilweise erheblich ab.[164]

In der Grundlinie änderte sich insbesondere, daß die Sanierungsförderung nicht mehr als eigenständiges Verfahrensziel aufrecht erhalten blieb und der prinzipielle Vorrang des Reorganisationsverfahrens aufgegeben wurde.[165] Insgesamt war der Diskussionsentwurf auch von dem Bestreben nach Deregulierung geprägt. So wurde herausgestellt, daß nicht der Markt versagt habe, wenn ein Unternehmen in die Insolvenz fällt und aus diesem Grunde nicht gerechtfertigt sei, die Marktmechanismen durch hoheitliche Wirtschaftsregulierung zu verdrängen.[166] Es sei auch nicht der Zweck des Insolvenzverfahrens, Aufgaben einer Dekonzentrationspolitik zu übernehmen oder für die Erhaltung selbstständiger Unternehmenseinheiten zu sorgen, sondern lediglich, die Insolvenz markkonform auszugestalten.[167]

Der ursprüngliche Reorganisationsplan wandelte sich zum Insolvenzplan, in welchem die Verfahrensbeteiligten einvernehmliche Regelungen treffen konnten, die von der bisherigen konkursmäßigen Zwangsverwaltung des Schuldnervermögens erheblich abwichen.[168]

---

161 Diskussionsentwurf, S. A3.

162 Diskussionsentwurf, S. A3.

163 Diskussionsentwurf, S. A4.

164 Uhlenbruck, Das neue Insolvenzrecht, S. 23.

165 Hofmann, Zur Geschichte der Reform des Insolvenzrechts, DRiZ 1994, S. 411, *S. 413.*

166 Diskussionsentwurf, S. A10: die „Unsterblichkeit" insolventer Gesellschaften müsse verhindert werden.

167 Diskussionsentwurf, S. A12.

168 Hofmann, Zur Geschichte der Reform des Insolvenzrechts, DRiZ 1994, S. 411, *S. 413.*

Auch wurde die Restschuldbefreiung aufgenommen, die dem Schuldner nach einer Wohlverhaltensperiode von sieben Jahren ermöglichen sollte, sich aus der bis dato lebenslangen persönlichen Nachhaftung zu befreien.[169]

aa) Die Vorschläge betreffend die Mobiliarsicherheiten

Auch der Diskussionsentwurf zur Insolvenzordnung ging davon aus, daß die dinglich gesicherten Gläubiger stärker als bislang in das Insolvenzverfahren einbezogen werden sollten und die unter der Konkursordnung beklagte Massearmut durch Ausdehnung der insolvenzrechtlichen Haftungsverwirkung auch auf die dingliche Vermögenshaftung eingeschränkt werden könne. [170]

Der Diskussionsentwurf betont jedoch, daß diese Einbeziehung der Gläubiger nicht dazu führen dürfe, daß Vermögenswerte von gesicherten Gläubigern auf ungesicherte Gläubiger oder den Schuldner verlagert werden.[171] Kein Ziel des Entwurfes war es folglich, die Inhaber (besitzloser) Mobiliarsicherheiten im Insolvenzverfahren mit einem Sonderopfer zu belasten, auch wenn diese für den Rechtsverkehr unerkennbar durch die Sicherungsverträge erreicht hätten, daß die Insolvenzmasse teilweise bereits im vorhinein verteilt ist.[172] Die alleinige Rechtfertigung einer stärkeren Gläubigerbeteiligung liege in möglichst günstigen Bedingungen für die Verwertung des Schuldnervermögens, wonach die Interessen der Beteiligten so koordiniert werden sollen, daß gerade dessen Wert maximiert wird.[173] Wolle man das Insolvenzverfahren marktkonform ausgestalten, so erlaube dies lediglich, den Sicherungsgläubigern im Insolvenzfall gewisse Rücksichtnahmen abzuverlangen, nicht aber, Eingriffe in die Wertsubstanz der Sicherheiten vorzunehmen.[174]

Gleichfalls mit ansonsten eintretenden marktwidrigen, weil im Verhältnis des insolventen zum gesunden Unternehmen wettbewerbsverzerrenden Verfahrensergebnissen, rechtfertigt der Diskussionsentwurf, daß der Mangel an Liquidität, der den Sicherungsgläubigern durch Verzögerung des Insolvenzzugriffs entsteht, berücksichtigt werden muß; die Gläubiger seien entsprechend zu entschädigen.[175] Wegen der Auswirkungen des Insolvenzverfahrens hielt es der Diskussionsentwurf auch für unabdingbar, daß die Gläubigerstellung der Sicherungsgläubiger in Gläubigerversammlung und Gläubigerausschuß gestärkt werden müsse. Rechtstechnisch soll-

---

169 Pape/Uhlenbruck, Insolvenzrecht, Rdnr. 39; MüKo InsO, *Stürner*, Einleitung Rdnr. 40; Hofmann, Zur Geschichte der Reform des Insolvenzrechts, DRiZ 1994, S. 411, *S. 413*.

170 Diskussionsentwurf, S. A42.

171 Diskussionsentwurf, S. A42.

172 Diskussionsentwurf, S. A42.

173 Diskussionsentwurf, S. A42f.

174 Diskussionsentwurf, S. A43.

175 Diskussionsentwurf, S. A43.

te dies dadurch geschehen, daß die Mitwirkung in diesen Gremien durch Beachtung des vollen Wertes der gesicherten Forderung sichergestellt wird.[176]

Der Diskussionsentwurf nimmt auch die Anregungen betreffend der materiellrechtliche Lage der (Mobiliar-)Kreditsicherheiten auf und erkennt an, daß deren Ausweitung dazu geführt hat, daß einige Sicherungsformen überdehnt worden sind, da sie sich unter richterlicher Billigung im Zuge der Geschichte immer weiter ausgebreitet haben.[177] Jedoch hielt sie es nicht für erforderlich, korrigierende Änderungen des materiellen Kreditsicherungsrechts im Rahmen der Diskussion über ein neues Insolvenzgesetz vorzunehmen, da solche Änderungen allein aus der Perspektive der Insolvenz nicht zu rechtfertigen seien.[178] Insbesondere müßten deren Auswirkungen auch im Hinblick auf die Entwicklung der Kreditmärkte überprüft werden, um zu einer stimmigen Gesamtlösung zu gelangen. Änderungen seien nur vorzunehmen, soweit sie nach dem Verständnis eines Insolvenzgesetzes als Recht der gemeinschaftlichen Haftungsverwirklichung unerläßlich sind.[179]

aaa) Abstimmung von Insolvenz- und Kreditsicherungsrecht

Der Diskussionsentwurf geht allerdings davon aus, daß eine Schwäche des geltenden Rechts gerade darin liegt, daß Kreditsicherungs- und Insolvenzrecht nach der bisherigen Rechtslage nur unzureichend aufeinander abgestimmt sind. Als Schwächen führt der Diskussionsentwurf insbesondere an:[180]

- Die unterschiedliche Behandlung von einfachem Eigentumsvorbehalt als Aussonderungsrecht und der sonstigen Sicherheiten als Absonderungsrecht sei wirtschaftlich fragwürdig und führt zu Wertungswidersprüchen.
- Die Hauptursache für die „Zerschlagungsautomatik“ des bisherigen Konkursverfahrens liege darin, daß insbesondere Mobiliarsicherheiten ohne Rücksicht auf die Verfahrensabwicklung ausgeübt werden können.
- Da dinglich gesicherte Gläubiger vom Vergleichsverfahren nicht erfaßt werden, hätten diese zumeist kein Interesse an Zugeständnissen, und Koordinierungsvorteile eines gemeinsamen Verfahrens können nicht genutzt werden.
- Die Kosten der Feststellung und Erhaltung der Mobiliarsicherheiten fallen letztendlich allein den ungesicherten Gläubigern zur Last.
- Durch die Verwertung von Mobiliarsicherheiten kann eine erhebliche Umsatzsteuerbelastung entstehen.

---

[176] Diskussionsentwurf, S. A43.
[177] Diskussionsentwurf, S. A43.
[178] Diskussionsentwurf, S. A43.
[179] Diskussionsentwurf, S. A43.
[180] Diskussionsentwurf, S. A44f.

Für das Immobiliarkreditsicherungsrecht beurteilt der Diskussionsentwurf die Lage nicht derart negativ, da hier die Verwertung der Sicherheiten ausgesetzt werden könne.[181] Auch entspreche es hier der auch für Mobiliarsicherheiten wünschenswerten Rechtslage, daß die Immobiliarsicherungsgläubiger zwar Beschränkungen hinnehmen müssen, diese erlittenen Einbußen dann jedoch auszugleichen seien.

bbb) Intensität der Einbindung der Mobiliarsicherheiten

Die besitzlosen Mobiliarsicherheiten sollten mit der Verfahrenseröffnung zunächst einem automatischen Verwertungsstop unterliegen.[182]

Grundsätzlich unberührt bleibt hingegen das Zugriffs- und Verwertungsrecht des Pfandgläubigers und des Aussonderungsberechtigten an Grundstücken.[183]

Nur unter engen Voraussetzungen soll der Insolvenzverwalter berechtigt sein, die Herausgabe des Pfandes zu beantragen, wenn dieses im Einzelfall für eine sinnvolle Masseverwertung erforderlich ist. Für die Immobiliarsicherungsrechte kann er die Einstellung der Zwangsverwertung erreichen.

Darüber hinaus verfolgt der Diskussionsentwurf das Ziel, auch den Gläubiger mit einfachem Eigentumsvorbehalt als Absonderungsrecht auszugestalten, wofür wirtschaftliche Gleichwertigkeit und systematische Gründe sprächen.[184]

Daß auf diesem Weg Mobiliarsicherungsgläubiger stärker belastet werden als Inhaber eines Pfandrechtes, rechtfertigt der Diskussionsentwurf damit, daß Mobiliarsicherheiten hauptsächlich am Umlauf- und Anlagevermögen des schuldnerischen Unternehmens bestehen und eine tatsächliche Vermutung dafür spräche, daß die Insolvenzmasse dann am wirtschaftlichsten verwertet werden könne, wenn dieser Verbund (zunächst) in dieser Form bestehen bleibt. Wenn sich der Schuldner des Besitzes am Sicherungsgegenstand begeben habe, so liege ein technisch organisatorischer Verbund des Sicherungsgutes mit dem übrigen Schuldnervermögen nicht mehr vor. Ein Verwertungsstop oder die Verweigerung der Herausgabe stellte damit einen unverhältnismäßigen Eingriff dar.[185] Aus dem Umkehrschluß folgt, daß die Mobiliarsicherheiten gerade deswegen nicht mehr zur Aussonderung berechtigen sollen, wie auch das Argument, daß diese regelmäßig zum Umlauf- und Anlagevermögen des schuldnerischen Unternehmens gehören, zeigt. Auch der Diskussionsentwurf richtet sich in diesem Punkt nicht nach einer formal auf das Eigentum gerichteten Betrachtungsweise, sondern betrachtet insoweit wirtschaftlich die Zugehörigkeit eines Sicherungsgegenstandes zum Schuldnervermögen. Wenn diese

---

[181] Diskussionsentwurf, S. A45.

[182] Diskussionsentwurf, S. A46.

[183] Diskussionsentwurf, S. A46.

[184] Diskussionsentwurf, S. A47.

[185] Diskussionsentwurf, S. A47.

Betrachtung ergibt, daß der Gegenstand eher dem Vermögen des Schuldners zuzuordnen ist, soll jedenfalls die Aussonderung ausgeschlossen sein.

In rechtstechnischer Hinsicht sollte die Einbeziehung in erster Linie durch eine Ergänzung des Begriffs der Insolvenzmasse durch § 40 DiskEInsO erreicht werden. Während sich § 39 DiskEInsO an § 1 Abs. 1 KO anlehnt, jedoch die Insolvenzmasse um während des Verfahrens erlangtes Vermögen erweitert, wird mit § 40 DiskEInsO klargestellt, daß nunmehr auch Eigentumsvorbehalt und Sicherungsübertragung sowie Rechte, die der Schuldner zur Sicherung eines Anspruchs übertragen hat, zur Insolvenzmasse gehören.[186] Eine Wiederholung dieses Umgehungsverbotes findet sich in § 55 DiskEInsO, welcher explizit die Absonderungsbefugnis von Eigentumsvorbehaltsverkauf und Sicherungsübereignung regelt. Darüber hinaus gilt mit Verfahrenseröffnung ein Verwertungsstop, das Recht zur Nutzung und Verwertung des Sicherungsgutes ist nur dem Insolvenzverwalter eingeräumt.[187]

Daß Gegenstände, die der Schuldner zur Sicherung eines Anspruchs übertragen hat, nur zur Absonderung berechtigen und damit unter den Begriff der Insolvenzmasse fallen, ist schon unter der Konkursordnung anerkannt und wird durch die Neuregelung lediglich perpetuiert.[188] Dies soll dem Umstand Rechnung tragen, daß die Sicherungsübertragung bei wirtschaftlicher Betrachtung dem Pfandrecht näher stehe als dem Eigentum.[189]

Neu ist hingegen, daß auch Lieferungen an den Schuldner unter Eigentumsvorbehalt zur Insolvenzmasse gerechnet werden sollen. Begründet wird dies wiederum mit einer wirtschaftlichen Betrachtungsweise und den Zielen des Insolvenzverfahrens:[190] In der wirtschaftlichen Funktion liege im Eigentumsvorbehalt auch lediglich

---

[186] § 39 EinsO

Begriff der Insolvenzmasse

Das Insolvenzverfahren erfaßt das gesamte Vermögen, das dem Schuldner zur Zeit der Eröffnung des Verfahrens gehört oder das er während des Verfahrens erlangt (Insolvenzmasse).

§ 40 EInsO

Eigentumsvorbehalt. Sicherungsübertragung

(1) Zur Insolvenzmasse gehören auch

1. die beweglichen Sachen, die dem Schuldner unter Eigentumsvorbehalt verkauft und Übergeben worden sind;

2. die beweglichen Sachen, die der Schuldner zur Sicherung eines Anspruchs übertragen hat;

3. die Rechte die der Schuldner zur Sicherung eines Anspruchs übertragen hat.

(2) Absatz 1 gilt entsprechend für Verträge, die darauf abzielen, die Zwecke eines der bezeichneten Rechtsgeschäfte in einer anderen Rechtsform zu erreichen, insbesondere durch Vermietung eines Gegenstandes an den Schuldner.

[187] Diskussionsentwurf, S. A46.

[188] Diskussionsentwurf, S. B33.

[189] Diskussionsentwurf, S. B33.

[190] Diskussionsentwurf, S. B33f.

ein Sicherungsrecht. Die Inhaber dieses Sicherungsrechtes seien denjenigen gleichzustellen, die durch eine Sicherungsübereignung geschützt sind. In beiden Fällen müsse das Sicherungsgut auch wenigstens zunächst in der Insolvenzmasse verbleiben, um die Chancen der Sanierung des Unternehmens zu vergrößern und die zeitweilige Fortführung im Rahmen der Liquidation zu ermöglichen. Durch das Recht auf abgesonderte Befriedigung blieben die Interessen des Eigentumsvorbehaltsverkäufers gewahrt.[191] In der praktischen Handhabung der neuen Insolvenzordnung habe dies zudem den Vorteil, daß die Abgrenzungsschwierigkeiten zwischen Ab- und Aussonderung entfallen, die nach dem bis dahin geltenden Recht im Bereich der Verlängerungs- und Erweiterungsformen auftraten.[192] Wie die Kommission für Insolvenzrecht fürchteten auch die Verfasser des Diskussionsentwurfes, daß diese Einschränkung der Gläubigerstellung wiederum die Kautelarjurisprudenz auf den Plan rufen und diese versuchen könnte, die gesetzlich vorgesehen Regeln zu umgehen.[193]

So sollte etwa auch ein „Mietvertrag" der Regelung des § 40 DiskEInsO unterfallen, wenn die Bezeichnung „Miete" bewußt nur zu dem Zweck gewählt worden ist, um die Rechtsfolgen der Einordnung der Sicherungsübereignung zu vermeiden. Auch sollten die Parteien § 40 DiskEInsO nicht dadurch umgehen können, daß sie anstelle einer bedingten Übereignung im Sinne des § 455 BGB (jetzt § 449 BGB) die Einigung über den Eigentumsübergang erst nach vollständiger Zahlung des Kaufpreises erklären.[194]

Zum Institut der Aussonderung des § 52 DiskEInsO wurde im wesentlichen der Wortlaut der bisherigen Vorschriften der Konkursordnung (§§ 43, 46 KO) beibehalten.[195] Der Diskussionsentwurf betont aber, anders noch als der historische Gesetzgeber zum Aussonderungsrecht der Konkursordnung, daß das Eigentum des

---

[191] Diskussionsentwurf, S. B34.

[192] Diskussionsentwurf, S. B34.

[193] Diskussionsentwurf, S. B34.

[194] Diskussionsentwurf, S. B34.

[195] Diskussionsentwurf, S. B41. § 52 EInsO lautet:

Aussonderung

(1) Wer aufgrund eines dinglichen oder persönlichen Rechts geltend machen kann, daß ein Gegenstand nicht zur Insolvenzmasse gehört, ist kein Insolvenzgläubiger. Sein Anspruch auf Aussonderung des Gegenstandes bestimmt sich nach den Gesetzen, die außerhalb des Insolvenzverfahrens gelten.

(2) Ist ein Gegenstand, dessen Aussonderung hätte verlangt werden können, vor der Eröffnung des Verfahrens vom Schuldner oder nach der Eröffnung des Verfahrens vom Insolvenzverwalter veräußert worden, so ist der Aussonderungsberechtigte befugt, die Abtretung des Rechts auf die Gegenleistung zu verlangen, soweit diese noch aussteht. Er kann die Gegenleistung aus der Masse verlangen, soweit sie nach der Eröffnung des Verfahrens eingezogen wurde und in der Masse noch ausscheidbar vorhanden ist.

Schuldners an der Sache nicht immer entscheidend sein könne, wie an der Regelung über Sicherungsübereignung und Kauf unter Eigentumsvorbehalt und der Regelung des § 40 DiskEInsO deutlich werde, da die jeweiligen Gegenstände nunmehr zur Insolvenzmasse gehörten.[196]

Die Regelungen zur Absonderung mit dem Leitbild des Pfandrechtes sollten unverändert aus §§ 48, 49 KO übernommen werden.[197]

Obgleich auch das mit Sicherungsmitteln belastete Immobiliarvermögen des Schuldners nach dieser Betrachtungsweise zu dem Verbund seiner Vermögensgegenstände gehöre, nahm der Diskussionsentwurf dies nicht zum Anlaß, auch hier eine Verwertungssperre vorzusehen, da das Verwertungsverfahren langwierig sei und sich dadurch weniger störend auf das Insolvenzverfahren auswirke.[198]

ccc) Entschädigung der Sicherungsgeber

Der Diskussionsentwurf wollte weiterhin eine einheitliche Entschädigungsregelung für sämtliche Sicherheiten einführen.

Nach marktwirtschaftlichen Gesichtspunkten sollte ermittelt werden, ob das Sicherungsgut und die darin gebundene Liquidität der Insolvenzmasse zur Verfügung stehen soll oder dem Sicherungsgläubiger überlassen wird.[199]

Es sollte nicht zugelassen werden, daß der Sicherungsgläubiger dazu genötigt wird, der Insolvenzmasse Vermögenswerte zuzuwenden. Andererseits sollte auch der Insolvenzmasse nicht gestattet sein, Sicherungsgut unter Preis zu nutzen oder den Sicherungsgläubigern vorzuenthalten.[200] Eine Nutzungsentschädigung war nach Ablauf einer dreimonatigen Frist, deren entschädigungslose Hinnahme durch den Gläubiger der Entwurf noch für vertretbar erachtete, ebenso vorgesehen wie der Wertersatz für Abnutzungen des Sicherungsgutes.[201]

Vor dem Hintergrund dieses Schutzes der (Mobiliar-)Kreditgeber sah es der Diskussionsentwurf dann allerdings als entbehrlich an, diesen Amortisationszahlungen oder Annuitäten auf ihre Kapitalforderungen zu gewähren.[202]

Im Rahmen dieser wirtschaftlichen Betrachtungsweise schwingt auch das Wettbewerbsargument mit: Der Diskussionsentwurf wollte durch diese, im Vergleich zum Bericht der Kommission für Insolvenzrecht erheblich ausgeweitete Entschädi-

---

[196] Diskussionsentwurf, S. B41f.

[197] Diskussionsentwurf, S. B42.

[198] Diskussionsentwurf, S.A 47f.

[199] Diskussionsentwurf, S.A 49.

[200] Diskussionsentwurf, S.A 49.

[201] Diskussionsentwurf, S.A 51.

[202] Diskussionsentwurf, S.A 50.

gungsregelungen, Wettbewerbsverzerrungen am Markt, die durch eine Bevorteilung des insolventen Unternehmens entstehen könnten, verhindern.[203]

ddd) Feststellungs-, Erhaltungs- und Verwertungskosten des Sicherungsgutes

Grundsätzlich sollte der Gläubiger an den Kosten der Feststellung der Sicherheit, den Kosten der Erhaltung, soweit diese erforderlich geworden sind, und den Verwertungskosten beteiligt werden, §§ 181, 185 DiskEInsO. Erreicht werden sollte dies durch einen Pauschalbeitrag in Höhe von jeweils 5 % des Verwertungserlöses für die Feststellung und die Verwertung der Sicherheit, § 185 Abs. 1 u. 3 DiskEInsO.[204] Darüber hinaus sollte der Gläubiger die Kosten der Erhaltung der Sicherheit tragen, wenn dies zur nötigen Verbesserung des Gegenstandes beigetragen hat oder für die Erhaltung des Gegenstandes erforderlich gewesen ist.[205] Dieser Verfahrensbeitrag sollte unmittelbar nach der Veräußerung der Masse zustehen, der restliche Verwertungserlös unverzüglich an den Absonderungsgläubiger herausgegeben werden, § 181 DiskEInsO.[206]

Die mangelnde Publizität der Mobiliarsicherheiten hat dabei für den so gesicherten Gläubiger trotz der grundsätzlichen Anerkennung des zumindest Absonderungsrechtes auch nachteilige Folgen in Gestalt der Kosten für die Verwertung der Sicherheit, die die Pauschalkosten in Höhe von 5 % bei weitem übersteigen konnten.[207]

Begründet wird dieser Verfahrensbeitrag damit, daß eben wegen der mangelnden Erkennbarkeit der Sicherheiten erhebliche Kosten für die Feststellung und Trennung der Sicherheiten, der Erhaltung des Sicherungsgutes während des Verfahrens und der Verwertung anfallen, letzteres zumindest dann, wenn der Insolvenzverwalter die Verwaltung übernimmt.[208] Abweichungen von diesem pauschalen Verfahrensbeitrag sollen jedoch bei den Verwertungskosten vorgesehen werden, soweit die tatsächlich entstanden Kosten entweder erheblich niedriger oder höher ausfallen.[209] Eine solche erhebliche Abweichung von der Verfahrenspauschale soll vorliegen, wenn statt der vorgesehenen 5 % die Hälfte oder das doppelte dieses Satzes an tatsächlichen Kosten erreicht werde.[210]

---

[203] Vgl. etwa Diskussionsentwurf, S. A49.
[204] Diskussionsentwurf, 1. Gesetzestext, S.95.
[205] Diskussionsentwurf, 1. Gesetzestext, S.95.
[206] Diskussionsentwurf, 1. Gesetzestext, S.95.
[207] Diskussionsentwurf, S. B177.
[208] Diskussionsentwurf, S. A51.
[209] Diskussionsentwurf, S. A51.
[210] Diskussionsentwurf, S. B177.

Der Diskussionsentwurf betont zudem, daß es sich bei dem Verfahrensbeitrag gerade nicht um einen Eingriff in die Substanz der Sicherungsrechte handele, diese sollte unangetastet bleiben.[211] Es sollte lediglich verhindert werden, daß dem Gläubiger insoweit ungerechtfertigt vermögenswerte Vorteile zufließen, wenn die Masse die Kosten der Ermittlung, Erhaltung und Verwertung der Sicherheiten zu tragen habe.

Auch sollte dies den Gläubiger nicht hindern, gegen diesen Verfahrensbeitrag Vorsorge zu treffen. Der Diskussionsentwurf stellt ausdrücklich heraus, daß es den Gläubigern unbenommen bleibe, ihre Sicherheiten so zu bemessen, daß der im Insolvenzverfahren anfallende Kostenbeitrag von der Sicherheitenbestellung umfaßt wird.[212]

Einen ähnlichen Weg schlägt der Diskussionsentwurf auch für das Grundstückszubehör vor, welches gemäß § 1120 BGB für das Grundstück mithaftet.

eee) Umsatzsteuer

Beseitigt werden sollte nach Ansicht des Diskussionsentwurfes auch der Umstand, daß bei der Verwertung der Sicherheit nach der höchstrichterlichen Rechtsprechung ein Umsatzsteuerbetrag anfällt, der nach der bisherigen Rechtslage im Ergebnis den ungesicherten Gläubigern zur Last fiel.[213] Der Entwurf sah auch hierin einen Grund für die Massearmut im Konkursverfahren.[214] Aus diesem Grund war vorgesehen, daß die Umsatzsteuerforderung von einer Masseverbindlichkeit zur einfachen Insolvenzforderung herabgestuft wird.[215] Daß der absonderungsberechtigte Gläubiger die Umsatzsteuer zu tragen hat und sie sodann als einfache Insolvenzforderung gegen die Masse geltend machen können sollte.

bb) Würdigung der Kommissionsvorschläge durch den Diskussionsentwurf zur Insolvenzordnung und Rechtsvergleichung

Der Diskussionsentwurf stellt zunächst die umfassende Vorarbeit der Kommission heraus und betont, daß eine Gesamtreform des Insolvenzrechts ohne die Arbeit der Kommission nicht möglich gewesen wäre.[216]

Allerdings waren die Kommissionsvorschläge auch Gegenstand erheblicher, auch wissenschaftlicher Auseinandersetzungen, Kritik war vor allem von Vertretern des

---

[211] Diskussionsentwurf, S. A52.

[212] Diskussionsentwurf, S. A52, S. B177.

[213] Diskussionsentwurf, S. A53.

[214] Diskussionsentwurf, S. A53.

[215] Diskussionsentwurf, S. A53.

[216] Diskussionsentwurf, S. A93.

Wirtschaftsrechts und der Wirtschaftswissenschaften mit einer ökonomischen Analyse des Rechts zu verzeichnen.[217]

Anhand der Würdigung der Kommissionsarbeit wird besonders deutlich, daß sich die Zielvorgaben für ein neues Insolvenzgesetz gegenüber den Ansätzen der Kommission für Insolvenzrecht maßgeblich verschoben haben. Befürchtet wurden, verursacht durch letztere, insbesondere auch negative Auswirkungen auf die Finanzmärkte durch einen zu großen Einschnitt in das Recht der Mobiliarsicherheiten.[218] Für bedeutsam erachtete der Diskussionsentwurf auch die Kritik am Vorrang der Sanierung vor der Liquidation des Unternehmens, wie ihn die Kommission für Insolvenzrecht vorgeschlagen hatte.[219] Ebenso äußerte sie Bedenken gegen die Betonung der Sanierung des Unternehmensträgers gegenüber der übertragenen Sanierung des schuldnerischen Unternehmens.[220]

Diese Erwägungen führten dazu, daß der Diskussionsentwurf das Bestreben der Kommission, dem Sanierungsinteresse des Schuldners gegenüber den Belangen der Gläubiger stärker Geltung zu verschaffen, nachdrücklich in Frage stellte und insoweit deutliche von den Kommissionsvorschlägen abrückte.[221]

In der Rechtsvergleichung verweist der Diskussionsbericht zunächst auf den besonderen Stellenwert des Insolvenzrechts der Vereinigten Staaten und dessen *Bancrupcy Reform Act* der Jahre 1985 und 1986 und gibt darüber hinaus auch die Reformen in Großbritannien (*Insolvency Act 1985*), Frankreich (1985) und wegen der Nähe zum Deutschen Recht auch das österreichische Insolvenzrechtsänderungsgesetz 1982 als einsichtsreich an und verweist insoweit auf die rechtsvergleichenden Ausführungen der Kommission für Insolvenzrecht.[222]

Aus der Rechtsvergleichung leitet der Diskussionsentwurf einen rechtspolitischen Trend her, der auf die einvernehmliche Regelung der Insolvenzbewältigung durch die Beteiligten und – in geeigneten Fällen – die Sanierung insolventer Unternehmen als neben der Liquidation des Schuldnervermögens gleichrangige Aufgabe des Insolvenzverfahrens gerichtet ist.[223]

Zugleich betont der Entwurf jedoch, daß aus der Rechtsvergleichung ersichtlich werde, daß das Insolvenzrecht in besonderem Maße durch die jeweilige Wirtschaftsverfassung und damit in die wirtschaftspolitischen Grundauffassungen der

---

[217] Diskussionsentwurf, S. A94.

[218] Diskussionsentwurf, S. A94 mit Verweis auf die im Auftrag des Bundesministeriums der Justiz erstellte empirische Studie Drukarczyk/Duttle/Rieger: Mobiliarsicherheiten, Arten, Verbreitung, Wirksamkeit, 1985.

[219] Diskussionsentwurf, S. A94f.

[220] Diskussionsentwurf, S. A95.

[221] Diskussionsentwurf, S. A95.

[222] Diskussionsentwurf, S. A96.

[223] Diskussionsentwurf, S. A96.

jeweiligen Länder stark beeinflußt wird.[224] Insbesondere im Bereich der Rolle des Staates bei der Sanierung eines Unternehmens würden überaus unterschiedliche Auffassungen vertreten. Aus diesem Grund sei es auch nicht möglich, ausländische Regelungsmodelle ohne weiteres auf deutsche Verhältnisse zu übertragen.[225]

Im Recht der USA macht der Diskussionsentwurf etwa eine Tendenz zur Übersteigerung des Schuldnerschutzes aus.[226]

Die Einbeziehung gesicherter Gläubiger in das Insolvenzverfahren sei andererseits ein anerkanntes Ziel der internationalen Insolvenzverfahren; Rücksicht zu nehmen sei hier auf die national teilweise stark unterschiedlichen Ausgestaltungen der Kreditsicherungssysteme.[227]

cc) Zusammenfassung des Diskussionsentwurfs

Gegenüber den Berichten der Kommission für Insolvenzrecht, die 1978 ihre Arbeit aufnahm, haben sich zunächst die Rahmenbedingungen in politischer Hinsicht gewandelt. Der Wechsel von einer sozial-liberalen hin zu einer christlich-liberalen Koalition hatte dazu geführt, daß marktwirtschaftliche Grundsätze in den Vordergrund gerückt wurden und den Gedanken der Unternehmenssanierung aus sozialen Gründen und solchen der Arbeitsplatzerhaltung in den Hintergrund drängten.[228] Damit rückte die Haftungsverwirklichung als ursprüngliche Primärfunktion des Insolvenzrechts in den Mittelpunkt des Interesses.[229] Die Sanierung sollte marktkonform durchgeführt und die Insolvenzabwicklung deutlich dereguliert werden; insbesondere im Insolvenzplanverfahren gewann erneut die Rechtsvergleichung an Bedeutung, indem starke Anleihen am entsprechenden Chapter 11, Reorganisation, des US- amerikanischen Bancrupcy code getätigt wurden.[230] Vor diesem rechtspolitischen Hintergrund wird auch ein behutsamerer Umgang mit den Mobiliarsicherheiten verständlich, denn weil der Mobiliarkredit grundsätzlich das Delkredererisiko des Kreditgebers verringert, haben diese Sicherheiten eine dem Grunde nach marktstimulierende Tendenz.[231]

---

[224] Diskussionsentwurf, S. A96f.

[225] Diskussionsentwurf, S. A97: In Frankreich etwa sei das Insolvenzrecht den Zielen der Wirtschaftspolitik und der indikativen Wirtschaftsplanung untergeordnet.

[226] Diskussionsentwurf, S. A97.

[227] Diskussionsentwurf, S. A98f.

[228] Pape/Uhlenbruck, Insolvenzrecht, Rdnr. 39; MüKo InsO, *Stürner*, Einl. Rdnr. 40.

[229] Pape/Uhlenbruck, Insolvenzrecht, Rdnr. 39; Uhlenbruck, Zum Diskussionsentwurf eines Gesetzes zur Reform des Insolvenzrechts, ZRP 1988, S. 471, *S. 471*; Heyer, S. 17.

[230] MüKo InsO, *Stürner*, Einl. Rdnr. 40.

[231] Schäfer/Ott, 20. Kap, 4.3, S. 492; S. 488; MüKo InsO, *Stürner*, Einl. Rdnr. 40: Denn anders als nach dem Prinzip der gleichmäßigen Befriedigung aller Gläubiger (par condicio creditorum) und einem an der Reihenfolge der Kreditverträge oder des Zeitpunktes der Zwangsvollstreckung ori-

In Bezug auf die Einschränkung der Mobiliarsicherheiten weicht der Diskussionsentwurf in erheblichem Umfang von den einschneidenden Maßnahmen, die noch die Kommissionsberichte vorgeschlagen haben, ab. Das Recht der Aussonderung und die Absonderungsbefugnis sollten erhalten bleiben und der Sicherungsgläubiger lediglich mit einem moderaten Verfahrensbeitrag von 5 % des Verwertungserlöses belastet werden, welcher, wenn die tatsächlichen Kosten des Verfahrens diesen Wert übersteigen, auf bis zu 10 % anwachsen kann.[232]

Die Rechtsstellung der Mobiliarsicherungsgläubiger sollte allerdings auf ein einheitliches Verwertungsrecht in Gestalt einer einheitlichen Absonderungsbefugnis zurückgeführt werden. Auswirkungen hat dies auf den einfachen Eigentumsvorbehalt, der nach dem Diskussionsentwurf nun nicht mehr, wie es Rechtslage unter der Konkursordnung war, zur Aussonderung berechtigt. Mit dieser Änderung geht einher, daß das Vorbehaltseigentum nur in seinem wirtschaftlichen Wert erhalten bleibt, nicht aber in seiner Substanz, denn die Verfügungsbefugnis über das Eigentum (§ 903 BGB) geht für den Vorbehaltsverkäufer im Falle der Insolvenz verloren.[233] Gleichzeitig entfällt damit auch die Ersatzaussonderung. Der Diskussionsentwurf verfolgt auf diese Weise das schon von den Berichten der Kommission für Insolvenzrecht propagierte Ziel, Sicherungsmittel zumindest für einen gewissen Zeitraum bei der Masse halte zu können und so einen Verwertungsstop herbeizuführen.[234] Daß der einfache Eigentumsvorbehalt nur noch zur Absonderung berechtigen sollte, wurde allerdings gerade von den Wirtschaftsverbänden heftig kritisiert, die Regelung im Lichte des Art. 14 GG für bedenklich gehalten.[235]

Doch auch dem Diskussionsentwurf läßt sich noch das Leitbild des Faustpfandprinzips entnehmen, welches schon die Kommission beeinflußt hatte. Nicht so sehr kritisiert wird hier die mangelnde Publizität des Mobiliarkredites, sondern vielmehr, daß zur Haftung dient, was eigentlich in den organisatorischen Verbund des Schuldners eingebunden bleibt. Aus diesem Grund sollten die besitzlosen Mo-

---

entiertem Prioritätsprizip führt die Ausrichtung an Kreditsicherheiten dazu, daß sich das Delkredererisiko des Gläubigers nicht durch weitere Kreditaufnahmen des Schuldners erhöhen kann. Schafft der Schuldner weitere Vermögensgegenstände an, für die ein Verkehrswert besteht, so wird die Effizienz dadurch gesteigert, daß sich weitere Gläubiger gleichfalls gegen einen Kreditausfall absichern können.

Jedenfalls ist die Regel der Befriedigung der Gläubiger nach den bestellten Sicherheiten effizienter als die par condicio creditorum Regel.

232 Uhlenbruck, Zum Diskussionsentwurf eines Gesetzes zur Reform des Insolvenzrechts, ZRP 1988, S. 471, *S. 474*.

233 Ostheimer, Neues Insolvenzrecht in Sicht, FLF 1989, S. 136, *S. 137*.

234 Ostheimer, Neues Insolvenzrecht in Sicht, FLF 1989, S. 136, *S. 137*.

235 Pape/Uhlenbruck, Insolvenzrecht, Rdnr. 39; Ostheimer, Neues Insolvenzrecht in Sicht, FLF 1989, S. 136, *S. 137*.

biliarsicherheiten hinter das Faustpfand zurückgesetzt werden.[236] Auch der Diskussionsentwurf fürchtete allerdings, daß diese Einschränkungen durch die Vertragspraxis umgangen werden könnten und installierte - wie die Entwürfe der Kommission für Insolvenzrecht - ein Umgehungsverbot, um neue Rechtsfiguren, die zur Sicherung des Gläubigers dienen könnten, von vornherein zu unterbinden.

Auch vom Instrument der Vermögensumverteilung mittels Kostenbeitrag wird zu einem guten Stück abgerückt, vor allem aus Deregulierungs- und marktwirtschaftlichen Erwägungen. Um selbst den geringeren Kostenbeitrag noch abzumildern, fordert der Diskussionsentwurf gleichsam die Gläubiger zur Übersicherung auf. Der Kostenbeitrag sollte schon bei der Bemessung der Sicherheit berücksichtigt werden. Dies hätte allerdings wohl zur Folge gehabt, daß anteilig zu jedem Sicherungsnehmer der Umfang der jeweiligen Sicherung zugenommen hätte.

c) Der Referentenentwurf

Der aus dem Jahr 1989 stammende Referentenentwurf eines Gesetzes zur Reform des Insolvenzrechts stieß auf wiederum völlig neue tatsächliche Gegebenheiten.

Nach der Maueröffnung am 09.11.1989 änderte sich die rechtspolitische Lage dramatisch und im Umfeld der Annährung der beiden Deutschen Staaten erachteten viele ein einheitliches Insolvenzgesetz unter der Last der neuen gesetzgeberischen Aufgaben und Chancen als nachrangig.[237] Gleichzeitig aber zeigte die Wirtschaftskrise der COOP AG, daß insolvenzrechtliche Problemfälle ohne weiteres auch das Tagesgeschehen beherrschen können.[238]

Der Referentenentwurf berücksichtigte wiederum zahlreiche Stellungnahmen von betroffenen Organisationen und Verbänden.[239]

In der Sache waren die Änderungen gegenüber dem Diskussionsentwurf aber gering: Letzterer wurde weitgehend übernommen, im wesentlichen wurde lediglich das Insolvenzarbeitsrecht auf Anregung des Arbeitsministeriums abgeändert und der Vorschlag der Herabstufung der Umsatzsteuer aus der Verwertung von Mobili-

---

[236] Diskussionsentwurf, S. A46.

[237] Vgl. Hofmann, Zur Geschichte der Reform des Insolvenzrechts, DRiZ 1994, S. 411, *S. 413*.

[238] Hofmann, Zur Geschichte der Reform des Insolvenzrechts, DRiZ 1994, S. 411, *S. 413*; mittels kompliziert konstruierter und fingierter Bilanzen besorgte sich die Führungsriege des Handelskonzerns COOP Milliardensummen bei den Banken. Ein angemeldeter Vergleich des Unternehmens, das fast 50.000 Mitarbeiter beschäftigt, wird später zurückgezogen. Die Gläubiger müssen auf 1,7 Milliarden Mark verzichten, vgl. dazu Meilicke, Die Kapitalaufbringungsvorschriften als Sanierungsbremse - Ist die deutsche Interpretation des § 27 Abs 2 AktG richtlinienkonform? (Teil I), Der Betrieb 1989, S. 1067-1075 und Meilicke, Die Kapitalaufbringungsvorschriften als Sanierungsbremse - Ist die deutsche Interpretation des § 27 Abs 2 AktG richtlinienkonform? (Teil II), Der Betrieb 1989, S. 1119-1124.

[239] Hess/Weis, InsO, *Wies*, Vor § 1 InsO Rdnr. 176.

arsicherheiten wegen der Bedenken des Finanzministeriums zur einfachen Insolvenzforderung zurückgenommen.[240]

Die Begründung des Entwurfs deckt sich zum großen Teil mit derer des Diskussionsentwurfes.

Auch der Referentenentwurf stellt die Funktionsunfähigkeit des geltenden Konkursverfahrens als maßgeblichen Grund für die Erneuerung des Insolvenzrechts insgesamt heraus.[241] Er betont, daß eine geordnete Gläubigerbefriedigung nur dann stattfinden könne, wenn das Verfahren überhaupt zur Eröffnung gelangt. Insbesondere Kleingläubiger und solche, die nicht dinglich gesichert sind, gingen häufig leer aus, so daß sich die Teilnahme am Verfahren für sie kaum lohne.[242]

Gegenüber der Fassung des Diskussionsentwurfs wird deutlicher herausgestellt, daß es eine wirtschaftlich fehlerhafte Verwertungsentscheidung sei, wenn die Ausgestaltung des Verfahrens dazu führte, daß es zu Vermögensverschiebungen unter den Verfahrensbeteiligten käme.[243] Die Mitspracherechte der absonderungsberechtigten Gläubiger, denen der überwiegende Anteil des Vermögens insolventer Unternehmen zusteht, müsse im Verfahren zudem erheblich ausgebaut werden, um den wirtschaftlichen Interessen dieser Gläubiger entsprechend Rechnung zu tragen.[244]

aa) Die Vorschläge betreffend die Mobiliarsicherheiten

Bei der Verwirklichung der dinglichen Vermögenshaftung im künftigen Insolvenzverfahren wurde eine Entschädigungspflicht für die Sicherungsgläubiger für die Beschränkung des individuellen Zugriffs auf das Sicherungsgut eingeführt: nach spätestens drei Monaten sollten sie dafür durch laufende Zinszahlungen voll entschädigt werden.[245]

aaa) Abstimmung von Insolvenz- und Kreditsicherungsrecht

Auch der Referentenentwurf hält an dem Vorschlag des Diskussionsentwurfes fest, daß der Eigentumsvorbehalt künftig nur noch ein Recht zur abgesonderten Befriedigung, nicht aber zur Aussonderung gewähren soll.[246]

---

[240] MüKo InsO, *Stürner*, Einleitung Rdnr. 41.

[241] Referentenentwurf Teil A, S. 1f.

[242] Referentenentwurf Teil A, S. 2.

[243] Referentenentwurf Teil A, S. 22.

[244] Referentenentwurf Teil A, S. 27.

[245] Referentenentwurf Teil A, S. 49.

[246] Referentenentwurf Teil A, S. 51ff.

Jedoch wird unter dem Einfluß der Kritik am Diskussionsentwurf ein erheblich größerer Aufwand betrieben, diese neue Einordnung zu rechtfertigen: Bereits sachenrechtlich sei die Sicherungsfunktion des Eigentumsvorbehaltes prinzipienwidrig.[247] Auch sei die Insolvenz eine typische Abwicklungssituation und der Verkäufer habe sich beim Eigentumsvorbehalt für den Fall gesichert, daß die Kaufpreisforderung uneinbringlich ist. Wenn man dem Verkäufer allerdings für diesen Fall die Aussonderung gewährt, so könne das dazu führen, daß er einen wirtschaftlichen Wert erlangt, der ihm „eigentumsrechtlich nicht zusteht".[248] Insbesondere bei zum schnellen Umschlag bestimmten Waren führte eine Einstufung als Absonderungsrecht auch nicht zu einer wirtschaftlichen Einbuße auf Seiten des Vorbehaltsverkäufers. Hier wählte der Verwalter regelmäßig die Erfüllung des Vertrages, da bei der Weiterveräußerung normalerweise der übliche Weiterverkaufspreis erzielt werden wird.

Anders verhalte es sich indes bei Gegenständen, die für die Masse einen höheren Wert haben, als sich für das ausgesonderte Sicherungsgut durch den Mobiliargläubiger erzielen läßt.[249] In der Praxis käme es jedoch häufig vor, daß der Verwalter dann nicht stets den vollen Restkaufpreis entrichtete, sondern sich die Parteien auf andere Weise behelfen: Der Verwalter kauft dann den Gegenstand zur Masse für einen Preis, der etwas über dem vom Gläubiger zu erzielenden Veräußerungserlös nach Aussonderung liege.[250]

Die Position des Vorbehaltsverkäufers insbesondere bei Gegenständen des Anlagevermögens werde so zwar geschwächt, da dieser nur den Erlös und damit den Zeitwert der Sache erhält und nicht mehr durch die frühzeitige Ankündigung der Aussonderung nach dem Recht der Konkursordnung einen höheren Preis zu erzielen vermag, wenn der Insolvenzverwalter wegen der Wichtigkeit des Sicherungsguts die Vertragserfüllung wählt.[251] Dies sei im Hinblick darauf, daß ihm eigentumsrechtlich ohnehin nicht mehr zustehe, nach obigem aber hinnehmbar.[252]

bbb) Intensität der Einbindung der Mobiliarsicherheiten

Der Referentenentwurf hält an dem zunächst eintretenden Verwertungsstop für Mobiliarsicherheiten fest, den er dadurch gewährleistet, daß der Insolvenzverwalter das Recht zur Nutzung und Verwertung des Sicherungsgutes erhält.[253] Ausdrücklich

---

[247] Referentenentwurf Teil A, S. 51.
[248] Referentenentwurf Teil A, S. 53.
[249] Referentenentwurf Teil A, S. 52f.
[250] Referentenentwurf Teil A, S. 52.
[251] Referentenentwurf Teil A, S. 51.
[252] Referentenentwurf Teil A, S. 52.
[253] Referentenentwurf Teil A, S. 54.

wird nun die Verwertung eines zur Sicherheit abgetretenen Rechtes, etwa eines Patents, der Pfandverwertung gleichgestellt, indem das Zugriffs und Verwertungsrecht des Gläubigers grundsätzlich unberührt bleibt, die Nutzung des Rechtes jedoch durch den Insolvenzverwalter beantragt werden kann, wenn dies für die sinnvolle Masseverwertung, also für die Fortführung des Betriebes, die Gesamtveräußerung oder die Sanierung des Schuldners erforderlich ist.[254]

Das Verfolgungsrecht des Verkäufers nach § 44 KO, von welchem in Bezug auf die etwaig dingliche Rechtsposition unmittelbar aus der Konkursordnung bereits oben die Rede war,[255] soll wegen mangelnder praktischer Bedeutung entfallen; im übrigen sei es systemwidrig, als die Stellung des Verkäufers im Falle der Konkurseröffnung sogar noch verstärkt wird.[256]

Gestrichen wurde § 40 DiskEInsO in der Fassung des Diskussionsentwurfes, welcher den Begriff der Insolvenzmasse präzisierte, da ihn der Referentenentwurf neben der Vorschrift des § 55 DiskEInsO, welcher die Absonderungsbefugnis des Sicherungsgläubigers regelte und gleichfalls ein Umgehungsverbot enthielt, für überflüssig und mißverständlich erachtete.[257]

Neu aufgenommen wurde mit § 52a RefEInso eine Regelung über die Ersatzaussonderung. Während im Diskussionsentwurf in § 52 Abs. 2 S. 2 EInsO lediglich die bisher herrschende Meinung gesetzlich festgeschrieben worden ist, daß die Ersatzaussonderung nur in denjenigen Fällen in Betracht kommt, in welchen die Gegenleistung noch unterscheidbar in der Masse vorhanden ist, so stellt der Regierungsentwurf hier weitere Voraussetzungen auf, § 52a RefEInsO, die zum Ziele hatten, die Ersatzaussonderung auch mit dem Argument der Vermeidung einer ungerechtfertigten Besserstellung mobiliargesicherter Gläubiger erheblich einzuschränken.[258] Die Ersatzaussonderung war danach nur für Fälle vorgesehen, in welchen der Insolvenzverwalter einen Aussonderungsanspruch nach Verfahrenseröffnung vereitelt. Der Fall, daß der Gegenstand, der ursprünglich hätte ausgesondert werden können, schon vor der Eröffnung des Verfahrens (unberechtigt) veräußert worden ist, wird hingegen nicht mehr erfaßt, sondern der Gläubiger insoweit auf Ansprüche aus Delikt und Bereicherung verwiesen.[259]

Zur Rechtfertigung des Vorschlages, daß auch der (einfache) Eigentumsvorbehalt künftig nur noch ein Absonderungsrecht gewähren soll, wählt der Referentenentwurf wiederum eine wirtschaftliche und an den Abläufen in der Praxis orientierte

---

[254] Referentenentwurf Teil A, S. 54.

[255] Siehe oben, S. 12ff.

[256] Referentenentwurf, Teil B, S. 38.

[257] Referentenentwurf, Hinweise des Verlags, S. VIII.

[258] Referentenentwurf Teil B, S. 48.

[259] Referentenentwurf Teil B, S. 48f.

Betrachtungsweise:[260] Die Chance, daß der Gläubiger die Restkaufpreisforderung in der Praxis tatsächlich wird realisieren können, sei ungewiß.[261] Insoweit sei es von den Insolvenzzwecken her berechtigt, nur solche Vorzugsstellungen anzuerkennen, die auch außerhalb des Insolvenzverfahrens gegenüber anderen Gläubigern durchgesetzt werden können; damit sei es nicht vereinbar, daß der Vorbehaltsverkäufer für seine vor der Insolvenzeröffnung begründete Kaufpreisforderung noch voll befriedigt würde, obgleich der Sicherungsgegenstand bei Verfahrenseröffnung bereits entwertet ist.[262]

Parallel zur Ersatzaussonderung nach § 52a RefEInsO wird vom Referentenentwurf auch die Ersatzabsonderung in § 56a RefEInsO nach deren Muster gesetzlich erfaßt.[263] Dies vor allem deshalb, weil der Referentenentwurf insgesamt der Absonderung wegen der Abschaffung der Aussonderungsbefugnis des Eigentumsvorbehaltsverkäufers gesteigerte Bedeutung beimaß.[264] Da mit § 181 RefEInsO ein Verwertungsrecht des Insolvenzverwalters für bestimmte Gegenstände mit Absonderungsbefugnis eingeführt wurde, war die Regelung auf Fälle unberechtigter Veräußerung beschränkt, also wenn ein Verwertungsrecht des Insolvenzverwalters nicht bestand oder in Fällen, in denen die Voraussetzungen für die Ausübung eines bestehenden Verwertungsrechts nicht beachtet worden sind.[265]

ccc) Entschädigung der Sicherungsgeber

Während die Einbindung der Sicherheiten in das Insolvenzverfahren grundsätzlich derer des Diskussionsentwurfes entspricht, wird die Entschädigung der Sicherungsgeber präzisiert bzw. erweitert. So wurde vorgesehen, daß der Sicherungsgläubiger, der im vorläufigen Insolvenzverfahren an der Verwertung der Sicherheit gehindert war, die Dauer dieser Verwertungsbeschränkung auf die dreimonatige entschädigungslose Nutzung durch den Insolvenzverwalter angerechnet erhält.[266] Der Nachteil, den der Sicherungsgläubiger durch die Abnutzung des Sicherungsgegenstandes erleidet, ist bei beweglichen wie unbeweglichen Sicherheiten durch laufende Zahlungen auszugleichen.[267]

---

260 Referentenentwurf Teil A, S. 52.

261 Referentenentwurf Teil B, S. 50.

262 Referentenentwurf Teil B, S. 51.

263 Referentenentwurf Teil B, S. 53.

264 Referentenentwurf Teil B, S. 53.

265 Referentenentwurf Teil B, S. 53.

266 Referentenentwurf Teil A, S. 59.

267 Referentenentwurf Teil A, S. 59.

ddd) Feststellungs-, Erhaltungs- und Verwertungskosten des Sicherungsgutes

Bei den Feststellungs-, Erhaltungs- und Verwertungskosten des Sicherungsgutes fand gleichfalls eine Abmilderung gegenüber dem Diskussionsentwurf statt. Der Referentenentwurf verweist zunächst darauf, daß der Konkursverwalter schon nach geltendem Recht einen Zuschlag für die Bearbeitung von Sicherungsgut erhält und schlägt vor, den pauschalen Kostenanteil von 5 % des Verwertungserlöses nur noch grundsätzlich in der neuen Vergütungsverordnung in dieser Höhe vorzusehen.[268] Als Kosten der Erhaltung des Sicherungsgutes sollen zudem künftig nur noch Positionen gerechnet werden, die auch und gerade im Interesse des gesicherten Gläubigers erforderlich waren.[269]

Das Argument schon des Diskussionsentwurfes, daß es den Sicherungsgläubigern unbenommen ist, die Sicherheiten so zu bemessen, daß der im Insolvenzverfahren anfallende Kostenbeitrag von der Sicherheit umfaßt wird, wird durch den Referentenentwurf aufgegriffen und betont, daß dies in Abkehr von den Vorschlägen der Kommission für Insolvenzrecht nunmehr nicht mehr bezweckt sei, die Sicherungsrechte zugunsten der ungesicherten Gläubiger zurückzudrängen.[270]

Aber auch dies führte dazu, daß sich die Kredite verteuerten und der Schuldner mehr Kreditvolumen benötigt.

eee) Umsatzsteuer

Gestrichen wurde mit § 190 DiskEInsO die Herabstufung der Fiskusforderung bei Anfall der Umsatzsteuer im Insolvenzverfahren von der Masseschuld zur einfachen Insolvenzforderung.[271]

Der Diskussionsentwurf hatte hier noch kritisiert, daß bei der Verwertung dieser Sicherheiten der erzielte Erlös vollumfänglich zur Befriedigung des Gläubigers zur Verfügung steht und vorgeschlagen, daß der Umsatzsteueranteil lediglich als einfache Insolvenzforderung geltend zu machen sei.[272] Die Streichung, die aufgrund der Bedenken des Bundesfinanzministeriums vorgenommen wurde,[273] ist insofern von besonderer Bedeutung, als der Diskussionsentwurf die Belastung der Masse mit der Umsatzsteuer noch als eine der bedeutendsten Ursachen für die Massearmut der Konkursverfahren unter alter Rechtslage herausgestellt hatte.[274]

---

[268] Referentenentwurf Teil A, S. 60.

[269] Referentenentwurf Teil A, S. 61.

[270] Referentenentwurf Teil A, S. 62.

[271] Referentenentwurf, S. 113.

[272] Diskussionsentwurf, S. A53.

[273] MüKo InsO, *Stürner*, Einleitung Rdnr. 41.

[274] Diskussionsentwurf, S. A53f.

bb) Zusammenfassung des Referentenentwurfs

Die Abweichungen des Referentenentwurfes von den Vorschlägen des Diskussionsentwurfes sind insgesamt eher gering, die wesentliche Linie und auch das Abrücken von den Vorschlägen der Kommission für Insolvenzrecht sind erhalten geblieben.

Gerade wegen der Tatsache, daß der Referentenentwurf zumeist lediglich die Begründung des Diskussionsentwurfes wiederholt, wird erkennbar, daß sich die Verfasser hier nochmals mit der Position der dinglichen Gläubiger auseinandergesetzt haben. Dies zeigt sich zum einen in der Verbesserung deren Rechtstellung, da nunmehr insbesondere auch eine Entschädigung für die Abnutzung und Entwertung des Sicherungsgutes durch laufende Zahlungen vorgesehen ist.[275] Dennoch beläßt es der Referentenentwurf bei der Zuordnung auch des einfachen Eigentumsvorbehaltes als Absonderungs- denn als Aussonderungsrecht, regelt aber zugleich Ersatzaussonderung und Ersatzabsonderung, die bislang lediglich von der Rechtsprechung anerkannt waren, aber über keine gesetzliche Grundlage verfügten. Der Begründungsaufwand, der zur Rechtfertigung des Wegfalls der Aussonderungsbefugnis des Eigentumsvorbehaltsverkäufers betrieben wird, wächst eingedenk der Kritik, die der Vorschlag der Neuregelung hervorgerufen hat, erheblich an.

Besonders ein Gedanke fällt noch ins Auge, der bislang in der Argumentation eher im Hintergrund verblieb: Der Referentenentwurf stellt erstmals deutlich heraus, daß es zu Vermögensverschiebungen unter den Verfahrensbeteiligten nicht kommen dürfe.[276] Nimmt man den Referentenentwurf insoweit beim Wort, so bedeutet dies, daß auch eine Vermögensverschiebung von ungesichertem zu gesichertem Gläubiger zu unterbleiben hat und damit eine Verschiebung zumindest des Wertes des Sicherungsgutes auf die ungesicherten Gläubiger nicht stattfinden darf und der Referentenentwurf gerade nicht darauf abziele, die Mobiliarsicherheiten insgesamt zurückzudrängen.[277] Dies stellt noch deutlichere Abkehr vom Verteilungsgedanken der Kommissionsvorschläge dar, welcher mit dem Verfahrensbeitrag von immerhin 25 %, den die gesicherten Gläubiger zu erbringen hatten, gerade eine Stärkung der Position der ungesicherten Gläubiger zu Lasten der Inhaber von Mobiliarsicherheiten erreichen wollte.

Die Rechtfertigung für die Wandlung des Aussonderungsrechts des Eigentumsvorbehaltskäufers hin zu einem Recht auf abgesonderte Befriedigung wurde vor diesem Hintergrund mit wirtschaftlichen und insbesondere auch praktischen Erwägungen begründet. Denn der Diskussionsentwurf bestreitet nicht, daß diese Umwandlung einen Einschnitt in die Rechtsposition des Eigentumsvorbehaltskäufers

---

[275] Hofmann, Geschichte der Reform des Insolvenzrechts, DRiZ 1994, S. 411, *S. 415*; Referentenentwurf Teil A, S. 59.

[276] Referentenentwurf Teil A, S. 22.

[277] Referentenentwurf Teil A, S. 62.

darstellt.[278] Aber zumindest in der Praxis sei es häufig so, daß der Eigentumsvorbehaltsverkäufer den vollen Restbetrag seiner Kaufpreisforderung nicht erzielen kann. Hier taucht das Argument des Verbots einer Umverteilung von Vermögen unter praktischen Gesichtpunkten wieder auf, wenn auch mit umgekehrtem Vorzeichen. Beläßt man es bei der Aussonderungskraft des Eigentumsvorbehalts, so führte dies zu einer ungerechtfertigten Vermögensverteilung auf den so gesicherten Gläubiger, was sich nach diesem Grundsatz aber verbiete.

Deutlicher wird auch die Abkehr von einem staatlich verordneten Sanierungsverfahren hin zu mehr Marktkonformität und Deregulierung.

Insgesamt ist der Referentenentwurf von einer weiteren Schonung des Mobiliarkredites gekennzeichnet.

d) Der Regierungsentwurf und das Gesetzgebungsverfahren zur Insolvenzordnung

Daß das Gesetzgebungsverfahren trotz der Veränderung durch die Wiedervereinigung Deutschlands und weiterer dringlicher Reformen weiter vorangetrieben worden ist, ist vor allem auch der Tatsache zu verdanken, daß der Geltungsbereich der Konkurs- und Vergleichsordnung trotz der grundsätzlichen Überleitungsregelung des Art. 8 des Einigungsvertrages vom 31.08.1990[279], wonach im Beitrittsgebiet Bundesrecht in Kraft tritt, nicht auf die neuen Länder ausgedehnt worden ist.[280] Man beließ es statt dessen dabei, die Gesamtvollstreckungsordnung der DDR vom 18.12.1975, die das bis dahin geltende, durch Einfluß der Wirtschaftslenkung durch den Staat modifizierte Konkursrecht aus Konkurs- und Vergleichsordnung abgelöst hatte, für eine Übergangszeit beizubehalten.[281] Die Gesamtvollstreckungsordnung bestand lediglich aus wenigen Vorschriften und gewährleistete eine flexible Handhabung, wenn auch teilweise die Heranziehung der Regelungen der Konkursordnung erforderlich war.[282] In erster Linie sollte mit der Beibehaltung der GesO eine Überlastung der Rechtspflegeorgane durch die Neueinführung von KO und VerglO vermieden werden. Die Gesamtvollstreckungsordnung nahm aus den Reformbestrebungen das einheitliche Verfahren aus Konkurs und Vergleich vorweg. Der Gesetzgeber setzte darauf, daß die Aufrechterhaltung der Rechtsspaltung den Reformdruck erhöht und diese Überlegung sollte aufgehen:

---

278 Referentenentwurf Teil A, S. 51.

279 Vertrag über die Herstellung der Einheit Deutschlands, BGBl. 1990 II, S. 885.

280 Pape/Uhlenbruck, Insolvenzrecht, Rdnr. 40; Hofmann, Geschichte der Reform des Insolvenzrechts, DRiZ 1994, S. 411, *S. 414*.

281 Hess InsO, *Weis*, Vor § 1 InsO, Rdnr. 148.

282 Hess InsO, *Weis*, Vor § 1 InsO, Rdnr. 155f.

Es entwickelte sich ein Nebeneinander beider Gesetzessysteme, das sich letztlich als „Reformkatalysator“ herausstellte.[283]

Der Regierungsentwurf des Jahres 1992 war eine weiter verfeinerte und überarbeitete Fassung des Referentenentwurfs, die nunmehr auf 399 Paragraphen angewachsen war.[284]

Wichtige Änderungen waren der nunmehr volle Schutz des Vorbehaltsverkäufers in der Insolvenz, die Nichtigkeit des Konzernvorbehaltes,[285] welche direkt in das Bürgerliche Gesetzbuch integriert werden sollte, eine stärkere Begrenzung des Sozialplanvolumens und die Aufnahme von Vorschriften über das internationale Insolvenzrecht.[286] Trotz Kritik aus der Praxis und des Einwandes der Justizverwaltungen der Länder, daß eine Umsetzung wegen personeller Probleme so nicht möglich sei, gelangte der Regierungsentwurf in das Gesetzgebungsverfahren.[287]

Am 03.03.1992 leitete die Bundesregierung dem Bundesrat den Regierungsentwurf zu. Im Rahmen der Arbeit des Rechtsausschusses des Deutschen Bundestages kam es dann noch zu zahlreichen Änderungen und Straffungen des Regierungsentwurfes um mehr als 60 Vorschriften.[288] Die noch im Regierungsentwurf enthaltenen Vorschriften über ein internationales Insolvenzverfahren wurden bis auf die grundsätzliche Vorschrift des Art. 102 EGInsO wieder gestrichen, weil der Gesetzgeber dies im Hinblick auf das kommende EU-Abkommen für Insolvenzrecht als überflüssig erachtete.[289] Wegen der Bedenken der Landesjustizverwaltungen wurde schließlich das Inkrafttreten des Gesetzes auf den 01.01.1999 verschoben. Diesem Vorschlag des Vermittlungsausschusses haben Bundestag am 17.06.1994 und der Bundesrat am 08.07.1994 zugestimmt.[290] Zu diesem Tag ist die neue Insolvenzordnung in Kraft getreten.

Die Begründung des Regierungsentwurfes ist zum großen Teil wiederum eine Wiederholung der Begründung des Diskussionsentwurfes, die schon durch den Refe-

---

[283] Vgl. MüKo InsO, *Stürner*, Einleitung, Rdnr. 42.

[284] Pape/Uhlenbruck, Rdnr. 42; MüKo InsO, *Stürner*, Einleitung Rdnr. 43.

[285] Auch die Berichte der Kommission für Insolvenzrecht enthalten in Leitsatz 3.2.4 bereits ein Verbot des Konzernvorbehaltes, wollten dieses Verbot aber mit Hilfe eines Formerfordernisses über die Insolvenzordnung durchsetzen, vgl. Erster Bericht der Kommission für Insolvenzrecht, S. 307f.

[286] Vgl. MüKo InsO, *Stürner*, Einleitung Rdnr. 43.

[287] MüKo InsO, *Stürner*, Einleitung Rdnr. 43.

[288] Pape/Uhlenbruck, Rdnr. 42; Hofmann, Geschichte der Reform des Insolvenzrechts DRiZ 1994, S. 411, *S. 415.*

[289] Diese Einschätzung hat sich im nachhinein als fehlerhaft herausgestellt. Denn auch in einem neuen Insolvenzrecht muß für Nicht-EU-Staaten eine internationale rechtliche Regelung gegeben sein, vgl. Pape/Uhlenbruck, Rdnr. 42 Fn. 25.

[290] Pape/Uhlenbruck, Rdnr. 42.

rentenentwurf modifiziert worden war. Nach wie vor bleibt der beklagte Funktionsverlust von Insolvenz- und Vergleichsordnung das beherrschende Thema zur Rechtfertigung des Reformverfahrens, hinzugetreten ist die Rechtsvereinheitlichung im wiedervereinten Deutschland.[291]

Der Regierungsentwurf sollte zu dem gesteckten Ziel verhelfen, daß die Abweisung der Verfahrenseröffnung mangels Masse wieder von der Regel zur Ausnahme wird.[292] Der Entwurf stellt seinerseits weiter auf die Gläubigerautonomie, jedoch abgesichert durch Minderheitenschutz ab und betont als eine Art innerinsolvenzrechtlicher Demokratie, daß die wirtschaftlich Betroffenen nach Maßgabe des Wertes ihrer Rechtstellung über das weitere Schicksal des Gemeinschuldners mit zu entscheiden haben.[293]

aa) Die Änderungen hinsichtlich der Mobiliarsicherheiten

Bereits im Vorwort der eigentlichen Begründung weist der Gesetzentwurf auf einige Änderungen für die Mobiliarsicherheiten hin. Zunächst wird festgehalten, daß die Kreditsicherheiten im Verfahren ihren wirtschaftlichen Wert jedenfalls behalten sollen; zwar sei hinsichtlich der Gegenstände, die zur Sicherheit übereignet worden seien, grundsätzlich der Insolvenzverwalter verwertungsberechtigt, doch erhalten die Sicherungsgläubiger ein Eintrittsrecht in die beabsichtigte Veräußerung und ein Initiativrecht zur Beschleunigung des Verfahrens.[294] Ohne nähere Begründung wird deklaratorisch und in Abkehr von den bisherigen Vorschlägen der Kommissionsentwürfe, des Diskussions- und des Referentenentwurfs festgestellt, daß der einfache Eigentumsvorbehalt weiterhin zur Aussonderung berechtigen soll.[295] Überdies sollte der Konzernvorbehalt als besonders weitreichendes Kreditsicherungsmittel gestrichen werden.[296]

aaa) Abstimmung von Kreditsicherungs- und Insolvenzrecht; Einbeziehung der Gläubiger

Kaum Änderungen in der Begründung sind bei der Einbeziehung der gesicherten Gläubiger zu verzeichnen. Der Regierungsentwurf verweist lediglich darauf, daß der Konzernvorbehalt im Rahmen des Eigentumsvorbehaltes durch das Einführungsgesetz zur Insolvenzordnung abgeschafft werden soll.[297]

---

[291] Gesetzentwurf InsO, BT-Drs 12/2443 Deckblatt, S. 1 (= BR-Drs. 1/92).

[292] Gesetzentwurf InsO, BT-Drs 12/2443 Deckblatt, S. 1.

[293] Gesetzentwurf InsO, BT-Drs 12/2443 Deckblatt, S. 1.

[294] Gesetzentwurf InsO, BT-Drs 12/2443 Deckblatt, S. 2.

[295] Gesetzentwurf InsO, BT-Drs 12/2443, S. 1.

[296] Gesetzentwurf InsO, BT-Drs 12/2443, S. 1.

[297] Gesetzentwurf InsO, BT-Drs 12/2443, S. 86.

Die Begründung zu Art. 31 Nr. 17 EGInsO, mit welcher dem § 455 BGB ein zweiter Absatz gegeben werden soll, der die Vereinbarung eines Eigentumsvorbehaltes für nichtig erklärt, soweit dieser von der Erfüllung einer Verbindlichkeit gegenüber einem Dritten abhängig gemacht wird, stellt insoweit jedoch nicht auf insolvenzspezifische Gründe ab. Statt dessen wird auf generelle Bedenken gegenüber diesem Sicherungsmittel abgehoben, indem ausgeführt wird, daß der Konzernvorbehalt den Käufer über überlange Zeit binde, da das Eigentum für eine Vielzahl von Gläubigern reserviert werden kann.[298] Die wirtschaftliche Bewegungsfreiheit des Käufers werde übermäßig eingeschränkt, der innere Zusammenhang zwischen Forderung und Eigentum gehe verloren.[299]

Während zunächst im Diskussionsentwurf lediglich knapp begründet worden ist, daß der Eigentumsvorbehalt auch lediglich zur Absonderung berechtigen dürfe und der Referentenentwurf immerhin einen Begründungsaufwand von 2 Seiten benötigt, um das gleiche Ergebnis mit systematischer Begründung zu rechtfertigen, ist der entsprechende Passus in der Regierungsbegründung schlicht gestrichen worden.

Auch im weiteren bleibt der Umstand, daß nunmehr hinsichtlich des einfachen Eigentumsvorbehaltes wieder das Aussonderungsrecht alter Rechtslage nach der Konkursordnung gelten soll, unbegründet. In der Vorschrift des § 58 RegEInsO, der dem bisherigen § 54 RefEInsO entspricht, ist die Regelung, wonach auch der einfache Eigentumsvorbehalt lediglich zur Absonderung berechtigt, ersatzlos entfallen.[300]

Im Rahmen der Einteilung der Gläubiger und des Begriffs der Insolvenzmasse sollte der Begriff der Insolvenzmasse aus der Konkursordnung wider maßgeblich sein.[301] Auch zur Insolvenzmasse zählen sollte weiterhin das Vermögen, das der Schuldner während der Dauer des Insolvenzverfahrens erwirbt.[302] Als systemwidrig gestrichen werden sollte nach wie vor das Verfolgungsrecht des Verkäufers aus § 44 KO. Dies deswegen, weil hierin eine systematisch nicht zu rechtfertigende Privilegierung des Verkäufers gesehen wurde.[303]

Wegen der Ersatzaussonderung und Ersatzabsonderung bleibt es dabei, daß der Anwendungsbereich der ersteren stark eingeschränkt und die zweite gesetzlich anerkannt wird.[304]

---

[298] Gesetzentwurf EGInsO, BR-Drs. 511/92, S. 77.

[299] Gesetzentwurf EGInsO, BR-Drs. 511/92, S. 78.

[300] Gesetzentwurf EGInsO, BR-Drs 511/92, S. 125.

[301] Gesetzentwurf InsO, BT-Drs 12/2443, S. 121.

[302] Gesetzentwurf InsO, BT-Drs 12/2443, S. 121f.

[303] Gesetzentwurf InsO, BT-Drs 12/2443, S. 121.

[304] Gesetzentwurf InsO, BT-Drs 12/2443, S. 121.

bbb) Entschädigung der Sicherungsgeber

Die Begründung zur Entschädigung der Sicherungsgeber ist unverändert aus dem Referentenentwurf übernommen worden.

ccc) Feststellungs-, Erhaltungs- und Verwertungskosten des Sicherungsgutes

Auch nach dem Regierungsentwurf sollte der absonderungsberechtigte Gläubiger einen Verfahrensbeitrag wegen der Feststellungs- und Verwertungskosten seiner Sicherheit in Höhe von jeweils 5 % zu tragen haben.[305] Bei der Zubehörhaftung aus § 1120 BGB war eine Feststellungspauschale von 5 % vorgesehen.[306] Die Bedeutung des Verfahrensbeitrages war jedoch schon dadurch verringert worden, daß der Eigentumsvorbehalt nunmehr nicht mehr zur Absonderung berechtigte und folglich vom Vorbehaltsverkäufer auch kein Verfahrensbeitrag zu erlangen ist. Gerechtfertigt hatte der Regierungsentwurf die Erhöhung gegenüber dem Referentenentwurf um einen Prozentpunkt mit einer Einbeziehung der dinglich gesicherten Gläubiger in die Kosten des Verfahrens.[307]

In § 195 RegEInsO war zudem vorgesehen, daß der Inhaber eines Rechtes, welches zur Absonderung berechtigt, die Kosten auch der Erhaltung der Sicherheit zu tragen hat, indem insoweit ein Abzug vom Verwertungserlös vorgesehen sein sollte.[308]

ddd) Umsatzsteuer

Nachdem die Umsatzsteuerforderung durch den Referentenentwurf wieder zu einer Masseforderung heraufgestuft worden war, wählte der Regierungsentwurf einen anderen Weg, die Insolvenzmasse von dieser Forderung zu entlasten. Wie schon vom Bundesgerichtshof angeregt,[309] empfand es der Entwurf als unbillig, daß die Masse derartig belastet wurde und bürdete die Steuerforderung daher dem absonderungsberechtigten Gläubiger auf, indem Umsatzsteuer, soweit sie angefallen ist, vorab dem Kostenbeitrag zugeschlagen und folglich vom auszukehrenden Verwertungserlös abzuziehen war.[310]

---

[305] Gesetzentwurf InsO, BT-Drs 12/2443, S. 89.

[306] Gesetzentwurf InsO, BT-Drs 12/2443, S. 89.

[307] Gesetzentwurf InsO, BT-Drs 12/2443, S. 89.

[308] Gesetzentwurf InsO, BT-Drs 12/2443, S. 40.

[309] BGHZ 77, S. 139, *S. 150*.

[310] Vgl. §§ 159, 196 RegEInsO, BT-Drs. 12/2443, S. 40f.; BT-Drs. 12/2443, S. 89; S. 181f.

bb) Kritik des Bundesrates und Zusammenfassung

aaa) Empfehlungen der gemeinsamen Ausschüsse

Im Rahmen des Gesetzgebungsverfahrens wurde dem Bundesrat durch den federführenden Rechtsausschuß, den Ausschuß für Arbeit und Sozialpolitik, dem Finanzausschuß und dem Wirtschaftsausschuß eine Stellungnahme zu dem Regierungsentwurf vorgeschlagen.[311]

Diese Beschlußempfehlung rügt vor allem, daß der Regierungsentwurf eine inzwischen nahezu rein rechtliche Betrachtungsweise der Insolvenzreform gewählt habe, die zu einer sozialpolitischen Unausgewogenheit des Reformvorhabens insgesamt führe.[312]

Ausdrücklich gerügt wird, daß der Regierungsentwurf nunmehr doch dazu zurückgekehrt ist, dem Eigentumsvorbehaltskäufer ein Aussonderungsrecht zu gewähren; die bisherige Regelung, wonach auch dem Eigentumsvorbehaltsverkäufer lediglich ein Absonderungsrecht zuzugestehen ist, wird als Änderungswunsch an den Regierungsentwurf formuliert.[313]

Begründet wird dies mit den wirtschaftlichen Erwägungen, die der Regierungsentwurf noch im Vergleich zum Referentenentwurf ausließ. Sicherungseigentum und Vorbehaltsverkauf seien bei wirtschaftlicher Betrachtung gleichwertig und müßten in das Verfahren nach der Insolvenzordnung demgemäß beide eingepaßt werden.[314] Zudem führte die praktische Verwertung des Gegenstandes nach dem geltenden Konkursrecht auch lediglich dazu, daß der Vorbehaltskäufer in Höhe des (Rest-)Wertes der Sache befriedigt wird. Auch würde dem Vorbehaltskäufer ebensowenig wie dem Sicherungseigentümer das Eigentum an dem Gegenstand durch die Verfahrenseröffnung entzogen.[315] Im Rahmen der 639. Sitzung des Bundesrates, in welcher dieser über die Stellungnahme nach Art. 76 Abs. 2 GG entschied, konnten sich diese Bedenken jedoch nicht durchsetzen: In der eigentlichen Stellungnahme zum Gesetzentwurf der Bundesregierung sind diese Änderungsvorschläge nicht mehr enthalten.[316]

Damit sieht die Beschlußempfehlung der Ausschüsse in der Aussonderungsbefugnis des Vorbehaltsverkäufers einen Rückschritt und hält einen tieferen Einschnitt in das Sicherungsrecht für vertretbar.

---

[311] Empfehlung der Ausschüsse, BR-Drs 1/1/92.
[312] Empfehlung der Ausschüsse, BR-Drs. 1/1/92, S. 2.
[313] Empfehlung der Ausschüsse, BR-Drs. 1/1/92, S. 18.
[314] Empfehlung der Ausschüsse, BR-Drs. 1/1/92, S. 19.
[315] Empfehlung der Ausschüsse, BR-Drs. 1/1/92, S. 20.
[316] Gesetzentwurf InsO, BT-Drs 12/2443, S. 248ff.

Indessen geht der Empfehlung an anderer Stelle der Regierungsentwurf zu weit, namentlich dort, wo es um die (pauschalisierte) Beteiligung der Mobiliarsicherungsgläubiger an den Kosten der Feststellung, Erhaltung und Verwertung der Sicherungsmittel geht.[317] Die Beschlußempfehlung sieht es als fragwürdig, weil kreditverknappend bzw. verteuernd an, wenn die Kosten der Feststellung des Gegenstandes und die bei der Verwertung anfallende Umsatzsteuer nach § 196 RegEInsO vorab entnommen wird. Der Bundesrat bittet insoweit zu prüfen, ob dies für den für die Masse verbundenen Vorteil in Kauf genommen werden muß.[318] Es wurde gefürchtet, daß der wirtschaftliche Wert der Sicherheiten so um bis zu 25 bis 30 % vermindert werden könnte und dies nicht mehr ausreiche, die Gläubiger wirksam vor einem Konkursausfall zu schützen.[319] Der Kostenbeitrag müsse daher auf das unbedingt notwendige Maß beschränkt werden, die Feststellungskosten könnten sogar ganz entfallen, weil die Feststellung des Bestehens von Kreditsicherungsmitteln ohnehin zu den Aufgaben des Insolvenzverwalters gehöre.[320]

Der Rechtsausschuß des Bundestages griff diese Anregung auf und schlug schließlich vor, die Kosten der Feststellung des Sicherungsgutes auf 4 % zu ermäßigen.[321]

Gleichfalls im Gesetzgebungsverfahren entfiel die Pflicht des Sicherungsgläubigers, die Erhaltungskosten der Sicherheit zu tragen, § 195 RegEInsO. Nach § 170 InsO ist eine solche Pflicht gerade nicht vorgesehen.[322]

bbb) Zusammenfassung des Regierungsentwurfes

In Bezug auf die Behandlung der Mobiliarsicherheiten sieht der Regierungsentwurf eine weitere Besserstellung deren Position im Vergleich zu den Vorgängerentwürfen vor.

Erheblichste Neuerung dürfte sein, daß der Regierungsentwurf in Abkehr vom Diskussions- und Referentenentwurf wiederum dem einfachen Eigentumsvorbehalt die Aussonderungskraft gewähren will.

Ein solcher Paradigmenwechsel könnte sich bereits durch den Referentenentwurf abgezeichnet haben. Der Vorschlag, den Eigentumsvorbehalt nur noch zur Absonderung berechtigen zu lassen, behält der Diskussionsentwurf bei, erhöht jedoch den Begründungsaufwand für diese Maßnahme erheblich[323] – wohl auch im Hinblick auf die Kritik seitens der Kreditwirtschaft.

---

[317] Empfehlung der Ausschüsse, BR-Drs. 1/1/92, S. 48.

[318] Empfehlung der Ausschüsse, BR-Drs. 1/1/92, S. 48.

[319] Empfehlung der Ausschüsse, BR-Drs. 1/1/92, S. 48.

[320] Empfehlung der Ausschüsse, BR-Drs. 1/1/92, S. 48.

[321] Hofmann, Geschichte der Reform des Insolvenzrechts, DRiZ 1994, S. 411, *S. 416.*

[322] Vgl. dazu MüKo InsO, *Lwowski*, § 170 Rdnr. 39.

[323] Referentenentwurf Teil A, S. 22.

Auffällig ist nicht nur, daß der Regierungsentwurf diesen Linienwechsel vollzieht, sondern sich in der gesamten Begründung kaum eine Rechtfertigung für diesen Wechsel findet. Größtenteils sind die Passagen zur Rechtfertigung der Absonderung lediglich aus dem ansonsten zum Großteil unveränderten Text des Diskussionsentwurfes gestrichen worden. Die Beschlußempfehlung der gemeinsamen Ausschüsse des Bundesrates sah dieses als ein nicht notwendiges Zurückweichen vor den Interessen der Gläubiger an und verlangte entsprechend, den alten Vorschlag mit der Gleichbehandlung von Sicherungseigentum und Eigentumsvorbehalt wieder aufzunehmen.[324]

Auch war man im Verlauf des Gesetzgebungsverfahrens um eine größere Schonung des wirtschaftlichen Wertes der Mobiliarkreditsicherheiten insgesamt bemüht, wie die weitere Ermäßigung der Kosten der Feststellung des Sicherungsgutes von 6% auf dann lediglich 4 % verdeutlicht.[325]

Im Gegenzug sollte der Mobiliarsicherungsgläubiger an der Umsatzsteuer beteiligt werden.[326] Diese nun zusätzlich, wie noch der Diskussionsentwurf mit dem Ausschluß des Aussonderungsrechtes, der Masse anzulasten, erschien dem Gesetzgeber offensichtlich dann doch zuviel der Schonung.

Ansonsten standen die Änderungen der Rechtslage der Mobiliarsicherheiten längst nicht mehr im Zentrum der Diskussion um die Neufassung der Insolvenzordnung. Beherrschende Themen waren inzwischen die Restschuldbefreiung und die Kosten des künftigen Insolvenzverfahrens, die insbesondere von den Ländern zu tragen waren und schließlich zu einer Verschiebung des Inkrafttretens der Insolvenzordnung zum 01.01.1999 geführt haben.

Die „große Reform“ des Mobiliarkreditsicherungsrechts durch die Neuschaffung eines Insolvenzgesetzes wurde spätestens in diesem Teil der Entwicklung der Insolvenzordnung einstweilen zu den Akten gegeben.

e) Die Regelungen in der Insolvenzordnung

Von den einst in der Reformdiskussion vorzufindenden Vorschlägen zur Neuregelung des Rechts der Mobiliarkreditsicherheiten über die Insolvenzordnung läßt sich in der heutigen Insolvenzordnung damit nur noch eine Handvoll Maßnahmen ausmachen. Auf die Einzelregelungen wird in der weiteren Untersuchung ohnehin noch einzugehen sein.

Als wichtigste Änderungen gegenüber der Konkursordnung ist die Kostenbeteiligung der Gläubiger mit Absonderungsrechten zu nennen (§§ 170ff. InsO), denen

---

[324] Empfehlung der Ausschüsse, BR-Drs. 1/1/92, S. 19.

[325] Hofmann, Geschichte der Reform des Insovenzrechts, DRiZ 1994, S. 411, *S. 415*.

[326] Gesetzentwurf InsO, BT-Drs. 12/2443, S. 89.

nunmehr die Kosten der Feststellung und Verwertung der Sicherheit ebenso auferlegt wird, wie sie die Umsatzsteuer bei der Verwertung der Sicherheit zu tragen haben.[327] Zudem wird eine bessere „Masseanbindung“ der Absonderungsrechtsgegenstände dadurch erreicht, daß nunmehr der Insolvenzverwalter in aller Regel nach § 166 InsO über die Verwertung der Gegenstände entscheidet.[328]

Mit der Regelung des § 172 InsO, der einen der Hauptpunkte der Reform gegenüber der Konkursordnung darstellt, hat der Gesetzgeber für den Insolvenzverwalter die Möglichkeit geschaffen, Absonderungsgegenstände für die Masse zu nutzen und so das Unternehmen des Schuldners zu erhalten.[329] Allerdings ist zumindest der Wertverlust, den eine Sache dadurch erleidet, dem Gläubiger auszugleichen, § 172 Abs. 1 InsO.

Vom ehemaligen Reorganisationsverfahren mit weitreichendem Eingriff in Gläubigerrechte ist lediglich noch das Insolvenzplanverfahren nach §§ 217 bis 269 InsO geblieben, welches nun allerdings zu einem Instrument der Haftungsverwirklichung in der Hand der Gläubiger geworden ist, den Aussonderungsberechtigten nicht betrifft und den Absonderungsberechtigten gegen seinen Willen nicht schlechter stellen kann, als er ohne einen Plan im Regelinsolvenzverfahren stünde (§ 251 InsO).[330]

C. Zusammenfassung und Systematisierung der Reformvorschläge (im Hinblick auf die Eingriffsrichtung)

Mit der Insolvenzordnung vom 05.10.1994 hat ein langwieriges Gesetzgebungsverfahren seinen Abschluß gefunden, daß in seinen Vorschlägen durch die Berichte und Entwürfe des späteren Gesetzes eine immense Bandbreite an angedachten und vorgeschlagenen Änderungen hinsichtlich der Behandlung besitzloser Mobiliarsicherheiten gebracht hat.

Dabei stehen sich zwei grundlegende Entwürfe gegenüber. Auf der einen Seite stehen nach siebenjähriger Tätigkeit die Berichte der unter sozial-liberaler Koalition eingesetzten Kommission für Insolvenzrecht.

Auf der anderen Seite steht als Gegenmodell der Diskussionsentwurf zur Reform des Insolvenzrechts des Bundesministeriums der Justiz, der durch den Referentenentwurf und den Entwurf der Bundesregierung zur InsO und das sich anschließende Gesetzgebungsverfahren noch weiteren – bis auf die Rücknahme der Absonde-

---

327 Vgl. Pape, Die neue Insolvenzordnung ist in Kraft getreten, NJW 1999, S. 29, *S. 31*; Pick, Die neue Insolvenzordnung – Ein Überblick, NJW 1995, S. 992, *S. 995*.

328 Vgl. Niessert, Das Recht der Aus- und Absonderung nach der neuen Insolvenzordnung Teil II, InVo 1998, S. 141, *S. 144f.*; Obermüller, Auswirkungen der Insolvenzrechtsreform auf Kreditgeschäft und Kreditsicherheiten Teil II, WM 1994, S. 1869, *S. 1873*.

329 Vgl. MüKo InsO, *Lwowski*, § 172 Rdnr. 1f.

330 MüKo InsO, *Eidenmüller*, vor § 217 bis § 269, Rdnr. 9, § 17 Rdnr. 62.

rungsbefugnis beim Eigentumsvorbehaltskauf – kleineren Änderungen unterlegen war. Auch in der amtlichen Begründung zum Gesetzentwurf einer InsO finden sich noch reichlich Passagen, insbesondere was die allgemeine Zielsetzung des Gesetzgebungsverfahrens anbelangt, die wortgleich aus dem ursprünglichen Diskussionsentwurf übernommen worden sind.

Einen substantiellen Einschnitt stellt dabei der Vorschlag dar, schon die Wirksamkeit einer Sicherheitenbestellung von einem Schriftformerfordernis abhängig zu machen, soll die Sicherheit auch im Insolvenzverfahren wirksam sein.[331] Die Masseanreicherung sollte durch den Ausschluß des Aus- und Absonderungsrechtes und einen pauschalen Verfahrensbeitrag von 25 % an dem von dem Insolvenzverwalter erzielten Erlös erreicht werden.[332]

Demgegenüber hält der Diskussionsentwurf zwar wieder an der Unterscheidung von Aus- und Absonderungsrechten fest, räumt dem Eigentumsvorbehaltsverkäufer aber lediglich ein Absonderungsrecht ein und schafft ein entsprechendes Umgehungsverbot, welches diese Einordnung vor der Entwicklung neuer Kreditsicherheiten schützen will und errichtet einen vorläufigen Verwertungsstop unter gleichzeitiger Privilegierung des Faustpfandes.

Der Regierungsentwurf stellt dann schließlich die Aussonderungskraft des Eigentumsvorbehaltes wieder her und mildert – im Verlauf des Gesetzgebungsverfahrens – auch den Verfahrensbeitrag immer weiter ab.

Aus den Zusammenfassungen der Reformabschnitte läßt sich ersehen, daß zunächst ein massiver Einschnitt in das Recht der Mobiliarsicherheiten erfolgen sollte, der immer großzügigerer Schonung wich.[333] Zurückzuführen ist diese Änderung im wesentlichen nicht etwa auf eine Rechtsdogmatik, die in die eine oder andere Richtung zur Einordnung der Mobiliarsicherheiten streitet, sondern schlicht auf einen politisch bedingten Paradigmenwechsel. Nicht mehr die Rettung des in Schwierigkeiten geratenen Unternehmens auch um den Preis der Zurücksetzung einiger Gläubigergruppen stand im Vordergrund, sondern eine Insolvenzordnung, die eine möglichst dem Markt konforme Abwicklung des Gemeinschuldnervermögens gestattete, wenn dieses nicht zu retten war – wenn auch unter schlechteren Voraussetzungen als die nicht mehr haltbare Regelung in der Konkursordnung.

I. Zum Verhältnis von Aus- und Absonderung

Um die bevorzugte Haftungsverwirklichung in der Insolvenz einordnen zu können, ist zunächst einmal erforderlich, sich Klarheit über die Methode der Ausnahmen von der *par creditorum* zu verschaffen. Konkurs- wie Insolvenzordnung kennen als

---

[331] Erster Bericht der Kommission für Insolvenzrecht, S. 319ff.

[332] Erster Bericht der Kommission für Insolvenzrecht, S. 299.

[333] MüKo InsO, *Stürner*, Einleitung, Rdnr. 44.

Bevorzugung gesicherter Gläubiger die Aussonderung und abgesonderte Befriedigung. Erstere wird verstanden als die Herausnahme eines nicht dem Insolvenzschuldner gehörenden Gegenstandes aus der Masse.[334] Die Absonderung ist Teil der Insolvenzabwicklung und regelt, unter welchen Voraussetzungen einzelne Gläubiger vom Grundsatz der Gleichbehandlung ausgenommen werden und bevorzugte Befriedigung aus dem Erlös eines Gegenstandes erlangen können, ohne allerdings diesen selbst herausverlangen zu können.[335]

In jüngerer Zeit wird häufig vertreten, daß Aus- und Absonderung eigentlich unvergleichbare Dinge seien.[336] Somit fragt sich in einer Untersuchung, die die Lenkung des Mobiliarkredites durch die Insolvenzordnung zum Inhalt hat, in wie weit dieser vermeintliche Unterschied Relevanz besitzt.

Tatsache ist, daß Aus- und Absonderung aus rechtshistorischer Sicht stets in systematisch engem Zusammenhang standen und auch nach heutiger Gesetzeslage mehr denn je stehen. Auch im Rahmen der Reformdiskussion wurden diese Haftungsprivilegien häufig parallel behandelt. Bereits in der preußischen Konkursordnung folgte dem dritten Abschnitt die dem Aussonderungsrecht vergleichbaren Vindikationsansprüche der §§ 22, 24, 25 PrKO der vierte Abschnitt der §§ 31ff. PrKO mit Ansprüchen auf abgesonderte Befriedigung.[337] In der Konkursordnung von 1877 dann nach neuer Folge der 4. Titel: §§42 bis 46 und 5. Titel: §§ 47- 52. In der Insolvenzordnung sind Aus- und Absonderung schließlich systematisch noch näher zusammengerückt, indem der Gesetzgeber beide Rechte im zweiten Abschnitt des zweiten Teils gemeinsam geregelt hat.

---

[334] Häsemeyer, Rz. 11.01.

[335] Häsemeyer, Rz. 11.01.

[336] Häsemeyer, Rz. 11.02, S. 211; MüKo InsO, § 47 Rdnr. 11.

[337] 3. bzw. 4 Abschnitt PrKO:

§ 22 PrKO 1855: Wenn in der Konkursmasse Sachen sich befinden, welche dem Gemeinschuldner nicht eigenthümlich gehören, so findet die Rückforderung derselben nach den allgemeinen gesetzlichen Vorschriften statt.

§ 31 PrKO 1855: Unbewegliches Eigenthum, Berg- und Hütteneigenthum, sowie Seeschiffe und andere zur Frachtschifffahrt bestimmte Schiffsgefäße dienen zur abgesonderten Befriedigung der Gläubiger, welchen ein Realrecht an denselben zusteht.

§ 32 PrKO 1855: Gläubiger, welchen zur Sicherung ihrer Forderung ein Pfandrecht an beweglichen Sachen durch körperliche oder symbolische Uebergabe ertheilt ist (Faustpfandgläubiger) erhalten soweit, als das Pfand reicht und haftet, abgesonderte Befriedigung aus demselben.

Sie sind berechtigt, die Pfandlosung zunächst auf die Kosten, sodann auf die laufenden Zinsen und demnächst auf die sämmtlichen rückständigen noch nicht verjährten Zinsen in Anrechnung zu bringen.

Auch in der Literatur werden beide Ansprüche häufig unmittelbar nacheinander oder in gemeinsamen Kapiteln erörtert, so daß sich auch danach eine Vergleichbarkeit aufdrängt.[338]

Auch von der Seite derjenigen Rechte, welche zur Aus- und Absonderung berechtigen, scheint ein systematischer Zusammenhang zu bestehen: Mit dem einen macht der Aussonderungsberechtigte geltend, daß ein Gegenstand von vornherein nicht zur Masse gehört; der Absonderungsberechtigte wird dagegen vor den Konkursgläubigern aus einem Gegenstand in bestimmter Höhe befriedigt.[339] Auch die Tatsache, daß die Zuordnung einzelner Sicherungsmittel je zu dem einen oder anderen Recht umstritten war, legt eine gewisse Verbundenheit beider Rechte nahe.

Die ursprüngliche Unterscheidung beruht darauf, daß die Inhaber eines Vollrechtes zur Aussonderung, die Inhaber eines beschränkten dinglichen Rechtes nur die Absonderung verlangen können sollen.[340]

Für die bestehenden Verhältnisse erscheint diese Unterscheidung aus heutiger Sicht ungeeignet, da die Rechtspraxis auch persönliche Rechte des Vermieters auf Rückgabe der Mietsache als Aussonderungsrecht und dingliche Vollrechte wie das Sicherungseigentum lediglich als zur Absonderung berechtigendes Recht anerkennt.

Gegen eine Vergleichbarkeit von Aus- und Absonderung werden auch grundsätzliche Unterscheidungen ins Feld geführt: So sei die Aussonderung die haftungsrechtliche Trennung des Gegenstandes von der Insolvenzmasse.[341] Die Aussonderung markiere damit die Grenze der haftungsrechtlichen Zuordnung eines Vermögensgegenstandes zur Insolvenzmasse.[342] Die Absonderung berühre hingegen die Gläubiger und stelle lediglich eine Ausnahme vom Grundsatz der Gläubigergleichbehandlung dar, da ein etwaig erzielter Mehrerlös des mit Aussonderungsrecht „belasteten“ Gegenstandes über den Wert der Absonderungsforderung der Masse zusteht.[343]

---

[338] Aus der älteren Literatur etwa Kohler, II. Buch. Die Rechte Dritter, § 33 Aussonderungs-Absonderungsrecht; aus der jüngeren Literatur Jauerning, Zwangsvollstreckungs- und Insolvenzrecht, § 44: Die Aussonderungsberechtigten; § 45: die Absonderungsberechtigten Gläubiger; Baur/Stürner, Zwangsvollstreckungs-, Konkurs- und Vergleichsrecht II, § 14 Die Aussonderung und § 15 Die Absonderung

[339] Baur/Stürner, Zwangsvollstreckungs- Konkurs- und Vergleichsrecht II, Rz. 15.1, S. 195.

[340] So auch MüKo InsO, *Ganter*, § 47 Rdnr. 12.

[341] MüKo InsO, *Ganter*, § 47 Rdnr. 12.

[342] Häsemeyer, Rz. 18.03; Rz. 11.05.

[343] MüKo InsO, *Ganter*, § 47 Rdnr. 12.

Statt dessen wird eine andere Abgrenzung der Gläubigerrechte vorgeschlagen: Entscheidend sei nicht die dingliche Zuordnung, sondern die Frage, ob der Berechtigte mit dem Substanzwert des von ihm begehrten Rechts eine bestimmte Umsetzung im Vermögen des Schuldners bewirkt hat oder ob ein Recht nur mit dem Nutzungswert in das Vermögen des Schuldners einbezogen worden ist.[344]

Wenn nach dieser Zuordnung feststeht, ob ein bestimmtes Recht eine bestimmte insolvenzrechtliche Folge nach sich zieht, dürfte sich die Einordnung der Sicherungsmittel nicht gegeneinander verschieben lassen, die Frage, ob der Eigentumsvorbehaltsverkäufer aussondern kann, also gar nicht stellen.

Denn wenn man dem Gläubiger des einfachen Eigentumsvorbehaltskaufes in der Insolvenz des Eigentumsvorbehaltskäufers die Aussonderungsbefugnis nimmt, so heißt dies, daß man damit der Rechtsposition des Eigentumsvorbehaltskäufers nicht mehr als von der Haftungsmasse des Gemeinschuldners getrennt ansieht. Abhilfe bringt da auch nicht die oft formulierte Aussage in sämtlichen Entwürfen, daß der wirtschaftliche Wert der Sicherheit auch dann erhalten werden soll, wenn (wie in den Kommissionsberichten) Aus- und Absonderung ganz entfallen sollen und der Gläubiger bevorzugt nach Abzug eines Verfahrensbeitrages befriedigt werden soll. Ebensowenig ist es systematisch unbedenklich, wenn Referentenentwurf und Diskussionsentwurf meinen, mit wirtschaftlicher Erwägung ein Aussonderungsrecht in ein Absonderungsrecht und umgekehrt verwandeln zu wollen und eben diese Bedenken greifen auch bei der Verwertungsbefugnis entweder durch den Gläubiger oder den Insolvenzverwalter bei einem Absonderungsrecht, wenn die Aussonderung ausgeschlossen sein soll. Selbst bei wirtschaftlicher Äquivalenz dieser Verwertungsmethoden für den gesicherten Gläubiger zeigt, ohne daß es hier bereits eines Rückgriffs auf Art. 14 GG bedarf, schon § 903 BGB, daß entscheidende Unterschiede bestehen. Denn daß der Gläubiger eine ihm gehörende Sache verwerten darf, ist unmittelbarer Ausfluß seines Eigentums, und es hilft bei systematischer Betrachtung aus Sicht dieser eigentumsrechtlichen Stellung nichts, wenn man ihm diese Verwertungsmöglichkeit nimmt und ihn statt dessen – und sei es wirtschaftlich gleichwertig – am Erlös der Sachverwertung beteiligt.

Umgekehrt kann die „Abschaffung" der Absonderungsbefugnis allerdings ohne wirkliche Auswirkungen bleiben. Als abgesonderte Befriedigung bezeichnet wird das Recht, Forderungen aus dem Verwertungserlös einzelner massezugehöriger Gegenstände zu befriedigen.[345] Die Verwaltungs- und Verfügungsbefugnis liegt, da

---

[344] Häsemeyer, Rz. 11.04.

[345] Häsemeyer, Rz. 18.01; Frankfurter Kommentar zur InsO, *Joneleit/Imberger*, § 49 Rdnr. 1; Smid, Insolvenzordnung, *Depré*, § 49 Rdnr. 3; Pape/Uhlenbruck Rdnr. 529; für die KO: Hess, KO, 5. Auflage 1995, *Hess*, § 47 Rdnr. 1.

der mit Absonderungsrecht belegene Gegenstand zur Insolvenzmasse gehört,[346] gemäß § 80 InsO beim Insolvenzverwalter.

Unter diesem Gesichtspunkt läßt sich auch die Einbeziehung der Sicherungsmittel nach den Kommissionsvorschlägen betrachten, die eine Abschaffung der Aus- und Absonderungsbefugnisse fordern. Denn auch nach den Kommissionsberichten soll der wirtschaftliche Wert der Sicherheiten unter Abzug des Verfahrensbeitrages in Höhe von 25 % erhalten bleiben und der Erlös der Versteigerung der bisher zur Absonderung berechtigenden Sicherheit an den Gläubiger ausgekehrt werden.[347] Die Auskehrung soll auch unabhängig davon erfolgen, daß die Herauslösung des Verwertungserlöses zu Lasten der Masse und damit zu Lasten der ungesicherten Gläubiger vollzogen wird.[348]

Subsumiert man diesen Vorschlag unter die Definition des Absonderungsrechts, so ergibt sich:

Auch nach dem Kommissionsvorschlag bleibt der wirtschaftliche Wert der Sicherheit, auch wenn diese zur Insolvenzmasse gehört, weitgehend erhalten und erfolgt die Befriedigung des Gläubigers unabhängig von der Insolvenzmasse aus dem Wert des einen Gegenstandes, nachdem der Insolvenzverwalter die Sicherheit verwertet hat.[349] Der Tatbestand der abgesonderten Befriedigung ist erfüllt.

Dies zeigt, daß das Begriffspaar Aus- und Absonderung kaum einen Rückschluß auf die Rechtsposition des Gläubigers und die Art des Eingriffs in selbige zuläßt.

Die Begriffe Aus- und Absonderung, sollten sie auch systematisch unterscheidbar sein, sind danach wenigstens nicht trennscharf oder deren Tatbestand präzise gefaßt. Beide Rechtsinstitute führen aber im Ergebnis dazu, daß der über sie verfügende Gläubiger nicht das Schicksal einer weit gekürzten Insolvenzquote teilt. Und da es auch nicht Ziel der Untersuchung sein kann, dem Streit um die „richtige" Einordnung des Eigentumsvorbehaltes eine weitere Stimme hinzuzufügen,[350] sondern grundsätzlicher der Frage nachzugehen, wie weit der Gestaltungsspielraum des Gesetzgebers reicht, wenn er die Haftungsverwirklichung in eine bestimmte Bahn zwingen will, soll allein diese Eigenschaft als Ausnahme von der Gleichheit

---

[346] Frankfurter Kommentar zur InsO, *Joneleit/Imberger*, § 49 Rdnr. 1; für die KO: Hess, KO, 5. Auflage 1995, *Hess*, § 47 Rdnr. 1.

[347] Erster Bericht der Kommission für Insolvenzrecht, Einleitung, S. 18.

[348] Erster Bericht der Kommission für Insolvenzrecht, Einleitung, S. 18.

[349] Die Kommissionsvorschläge stellen hingegen an anderer Stelle erhöhte Anforderungen an die Bestellung der Sicherheiten in Gestalt eines Schriftformerfordernisses, vgl. oben, S. 61f.. Dies betrifft allerdings schon die grundsätzliche Anforderung an den Bestand der Sicherheiten im Konkurs, nicht deren Verwertung.

[350] Vgl. für die Aussonderungskraft etwa BGHZ 54, S. 214, *S. 218f.*; Foerste, Rdnr. 348; MüKo InsO, *Ganter*, § 47 Rdnr. 62; Pape/Uhlenbruck, Rdnr. 543; Serick, Bd. 1, S. 345f.; dagegen Häsemeyer, Rz. 11.10 m. w. N.

der Gläubigerbehandlung maßgeblich sein. Es sei denn, die Gründe für eine bestimmte Rechtsfolge eines Sicherungsrechts im Insolvenzfall sind auch für den Gesetzgeber zwingend.

II. Unterscheidung nach der Eingriffsebene

Somit bietet sich an, statt dessen eine Unterscheidung nach der Qualität der die Mobiliarsicherheiten beschränkenden Maßnahme zur Charakterisierung der gesetzgeberischen Vorschläge heranzuziehen.

Allen Vorschlägen ist gemein, daß eine stärkere Einbeziehung der Sicherungsmittel in das Insolvenzverfahren zum Zwecke der Anreicherung der Masse ein mehr oder minder prägendes Ziel der Insolvenzrechtsreform darstellt.[351] Diese Einbeziehung sollte auf mannigfaltigem Weg erreicht werden. Die Bandbreite reicht dabei von den Anforderungen der Bestellung der Sicherheit schon nach dem BGB bis hin zu unterschiedlichen Umsatzsteuerpflichten. Deswegen ist es erforderlich, die gesetzgeberischen Maßnahmen zu abstrahieren, um sie in Kategorien unterteilen zu können, die dann auf Zulässigkeit und Praktikabilität untersucht werden können.

1. Primäre Eingriffsebene durch Einschränkungen der Wirksamkeit der Bestellung der Mobiliarsicherheit

Aus dem Gesetzgebungsverfahren ist der Ansatz ersichtlich, die Wirksamkeit der Sicherheiten von besonderen Voraussetzungen abhängig zu machen, um so im Insolvenzverfahren die Rechtsstellung der ungesicherten Gläubiger gegenüber den gesicherten Gläubigern zu verbessern.

Der Kommissionsentwurf wollte die Wirksamkeit einer Mobiliarsicherheit von einem Schriftformerfordernis abhängig machen; der Regierungsentwurf und die Insolvenzordnung die Zulässigkeit des Konzernvorbehaltes durch eine Änderung des bürgerlichen Gesetzbuches beschränken. Diese Maßnahmen betreffen bereits die Wirksamkeit eines Sicherungsmittels insgesamt und greifen daher auf Primärebene. Auch hier läßt sich weiter differenzieren: die Regelung zum Konzernvorbehalt des § 455 Abs. 3 BGB a.F.[352] macht die Sicherheitenbestellung insgesamt unwirksam

[351] Erster Bericht der Kommission für Insolvenzrecht, Einleitung, S. 14; Diskussionsentwurf, S. A20; Referentenentwurf Teil A S. 24; mit gleichem Argument Bundesrat: Stellungnahme der gemeinsamen Ausschüsse, BR-Drs. 1/1/92, S. 19 für die Beibehaltung des Vorschlags des Referentenentwurfs, den einfachen Eigentumsvorbehalt lediglich zur abgesonderten Befriedigung berechtigen zu lassen, statt, wie im Gesetzentwurf der Bundesregierung, erneut der Aussonderung zu überlassen.

[352] § 449 n. F. BGB. Obgleich es sich hierbei um eine Norm des besonderen Schuldrechts handelt, führt die Regelung dazu, daß auch der Vorbehalt des dinglichen Geschäftes nichtig ist. Die Wirksamkeit des Kaufvertrages und der dinglichen Einigung bleiben davon allerdings unberührt, Palandt, *Putzo*, § 449 Rdnr. 22.

und wirkt daher absolut, während das Schriftformerfordernis eine Sicherheit lediglich für das Insolvenzverfahren, nicht aber auch für die Einzelvollstreckung oder überhaupt die Bestellung der Sicherheit nach materiellem Zivilrecht, unwirksam macht und damit nur relativ und insolvenzrechtsspezifisch wirkt. Unter diese primäre Eingriffsebene wird man es auch einzuordnen haben, wenn der Gesetzgeber die Bevorrechtigung eines Sicherungsmittels ganz streicht, also ihm etwa die Aus- und Absonderungsbefugnis nimmt noch eine sonstwie bevorrechtigte Stellung gewährt, wie es der historischen Mobiliarhypothek zum Schicksal geworden ist. Dieser Eingriff ist zwar mittelbar, weil kein Verbot der Sicherheit ausgesprochen wird, sondern diese nach wie vor wirksam bestellt werden kann, greift aber dennoch auf primärer Ebene, weil die Sicherungsfunktion beseitigt wird, wenn das Kreditsicherungsmittel für den Urfall des Sicherungsbedürfnisses, der Insolvenz, die Wirkung versagt bleibt.[353]

2. Sekundäre Eingriffsebene durch Beschränkung der Sicherheitenausübung

Aus- und Absonderung, obgleich nach obigem nicht ohne weiteres vergleichbar, da die Aussonderung die Trennung der Sicherheit von der Insolvenzmasse bezeichnet und die abgesonderte Befriedigung die Verwertungsmodalität einer bestimmten Sicherheit meint, betreffen jeweils die Verwertungsmöglichkeit einer auch für die Insolvenz wirksam bestellten Sicherheit und stellen daher Eingriffe auf Sekundärebene dar. Häufig betonen die Entwürfe, daß es Ziel des gesetzgeberischen Handelns sein müsse, den wirtschaftlichen Wert der Sicherheit zu erhalten und rechtfertigen mit einer solchen wirtschaftlichen Sichtweise die Abschaffung der Aus- oder Absonderungsbefugnis, den Vorschlag, daß auch der Eigentumsvorbehalt lediglich noch zur Absonderung berechtigt oder auch etwa die Ungleichbehandlung von Sicherungseigentum in Zwangsvollstreckung und Insolvenz. Nicht verwässern darf diese Betrachtungsweise jedoch, daß die Eingriffsqualität eine andere sein kann, selbst wenn der Wert der Sicherheit – und sei es gekürzt um einen Verfahrensbeitrag – für den Gläubiger erhalten bleibt. Zeigen läßt sich dies beispielsweise an dem Recht auf Aussonderung: Statt dem Gläubiger seine Sicherheit herauszugeben, wird diese im Falle der abgesonderten Befriedigung, wie sie Diskussions- und Referentenentwurf vorgeschlagen haben, entweder im Wege eines Eintrittsrechtes durch den Gläubiger selbst, ansonsten durch den Insolvenzverwalter verwertet. Damit ist dem Gläubiger jedoch die Verfügungsbefugnis über den Sicherungsgegenstand genommen, den § 903 BGB als kennzeichnenden Inhalt für die Stellung als Eigentü-

---

[353] Einen solchen Weg hat der Gesetzgeber jedoch nicht gewählt, auch wenn der Kommissionsbericht davon spricht, daß Aus- und Absonderung gestrichen werden sollen, denn wie aufgezeigt, bleibt dem Inhaber der Sicherheit seine bevorrechtigte Stellung dennoch erhalten. Allerdings hätte sich der Gesetzgeber theoretisch dieses Weges ebenso bedienen können, um den Konzernvorbehalt durch die Insolvenzordnung auf einem Umweg abzuschaffen, indem er ihr die bevorrechtigende Stellung genommen hätte.

mer einer Sache statuiert. Daran ändert sich auch nichts, wenn der Gläubiger die Möglichkeit erhält, den Gegenstand für sich selbst zu erwerben. Denn dieses Erwerbsrecht kann denklogisch erst dann zum Zuge kommen, wenn dem Gläubiger seine Verfügungsbefugnis zunächst genommen worden ist. Das Erwerbsrecht dient überhaupt erst dazu, dem Gläubiger die Chance zu gewähren, die Verfügungsbefugnis und damit die Herrschaft über den Gegenstand zurückzuerlangen.

Auch zeigen sich hier Unterschiede im Rahmen der Modalitäten einer abgesonderten Befriedigung. Gewährt das Gesetz dem Gläubiger das Recht, einen Gegenstand selbst zu verwerten, so nimmt es ihm zwar die Entscheidung ab, daß er die Sicherheit verwerten und nicht schlicht für sich behalten darf, entscheidet insoweit also über das „ob" der Verfügungsbefugnis, läßt ihm aber im übrigen bei der Sicherheitenverwertung freie Hand. Die Ausübung des „wie" der Verfügungsbefugnis bleibt danach aber erhalten. Demgegenüber ist ihm diese Entscheidung bei der Verwertung durch den Insolvenzverwalter gleichfalls abgenommen.

Auf der zweiten Eingriffsebene lassen sich danach diejenigen Maßnahmen zusammenfassen, die nicht Entstehung oder Bestand der Sicherheiten selbst betreffen, sondern nur die Modalitäten ihrer Ausübung in Umfang und Zeitpunkt regeln.

3. Tertiäre Eingriffsebene durch Erhebung von Kostenbeiträgen

Eine weitere Regelungsmaterie der Gesetzesentwürfe war die Frage nach der Kostentragungspflicht für die Ausübung der Sicherheit. Der erste Kommissionsbericht sah vor, daß der absonderungsberechtigte Gläubiger einen Verfahrensbeitrag in Höhe von 25 % des Erlöses aus der Verwertung der Sicherheit zu leisten habe.[354] Die Abführung des überschießenden Verwertungserlöses zugunsten der Masse sollte zudem verhindern, daß der Gläubiger Vorteile aus einer Übersicherung ziehen kann.[355]

Die Insolvenzordnung schließlich legt mit § 170 InsO einen pauschalen Feststellungskostenbeitrag von 4 % und eine Pauschalsatz von 5 % des Verwertungserlöses an, wobei letzterer auch bei erheblichen Abweichungen mit den tatsächlich entstandenen Kosten veranschlagt werden kann.[356] Ein Schutz gegen die Übersicherung des Gläubigers war nicht vorgesehen, der Gesetzgeber ging letztendlich sogar davon aus, daß der Gläubiger die Kosten der Sicherheitenverwertung künftig schon

---

[354] Erster Bericht der Kommission für Insolvenzrecht, Leitsatz 3.3.2., S. 312; dies hätte im übrigen auch den Gläubiger des Eigentumsvorbehaltsverkaufes im Falle der Insolvenz des Vorbehaltskäufers getroffen, da dieser nach dem Kommissionsbericht nicht aussonderungsbefugt gewesen ist.

[355] MüKo InsO, *Lwowski*, § 170 Rdnr. 21.

[356] Vgl. auch Gundlach/Frenzel/Schmidt, Der Anwendungsbereich der §§ 170, 171 InsO, DZWiR 2001, S. 140, *S. 141ff.*

bei der Bestellung der Sicherheit berücksichtigen wird.[357] Schließlich hat der Gesetzgeber in § 170 Abs. 2 InsO in Abkehr von der Rechtslage bei der Konkursordnung eine Pflicht zur Übernahme der Umsatzsteuer durch den Absonderungsberechtigten festgelegt.[358]

Beide Maßnahmen greifen weder in die Sicherheitenbestellung noch in die Ausübung des gesicherten Rechts unmittelbar ein, sondern stellen sich als Belastung der Sicherheitenverwertung mit einem gesetzlichen Schuldverhältnis dar, wobei die Intention wechseln kann. Während der Kommissionsbericht den hohen Pauschalbeitrag als Maßnahme der Masseanreicherung rechtfertigt, sieht der Regierungsentwurf vor, daß mit den Beiträgen lediglich die tatsächlich entstehenden Kosten abgedeckt werden sollen.

Fraglich ist indessen, wie sich fehlende Nutzungsentschädigung oder eine Streichung einer solchen für die Benutzung und damit verbundene Entwertung der Sicherheit in die Unterteilung nach Eingriffsebenen eingliedern läßt.

Zu trennen ist hier zwischen den mittelbaren Nachteilen, die der Gläubiger dadurch erleidet, daß er im Sicherungsfall nicht über seine Sicherheit verfügen und diese verwerten kann. Dieses ist auf der Ebene der Einschränkung der Ausübung der Sicherheit einzuordnen. Allerdings geht mit der Weiterbenutzung der Sicherheit ein weiterer Nachteil einher: Die Sache, also etwa eine unter Eigentumsvorbehalt gelieferte Maschine, wird durch die Weiterbenutzung an Wert verlieren und während der Zeit der Nutzung „fremden" Eigentums keinen Gewinn erwirtschaften. In den Kommissionsberichten war diesbezüglich zwar ein Ausgleich für Wertverlust durch Nutzung des Sicherungsgegenstandes vorgesehen, eine Nutzungsentschädigung dafür, daß die Sicherheit überhaupt gebraucht worden ist, fehlte ebenso, wie ein Ausgleich der Wertsteigerung durch Verbindung, Vermischung und Verarbeitung des Sicherungsgegenstandes.[359] In der Insolvenzordnung ist mit § 172 InsO gleichfalls lediglich ein Ersatz für den während der Nutzung eintretenden Wertverlust vorgesehen.[360]

Nach der sachlichrechtlichen Grundkonzeption ohne den Insolvenzfall ist allerdings gemäß § 987 BGB ein voller Nutzungsersatz (§ 100 BGB) vorgesehen. Sogar Nutzungen, die der Besitzer nicht gezogen hat, nach Grundsätzen ordnungsgemäßer Wirtschaft allerdings hätte ziehen können, sind ersatzpflichtig, wenn ohne Insolvenz die zum Schuldner führende Vertragsbrücke zusammenbricht.[361]

---

[357] Vgl. MüKo InsO, *Lwowski*, § 170 Rdnr. 45f.

[358] Vgl. dazu Uhlenbruck, InsO, *Maus*, § 170 Rdnr. 5ff.

[359] Leitsatz 3.3.6, Erster Bericht der Kommission für Insolvenzrecht, S. 318; Leitsatz 3.3.6 Abs. 3, Erster Bericht der Kommission für Insolvenzrecht, S. 318f.

[360] Dazu MüKo InsO, *Lwowski*, § 172 Rdnr. 26.

[361] Vgl. Palandt, *Bassenge*, § 987 Rdnr. 7f.

Diese Abweichung vom Normalfall des fehlenden Sachnutzungsausgleichs ohne rechtfertigenden Vertrag legt nahe, diesen Vermögensvorteil für die Insolvenzmasse als Kostenbeitrag durch Sachleistung zu qualifizieren und nach der hiesigen Unterteilung auf der Kostenbeitragsebene einzuordnen. Denn es macht für den Gläubiger keinen Unterschied, ob der Wertverlust oder Nutzungsentgang daraus resultiert, daß nach Verwertung der Sicherheit der Erlös um einen Verfahrensbeitrag gekürzt herausgegeben werden kann oder der Kostenbeitrag daher rührt, daß die Sicherheit wegen des Wertverlustes von vornherein einen geringeren Erlös erzielt.

Zu den Maßnahmen auf der Ebene der Kostenbeiträge zählen danach einerseits die (pauschalierten) Abzüge des Verwertungserlöses für Feststellung und Verwertung der Sicherheit, wie auch der Beitrag, den der Gläubiger dadurch leistet, daß der Wertverlust an der Sicherheit nicht ausgeglichen wird oder eine Nutzungsentschädigung fehlt.

III. Zusammenfassung

Aus dem umfangreichen Maßnahmenkatalog zur Neuordnung des Kreditsicherungsrechts durch die Insolvenzordnung lassen sich damit drei Eingriffsebenen unterscheiden, die einer weiteren Prüfung zugeführt werden können:

- Eingriff bereits auf der Ebene der Bestellung der Sicherheiten und ihrer Wirksamkeit in der Insolvenz
- Eingriff auf der Verwertungsebene
- Kostentragungspflichten durch Ausübung der Sicherheiten.[362]

Diese drei Ebenen der Maßnahmen im Bereich des Mobiliarkredits dürften auch für künftige Reformmaßnahmen kennzeichnend sein, so daß sich anhand der Zulässigkeit der Maßnahmen überhaupt und deren Intensität Aussagen über die Dispositionsfreiheit des Gesetzgebers treffen lassen werden.

---

[362] Ähnlich Ossenbühl, S. 168: Als Einwirkungen auf das Eigentum kommen in Betracht:

- Entziehung der Rechtsinhaberschaft
- Schmälerung der Substanz durch Entziehung oder Verminderung einzelner Rechte, Befugnisse oder Ausstrahlungen
- Verminderung des Substrats des Eigentums.

3. Teil: Das Maß gesetzgeberischer Gestaltungsfreiheit

Wie jedes staatliche Handeln haben sich auch die gesetzgeberischen Maßnahmen zur Steuerung des Mobiliarkredits über die Insolvenzordnung der Verfassung unterzuordnen.[1] Das Grundgesetz wacht nicht nur bei der Normgebung über den Bestand vorhandener Rechtspositionen, sondern erzeugt seinerseits auch Anpassungszwänge hinsichtlich des vorhandenen zivilrechtlichen Normenbestandes.[2] Wenn der Staat für sich in Anspruch nimmt, bei dem Vorliegen eines Insolvenzantrages und eines Insolvenzgrundes den Gemeinschuldner von der Verwaltung des eigenen Vermögens zu entbinden, die Vermögensmasse nach Maßgabe der Insolvenzordnung aufzuteilen und damit auch auf die Rechtspositionen der Gläubiger einwirkt, so hat er dabei die verfassungsmäßige Ordnung zu beachten.[3] Doch betrifft das Insolvenzverfahren zwar vordringlich, aber nicht allein die Rechtspositionen des Insolvenzschuldners. Auch dessen Gläubiger müssen insolvenzbedingt Einschnitte in ihre Rechtspositionen hinnehmen, wenn etwa Forderungen gekürzt oder Sicherheiten vom Insolvenzverwalter verwertet werden. Das Insolvenzrecht muß in dieser wirtschaftlichen Extremsituation einen Ausgleich der auch verfassungsrechtlich geschützten Rechtspositionen der Beteiligten schaffen.[4] Die Bandbreite des grundrechtlichen Schutzes reicht dabei von der formellen und materiellen Verfassungsmäßigkeit einer insolvenzrechtlichen Norm bis zur Beachtung der mittelbaren Drittwirkung[5] bei deren Auslegung. Für die Frage nach den Grenzen gesetzgeberischer Gestaltungsfreiheit ist aus diesem Spektrum nur die erste Stufe relevant; der Privatrechtsgesetzgeber ist beim Erlaß von Gesetzen an die Grundrechte gebunden, auch wenn Privatpersonen grundsätzlich nicht deren Adressaten sind.[6]

---

[1] Vgl. Häsemeyer, Rz. 1.04.

[2] Vgl. Simon, „Grundrechtstotalitarismus" oder „Selbstbehauptung des Zivilrechts"?, AcP 204 (2004), S. 264, *S. 265*.

[3] Pape/Uhlenbruck, Insolvenzrecht, Rdnr. 101.

[4] Baur/Stürner, Zwangsvollstreckungsrecht II, Rz. 6.2.

[5] Im Einzelnen Streitig, vgl. Seifert/Hömig, *Antoni*, vor Art. 1 GG, Rdnr. 6; Jarass/Pieroth, *Jarass*, Art. 1 Rdnr. 35f.

[6] Vgl. Jarass/Pieroth, *Jarass*, Vorb. vor Art. 1 GG, Rdnr. 15; BVerfGE 31, S. 58, *S. 72f.*; 63, S. 181, *S. 195*. Während die Grundrechtsbindung des Privatrechtsgesetzgebers zwar anerkannt, jedoch eher selten erörtert ist, ist die Frage nach der Geltung der Grundrechte bei Auslegung und Anwendung privatrechtlicher Nomen ein heftig diskutierter Problemkreis, der jedoch für die vorliegende Untersuchung der Bindung des Gesetzgebers bei Normsetzung allenfalls an der Peripherie relevant wird. Vgl. zu letzterem Lepa, S. 60ff.. Grundsätzlich zur Frage der Grundrechtsbindung im Privatrecht vgl. Lepa, S. 42ff., welche für eine Entscheidung im Einzelfall jeder Norm plädiert. Vgl. zum Ganzen auch Leisner, Grundrechte und Privatrecht, S. 285ff.

Zur verfassungskonformen Auslegung der jeweiligen Normen und Beachtung der Ausstrahlungswirkung des Grundrechtsschutzes auch auf private Beziehungen Dritter sind hingegen die Gerichte berufen.

Inwieweit die jeweiligen Einzelvorschläge des Gesetzgebers verfassungsrechtlichen Vorgaben genügen, ist kontrovers diskutiert worden.[7] Teilweise werden heute noch Bedenken gegen die Verfassungsmäßigkeit einzelner Vorschriften erhoben.[8]

Die Diskussion, insbesondere um die besonders weitgehenden Änderungsvorschläge der Kommission für Insolvenzrecht, versandete jedoch nach dem Regierungswechsel und dem daraus resultierenden Diskussionsentwurf einer Insolvenzordnung.

Den Diskussionsentwurf ausgiebig zu diskutieren, fehlte die Zeit, denn dieser wurde 1988 vorgelegt und Juni 1989 ergänzt; der Referentenentwurf folgte schon im Dezember 1989 und der Regierungsentwurf 1991 zwar ein wenig später, jedoch traten hier die spezifischen Probleme der Wiedervereinigung Deutschlands hinzu. Und mit dem jeweils neueren Entwurf hatte der vorhergehende seine Aktualität eingebüßt. Insoweit lassen sich aus dem Reformprozeß hier kaum dezidierte Erkenntnisse herleiten. Zudem wurde die diesbezügliche Diskussion wenig sachlich und mit einiger Polemik geführt, worauf *Baum* zutreffend hinweist.[9]

Für künftige Maßnahmen des Gesetzgebers – und man wird davon ausgehen dürfen, daß künftige Reformbestrebungen in Ansehung der gegenwärtigen Statistiken wiederum (auch) das Ziel der Masseanreicherung haben dürften – ist eine solche Kenntnis der verfassungsrechtlichen Grenzen der Steuerungsmöglichkeiten einer Insolvenzordnung aber von elementarer Wichtigkeit. Nur wenn der Gesetzgeber ohne Verletzung einer grundrechtlich geschützten Position eines Beteiligten über die Insolvenzordnung in das Recht der Mobiliarkreditsicherheiten einzugreifen vermag, sind diese als Steuerungselemente des Kreditsicherungsrechts insgesamt tauglich. Andernfalls wird manche Diskussion um den einen oder anderen Reformschritt in überflüssiger Weise geführt werden, wenn von vornherein nicht klar ist, ob der geplante Weg überhaupt verfassungsrechtlich gangbar sein wird.

---

[7] Vgl. etwa Baum, Harald, Von der Freiheit des Reformgesetzgebers – Verfassungskonforme Behandlung der publizitätslosen Mobiliarsicherheiten im Diskussionsentwurf einer Insolvenzordnung, KTS 1989, S. 553-591; Seuffert, Verfassungrechtliche Fragen zu den Reformvorschlägen der Kommission für Insolvenzrecht, ZIP 1986, S. 1157-1165; Stern, Insolvenzrechtsreform und verfassungsrechtlicher Schutz der Mobiliarsicherungsgläubiger, Festschrift für Helmrich, S. 737-754; Binz/Hess S. 21ff.; Serick, Bd. 6, § 82, IV, 5, S. 854ff.

[8] Vgl. Smid, Grundzüge, § 2 Rdnr. 42.

[9] Baum, Harald, Von der Freiheit des Reformgesetzgebers - Verfassungskonforme Behandlung der publizitätslosen Mobiliarsicherheiten im Diskussionsentwurf einer Insolvenzordnung, KTS 1989, S. 553, *S. 553*.

A. Verfassungsrechtliches Gebot der institutionellen Garantie eines Insolvenzverfahrens

Aus Art. 3 GG i.V.m. dem Rechtstaatsprinzip läßt sich zunächst eine staatliche Verpflichtung zur Gewährung eines Insolvenzverfahrens ableiten. Die verfassungsmäßige Garantie verfahrensförmigen Rechtschutzes umfaßt auch eine Rechtsverwirklichung durch Vollstreckung nach Maßgabe des jeweilig betroffenen materiellen Grundrechts.[10] Da die Verfassung das Ergebnis einer bloßen Einzelvollstreckung bei mangelnder Leistungsfähigkeit des Schuldners und einer Vielzahl gleichzeitig betroffener Gläubiger nicht hinnehmen kann,[11] wenn eine gleichmäßige Gläubigerbefriedigung so nicht zu erzielen ist, muß der Staat ein entsprechendes Verfahren schaffen, welches einen interessengerechten Ausgleich ermöglicht.

Dann allerdings muß dem Gläubiger, dem dinglich gesicherten wie dem ungesicherten, dieses Verfahren dem Grunde nach auch zugänglich sein. Dem entspricht es jedoch nicht, wenn das Verfahren mangels Masse nicht eröffnet werden kann. Wenn also das Vermögen des Schuldners außerhalb des Insolvenzverfahrens vorweg verteilt wird oder die Kosten des Verfahrens die Eröffnung unmöglich machen, so steht dies der institutionellen Garantie des Insolvenzverfahrens entgegen.

Der Gesetzgeber ist also schon von verfassungswegen gehalten, die Zahl der mangels Masse nicht zu eröffnenden Insolvenzverfahren möglichst klein zu halten.[12] Diesem Verfassungspostulat entsprach die Konkursordnung mit einer Quote von nahezu dreiviertel kaum mehr. Aber auch die Insolvenzordnung wird mit einer Nichteröffnungsquote von fast der Hälfte der beantragten Verfahren diesem Verfassungspostulat nur schwerlich gerecht.

Ausgangspunkt für die Effektivität des Verfahrens ist dabei die jeweilige grundrechtlich geschützte Rechtsposition, der das Verfahren zur Durchsetzung verhelfen soll. Auch für die Verfahrensförmigkeit kommt es danach darauf an, welchen materiellen Grundrechtsschutz der einzelne Gläubiger genießt.

Das Grundgesetz fordert also nicht vom Gesetzgeber, die Eröffnung des Insolvenzverfahrens um jeden Preis zu ermöglichen, sondern nur dafür Sorge zu tragen, daß die vorhandenen materiellen Grundrechtspositionen auch prozessual verwirklicht werden können. Das bedeutet andererseits, daß die verfahrensmäßige Durchsetzung nur die Reaktion auf materielle Rechtslage sein kann – der Gesetzgeber sollte also eingreifen, um die Aushöhlung der Masse zu verhindern, jedoch nur soweit, wie der verfassungsrechtliche Schutz des Mobiliarkreditsicherungsgläubigers reicht, der nicht beseitigt werden kann.

---

[10] Vgl. Baur/Stürner, Zwangsvollstreckungsrecht II, Rz. 6.3f. unter Verweis auf BVerfGE 35, S. 348, *S. 361* = NJW 1988, S. 3141, *S. 3141*.

[11] Häsemeyer, Rz. 2.02.

[12] Vgl. Baur/Stürner, Zwangsvollstreckungsrecht II, § 6 Rz. 6.3f.

B. Verfassungsrelevanz der Maßnahmen zur Einbindung der Kreditsicherheiten des Reformprozesses

Nach obigem streitet also schon die Verfassung für ein effektives Insolvenzverfahren.

Auf der anderen Seite stellt sich indessen die Frage, ob die Verfassung dem Gesetzgeber auch Grenzen in Bezug auf die Neuordnung der Mobiliarsicherheiten durch ein Insolvenzgesetz setzt. Dies vor allem vor dem Hintergrund, das etwaige Grundrechtseingriffe hier insolvenzrechtsspezifisch und gerade auf ihren Regelungscharakter durch die Insolvenzordnung betroffen sind. Die Insolvenzrechtskommission meinte insoweit an ihren Auftrag gebunden zu sein, die Sicherheitenbestellung nur für das Insolvenzverfahren, nicht zugleich auch nach bürgerlichem Recht umzugestalten und ließ die Frage danach, ob die Änderungen auch außerhalb des Insolvenzgesetzes gelten sollen, ausdrücklich offen.[13] Demgegenüber glaubte der Diskussionsentwurf, daß materiellrechtliche Änderungen des Kreditsicherungsrechts allein aus der Perspektive eines Insolvenzgesetzes nicht gerechtfertigt seien und enthielt sich danach einer Regelung zur wirksamen Bestellung der Sicherheiten.[14] Der Regierungsentwurf hat sich hingegen für das Verbot des Drittvorbehaltes dafür entschieden, die Regelung durch das Einführungsgesetz zur InsO direkt in das bürgerliche Gesetzbuch zu integrieren. Hier ist fraglich, ob der Gesetzgeber berechtigt ist, eine Lösung mit erheblichen Folgen für das materielle Recht, wie es der historische Gesetzgeber für die Mobiliarhypothek tat, nur in der Insolvenzordnung festzuschreiben. Ohnehin zu beachten sind die Grenzen, die dem Gesetzgeber durch den absoluten Schutz eines Sicherungsrechtes gesetzt werden. So könnte etwa der Ausschluß einer bestimmten Verwertungsmethode eine dingliche Rechtsposition über Gebühr verkürzen, eine Vermögensverschiebung innerhalb der Gruppe der Insolvenzbeteiligten durch Kostenbeiträge unzulässig sein. Auch klingen etwa an der mildesten Ausformung dieses Kostenbeitrages in Gestalt der §§ 170,171 InsO in gegenwärtig geltender Fassung verfassungsrechtliche Bedenken an.[15]

Je mehr sich die Erkenntnis durchsetzt, daß die Vorschläge zur Anreicherung der Masse in der bisherigen Ausgestaltung keine wesentliche Verbesserung gebracht haben, desto eher wird man sich der tiefergehenden Ansätze zur Masseanreicherung durch Einschränkung des Mobiliarkredites während des Reformverfahrens erinnern.

Fraglich ist nur, ob durch diese Ansätze in zulässigerweise in Grundrechtspositionen eingegriffen werden kann.

---

[13] Erster Bericht der Kommission für Insolvenzrecht, S. 300.

[14] Vgl. Diskussionsentwurf, S. A43.

[15] Vgl. Pape/Uhlenbruck, Rdnr. 101; Seuffert, Verfassungrechtliche Fragen zu den Reformvorschlägen der Kommission für Insolvenzrecht, ZIP 1986, S. 1157, *S. 1163*.

I. Betroffene Grundrechtspositionen

Zunächst bedarf es einer kursorischen Prüfung, welche Grundrechte überhaupt von den gesetzgeberischen Maßnahmen tangiert werde können.

1. Eigentum, Art. 14 GG

Zunächst zu nennen wäre die Rechtsposition des Eigentümers aus Art. 14 GG. Dies betrifft zunächst die Sicherheit selbst, die, insbesondere bei Eigentumsvorbehalt und Sicherungsübereignung als zivilrechtliches Volleigentum, unmittelbar dem Schutz des Art. 14 GG unterstellt sein kann. Denn der Schutz des Art. 14 GG umfaßt jedenfalls „alle vermögenswerten Rechtspositionen, die das bürgerliche Recht einem privaten Rechtsträger als Eigentum zuordnet."[16]

Jedoch erschöpft sich das verfassungsrechtlich geschützte Eigentum nicht in diesem materiellrechtlichen dinglichen Volleigentum des bürgerlichen Rechts. Nach der Rechtsprechung des BVerfG unterfallen dem Eigentumsschutz auch sonstige Rechtspositionen, die dem Rechtsinhaber zugeordnet sind, so etwa der Anspruch auf Kaufpreiszahlung aus dem Kaufvertrag.[17] Demnach wird auch die Forderung, welche durch das Kreditsicherungsmittel gesichert wird, den Schutz des Art. 14 GG genießen.

2. Allgemeiner Gleichheitssatz, Art. 3 GG

Aus dem Rechtsstaatsprinzip läßt sich wegen des gesetzlichen Gewaltmonopols ein genereller Anspruch auf die Rechtsverwirklichung durch Einzel- und Gesamtvollstreckung herleiten.[18] Hieraus folgt auch, daß die Gläubiger innerhalb eines solchen Verfahrens grundsätzlich gleich zu behandeln sind.[19] Anders als in der Einzelvollstreckung, in welcher das Prioritätsprinzip den aus Verdienst oder Zufall schnelleren Gläubiger mit dem Vollstreckungserfolg belohnt,[20] kommt im Falle des völligen wirtschaftlichen Zusammenbruchs des Schuldnervermögens ein weiteres verfassungsrechtliches Gebot hinzu. Denn es wäre schlechterdings nicht mit Art. 3 GG und dem Sozialstaatsprinzip vereinbar, ein nahezu willkürliches Ergebnis hinzunehmen, wenn auch bei Zahlungsunfähigkeit des Schuldners der Vermögensanteil demjenigen gebührt, der zuerst die Einzelvollstreckung vorzunehmen im Stande

---

[16] Vgl. BVerfGE 70, S. 191, *S. 199*, 58, S. 300, *S. 365*, 1, S. 264, *S. 278.*

[17] Seuffert, Verfassungsrechtliche Fragen zu den Reformvorschlägen der Kommission für Insolvenzrecht, ZIP 1986, S. 1157, *S. 1158.*

[18] Pape/Uhlenbruck, Rdnr. 103.

[19] Pape/Uhlenbruck, Rdnr. 103.

[20] Vgl. dazu etwa: Welbers, Hartwig, Vollstreckungsrechtliches Prioritätsprinzip und verfassungsrechtlicher Gleichheitssatz, Dissertation, Düsseldorf 1991.

war.[21] Wie stets im Rahmen des Art. 3 GG ist auch hier jedoch eine Differenzierung gestattet, soweit sachliche Kriterien dafür vorliegen. Hier ist ein interessengerechter Ausgleich zu schaffen, der eine Ungleichbehandlung der Gläubiger nur durch sachliche Gründe ermöglicht.

In der Diskussion insbesondere um die Vorschläge der Kommission für Insolvenzrecht wurde häufig nach der verfassungsrechtlichen Legitimation einer künftigen Ungleichbehandlung der Inhaber von Mobiliarkreditsicherheiten gegenüber Pfandrechtsinhabern und Grundpfandgläubigern gefragt und eine solche nicht selten abgelehnt.[22]

Damit wird aber schon vorweg die taugliche Vergleichsgruppe festgelegt, ohne die weiteren denkbar Vergleichsgruppen zu erörtern. Zunächst muß hinterfragt werden, ob die Inhaber besitzloser Kreditsicherheiten hier in die zutreffende Vergleichsgruppe eingegliedert worden sind. Fraglich ist auch, ob eine Ungleichbehandlung der Mobiliarkreditsicherungsgläubiger gegenüber ungesicherten Gläubigern im Rahmen des Art. 3 GG zulässig ist. Denn diesen gegenüber wird der Mobiliarkreditgläubiger selbst dann noch privilegiert, wenn ihm Aus- und Absonderung versagt werden, er aber zumindest eine bevorrechtigte Rechtsstellung einnimmt und somit vorrangig vor ungesicherten Gläubigern befriedigt wird. Andererseits ist die Gläubigergleichbehandlung (*par conditio creditorum*) ihrerseits ein Charakteristikum der Insolvenz und damit zugleich insolvenzspezifischer Verfahrensgrundsatz.[23] Es wird sich zeigen, wie sich diese unter Umständen widerstreitenden Gleichheitsbegriffe in Einklang bringen lassen.

3. Negative Vereinigungsfreiheit, Art. 9 GG

Gleichfalls grundgesetzlich verbrieft ist das Recht, daß niemand genötigt werden darf, einer bestimmten Gesellschaft anzugehören, gleich von welcher Qualität die Vereinigung ist. Verbrieft ist diese Freiheit im Recht der negativen Vereinigungsfreiheit des Art. 9 Abs. 1 GG.[24]

Fraglich ist hier, inwieweit die Mobiliarkreditgläubiger in bestimmte Gruppen unterteilt und ihnen ein bestimmter Stimmenanteil im Rahmen einer Gläubigerversammlung zugewiesen werden kann, ohne daß dieses Recht unzulässig beschnitten wird.

---

[21] Baur/Stürner, Zwangsvollstreckungsrecht II, Rz. 6.2.

[22] Vgl. etwa Baum, Harald, Von der Freiheit des Reformgesetzgebers – Verfassungskonforme Behandlung der publizitätslosen Mobiliarsicherheiten im Diskussionsentwurf einer Insolvenzordnung, KTS 1989, S. 553, *S. 556f.*

[23] Vgl. Baur/Stürner, Zwangsvollstreckungsrecht II, Rz. 5.36.

[24] Vgl. Seifert/Hömig, *Bergmann*, Art. 9 Rdnr. 3; BVerfGE 85, S. 360, *S. 370*; 10, S. 354, *S. 361*; BGHZ 130, S. 343, *S. 351*; Pape/Uhlenbruck, Rdnr. 101.

4. Grundsatz des rechtlichen Gehörs, Art. 103 GG i. V. m. dem Rechtsstaatsprinzip, Art. 20 Abs. 3, 28 Abs. 1 GG

Schließlich ist zu beachten, daß im Verfahrensrecht und auch im Rahmen eines Verfahrens mit Offizialmaxime der Grundsatz rechtlichen Gehörs gilt.[25] Eine Verletzung rechtlichen Gehörs kann rügen, wer an einem gerichtlichen Verfahren beteiligt ist oder wem gegenüber sich eine Entscheidung unmittelbar auswirkt oder von ihr in seinen Rechten betroffen wird.[26]

Soweit also durch eine dem Art. 103 GG unterfallende Entscheidung beispielsweise in Gläubigerrechte eingegriffen wird, muß sichergestellt sein, daß dieses „prozessuale Urrecht“[27] des Gläubigers gewahrt bleibt.

II. Prüfungsreihenfolge

Für die Prüfung der grundrechtlichen Relevanz der gemachten Vorschläge soll bezüglich Art. 14 GG und Art. 3 GG die überkommene Prüfungsreihenfolge des Freiheitsgrundrechtes vor dem (allgemeinen) Gleichheitsgrundrecht eingehalten werden.[28] Freiheits- und Gleichheitsgrundrechte stehen in einem grundsätzlichen Spannungsverhältnis, denn die Freiheit meint immer auch die Freiheit des Stärkeren, Gleichheit die Gleichheit des Schwächeren, was dazu führt, daß ein Mehr an Gleichheit ein Weniger an Freiheit und umgekehrt bedeutet. Dem Grunde nach wird dieser Konflikt durch das Grundgesetz zugunsten der Freiheit gelöst, denn der Staat ist danach nicht verpflichtet, gesellschaftliche Verhältnisse und damit den Schutz der Freiheitsgrundrechte in Richtung auf mehr Gleichheit umzugestalten. Gleichheit nach dem Grundgesetz bedeutet danach insbesondere Chancengleichheit bei der jeweiligen Ausübung der Freiheitsrechte.

Aus diesem Grunde soll zunächst untersucht werden, ob und in wie weit das Freiheitsgrundrecht des Art. 14 GG Vorgaben im Hinblick auf die Gläubigerbehandlung macht. Erst wenn feststeht, daß etwa die Mobiliarkreditgläubiger durch eine Regelung in unzulässiger Weise beschränkt werden, kann danach gefragt werden, ob sie mit anderen Gläubigern gleichbehandelt werden müssen, da ein besonderer Schutz durch Art. 14 GG eine Ungleichbehandlung etwaig zu rechtfertigen vermag.

Demgegenüber handelt es sich bei Art. 9 GG zwar um ein weiteres Freiheitsrecht, jedoch bezieht sich die Vereinigungsfreiheit nur auf die Zugehörigkeit der Gläubiger zu einer bestimmten Institution, die gerade durch das Merkmal einer bestimmten Gläubigereigenschaft begründet wird, wie etwa die Gruppe der durch Mobiliar-

---

[25] Vgl. Maunz/Düring, *Schmidt-Aßmann*, Art. 103 Abs. 1 Rdnr. 20ff.; Jarass/Pieroth, *Pieroth*, Art. 103 Rdnr. 5ff.

[26] BVerfGE 89, S. 381, *S. 390f.*; 75, S. 201, *S. 215*; 60, S. 7, *S. 13*.

[27] BVerfGE 55, S. 1, *S. 6*.

[28] Vgl. Jarass/Pieroth, *Jarass*, Vorb. vor Art. 1, Rdnr. 16.

kredit gesicherten Gläubiger nach den Berichten der Kommission für Insolvenzrecht. Daher gilt es zunächst, diese Eigenschaft auch in ihrem grundrechtlichen Schutz herauszustellen und zueinander in Bezug zu setzen, ehe die Frage nach einer Zwangsmitgliedschaft in einer besonderen Gruppierung beantwortet werden kann. Die Prüfung von Art. 14 GG und Art. 3 GG ist demnach vorrangig.

Die Frage nach dem Grundsatz rechtlichen Gehörs und des Rechtsstaatsprinzips betrifft nicht unmittelbar die Gestaltung der Rechtslage durch die Insolvenz, sondern lediglich die Rechtsdurchsetzung, so daß dieser insgesamt am Schluß behandelt werden kann.

III. Vereinbarkeit der Maßnahmen zur Regelung des Mobiliarkredites gemessen an Art. 14 GG

1. Allgemeines

Durch Art. 14 GG werden Eigentum und Erbrecht gewährleistet. Die Vorschrift trifft die zentrale verfassungsrechtliche Aussage über den Schutz privaten Eigentums und ist von entscheidender Bedeutung für die Gesellschaftsordnung in ihrer Gesamtheit.[29]

Artikel 14 GG und seine Auslegung standen in der Geschichte der Bundesrepublik schon häufig im Mittelpunkt von Auseinandersetzungen um die Gestaltung der Wirtschafts- und Gesellschaftsordnung.[30]

Nach Rechtsprechung und Lehre hat das Eigentum „die Aufgabe, [...] dem Träger eines Grundrechts einen Freiheitsraum im vermögensrechtlichen Bereich zu sichern und ihm dadurch eine eigenverantwortliche Gestaltung seines Lebens zu ermöglichen."[31]

Unter den Schutz des Art. 14 GG fallen demnach nicht nur das zivilrechtliche Volleigentum, sondern grundsätzlich alle vermögenswerten Rechte, die dem Berechtigten von der Rechtsordnung in einer Weise zugeordnet sind, daß er die mit ihnen verbundenen Befugnisse nach eigenverantwortlicher Entscheidung zu seinem privaten Nutzen ausüben darf.[32] Von der Dogmatik gehört Art. 14 GG zu den schwierigsten Grundrechten überhaupt; diese Lage wurde dadurch noch verschlimmert, daß das BVerfG in den frühen Jahren der Bundesrepublik kaum Gelegenheit hatte, den Inhalt der Eigentumsgarantie zu konkretisieren.[33]

---

[29] v. Münch/Kuning, Grundgesetzkommentar, *Byrde*, Art. 14 Rdnr. 1.

[30] v. Münch/Kuning, Grundgesetzkommentar, *Byrde*, Art. 14 Rdnr. 1.

[31] BVerfGE 102, S. 1, *S. 15*; Pieroth/Schlink, Staatsrecht II, Rdnr. 893.

[32] BVerfGE 83, S. 201, *S. 201*.

[33] v. Münch/Kuning, Grundgesetzkommentar, *Byrde*, Art. 14 Rdnr. 5.

2. Mobiliarsicherheiten nach ihrem Entstehungszeitpunkt; Rückwirkungsproblematik

Eine der Weichenstellungen für die Untersuchung der Auswirkungen einer Neuordnung des Mobiliarkredits durch die Insolvenzordnung ist auch der Zeitpunkt, in welchem die Stellung des Gläubigers von einer Änderung erfaßt wird.

Der Verkäufer unter Eigentumsvorbehalt zu Zeiten des status quo sieht seine bereits bestehende Sicherheit durch eine Gesetzesänderung direkt beeinflußt. Was bisher noch zur Aussonderung berechtigte, könnte so künftig nur noch zu einer wertmäßigen Beteiligung an der Sache berechtigen, die deren Verkehrswert wegen eines Verfahrenskostenbeitrages nicht einmal mehr erreicht. Für die Zukunft hat er hingegen eine weitere Dispositionsfreiheit und kann die Neuregelung entsprechend berücksichtigen; er kann die Sicherheit unter Umständen so bemessen, daß ihm ein solcher Nachteil wenigstens finanziell ausgeglichen wird. Oder kürzer gesagt: Im Falle einer nachträglichen Änderung betrifft diese nicht die vermögenswerten Positionen des Gläubigers in ihrem Bestand.

Damit ist das Problem der Rückwirkung bzw. der Rückanknüpfung eröffnet.[34]

Aus dem Grundsatz des Rechtsstaatsprinzips folgt, daß Gesetze, die für abgeschlossene Tatbestände rückwirkend eine Neuregelung vorsehen, unvereinbar sind mit einer Rechtsstaatlichkeit, die für die Betroffenen in erster Linie aus Rechtssicherheit und Vertrauensschutz bestehen (retroaktive Rückwirkung, echte Rückwirkung, Rückbewirkung von Rechtsfolgen).[35] Andererseits sollen Ausnahmen vom Rückwirkungsverbot zulässig sein, wenn diese durch besondere und schwerwiegende Gründe gerechtfertigt sind.[36] Verfassungsrechtlich relevant werden können auch die Fälle der sogenannten unechten Rückwirkung (retrospektive Rückwirkung, tatbestandliche Rückanknüpfung) für Gesetze, die zwar Wirkung für die Zukunft entfalten, mit ihrem Regelungsbereich jedoch Rechtspositionen entwerten können, die bereits in der Vergangenheit angelegt waren.[37] Auch hier spielt der Gedanke des Vertrauensschutzes eine Rolle, verliert aber im Vergleich zur echten Rückwirkung

---

[34] Die Terminologie ist auch innerhalb der Senate des BVerfG nicht einheitlich. Während der erste Senat zwischen echter und unechter Rückwirkung unterscheidet, benennt der zweite Senat die Rückwirkung mit der „Rückbewirkung von Rechtsfolgen" oder tatbestandlicher Rückanknüpfung, vgl. BVerfGE 72, S. 200, *S. 242ff.*; 92, S. 277, *S. 325*; 97, S. 67, *S. 78f.*, ohne daß damit allerdings große Unterschiede in der Sache einher gingen, vgl. Jarass/Pieroth, *Jarass*, Art. 20 Rdnr. 67ff.; Möller/Rührmair, Die Bedeutung der Grundrechte für die verfassungsrechtlichen Anforderungen an rückwirkende Gesetze, NJW 1999, S. 908, *S. 909f.*; Brüning, Die Rückwirkung von Legislativakten, NJW 1998, S. 1525, *S. 1526ff.*

[35] Möller/Rührmair, Die Bedeutung der Grundrechte für die verfassungsrechtlichen Anforderungen an rückwirkende Gesetze, NJW 1999, S. 908, *S. 908f.*; Maunz/Zippelius, § 13 II 5, S. 98.

[36] Brüning, Die Rückwirkung von Legislativakten, NJW 1998, S. 1525, *S. 1527f.*; Maurer, Staatsrecht I, § 17 Rdnr. 117f.

[37] Maunz/Zippelius, § 13 II 5, S. 98.

an Gewicht: Die unechte Rückwirkung ist grundsätzlich zulässig,[38] es sei denn, es stehen schwerwiegende Gründe des Vertrauensschutzes entgegen.[39] Gesetzliche Regelungen, die nur künftig entstehende Sachverhalte betreffen, können mit dem Grundsatz des Vertrauensschutzes hingegen nicht kollidieren.[40] Für die Reform der Insolvenzordnung in Bezug auf den Vertrauensschutz des Eigentümers, der sich dann bezüglich der Neuregelung insbesondere auf den Schutz des Art. 14 GG berufen kann,[41] bedeutet dies, daß der Gesetzgeber sich einer echten Rückwirkung (Rückbewirkung von Rechtsfolgen), also etwa eines Anfechtungstatbestandes, der einstmals aussonderungsfähige und auch ausgesonderte Gegenstände nach einer Reform zur Masse zieht, zu enthalten hat. Denn damit griffe er in bereits abgewickelte, der Vergangenheit angehörende Tatbestände ein. Novationen, die bereits entstandene Kreditmittel in einer neuen Insolvenzordnung anders als bisher behandeln, sind als unechte Rückwirkung zu qualifizieren, wenn beispielsweise der Sicherungsfall noch nicht eingetreten ist und durch Gesetz ein fest bemessener Zeitraum der Suspendierung der Ausübung der Sicherheit zum Zweck des Versuchs der Unternehmensfortführung (Reorganisation) installiert wird. Dies wäre grundsätzlich zulässig, weil der Gesamttatbestand Sicherungsgeschäft noch besteht und nicht abgewickelt ist. Dennoch müssen dann Vertrauensschutz und Art. 14 GG in dieser Funktion beachtet werden.Die Grenze, die dem Gesetzgeber hierdurch auferlegt wird, ist allerdings keine absolute: Denn jedenfalls zulässig unter dem Gesichtspunkt der Rückwirkungsproblematik wäre es, eine Neuregelung für die Zukunft und nur für noch nicht begründete Sicherungsmittel zu schaffen. Die Rückwirkungsproblematik schränkt den Gesetzgeber also nicht im Umfang der Änderungen, sondern nur in zeitlicher Hinsicht ein.

Der Gesetzgeber muß lediglich darauf achten, zusätzlich zu etwaig unantastbaren Rechtspositionen der Sicherungsgläubiger nicht auch noch das Rückwirkungsverbot zu verletzen.[42] Auch das Bundesverfassungsgericht betont, daß sich bei gesetz-

---

[38] Maurer, Staatsrecht I, § 17 Rdnr. 122.

[39] BVerfGE 30, S. 392, *S. 302*; 95, S. 64, *S. 86*.

[40] Maurer, Staatsrecht I, § 17 Rdnr. 122.

[41] Maunz/Zippelius, § 13 II 5, S. 98.

[42] Zum Ganzen eingehender: Baum, Von der Freiheit des Reformgesetzgebers – Verfassungskonforme Behandlung der puplizitätslosen Mobiliarsicherheiten im Diskussionsentwurf einer Insolvenzordnung, KTS 1989, S. 533, *S. 579ff.*. Angemerkt sei hier lediglich noch, daß die Gesetzentwürfe sich allesamt des Problems nicht sehr bewußt gewesen sind. Für den Kommissionsbericht sollte durch „geeignete Übergangsregelungen" dafür Sorge getragen werden, daß bereits begründete Rechtspositionen nicht in unzulässiger Weise beeinträchtigt werden. In Betacht zu ziehen wären hier Maßnahmen wie eine befristete oder auslaufende Weitergeltung des bisherigen Rechts, der nicht plötzliche, sondern stufenweise Abbau von Vergünstigungen, Ausnahmen für besondere Härtefälle, die Bereitstellung von Alternativen. All dies hängt vom Vertrauensinteresse des Bürgers einerseits und dem entgegenstehenden öffentlichen Interesse an einer (bei einer großen Reform umso ausgeprägteren) alle Fälle erfassenden einheitlichen neuen Regelung ab, Maurer,

lichen Neuregelungen nicht primär die Frage des Eingriffs in vorhandene Rechtspositionen stellt, sondern ein Gesetz zunächst als solches, unabhängig von der Frage der Beseitigung oder Einschränkung bestehender Rechtspositionen verfassungsmäßig sein muß.[43]

Insoweit kann der Gesetzgeber durch geeignete Übergangsregelungen und Geltungsanspruch der Neuregelung nur für künftige Sicherungsgeschäfte einen Verstoß gegen das Rückwirkungsgebot vermeiden. Eine Grenze zur Regelung des Kreditsicherungsrechts über die Insolvenzordnung insgesamt stellt das Rückwirkungsverbot damit nicht dar und soll daher im Rahmen der hier aufgeworfenen Fragestellung nicht weiter als bis hier behandelt werden.

3. Schutzbereich

Zu den geschützten Aspekten der Eigentumsgarantie gehört zunächst der Bestand des Eigentums in der Hand des Eigentümers und die Nutzung dieser Position, wie etwa die Veräußerung und die Verfügung.[44] Der Schutzbereich der Eigentumsgarantie gemäß Art. 14 Abs. 1 S. 1 GG erfaßt dabei zu einem bestimmten Zeitpunkt alles, was das einfache Recht als Eigentum definiert.[45]

Daraus folgt zunächst, daß der Eigentumsbegriff und mit ihm der Eigentumsschutz wandelbar ist.[46] Dies ergibt sich daraus, daß die Ausformung des Eigentums als abstraktem Rechtsbegriff durch das Grundgesetz dem Gesetzgeber überantwortet ist, indem dieser Inhalt und Schranken des Eigentums festzulegen und auszufüllen hat, Art. 14 Abs. 1 S. 2 GG.

Die Ausgestaltung des Eigentumsschutzes liegt dennoch nicht im freien Ermessen des Gesetzgebers, sondern muß dieser die schutzwürdigen Interessen des Eigentümers und die Belange des Allgemeinwohls zu gerechtem Ausgleich und angemessenem Verhältnis zueinander bringen.[47] Nicht zurückgedrängt werden darf der Kernbereich der Eigentumsgarantie, zu welchem die Privatnützigkeit, also die Zu-

---

Staatsrecht I, § 17 Rdnr. 122ff.. Gerade vor diesem Spannungsfeld zeigt sich, daß sich abstrakte Grenzen hier nur schwerlich abstecken lassen, sondern es in besonderem Maße auf die individuell vom Gesetzgeber getroffene Regelung ankommt: So kann der Eingriff in ein Recht, das zur Aussonderung berechtigte – alle weiteren verfassungsrechtlichen Vorgaben als erfüllt unterstellt – durchaus aus Sicht des Rückwirkungsverbotes zulässig sein, wenn sich der Übergang in zeitlicher Hinsicht maßvoll gestaltet oder wirkungsvolle Entschädigungsmöglichkeiten vorgesehen sind. Diesbezüglichen Erwägungen haftete also stets etwas Spekulatives an, weswegen auf eine detailliertere Untersuchung an dieser Stelle verzichtet werden soll.

[43] BVerfGE 83, S. 201, *S. 212*; 58, S. 300, *S. 338*; 31, S. 275, *S. 285*.

[44] Vgl. BVerfGE 52, S. 1, *S. 30*; BVerfGE 101, S. 54, *S. 75*.

[45] Pieroth/Schlink, Staatsrecht II, Rdnr. 899.

[46] Pieroth/Schlink, Staatsrecht II, Rdnr. 899.

[47] BVerfGE 87, S. 114, *S. 138f.*

ordnung des Eigentumsobjekts zu einem Rechtsträger gehört und damit zugleich nicht die grundsätzliche Verfügungsbefugnis über den Eigentumsgegenstand.[48] Art. 14 GG soll dabei das Erworbene und seine freie Verfügbarkeit schützen, weswegen bloße Gewinnaussichten und Verdienstmöglichkeiten dem Schutzbereich des Art. 14 GG grundsätzlich nicht unterfallen.[49]

Jedenfalls grundrechtlich geschützt ist in diesem Sinne das Eigentum nach bürgerlichem Recht im Sinne des § 903 BGB als Fahrnis- und Grundeigentum verbunden mit der Befugnis, mit dem Gegenstand nach Belieben zu verfahren.[50]

Während das BVerfG in Übereinstimmung mit dem BGH zunächst auch davon ausging, daß Art. 14 GG das Eigentum so schützt, „wie er das Bürgerliche Recht und die gesellschaftlichen Anschauungen geformt haben.",[51] hat sich der Eigentumsbegriff hin zu einem verfassungsrechtlichen und damit vom bürgerlichrechtlichen Verständnis abgewandten Eigentumsbegriff verändert.

Bald schon setzte sich die Erkenntnis durch, daß sich der Eigentumsbegriff nicht in dem erschöpft, was der einfache Gesetzgeber oder – wie im Falle der Mobiliarsicherheiten – die Rechtsprechung im wesentlichen durch Richterrecht[52] als Eigentum im Sinne der Privatrechts begründet hat, sondern zählen hierhin grundsätzlich alle vermögenswerten Rechte, die einem Berechtigten so zugeordnet sind, daß er die damit verbundenen Befugnisse nach eigenem Ermessen zu seinem privaten Nutzen ausüben darf, ohne daß es auf den Grad der Verfügungsbefugnis ankäme.[53] Begriff und Inhalt müssen danach unmittelbar aus der Verfassung selbst entnommen werden, geschütztes Eigentum muß konkretisiert werden „aus der Zusammenschau aller in diesem Zeitpunkt geltenden, die Eigentümerstellung regelnden gesetzlichen Vorschriften."[54]

Beschränkungen in dieser Freiheit, wie durch öffentliches oder privates Recht, sind der Eigentumsfreiheit aber von vornherein inhärent; sie schränken nicht ursprüng-

---

[48] Schmidt-Bleibtreu/Klein, Kommentar zum Grundgesetz, Art. 14 Rdnr. 1b.

[49] Vgl. BVerfGE 14, S. 263, *S.293*.

[50] Pieroth/Schlink, Staatsrecht II, Rdnr. 901.

[51] BVerfGE 1, S. 264, *S. 278*; 11, S. 64, *S. 70*; 28, S. 119, *S. 142*.

[52] Eingehend zur Rechtssetzung durch Richterrecht, vgl. Fikentscher, Bd. IV, S. 313.

[53] Vgl. Pieroth/Schlink, Staatsrecht II, Rdnr. 899; v. Münch/Kuning, Grundgesetzkommentar, *Byrde*, Art. 14 Rdnr. 11; Schmidt-Bleibtreu/Klein, Kommentar zum Grundgesetz, Art. 14 GG Rdnr. 1a; 3c; Seuffert, Verfassungsrechtliche Fragen zu den Reformvorschlägen der Kommission für Insolvenzrecht, ZIP 1986, S. 1157, *S. 1158*; Stern, Insolvenzrechtsreform und verfassungsrechtlicher Schutz der Mobiliarsicherungsgläubiger, Festschrift für Helmrich, S. 737, *S. 740ff.*; Baum, Von der Freiheit des Reformgesetzgebers – Verfassungskonforme Behandlung der publizitätslosen Mobiliarsicherheiten im Diskussionsentwurf einer Insolvenzordnung, KTS 1989, S. 553, *S. 566*; Wolf/Müller, Nebenpflichtenkanon bei der Forderungspfändung, NJW 2004, S. 1775, *S. 1779*.

[54] BVerfGE 58, S. 300, *S. 336*.

lich unbeschränktes Eigentum nachträglich ein, sondern müssen von vornherein zur Auslegung des Eigentumsbegriffes herangezogen werden.[55]

Der Eigentumsbegriff des Bürgerlichen Gesetzbuches und der verfassungsrechtliche Eigentumsschutz des Art. 14 GG stimmen also nicht miteinander überein. Weiter entfernt vom bürgerlichrechtlichen Eigentumsbegriff erscheint der verfassungsrechtliche Eigentumsbegriff vor allem dort, wo auch schuldrechtliche Forderungen in diesen Schutzbereich miteinbezogen werden.[56]

a) Anwendung der Schutzbereichsdefinition auf die gesicherte Forderung in der Insolvenz

aa) Schutzfähige Position

In Anwendung dieser Definition ist die Forderung eines jeden Inslovenzgläubigers gegen den Gemeinschuldner als schuldrechtliche Forderung geschützt.[57]

Auch das Sacheigentum als klassische zivilrechtliche Eigentumsposition wird vom Schutzbereich des Art. 14 GG umfaßt, kann aber durch sämtliches einfache Recht besonders ausgestaltet sein.

Doch allein die Eigenschaft eines Gläubigers als Inhaber einer Forderung gegen den Gemeinschuldner scheint sich für die Frage nach dem Schutz des durch Mobiliarkredit gesicherten Gläubigers nicht recht fruchtbar machen zu lassen. Denn auch ungesicherte Gläubiger verfügen über eine solche Rechtstellung. Und man wird kaum ernsthaft erwägen können, daß eine solche Forderung, weil sie durch das Insolvenzverfahren nur erheblich gekürzt oder – bei Abweisung der Eröffnung des Verfahrens mangels Masse – gar nicht befriedigt werden kann, den Schutz des Art. 14 GG in einer Form genießt, daß ihr Bestand nach ihrem vollen Wert auch in der Insolvenz gewährleistet sein muß und mag sie noch so sehr in den Schutzbereich des Grundrechts fallen. Hier erscheint geboten, bereits im Rahmen des Schutzbereiches die spezifische Stellung des Inhabers der Sicherheit präziser zu fassen. Denn neben regelmäßig der Eigenschaft als Insolvenzgläubiger ist dieser durch eine (dingliche) Sicherheit besonders geschützt. Und diese dingliche Sicherheit ist in ihrer Entstehung und ihrem Bestand von der schuldrechtlichen Forderung unabhängig, mag die Sicherheit auch wegen unwirksamer zugrundeliegender Forderung nach §§ 812ff. BGB kondizierbar sein. Daraus folgt aber weiter, daß der Inhaber einer solchen Sicherheit sich auch dann auf den Schutz des Art. 14 GG berufen kann, wenn eine zugrundeliegende Forderung gar nicht besteht. Dies mag nicht im

---

[55] Pieroth/Schlink, Staatsrecht II, Rdnr. 901.

[56] BK, *Kimminich*, Art. 14 GG Rdnr. 33.

[57] Vgl. Eikmann, S. 20.

Verhältnis zum Sicherungsgeber bei unwirksamer Forderung gelten, denn Art. 14 GG, der dessen Rückforderungsanspruch als verfassungsrechtliches Eigentum gleichfalls schützt, gebietet auch von der Verfassung her, daß unberechtigte Eigentumsinhaberverschiebungen rückgängig zu machen sind. Dies ändert aber nichts an dem Schutz wenn auch kondizierbaren privatrechtlichen Eigentums. Die Besonderheit des gesicherten Gläubigers ist danach aber gerade seine Inhaberschaft eines Sicherungsrechtes, bestellt nach den Grundsätzen des Bürgerlichen Gesetzbuches.

Und danach muß dann auch im Rahmen nach der Frage der Eröffnung des Schutzbereiches gefragt werden.[58] Daran ändert auch die Tatsache nichts, daß es an einer ausdrücklichen Rechtsgrundlage, zumindest nach dem Willen des historischen Gesetzgebers, für die Mobiliarkreditsicherungsmittel im Bürgerlichen Gesetzbuch fehlt. Denn einerseits zeigen Vorschriften wie das Verbot des Drittvorbehalts beim Eigentumsvorbehaltskauf nach § 488 n. F. BGB, daß der Gesetzgeber diese Sicherungsmittel längst in seinen gesetzgeberischen Willen aufgenommen hat. Andererseits kann eine Eigentumsposition sogar schon dann den Schutz des Art. 14 GG genießen, bevor der Gesetzgeber überhaupt eine entsprechende positivrechtliche Normierung der subjektiven Rechtsposition vorgenommen hat.[59]

Dagegen führt etwa *Häsemeyer* an, daß sich für das Absonderungsrecht die Frage verbiete, ob Absonderungsrechte den Schutz des Art. 14 GG genießen, da es primär auf die Forderung ankomme und die ihrer Sicherung dienenden Absonderungsrechte demgegenüber keinen selbstständigen Vermögenswert darstellen.[60] Mit ähnlichem Ansatz hinterfragen *Baur/Stürner* die Verfassungsmäßigkeit der Aussonderung gegenüber dem ungesicherten Gläubiger, dessen einfache schuldrechtliche Forderung doch auch dem Schutz des Art. 14 GG unterliege.[61]

Dem kann jedoch nicht gefolgt werden. Zunächst ist die Gewährung eines Aus- oder Absonderungsrechts die Reaktion des Gesetzgebers auf die dingliche Rechtstellung des Mobiliarkreditsicherungsgläubigers und nicht deren Ursache. Eine ganz andere Frage, die das Resultat der verfassungsrechtlichen Untersuchung sein wird,

---

[58] Serick, Band 6, § 82 IV 5 a, S. 855 setzt diese gesonderte Stellung des gesicherten Gläubigers voraus, wenn er untersucht, ob die Beeinträchtigung gerade der Eigentümerstellung den Anforderungen des Art. 14 GG entspricht. Insoweit nicht differenzierend Seuffert, Verfassungsrechtliche Fragen zu den Reformvorschlägen der Kommission für Insolvenzrecht, ZIP 1086, S. 1157, *S. 1157f.*. wenn er herausstellt, daß sowohl Forderung wie Sicherungsrecht den Schutz des Art. 14 GG genießen, dann aber meint: "Die Bindung an die gesicherte Forderung hat lediglich zur Folge, daß einerseits der Eigentumsschutz für die Forderung in den Vordergrund rückt und daß andererseits die Forderung mit allen ihren zugehörigen Rechten, also auch dem Sicherungsrecht, Eigentumsschutz genießt.“ Denn dies trennt die Position des gesicherten Gläubigers nicht hinreichend von der des einfachen Insolvenzgläubigers.

[59] Bleckmann, § 35 Rdnr. 36.

[60] Häsemeyer, Rz. 18.04.

[61] Baur/Stürner, Zwangsvollstreckungsrecht II, Rz. 6.29.

ist, ob der Gesetzgeber gezwungen ist, dem dinglich gesicherten Gläubiger eine solche Stellung einzuräumen (Art. 14 GG), oder er mangels Differenzierungskriterien eher gehalten ist, diese Rechte gerade zu beschneiden, um einen gerechten Ausgleich zu den ungesicherten Gläubigern zu schaffen (Art. 3 GG).

Jedenfalls aber erlangt der Sicherungsgläubiger eine Rechtsstellung, die das Zivilrecht in seiner richterrechtlichen Prägung anerkennt und die deshalb zunächst als solches Eigentum auch dem Schutz des Art. 14 GG unterfällt: Der Vorbehaltsverkäufer nach §§ 433, 448 BGB n. F. bleibt wegen §§ 929, 158 BGB zunächst Eigentümer der Sache, der Sicherungsnehmer der Sicherungsübereignung erlangt über §§ 929, 930, 868 BGB wenigstens vorübergehend eine solche Eigentümerstellung.[62]

Anders könnte man lediglich argumentieren, daß das zivilrechtliche Eigentum von vornherein wegen der Prägung durch das gesamte einfache Recht[63] nur in einer Form entsteht, daß es für die Insolvenz keinerlei Schutz genießt und deswegen einzig auf die gesicherte Forderung abzustellen sei. Doch dieser Betrachtung steht ein Vergleich mit § 771 ZPO im Einzelvollstreckungsverfahren im Wege: Denn warum sollte man dem Sicherungseigentümer nach herrschender Meinung die Drittwiderspruchsklage gewähren,[64] wenn nicht wegen seines Sicherungseigentums, ohne das dies von vornherein durch einfaches Vollstreckungsrecht schon eingeschränkt entstanden ist? Zudem hat sich der verfassungsrechtliche Eigentumsbegriff nicht ganz von der zivilrechtlichen Zuordnung und Definition gelöst; verstärkt setzt sich wieder die Interpretation nach der Maßgabe des einfachen Rechts durch.[65] Die signifikanten Gewährleistungsfunktionen des Art. 14 GG „sind unverzichtbar zugeschnitten auf die subjektiven (Privat-) Rechte des Einzelnen."[66]

Gänzlich versagt die isolierte Betrachtung nur der Forderung bei der Aussonderung, weil sonst die Befugnis des Gläubigers, die Sache an sich zu nehmen, nicht erklärlich wäre. Wenn man sich hier darauf berufen will, daß Aus- und Absonderungsrechte etwas grundsätzlich Verschiedenes seien, so gerät Ursache und Wirkung durcheinander. Denn es ist eine Frage der dinglichen Rechtsposition, ob dieser die Aussonderungskraft zu geben ist, weil sie vom Schuldnervermögen zu trennen ist oder diese auf die Absonderung verwiesen werden kann bzw. überhaupt nicht zu bevorrechtigen ist, nicht umgekehrt.

Die Ansicht *Häsemeyers* führt damit im Ergebnis dazu, daß schon der Schutzbereich des Art. 14 GG hinsichtlich der Eigentumsposition der (dinglichen) Sicherheit des Insolvenzgläubigers nicht eröffnet ist. Und dafür, daß eine solche Schutzbereichs-

---

62 Im Ergebnis ebenso: Stern, Insolvenzrechtsreform und verfassungsrechtlicher Schutz der Mobiliarsicherungsgläubiger, in Festschrift für Helmrich, S. 737, *S. 744.*

63 Pieroth/Schlink, Staatsrecht II, Rdnr. 901.

64 Vgl. Thomas/Putzo, § 771 Rdnr. 15; BGHZ 12, S. 232, *S. 234.*

65 Maunz-Düring, *Papier*, Art. 14 GG Rz. 35.

66 Maunz-Düring, *Papier*, Art. 14 GG Rz. 42.

verkürzung zulässig sein soll, ist nichts ersichtlich.[67] *Häsemeyers* Betrachtungsweise ließe sich dann halten, wenn man die Frage nach dem Schutz des Absonderungsrechtes durch Art. 14 GG so verstehen will, daß nicht gefragt werden darf, ob die technische Ausgestaltung der Rechtsverwirklichung durch den gesicherten Gläubiger verstanden als „Absonderungsrecht" den Schutz des Art. 14 GG verdient. Denn dies ist dann gerade das Verfahren, welches der Gesetzgeber zur Verfügung stellt, vermittels dessen der Gläubiger sein zugrunde liegendes Recht verwirklichen kann, trägt also diesem zugrunde liegenden Recht erst und eventuell von der Verfassung gefordert, Rechnung. Daß aber das Mobiliarsicherungsmittel als zivilrechtlich anerkannte Rechtsposition, und sei diese schuldrechtlich mit der gesicherten Forderung verbunden, aus dem Schutzbereich des Art. 14 GG herausfallen soll, ist so kaum zu begründen.

Entscheidend muß letztlich aber die Zuordnung der Güter als Anknüpfungspunkt des verfassungsmäßigen Schutzes sein. Als Ursprungspunkt ergeben sich beispielhaft beim Eigentumsvorbehaltsverkauf die Zuordnungen der Grundgüter Sache und Geld. Durch den Kaufvertrag wird ein Schuldverhältnis zwischen Gläubiger und Schuldner begründet, welches als nur zwischen ihnen wirkendes Band die wechselseitige Verpflichtung begründet, Geld und Sache zu übereignen. Wegen des Abstraktionsprinzips ändert diese Forderung zunächst jedoch noch nichts an der Eigentümerstellung und gerade auch am Schutz dieses noch im Vermögen des Schuldners und Gläubigers vorhandenen Eigentums und dieser Schutz ist absolut: Greift ein Dritter widerrechtlich in dieses Eigentum ein, so entsteht beispielsweise der Anspruch aus § 823 Abs. 1 BGB noch in der Position des jeweiligen Inhabers und bedarf daher auch vor dem Hintergrund des Art. 14 GG dessen Schutz. Lediglich in dem relativen Verhältnis zum Gläubiger ist klar, daß das Eigentum wird übergehen müssen. Und auch diese schuldrechtliche Forderung genießt den Schutz des Art. 14 GG[68] und ist überdies auch vor Eingriffen Dritter geschützt. Aber selbst wenn der jeweils andere Gläubiger nach Vertragsschluß, aber vor der Übereignung, widerrechtlich in das vom Kaufvertrag betroffene Eigentum des Schuldners eingreift, entsteht wegen des absoluten Schutzes des Eigentums auch hier dem Grunde nach ein Anspruch aus § 823 Abs. 1 BGB. Kurz gefaßt läßt sich sagen: Die Relativität des Schuldverhältnisses vermag nicht den absoluten Schutz des Eigentums zu überwinden. Das Schuldverhältnis erzeugt ein über die vorvertragliche Rechtslage hinausgehendes Maß an Rechtsmacht, welches Grund für die Eigentumsverschaffung in beide Richtungen darstellt und erst mit Erfüllung erlischt.

---

[67] Dagegen jedoch ohne nähere Begründung Smid, Grundzüge des neuen Insolvenzrechts, § 2 Rdnr. 45.

[68] BK, *Kimminich*, Art. 14 GG Rdnr. 33.

Das Maß an durch Art. 14 GG geschützten Interessen stellt sich vor dem durch Vertrag eingeleiteten Erwerbsvorgang vereinfacht wie folgt dar:

Abb. 1: geschütztes Eigentum vor Erwerbsvorgang

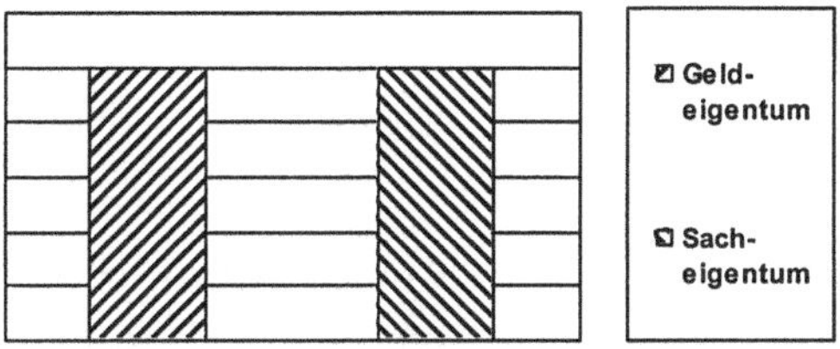

Dadurch, daß auch die Forderung aus dem Vertrag den Schutz des Art. 14 GG genießt, ergibt sich nach Vertragsschluß folgendes Bild:

Abb. 2: geschütztes Eigentum nach Vertragsschluß

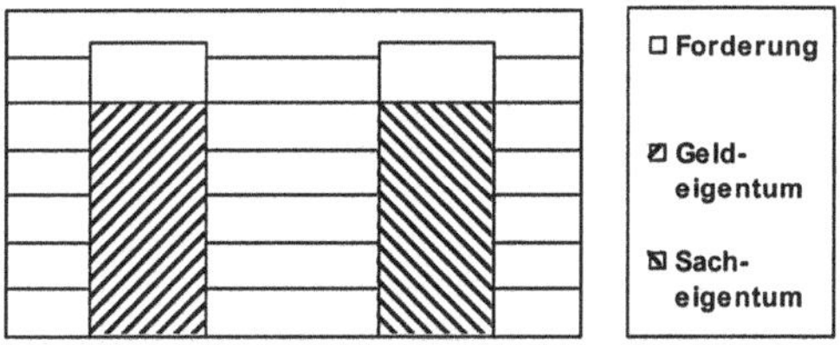

Insgesamt erscheint damit die Summe verfassungsrechtlich geschützten Eigentums nach Vertragsschluß größer als zuvor. Nun erscheint dieses Ergebnis im Hinblick auf eine Bilanzierung zunächst fragwürdig. Denn bei einem Erwerbsgeschäft (zur Vereinfachung ohne einen Gewinn ausgewiesen) ergibt sich folgendes Bild:

Abb. 3: bilanziertes Eigentum vor Erwerbsvorgang

Schuldnervermögen	Wert	Gläubigervermögen	Wert
Geldwert	100	Sachwert	100
Summe	100	Summe	100

Abb. 4: geschütztes Eigentum nach Vertragsschluß

Schuldnervermögen	**Wert**	**Gläubigervermögen**	**Wert**
Geldwert	100	Sachwert	100
Forderung auf Sache	100	Forderung auf Zahlung	100
Geldschuld	-100	Sachschuld	-100
Summe	100	**Summe**	100

Und selbst wenn man den Erwerbsvorgang durch ein Sicherungsgeschäft, wie etwa eine Sicherungsübereignung aus Beispielsfall 2 ergänzt, ergibt sich bilanziert der gleiche Vermögensstand.

Abb. 5: bilanziertes Eigentum nach Vertragsschluß und Sicherungsgeschäft[69]

Schuldnervermögen	Wert	Gläubigervermögen	Wert
Geldwert aus Darlehen	100	Auszahlung des Darlehens	-100
Geldschuld aus Darlehen	-100	Forderung aus Darlehen	100
Sicherungsübereignung der Sache	-100	Sicherungseigentum	100
Forderung auf Rückübertragung der Sache	100	Sachschuld aus aufschiebend bedingter Übereignung	-100
Summe	100	**Summe**	100

Weder das Vermögen des Schuldners noch das des Gläubigers haben sich bei einem gewinnneutralen Geschäft erhöht, ganz gleich, ob man den Weg über ein Sicherungsgeschäft wählt (Abb. 5), welches noch nicht erfüllt ist, oder einen einfachen Kaufvertragsabschluß über die Sache vor den beiden Übereignungen (Abb. 4).

Und obgleich sich bei bilanzierter Betrachtung das Vermögen von Schuldner und Gläubiger, läßt man den Gewinn außer acht, nicht ändert, sind die Diagramme, welche ein erhöhtes Maß an von Art. 14 GG geschützten Interessen zeigen, mit diesen Bilanzen vereinbar.

[69] Gelddarlehen gemäß § 488 BGB und Sicherungsübereignung nach §§ 929, 930, 868 BGB.

Die wertmäßige Betrachtung vermag lediglich eine Momentaufnahme über den Ist-Zustand des Vermögens zu zeigen, nicht aber den Erwerbsvorgang selbst. Abgebildet wird immer nur die Summe des gerade gehaltenen Vermögens. Nicht ausdrücken läßt sich hingegen das Potential, welches darin liegt, daß die Sache überhaupt veräußert werden kann, sondern nur der monetäre Wert, der für die Sache zu erzielen ist. Im Umfang des Eigentumsschutzes ist jedoch gerade nicht nur der Bestand des Eigentums geschützt, sondern gerade auch die Nutzung und damit die Möglichkeit der Veräußerung.[70] Entweder also man drückt diese Möglichkeit in der verfassungsrechtlichen Betrachtung schon von Anfang an durch ein potentielles erhöhtes Maß an Rechtsposition aus oder doch zumindest dann, wenn es zu einem konkreten Rechtsgeschäft gekommen ist. Dafür spricht, daß sich im Bestand der Forderung und ihrem Schutz der Eigentumsschutz auch auf Veräußerung der Sicherheit erst realisiert. Und wenn sich der Eigentümer beispielsweise beim Kauf als einfachem Abzahlungsgeschäfts dieser Sicherheit begibt, ohne sich dinglich zu sichern, so verliert er damit ein Stück weit auch den Schutz des Art. 14 GG in Bezug auf dieses Eigentum, ohne daß die Forderung dann an verfassungsrechtlichem Schutz gewönne. Umgekehrt muß dann aber gelten, daß dieser Schutz beim Eigentumsvorbehalt erhalten bleibt. Und dem muß auch im Rahmen der Insolvenzordnung Rechnung getragen werden.

Nach alledem ist festzuhalten: Daß der dinglich gesicherte Gläubiger regelmäßig zugleich Inhaber einer schuldrechtliche Forderung ist, ist ein Allgemeinplatz und sagt über die zugrunde liegende Sicherheit nichts aus. Und wenn man in diesem Zusammenhang lediglich auf diese Forderung abstellt, weil es allein auf sie ankomme, so nivelliert man in unzulässiger Weise die Tatsache, daß er zugleich Inhaber einer nach dem bürgerlichen Recht anerkannten (dinglichen) Rechtsposition ist. Ob diese Stellung ausreichen kann, um gegenüber der Stellung der ungesicherten Gläubiger privilegiert zu werden, ist eine Frage des tauglichen Differenzierungskriteriums im Rahmen des Art. 3 GG, nicht eine Frage der Schutzbereichseröffnung des Art. 14 GG.

bb) Geschützte Eigentumsaspekte

Jedenfalls in den Schutzbereich des Art. 14 GG fällt die Befugnis des Eigentümers, über das Schutzgut zu verfügen. Somit genießt der Eigentumsvorbehaltsverkäufer jedenfalls den Schutz des Art. 14 GG. Umstritten ist allerdings, ob auch die Freiheit des Eigentumserwerbs von Art. 14 GG geschützt ist oder statt dessen die allgemeine Handlungsfreiheit des Art. 2 Abs. 1 GG einschlägig ist.[71] Und dieser Streit scheint sich auszuwirken, denn bei der Sicherungsübereignung ist es im weit häu-

---

[70] Pieroth/Schlink, Rdnr. 914.

[71] Vgl. Maunz/Düring, *Papier*, Art. 14 Rdnr. 223ff.; Wittig, Der Erwerb des Eigentums und das Grundgesetz, NJW 1997, S. 2185, *S. 2186ff.*; Jarass/Pieroth, *Jarass*, Art. 14 Rdnr. 19.

figsten Fall der Insolvenz des Sicherungsgebers ja dieser, der über sein Eigentum verfügt und dem Sicherungsnehmer zu seiner dinglichen Rechtsposition verhilft. Der Sicherungsnehmer und Inhaber der Forderung in der Insolvenz wäre demnach nur in seinem Recht auf Erwerbsvorgang betroffen, wenn diese Möglichkeit künftig eingeschränkt wird. Und dagegen, das Recht auf den Eigentumserwerb als von Art. 14 GG umfaßt anzusehen, spricht die Erwägung, daß eine Verfügungsbeschränkung für den Käufer eine Inhaltsbestimmung darstellt, für den Erwerber aber als Totalentzug seines Erwerbsrechts angesehen werden müßte.[72] Jedoch geht es im Rahmen der Schutzbereichseröffnung nicht um die Verletzung einer subjektiven Rechtsposition, so daß nicht lediglich auf eine bestimmte Person eines stets zweiseitigen Erwerbsvorganges abgestellt werden kann. Vielmehr betrifft eine eigentumsrelevante Maßnahme jedenfalls eine der beiden am Sicherungsgeschäft beteiligten Personen als Beschränkung seiner Verfügungsbefugnis, die auch den Schutz des Art. 14 GG genießt. Zudem ist der Erwerb des Sicherungsrechts regelmäßig abgeschlossen, wenn die Regelung der Insolvenzordnung in zeitlicher Hinsicht gilt: Zunächst wird die Sicherheit nach dem BGB bestellt und erst dann greifen die insolvenzrechtlichen Regelungen zur Ausgestaltung des Mobiliarkredites für den Fall des Zusammenbruchs des wirtschaftlichen Betriebes des Sicherungsgebers.

Der Streit um den Schutz auch des Rechts auf Erwerb des Eigentums kann für die Frage nach der Schutzbereichseröffnung des Art. 14 GG mithin dahinstehen.

b) Zwischenergebnis

Im Rahmen der Schutzbereichseröffnung ist entscheidend darauf abzustellen, daß der Insolvenzgläubiger gerade Inhaber einer Sicherheit nach dem Bürgerlichen Gesetzbuch ist, soweit letzteres die Sicherheitenbestellung anerkennt. Darüber hinaus genießt auch die Forderung den Schutz des Art. 14 GG. Will man den Mobiliarkredit jedoch einschränken, so ist entscheidend auf diejenige Rechtsposition einzugehen, die von dieser Einschränkung betroffen wird. Und dies ist die nach bürgerlichem Recht bestellte Rechtsposition des Inhabers der Sicherheit, nicht lediglich der gesicherten Forderung. Im Sinne einer konkursrechtlichen Gläubigergleichbehandlung verstanden als Grundprinzip eines Insolvenzgesetzes, wonach alle Inhaber einer Forderung gegen den Schuldner nach Möglichkeit den gleichen Anteil am Restvermögen erhalten sollen (*par conditio creditorum*),[73] mag das Ergebnis der Schutzbereichseröffnung auch für das Sicherungsmittel unbefriedigend und hinderlich sein. Dennoch ist es verfassungsrechtliche Realität.

---

[72] Vgl. Maunz/Düring, *Papier*, Art. 14 Rdnr. 224.

[73] Foerste, Rdnr. 8; Wimmer, *Ahrens*, § 294 Rdnr. 2; Uhlenbruck InsO, *Vallender*, § 294, Rdnr. 1.

4. Eingriff

Nachdem der Schutzbereich des Art. 14 GG eröffnet ist, stellt sich die Frage, ob die Vorschriften zur Einschränkung des Mobiliarkredites in den Schutzbereich des Grundrechts eingreifen. Eingriffe in Art. 14 GG sind auf zweierlei Arten möglich. Zum einen als Enteignung im Sinne des Art. 14 Abs. 3 GG und weiterhin als Inhalts- und Schrankenbestimmung nach Art. 14 Abs. 1 S. 2 GG. Beide Maßnahmen gilt es im Hinblick auf die unterschiedlichen Anforderungen, die das Grundgesetz an deren Rechtmäßigkeit knüpft, voneinander abzugrenzen.

Je nachdem welche Qualität eine Maßnahme hat, bestimmen sich auch die Anforderungen an die verfassungsrechtliche Rechtfertigung.[74]

a) Eingriffsalternativen Enteignung und Inhalts- und Schrankenbestimmung des Eigentums

Die Enteignung im Sinne des Art. 14 Abs. 3 GG verkürzt die Eigentumsfreiheit in besonders ausgeprägter Weise.[75] Der Begriff der Enteignung ist in Rechtsprechung und Literatur seit langem umstritten.[76] Wann allerdings eine Maßnahme als Enteignung und wann als Inhalts- und Schrankenbestimmung zu qualifizieren ist, verursacht erhebliche Schwierigkeiten.

Während die frühere Rechtsprechung des RG und des BGH mit einer Einzelakttheorie arbeitete, wonach für die Enteignung prägend war, daß es sich um einen Eingriff in Rechte bestimmter Personen oder eines bestimmten Personenkreises handeln mußte, also auf formale Kriterien abstellte, wählte das BVerwG einen materiellen Ansatz und bewertete den Charakter einer Maßnahme als Enteignung oder Inhaltsbestimmung nach der Schwere der Maßnahme.[77]

Das Bundesverfassungsgericht hatte erst verhältnismäßig spät die Möglichkeit, beide eigentumsrelevanten Maßnahmen voneinander abzugrenzen.

Zu nennen sind hier insbesondere schlaglichthafte Entscheidungen wie „Pflichtexemplar“[78] und „Naßauskiesung“[79], die jeweils ein großes Echo in der rechtswissenschaftlichen Literatur fanden.[80]

---

[74] Pieroth/Schlink, Rdnr. 928ff.

[75] Pieroth/Schlink, Staatsrecht II, Rdnr. 922.

[76] Vgl. die Darstellung bei Schmidt-Bleibtreu/Klein, Art. 14 GG Rdnr. 8ff.

[77] Ossenbühl, S. 169f. ; 171.

[78] BVerfGE 58, S. 137ff.

[79] BVerfGE 58, S. 300ff.

[80] Vgl. zu BVerfGE 58, S. 137ff. etwa zusammenfassend Weber, Verfassungsrechtliche Grenzen für Enteignung und Inhaltsbestimmung des Eigentums, JuS 1982, S. 852ff.; Eschenbach, Die ausgleichspflichtige Inhaltsbestimmung, Jura 1998, S. 401ff.; zu BVerfGE 58, S. 300ff. Ossenbühl, Abschied vom enteignungsgleichen Eingriff? NJW 1983, S. 1ff.; Schenke, Entschädigungs-

Das BVerfG stellt insbesondere heraus, daß inhalts- und schrankenbestimmendes Gesetz und die Legalenteignung keine fließenden Übergänge und entsprechende Umschlagpunkte kennen. Dabei betont es, daß eine Inhaltsbestimmung insbesondere nicht dadurch in eine Enteignung umschlage, daß der Gesetzgeber die Voraussetzungen einer materiell rechtmäßigen Inhaltsbestimmung überspannt. Dies führt lediglich dazu, daß die Inhaltsbestimmung ihrerseits verfassungswidrig wird.[81] Weiterhin stelle es keine Enteignung dar, wenn der Gesetzgeber im Zuge der Neugestaltung eines Rechtsgebietes bisher bestehende Rechte abschafft und in der Neuregelung keine Entsprechungen vorsieht.[82] Der Gesetzgeber darf unter Umständen den Eigentumsrechten nicht nur einen neuen Inhalt geben, sondern auch das Entstehen von Rechten, die nach bisherigem Recht möglich waren, ganz verhindern, wenn er sich dabei den Maßstab einhält, den Art. 14 Abs. 1 S. 2 GG an eine solche Maßnahme anlegt.[83] Insoweit ist es zunächst ohne Bedeutung, ob eine Neuregelung in bereits bestehende geschützte Positionen eingreift oder nicht, denn die Regelung muß ihrerseits jedenfalls verfassungsgemäß sein.[84]

Das BVerfG stellt darauf ab, das Inhaltsbestimmungen dem Eigentum seine verfassungsrechtliche Prägung gebe.[85] Unter einer Enteignung versteht es den staatlichen Zugriff auf das Vermögen des einzelnen. Ihrem Zweck nach ist sie darauf gerichtet, eine konkrete subjektive Rechtsposition, die vom Schutz des Art. 14 Abs. 1 S. 1 GG umfaßt ist, vollständig oder teilweise zu entziehen.[86] Entscheidend ist dabei nicht die Übertragung eines entzogenen Objektes, sondern der durch den Entzug verursachte Rechts- und Vermögensverlust.[87] Davor schützt den Rechtsinhaber Art. 14 Abs. 1 GG nicht, Art. 14 Abs. 3 GG trägt aber Sorge dafür, daß sie die ursprüngliche Eigentumsbestandsgarantie in eine Eigentumswertgarantie umwandelt.[88] Ob die gesetzgeberischen Maßnahmen sich als Enteignung im Sinne des Art. 14 Abs. 3 GG oder Inhaltsbestimmung im Sinne des Art. 14 Abs. 1 S. 2 GG zu qualifizieren sind, ist danach anhand der maßgeblich vom BVerfG beeinflußten Kriterien zu ermitteln.

---

ansprüche bei legislativem Unrecht unter dem Aspekt des enteignungsgleichen Eingriffs, NJW 1988, S. 857-864; Rüfner, Enteignungsbegriff, Junktim und salvatorische Klauseln, in FS für Boujong, S. 643, *S. 643f.*

[81] Ossenbühl, S. 178.

[82] BVerfGE 83, S. 201, *S. 2011f.* für das Vorkaufsrecht; Schwerdtfeger, Rdnr.550.

[83] Schmidt-Bleibtreu/Klein, Art. 14 GG Rdnr. 6a.

[84] BVerfGE 83, S. 201, *S. 212*; 58, S. 300, *S. 338*; 31, S. 275, *S. 285*.

[85] BVerfGE 100, S. 226, *S.* 240; 95, S. 1, *S. 21*; 97, S 89, *S.96*; so inzwischen auch BGHZ 134, S. 316, *S. 320*; BVerwG 94, S. 1, *S. 5*.

[86] BVerfGE 58, 300ff –Naßauskiesung –; 79, 174ff. – Straßenverkehrslärm –.

[87] BVerfGE 83, 201ff.

[88] Schmidt-Bleibtreu/Klein, Art. 14 GG Rdnr. 8ff.; vgl. auch Schwerdtfeger, Die dogmatische Struktur der Eigentumsgarantie, S. 25f.

Es ist insofern zu fragen, ob die geplanten Neuregelungen

- konkreten statt abstrakten Zugriff nehmen
- individuell statt generell treffen
- Eigentumsrelevante Positionen entziehen statt belassen.[89]

Bei dieser Charakterisierung des BVerfG handelt es sich allerdings um eine bloß typologische Umschreibung der Enteignung mit unscharfen Konturen, so daß im Einzelfall durch die Zuordnung zu in sich variablen Charakteristika entschieden werden muß, ob eine Enteignung vorliegt oder nicht.[90] Abgrenzungsschwierigkeiten entstehen noch zusätzlich dadurch, daß auch eine Teilenteignung möglich sein soll. Diese meint wohl, daß dem Eigentümer ein rechtlich verselbständigter Teil seiner Eigentumsposition entzogen werden soll, daß individuelle Zuordnungsverhältnis zwischen Rechtsträger und Sache nicht lediglich inhaltlich geändert, sondern schlechthin (teilweise) beseitigt wird.[91] Zusammenfassend liegt eine Teilenteignung nur dann vor, wenn eine verselbständigungsfähige Position entzogen wird.[92]

Für die weitere Untersuchung kann die oben getroffene Unterscheidung nach Eingriffsebenen fruchtbar gemacht werden, so daß nicht jedwede Einzelmaßnahme aus dem Verlauf des Gesetzgebungsverfahrens untersucht werden muß und diese einer typologischen Bestimmung nach der Qualität der Maßnahme zugeführt werden kann.[93] Dabei kommt es bei der Frage nach dem Eingriffscharakter auf Ebene der Grundrechtsbeeinträchtigung auf die genaue Qualifizierung des Eingriffs nicht entscheidend an.[94] Die Unterschiede werden erst im Rahmen der Rechtfertigung bedeutsam.

Mit der Rechtsprechung des BVerfG kann damit eine Negativabgrenzung erfolgen: Ergibt sich die Eigentumsrelevanz einer Maßnahmen, ohne daß sich diese als Enteignung charakterisieren läßt, liegt ein Grundrechtseingriff in Gestalt einer Inhalts- und Schrankenbestimmung des Eigentums vor, deren Rechtfertigung sich an Art. 14 Abs. 1 GG zu messen hat.

---

[89] Pieroth/Schlink, Staatsrecht II, Rdnr. 922.

[90] Schwerdtfeger, Rdnr. 549.

[91] Vgl. BVerfGE 25, S. 367, *S. 393*.

[92] Pieroth/Schlink Staatsrecht II, Rdnr. 923; Ossenbühl S. 178f. Fn. 65

[93] Mißverständlich insoweit Baum, Von der Freiheit des Reformgesetzgebers – Verfassungskonforme Behandlung der Mobiliarsicherheiten im Diskussionsentwurf einer Insolvenzordnung, KTS 1989, S. 553, *S. 565*: „Da eine Entschädigung [...] nicht enthalten ist, sind die Reformvorschläge nur dann als verfassungskonform anzusehen, wenn sie sich im Rahmen einer Inhaltsbestimmung im Sinne von Art. 14 I 2 GG bewegen.“ Da Enteignung und Inhalts- und Schrankenbestimmung sich in einem Alternativitätsverhältnis befinden, muß zunächst geklärt werden, welches Rechtsinstitut tatbestandlich einschlägig ist. Die Frage, ob eine Entschädigungspflicht vorzusehen ist, stellt sich erst im Rahmen der Rechtmäßigkeit der eigentumsrelevanten Maßnahme.

[94] So auch Jarass/Pieroth, *Jarass*, Art. 14 Rdnr. 29.

aa) Fehlen einer Entschädigungsregelung als Indiz der Inhalts- und Schrankenbestimmung?

Aus der formalen Sicht des BVerfG für die Unterscheidung der Legalenteignung und der Inhalts- und Schrankenbestimmung durch Gesetz wird angeführt, daß eine Entschädigung für die Verschlechterung der Rechtsposition des Mobiliarsicherungsgläubigers nicht vorgesehen ist und es sich deswegen von vornherein nur um eine Inhalts- und Schrankenbestimmung handeln könne.[95] Demgegenüber führt die Kommission für Insolvenzrecht jedoch im ersten Bericht ausdrücklich an, daß die Auskehrung des unter Abzug von 25 % Verfahrenskosten vorzunehmenden Veräußerungserlöses einen Ausgleich dafür bieten soll, daß die Rechtsprechung den Mobiliarkredit immer weiter hat sich fortentwickeln lassen und nun beschnitten wird.[96] Auch die übrigen Entwürfe sahen in unterschiedlichen Ausprägungen stets eine anderweitige Bevorzugung der Gläubiger bei Einschnitten in die Aus- und Absonderungsbefugnis vor, etwa daß der Vorbehaltsverkäufer zwar nicht die Sache selbst herausverlangen, so doch als Absonderungsberechtigter Gläubiger am Erlös der Sache beteiligt wird.

Ein finanzieller Ausgleich dafür, daß Aus- und Absonderung dem Gläubiger verwehrt oder eingeschränkt werde soll, ist damit durchaus existent. Zwar umfaßt dieser Betrag nur noch 75 % des Veräußerungserlöses, da der Rest der Masseanreicherung dient, doch hat der Gesetzgeber bei der Gestaltung der Entschädigungshöhe einen weiten Gestaltungsspielraum.[97] Grundsätzlich gilt hier wegen der Ausgleichsfunktion der Enteignungsentschädigung der Grundsatz der Entschädigung nach dem Verkehrswert, jedoch muß der Gesetzgeber nicht mit dem Entschädigungsumfang die volle Restitution im Sinne eines Schadenersatzes festlegen.[98] Genügt die vom Gesetzgeber festgelegte Entschädigung nicht Art. 14 Abs. 3 S. 1 und 2, so ist das Enteignungsgesetz insoweit verfassungswidrig.[99]

Für die Einordnung der Mobiliarsicherheiten bedeutet dies, daß die Gesetzgebungsvorhaben zwar verfassungswidrige Enteignungen darstellen könnten, weil die anderweitige Bevorzugung der Gläubiger nicht den Anforderungen an eine angemessene Entschädigung genügt.

---

[95] Baum, Von der Freiheit des Reformgesetzgebers – Verfassungskonforme Behandlung der Mobiliarsicherheiten im Diskussionsentwurf einer Insolvenzordnung, KTS 1989, S. 553, *S. 565*; Ossenbühl, S. 179.

[96] Erster Bericht der Kommission für Insolvenzrecht, Leitsatz 3.3.2, S. 312.

[97] v. Mangoldt/Klein/Starck, GG, *Depenheuer*, Art. 14 Rdnr. 450.

[98] BVerfGE 24, S. 367, *S. 421*: Deichordnungsurteil: Der Gesetzgeber könne im Rahmen des Enteignungsrechts auch eine unter dem vollen Ersatz liegende Entschädigung bestimmen.;v. Mangoldt/Klein/Starck, GG, *Depenheuer*, Art. 14 Rdnr. 451; BGHZ 57, S. 359, *S. 368f.*; 59, S. 250, *S. 258*.

[99] v. Mangoldt/Klein/Starck, GG, *Depenheuer*, Art. 14 Rdnr. 448.

Von der vermeintlich fehlenden Entschädigungsregelung sogleich die Enteignung auszuschließen, erscheint jedoch nicht gerechtfertigt.

bb) Die Qualifikation der Eingriffsmaßnahme anhand der Eingriffsebenen

aaa) Eingriff auf der Ebene der Sicherheitenbestellung und ihrer Wirksamkeit in der Insolvenz

Fraglich ist zunächst, ob und in welcher Form der Gesetzgeber auf der Ebene der Bestellung der Mobiliarkreditsicherheiten in deren verfassungsrechtlich anzuerkennendes Eigentum eingreift.

Als Einzelmaßnahmen gehören hierhin zunächst der völlige Ausschluß der Haftungsverwirklichung einer Sicherheit in der Insolvenz, wie im historischen Beispiel der Mobiliarhypothek. Aber auch etwa die Einführung eines Schriftformerfordernisses als Wirksamkeitsvoraussetzung der Sicherheit auch in der Insolvenz und gleichgerichtete Maßnahmen, wie die Errichtung eines Sicherheitenregisters, sind hier einzuordnen; gleichfalls das gesetzliche Verbot eines bestimmten Sicherungsmittels schlechthin. Denn diese Maßnahmen führen allesamt dazu, daß dem Sicherungsgläubiger die Verwertbarkeit einer (bestimmten) Sicherheit für den Insolvenzfall ganz entzogen wird oder doch zumindest dann, wenn er den gesetzgeberischen Anforderungen an die Sicherheitenbestellung nicht genügt.

α) Der vollständige Entzug der bevorrechtigten Stellung des Mobiliarkredits

Zu untersuchen ist danach zunächst, ob der vollständige Entzug einer bevorrechtigten Stellung des Mobiliarkreditsicherungsgläubigers eine Inhalt- und Schrankenbestimmung oder aber eine Enteignung im Sinne des Art. 14 Abs. 3 GG darstellt.

Die Rechtsprechung des BVerfG sieht es für die Enteignung als Wesensmerkmal an, „daß das individuelle Zuordnungsverhältnis zwischen Rechtsträger und Sache nicht lediglich dem Inhalt nach geändert, sondern schlechthin beseitigt wird.“[100] Fehlt es an einer solchen Aufhebung des Zuordnungsverhältnisses, so liegt daher eine Inhalts- und Schrankenbestimmung, aber keine Enteignung vor.

Da die Enteignung nicht auf einen Güterbeschaffungsvorgang gerichtet zu sein braucht, sondern der Zweck der Enteignung auch darauf gerichtet sein kann, ein subjektives Recht bloß aufzuheben,[101] genügt es nicht für die Annahme einer Inhalts- und Schrankenbestimmung, daß die Entziehung einer Rechtsposition nicht zu Gunsten des Staates vorgenommen wird. Weiterhin könnte man annehmen, daß

---

[100] Ossenbühl, S. 178 Fn. 65 mit Verweis auf BVerfGE 24, S. 267, *S. 393*; BVerwG NVwZ 1997, S. 887, *S. 889*.

[101] Dreier, *Wieland*, Art. 14 GG Rdnr. 69ff.

eine Enteignung deswegen ausgeschlossen sein kann, weil es sich nicht auf einen Eingriff auf dem Gebiet des öffentlichen Rechts, sondern des Insolvenzgesetzes und damit dem Gebiet des Privatrechts handelt.[102] Doch auch dies ist nach der Rechtsprechung des Bundesverfassungsgerichtes kein Anhalt, da auch die Änderungen urheberrechtlicher Bestimmungen oder Kündigungschutzregelungen, die sich auf Pachtverträge über Kleingärten bezogen haben, anhand des Art. 14 Abs. 3 GG überprüft worden sind, also auch Änderungen der Privatrechtsordnung eine Enteignung darstellen können.[103]

Andererseits ist anerkannt, daß Maßnahmen der Zwangsvollstreckung nach einhelliger Ansicht keine Enteignungen darstellen, weil diese nicht der Erfüllung von Staatsaufgaben dienen, sondern die Interessen privater Gläubiger durchzusetzen verhelfen.[104] Dies könnte insoweit gegen eine Enteignung sprechen, als auch die Gesamtvollstreckung der Gläubigerbefriedigung und damit privatnützigen Interessen dient. Doch erschöpft sich hierin der Zweck des Insolvenzverfahrens und der einzelnen Reformvorschläge gerade nicht. Denn die Vorschläge betonen teilweise ausdrücklich, daß gerade die Masseunzulänglichkeit der Verfahren durch Beschränkungen des Mobiliarkredites vermieden werde und somit der volkswirtschaftliche Schaden, den die Gesamtheit der Wirtschaftssubjekte und damit letztlich gerade die Allgemeinheit zu tragen hat, vermindert wird. Dies dient aber gerade nicht allein der Befriedigung der am Insolvenzverfahren beteiligten Gläubiger, sondern erschwert die Befriedigung gesicherter gegenüber einfacher Insolvenzgläubiger und soll helfen, die Insolvenz insgesamt oder doch die Abweisung schon der Eröffnung des Verfahrens mangels Masse entgegenzuwirken. Auch wird durch die Einengung des Mobiliarkredits anders als wegen des Gewaltmonopols des Staates im Falle der Einzelvollstreckungsmaßnahmen nicht auf das Vermögen des Schuldners zugegriffen, sondern eine Vermögensposition des Gläubigers zurückgedrängt.

Einen weiteren Ansatz könnte man der Statuierung der Entschädigungspflicht des Art. 14 Abs. 3 GG gerade für die Enteignung entnehmen: Hierin bringt der Verfassungsgesetzgeber zum Ausdruck, daß der Inhaber des Eigentums grundsätzlich legitimer Inhaber der Position ist, die ihm nicht ohne Entschädigung genommen werden darf. Bei der Inhalts- und Schrankenbestimmung ist eine solche Pflicht eben gerade nicht vorgesehen und wird lediglich für Ausnahmefälle durch die Rechtsprechung in Gestalt der ausgleichpflichtigen Inhalts- und Schrankenbestimmung zur Verfügung gestellt. Insoweit kann man annehmen, daß der Gesetzgeber mit der Inhalts- und Schrankenbestimmung einen unmittelbaren Ausgleich von privatnützigen und sozialbedeutenden Belangen herbeiführt, um sozialhinderliche

---

[102] Vgl. Häsemeyer, Rz. 1.05; Gerhard, Insolvenzrecht und Bürgerliches Gesetzbuch, AcP 200 (2000), S. 426, *S. 427f.*

[103] Vgl. Dreier, *Wieland*, Art. 14 GG Rdnr. 69ff. m. w. N.

[104] Vgl. Dreier, *Wieland*, Art. 14 GG Rdnr. 75.

private Vermögenswerte zurückzudrängen.[105] Mit der Enteignung nimmt der Gesetzgeber dagegen die Rechtsposition gleichsam „auf dem Weg" zur Erreichung des Gemeinwohlbelangs, sie ist nicht schon das zu erreichende Ziel.[106] Er muß erst über den Zwischenschritt der Enteignung diese dem Gemeinwohlbelang an sich nicht entgegenstehende Position entfernen um sodann in einem weiteren Schritt den angestrebten Zweck zu bewirken.[107] Ohne weitere hoheitliche Zielsetzung neben dem Entzug des Eigentums bleibt die Enteignung damit sinnlos.[108] Gestaltet der Gesetzgeber danach eine Eigentumsposition um und geht mit die dieser Maßnahme eine Ursachenkette einher, die sodann ohne sein erneutes Eingreifen in das angestrebte Fernziel mündet, so fehlt es an der die Enteignung kennzeichnenden gerade nur lockeren Verbindung zwischen eigentumsrelevanter Maßnahme und angestrebtem Zweck und es liegt eine Inhaltsbestimmung, aber keine Enteignung vor.[109] Im Sinne der klassischen Differenzierung läßt sich diese Unterscheidung am ehesten bei der Finalität bzw. Unmittelbarkeit,[110] welche die Enteignung in Abgrenzung zur Inhalts- und Schrankenbestimmung kennzeichnet, verorten.

Danach kann nur das Enteignung sein, was gezielt auf eine Eigentumsposition zugreift bzw. eine nicht nur mittelbare Eigentumsbeschränkung auferlegt.[111]

Mit dem Ausschluß jeglicher Haftungsverwirklichung eines Mobiliarkreditsicherungsmittels im Insolvenzfall wäre dieses seiner maßgeblichen Funktion beraubt, namentlich im ernsthaftesten Fall der Nichteinbringbarkeit der Forderung deren wirtschaftlichen Wert dennoch zu erhalten. Bereits mit dieser Maßnahme setzt der Gesetzgeber allerdings eine Kausalkette in Gang, die ohne weiteres direkt zur Verwirklichung des Ziels der Masseanreicherung zum Wohle der übrigen Gläubiger und der Vermeidung der Abweisung des Antrags auf Eröffnung des Insolvenzverfahrens insgesamt führt. Er muß damit nicht zunächst das Aussonderungsrecht abschaffen, um so den Weg für das eigentliche Ziel freizumachen. Die gesetzgeberische Maßnahme ist damit nicht nur lose mit ihrem Zweck verbunden, sondern das angestrebte Ziel bereits auf diesem Wege erreicht. Für den Mobiliarkredit läßt sich damit grundsätzlich herausstellen: Solange der Gesetzgeber die Rechtsstellung des

---

105 Ähnlich Eschenbach, S. 382 ff., S. 671.

106 Zur Abgrenzung Roller, Enteignung, ausgleichspflichtige Inhaltsbestimmung und salvatorische Klauseln, eine Bestandsaufnahme im Lichte der neuen Judikatur des BVerfG, NJW 2001, S. 1003, *S. 1005;* Eschenbach, Die Enteignung, Jura 1997, S. 519ff.

107 Eschenbach, S. 671.

108 Eschenbach, S. 384.

109 Eschenbach, S. 384, Fn. 1442.

110 Dazu: Maunz/Düring, *Papier*, Art. 14 GG Rdnr. 531ff.; vgl. im Gegensatz zur faktischen Grundrechtsbeeinträchtigung ausführlich Wolf, Die faktische Grundrechtsbeeinträchtigung als Systematisierungsmethode der Begleitfreiheiten nach dem EG-Vertrag, JZ 1994, S. 1151, *S. 1156f.*

111 Jarass/Pieroth, *Jarass*, Art. 14 GG Rdnr. 70ff.; Maunz/Düring, *Papier*, Art. 14 GG Rdnr. 531ff.

gesicherten Gläubigers auf der Ebene der Sicherheitenverwertung lediglich umgestaltet, ohne sie ihm gänzlich auch mit Wirkung für das materielle Recht und auch ohne die Insolvenz zu nehmen, und erreicht er sein Ziel bereits durch eben diese Umgestaltung, so liegt eine Inhalts- und Schrankenbestimmung des Eigentums vor.

Alle Zweifelsfragen sind damit indessen noch nicht ausgeräumt.

Denn auch durch abstrakt generelle Ausgestaltung des Eigentums ohne Güterbeschaffungsvorgang und damit eigentlich Inhaltsbestimmung sind Konstellationen denkbar, in denen ein Gesetz zwar eine generelle Inhaltsbestimmung vornimmt, dadurch aber eine Eigentumsordnung ausgestaltet, die in ihrer Wirkung die Grenze zur Enteignung beinahe durchbricht. Mag dies unter formaler Betrachtung auch keine Enteignung sein, so muß doch das in der Enteignungsregelung des Art. 14 Abs. 3 GG zum Ausdruck gekommene besondere Gewicht des Eigentumsschutzes beachtet werden, auch wenn dies den Entzug der Rechtsposition nicht zwingend verhindert.[112] Wenn im Rahmen einer inhaltsbestimmenden Maßnahme die Grundsätze des Art. 14 Abs. 3 GG zu beachten sind, so ergibt sich, daß ein Eingriff, der sich auf die Betroffenen wie eine Teil- oder Vollenteignung auswirkt, weil das Eigentum völlig entwertet wird, nur unter besonderen Voraussetzungen in Betracht kommt und Entschädigungspflichten auslösen kann.[113] Das bloße Bedürfnis nach Rechtsvereinheitlichung genügt hier regelmäßig nicht.[114] Die Eingriffsschwelle liegt dann bei der Berücksichtigung des Art. 14 Abs. 3 GG regelmäßig höher als bei einer generellen Ausgestaltung des Eigentums.[115] Art. 14 Abs. 3 wird danach mindestens im Rahmen der Verhältnismäßigkeitsprüfung zu beachten sein.

Nach alledem stellt die gänzliche Beseitigung des Aus- oder Absonderungsrechts trotz massiven Eingriffs in eine einfachgesetzlich anerkannte Rechtsposition lediglich eine Inhalts- und Schrankenbestimmung des Eigentums dar. Allerdings kann wegen der Schwere des Eingriffs, welchen die Mobiliarsicherheiten wegen der Wirkungslosigkeit im eigentlichen Sicherungsfall Insolvenz erleiden, der Rechtsgedanke des Art. 14 Abs. 3 GG ergänzend heranzuziehen sein. Dabei handelt es sich auch um ein spezifisches Problem der sonst gelobten Beeinflussung des Sachenrechts gerade durch das Insolvenzgesetz. Wenn der Gesetzgeber reformatorisch die Kreditsicherheiten im BGB regelt, so gestaltet er damit die zivilrechtliche Eigentumsordnung um. Er definiert überhaupt erst, was einfachgesetzliches Eigentum ist und setzt damit jedenfalls eine Inhaltsbestimmung des Eigentums. Nimmt er diesbezügliche Änderungen in der InsO vor, so wechselt die verfassungsrechtliche Perspektive: nicht die Eigentumsordnung wird neu ausgestaltet und der Inhalt dessen, was einfachgesetzlich als Eigentum anerkannt wird, neu gesteckt, denn an der Existenz

---

[112] v. Münch/Kuning, *Bryde*, Art. 14 GG Rdnr. 57f., BVerfGE 83, S. 201, *S. 212f.*

[113] BVerfGE 83, S. 201, *S. 312*; 1002, S. 1, *S. 16.*

[114] BVerfGE 31, S. 275, *S. 292*; 78, S. 58, *S. 75*; 83, S. 201, *S. 213.*

[115] Schmidt-Bleibtreu/Klein, Art. 14 GG Rdnr. 81.

der Sicherungsmittel als Ausschnitt des zivilrechtlichen Eigentums ändert sich nichts. In den verfassungsrechtlichen Fokus gelangt somit dieser grundsätzlich anerkannte Ausschnitt zivilrechtlichen Eigentums. Dies bringt die Schwierigkeit mit sich, daß der Gesetzgeber mit der einen Hand die (subjektive) Rechtsposition Sicherungsmittel einräumt, um sie mit der anderen Hand über die Insolvenzordnung wieder zu nehmen und damit zu entwerten. Nicht die Eigentumsordnung wird dann insoweit umgestaltet, sondern ausgestaltetes und damit geschütztes Eigentum fast völlig entleert. Nähme man den besitzlosen Mobiliarsicherheiten schon im BGB ihre Wirkung, verbliebe kein einfachgesetzliches Eigentum im Sinne des Art. 14 GG, welches im Rahmen der Insolvenzgesetzgebung Verfassungsschutz genießt. Die Ausstrahlungswirkung der Eigentumswertgarantie des Art. 14 Abs. 3 GG macht eine Änderung des Rechts der Kreditsicherheiten über die Insolvenzordnung ungleich diffiziler als eine Änderung im BGB selbst: Hier könnte der Gesetzgeber mit Übergangsregelungen in zeitlicher Hinsicht Abhilfe schaffen, was ihm bei grundsätzlicher Anerkennung der Sicherheiten im BGB und Einschränkung durch die InsO verschlossen bleibt. Ob ein solcher Eingriff allerdings Art. 14 GG auch verletzt oder doch von anerkennenswerten Gemeinwohlbelangen zu rechtfertigen ist, ist Frage der Verhältnismäßigkeit

Auch die gänzliche Abschaffung der Verwertungsbefugnis eines Sicherungsmittels ist damit Inhalts- und Schrankenbestimmung des Eigentums, bei der allerdings der Rechtsgedanke des Art. 14 Abs. 3 GG ergänzend zur Zulässigkeit einer solchen Maßnahme herangezogen werden kann.

β) Schriftformerfordernis und Verbot von Verlängerungs- und Erweiterungsformen; Drittvorbehalt

Der Enteignungscharakter eines Formerfordernisses oder Sicherheitenregisters scheitert schon daran, daß der Gläubiger auch künftig wirksam seine Sicherheit bestellen kann. Denn Art. 14 GG gewährt keinen Anspruch darauf, daß sich die Verfügungsmöglichkeiten auch für die Zukunft nicht ändern.[116] Durch ein Schriftformerfordernis werden hiernach keine Rechtspositionen entzogen, so daß jedenfalls Inhalts- und Schrankenbestimmung vorliegt.

Lediglich in den Fällen, in denen eine Sicherheit im Insolvenzverfahren schlichtweg keine Wirkungen mehr erzielt oder wie im Falle des § 449 n.F. BGB der Drittvorbehalt untersagt wird und in den vergleichbaren Fällen des Verbots von Erweiterungs- und Verlängerungsformen der Sicherheiten,[117] könnte man an einen Entzug des Eigentums denken, wenn es sich hier um einen konkreten Zugriff auf das Ei-

---

[116] Vgl. BVerfGE 58, S. 300, *S. 366*.

[117] Dazu Habersack/Schürnbrand, Der Eigentumsvorbehalt nach der Schuldrechtsreform, JuS 2002, S. 833, *S. 837ff.*; Haas/Medicus/Rolland/Schäfer/Wendtland, Kap. 5 Rdnr. 422.

gentumsrecht handelt. Kennzeichnend für eine hier in Betracht kommende Legalenteignung ist, daß das Gesetz selbst und unmittelbar ohne weiteren Vollzugsakt konkret-individuelle Rechtspositionen entzieht, die durch Art. 14 Abs. 1 S. 1 GG gewährleistet sind.[118] Im Rahmen der Reform eines Rechtsgebiets stellt es nach der Rechtsprechung des BVerfG eine Schrankenbestimmung dar, wenn der Gesetzgeber bestehende Rechte inhaltlich umformt und unter Aufrechterhaltung der bisherigen Zuordnungsverhältnisse neue Befugnisse und Pflichten festlegt; die Eigentumsgarantie soll keine unüberwindliche Schranke für die gesetzgebende Gewalt bilden, wenn sich Reformen als notwendig erweisen.[119] Daraus folgt, daß der Gesetzgeber hier nicht vor der Wahl steht, entweder eine Eigentumsposition zu belassen oder unter den Voraussetzungen des Art. 14 Abs. 3 GG zu enteignen, sondern diese Positionen in Gemäßheit des Art. 14 Abs. 1 GG umgestalten kann.[120] Art. 14 Abs. 3 GG ist in diesen Fällen nicht unmittelbar anwendbar, aber kann das darin zum Ausdruck gekommene Gewicht des Eigentumsschutzes bei der vorzunehmenden Abwägung zu beachten sein, da sich der Eingriff für den Betroffenen wie eine (Teil-)Enteignung ausnimmt.[121]

Die Nichtigkeit des Drittvorbehaltes des § 449 Abs. 3 BGB führt nicht dazu, daß der künftige Vorbehaltsverkäufer seine Rechtsstellung in der Insolvenz nicht mehr zu schützen vermag, sondern erlegt ihm lediglich die Pflicht auf, einen grundsätzlich zulässigen Eigentumsvorbehalt nicht auf Forderungen eines Dritten, insbesondere die verbundenen Unternehmen des Vorbehaltseigentümers, zu erstrecken.[122] Daß ein dennoch vereinbarter Drittvorbehalt im Ganzen und damit auch dinglich nichtig ist,[123] ist Mittel zur Verhinderung solcher Absprachen, da so allenfalls das Eigentum unbedingt an den Vorbehaltskäufer und damit einen privaten Dritten fällt, nicht aber der Entzug einer Eigentumsposition. Der Eigentumsvorbehalt an sich wird dabei nicht angetastet, sondern werden lediglich besondere Anforderungen an die Wirksamkeit einer Bedingung im Sinne des § 156 BGB gestellt, unter der der Vorbehaltskäufer Eigentümer der unter Vorbehalt gelieferten Sache wird.

Die Maßnahmen zur Beschränkung der Wirkungen der Sicherheit für den Insolvenzfall auf dem Gebiet der Insolvenzordnung oder durch § 449 Abs. 3 BGB stellen damit Inhalts- und Schrankenbestimmungen des Eigentums dar.

---

118 BVerfGE 45, S. 297, *S. 325ff.*; 52, S. 1, *S. 27*; 58, S. 300, *S. 331*; 95, S. 1, *S. 21*; 100, S. 226, *S. 240.*

119 BVerfGE 31, S. 275, *S. 285*; vgl. auch 78, S. 58, *S. 75.*

120 BVerfGE 31, S. 275, *S. 285.*

121 BVerfGE 83, S. 201, *S. 211ff.*

122 Brox/Walker, Schuldrecht BT, § 7 Rdnr. 32; Palandt, *Putzo*, § 449 Rdnr. 22.

123 Vgl. Emmerich, § 6 Rdnr. 8; Palandt, *Putzo*, § 449 Rdnr. 22.

χ) Zwischenergebnis

Sowohl der Ausschluß der Haftungsverwirklichung einer Sicherheit in der Insolvenz wie die sonstigen Maßnahmen auf der Ebene der Sicherheitenbestellung und ihrer Wirksamkeit in der Insolvenz stellen Inhalts- und Schrankenbestimmungen des Eigentums dar. Wegen der Schwere der Maßnahme des gänzlichen Ausschlusses der Verwertbarkeit des Sicherungsmittels muß zur Frage der Rechtfertigung des Eingriffs der Rechtsgedanke des Art. 14 Abs. 3 GG ergänzend herangezogen werden.

bbb) Eingriff auf der Verwertungsebene

Weiterhin müßten sich die Maßnahmen auf der Ebene der Sicherheitenverwertung als Eingriffe in das Eigentum einordnen lassen.

α) Die Beseitigung einzelner Aus- und Absonderungsbefugnisse

Zu klären ist weiter, von welcher Qualität diejenigen Einzelmaßnahmen zur Neuregelung der Haftungsverwirklichung in der Insolvenz sind, die der Gesetzgeber im Zuge des Gesetzgebungsverfahrens zunächst vorgeschlagen, dann aber teilweise wieder verworfen hat. Soweit die Entwürfe betont haben, daß der wirtschaftliche Wert der Sicherheit erhalten bleibe, läßt dies, wie gezeigt, die Verfügungsbefugnis des Eigentümers als Bestandteil der Handlungsfreiheit und damit elementare Befugnis im Bereich der Eigentumsordnung außer acht.[124] Denn geschützt durch Art. 14 GG ist auch die Ausübung des Eigentums im Sinne des § 903 BGB.[125]

Besonders deutlich wird dies an der Behandlung des (einfachen) Eigentumsvorbehaltes durch Kommissionsvorschläge, Diskussion- und Referentenentwurf. Dieser durfte bislang den Sicherungsgegenstand, der zur Insolvenzmasse nicht gehörte, herausverlangen und sollte nach den Änderungen nur noch am Erlös dieser Sache beteiligt werden. Damit wäre ihm die Entscheidung über die weitere Verwendung des Gegenstandes – etwa diesen selbst für sich zu verwenden, zu veräußern oder ihn zu vermieten – abgenommen. Einen weiteren Einschnitt stellt es dar, wenn der Insolvenzverwalter an der Stelle des Sicherungsinhabers die Sache verwertet. Denn während ihm grundsätzlich bei der Absonderung zwar die Entscheidung über das „ob" der Verwertung abgenommen ist, so bleibt er doch Herr über die Verwertung selbst und damit ein Mehr an der Verfügungsbefugnis über den Gegenstand erhalten. Faßt man dieses unter die drei Kriterien der Enteignung, daß diese *konkret* und *individuell* Eigentum *entzieht*,[126] so könnte man lediglich an eine Teillegalenteignung

---

[124] Vgl. für Veräußerungsbeschränkungen BVerfGE 26, S. 215, *S. 222*; 50, S. 290, *S. 340*.

[125] Pieroth/Schlink, Rdnr. 981.

[126] Pieroth/Schlink, Rdnr. 922.

denken. Dann aber müßte es sich nach der allgemeinen Auffassung zur Teilenteignung bei dem Wechsel der Art der Sicherheitenverwertung um einen rechtlich verselbständigten, konturierten Bestandteil des Vollrechts handeln.[127] Fehlt es danach an der Auflösung des individuellen Zuordnungsverhältnisses, sondern wird dieses lediglich inhaltlich durch Umgestaltung des Nutzungs- und Verfügungsrechts verändert, liegt jedenfalls eine inhaltsbestimmende Maßnahme vor.[128]

Wandelt der Gesetzgeber eine bisherige Befugnis zur Aussonderung in ein Recht auf abgesonderte Befriedigung, dann schränkt er damit die Verfügungsbefugnis des Gläubigers ein, indem dieser auf die eigene oder fremde Verwertung der Sicherheit durch Veräußerung mit anschließender Erlösbeteiligung statt Sacherlangung verwiesen wird. Gleiches gilt, wenn er statt der Gewährung abgesonderter Befriedigung lediglich eine andere wertmäßige Bevorrechtigung gegenüber anderen Gläubigern ermöglicht. So lange er lediglich in die Verfügungsbefugnis über den Gegenstand eingreift, kommt daher auch eine entsprechende Heranziehung von Art. 14 Abs. 3 GG nicht in Betracht. Dafür spricht auch, daß sich die Verfügungsbefugnis bei der Sicherheitenbestellung nicht sinnvoll von der Sicherheit selbst separieren läßt, diese damit keine eigenständig enteignungsfähige Rechtsposition darstellt und es an der notwendigen Konturierung fehlt.

β) Ergebnis

Die Umwandlung einzelner Maßnahmen der Sicherheitenverwertung ohne vollständige Entziehung der Verwertungsbefugnis stellt damit jedenfalls eine Inhalts- und Schrankenbestimmung dar.

ccc) Kostentragungspflichten durch Ausübung der Sicherheiten

Als letztes fragt sich schließlich, wie Maßnahmen auf Kostenbeitragsebene, also insbesondere Verfahrensbeiträge und steuerliche Belastungen, die dadurch entstehen, daß die Sicherheiten herausverlangt, respektive verwertet werden, einzuordnen sind. Als eine wirkliche Neuerung neben der Verwertungshoheit des Insolvenzverwalters gegenüber der Konkursordnung konnte sich der Vorschlag, zumindest einen Kostenbeitrag von den zur abgesonderten Befriedigung berechtigten Gläubigern zu erheben, behaupten und wurde nicht – wie die generelle Beteiligung gesicherter Gläubiger am Insolvenzverfahren – durch lediglich beteiligungsmäßige Besserstellung und Ausschluß der Aussonderung des Eigentumsvorbehaltes im Zuge des Gesetzgebungsverfahrens zurückgenommen.

---

[127] Ossenbühl, S. 178 Fn. 65.

[128] Vgl. Ossenbühl, S. 178 Fn. 65.

Niedergelegt ist der Kostenbeitrag in § 171 InsO, der die Verlängerungs- und Erweiterungsformen des Eigentumsvorbehaltes, die Sicherungsübereignung und die Sicherungsabtretung - also nur nicht den einfachen Eigentumsvorbehalt - erfaßt.[129]

Festzuhalten ist zunächst, daß die Auferlegung einer allgemeinen Geldleistungspflicht, wie beispielsweise eine Abgabe, von vornherein nicht dem Schutz des Art. 14 GG unterfällt, da die Vorschrift keinen allgemeinen Vermögensschutz bezweckt.[130] Dies gilt allerdings nur für die echte Geldzahlungsschuld, bei welcher kein Eingriff in das Eigentum des Bürgers an bestimmten Geldscheinen oder -stücken erfolgt.[131] Der Kostenbeitrag der §§ 170, 171 InsO erfaßt allerdings nicht eine solche von dem Sicherungsmittel unabhängige Schuld, sondern „sind aus dem Verwertungserlös die Kosten der Feststellung und der Verwertung des Gegenstands vorweg für die Insolvenzmasse zu entnehmen", § 170 Abs. 1 InsO. Die Kostentragung setzt sich also an dem Wert der Sicherheit, welcher im Falle der Absonderung an die Stelle der Sachsubstanz als deren Substrat tritt, fort. Pflichten, die eine Geldleistungspflicht aussprechen und gerade an die Innehabung und Nutzung des Eigentums anknüpfen, sind allerdings sehr wohl relevant im Sinne des Art. 14 Abs. 1 GG.[132]

Trotz der Relevanz einer solchen Kostentragungspflicht fehlen jedoch im Falle der Kostenbelastung des Mobiliarsicherungsgläubigers die Kriterien für die Enteignung völlig. Es liegt kein abtrennbarer „eigentumsschutzfähiger" konturierter Teilbereich vor, sondern betrifft die Kostenlast die Sicherheit insgesamt. Auch wird keine Vermögensposition entzogen, noch eine konkrete Maßnahme gegen den Sicherungsinhaber gefällt.[133]

---

[129] Wimmer KO, *Joneleit/Imberger*, § 51 Rdnr. 5ff.

[130] Vgl. BVerfGE 75, S. 108, *S. 154*; 81, S. 108, *S. 122*; 91, S. 207, *S. 220*; BGHZ 83, S. 190, *S. 194*.

[131] Maunz/Düring, *Papier*, Art. 14 Rdnr. 541.

[132] Vgl. Maunz/Düring, *Papier*, Art. 14 Rdnr. 170.

[133] An den Entzug einer Eigentumsposition könnte man allenfalls bei der Verwertung der Sicherheit durch Versteigerung denken, wenn insoweit die Rechtsinhaberschaft an der Forderung oder die Inhaberschaft an einer Anwartschaft entfällt. Daß auch dies allerdings keine Enteignungen sein können, läßt sich anhand des Vergleiches zur Einzelzwangsvollstreckung nachvollziehen: Hier ist anerkannt, daß Maßnahmen der Einzelvollstreckung keine Enteignungen sind, weil sie nicht den staatlichen Zugriff auf das Eigentum darstellen, sondern nur das staatliche Gewaltmonopol bewahren und den Zugriff zugunsten der Vollstreckunggläubiger vornehmen (vgl. Dreier, *Wieland*, Art. 14 GG Rdnr. 75).

Entsprechendes gilt, wenn der Insolvenzverwalter Zugriff auf die Sicherheiten nimmt: Nach dem Zusammenbruch des Schuldnervermögens ist der Staat umsomehr gehalten, wegen seines Gewaltmonopoles die Gläubigerbefriedigung durch staatlichen Zugriff sicherzustellen, um eine Auskehr an diese soweit wie möglich zu erzielen. Damit fehlt es indessen wieder an einem staatli-

Die Auferlegung eines Kostenbeitrages stellt als eigentumsrelevante Maßnahme jedenfalls eine Inhalts- und Schrankenbestimmung dar.

b) Zusammenfassung und Zwischenergebnis

Die nach Eingriffsebenen aufgegliederten Maßnahmen der Änderungen des Rechts der Kreditsicherheiten über die Insolvenzordnung in Gestalt von Eingriffen auf der Ebene der Sicherheitenbestellung, der Ausübung des Sicherungsmittels und der Kostentragungsebene sind allesamt eigentumsrelevant im Sinne des Art. 14 GG und stellen Inhalts- und Schrankenbestimmungen des Eigentums nach Art. 14 Abs. 1 GG dar. Insoweit erscheint es schon ein wenig erstaunlich, daß sich während des Gestzgebungsverfahrens und im Zuge dessen Vorbereitung die zuständigen Stellen dieses Problems nicht dezidiert angenommen haben. Denn Verstöße hier wiegen schwer: Art. 14 Abs. 1 GG ist ein elementares Grundrecht, welches in engem Zusammenhang mit der Garantie der persönlichen Freiheit steht und das materielle Korrelat zur individuellen Freiheitsgarantie des Grundgesetzes bildet.[134]

In diesem Zusammenhang herauszustellen ist schon hier, daß Art. 14 GG in diesem Zusammenhang Grenzen erkennen läßt, die der Gesetzgeber nur schwerlich im Zuge einer neuerlichen Insolvenzrechtsreform wird überwinden können. Bei der Abschaffung der Aus- und Absonderungsbefugnis eines anerkannten Kreditsicherungsmittels stellt sich das Problem einer totalen Entleerung des Sicherungsrechts, die zu einer Berücksichtigung des in Art. 14 Abs. 3 GG niedergelegten Grundsatzes der Eigentumswertgarantie führen muß.

Diese Totalentleerung ist auch gerade ein Problem der Reform des Kreditsicherungsrechts über die Insolvenzordnung, denn der Bezugspunkt des Eigentumsschutzes bei den Regeln über die Stellung der Sicherheiten in der Insolvenzordnung sind diese Sicherheiten als zivilrechtlich anerkanntes Eigentum und nicht das Eigentum insgesamt. Nähme der Gesetzgeber solcherlei Änderungen im materiellen Recht der Kreditsicherheiten und damit am BGB selbst vor, so stellte sich dieses Problem nicht in gleicher Schärfe, denn dann handelte es sich um eine Neugestaltung des zivilrechtlichen Eigentumsbegriffs, welcher Mobiliarsicherheiten nicht mehr umfaßt und damit um eine Inhalts- und Schrankenbestimmung nach Art. 14 Abs. 1 S. 1 GG und nicht um die nahezu vollständige Aushöhlung des Rechtsinstitutes eines Kreditsicherungsmittels, was die zwingende Berücksichtigung des

---

chen Zugriff als Voraussetzung der Enteignung, der Staat stellt den Zugriff der Gläubiger im Interesse eines gerechten Verfahrens lediglich sicher.

[134] Maunz/Düring, *Papier*, Art. 14 GG Rdnr. 1: BVerfGE 24, S. 367, *S. 389*; 30, 292, *S. 334*; 31, S. 229, *S. 239*; 50, S. 290, *S. 339*; 97, S. 350, *S. 370f.*; 100, S. 226, *S. 241*.

Rechtsgedankens der Enteignung nach Art. 14 Abs. 3 GG nach sich zieht.[135] Oder anders ausgedrückt: Bei einer Regelung durch ein Insolvenzgesetz verengt sich der verfassungsrechtliche Fokus auf die Regelungsmaterie Kreditsicherungsmittel, nicht auf das zivilrechtliche Eigentum. Auch ohne schon die Frage nach einer Zulässigkeit einer Totalentleerung durch die Insolvenzordnung beantworten zu können, läßt sich bereits hier herausstellen, daß die verfassungsrechtlichen Anforderungen durch die aufgezeigten Besonderheiten bei einer Regelung hier weit höher liegen als im Bürgerlichen Gesetzbuch. Diese Tatsache wird der Gesetzgeber zu berücksichtigen haben, wenn zum nächsten Male die Entscheidung ansteht, ob die besitzlosen Kreditsicherungsmittel zurückzudrängen seien. Um Art. 1 Abs. 3 GG gerecht zu werden, ist anzuraten, solche Regelungen im materiellen Kontext der Sicherheit selbst und damit im Bürgerlichen Gesetzbuch vorzunehmen. Erstrebenswert wäre dies schon im Sinne einer anzustrebenden Systemgerechtigkeit.[136]

5. Verfassungsrechtliche Rechtfertigung

Nachdem herausgearbeitet werden konnte, daß es sich bei den Eingriffen durch gesetzgeberische Maßnahmen allesamt um Inhalts- und Schrankenbestimmungen des Eigentums handelt, stellt sich nun die Frage, ob diese Inhalts- und Schrankenbestimmungen verfassungsrechtlich zu rechtfertigen sind. Auch wenn Art. 14 Abs. 1 S. 1 GG im Unterschied zu anderen Grundrechtsartikeln nicht ausdrücklich von Schranken aufgrund eines Gesetzes begrenzt ist, ist doch anerkannt, daß auch hier die überkommenen Regeln der Einschränkung einer grundrechtlich geschützten Rechtsposition Anwendung finden.[137]

Geschützt wird durch Art. 14 GG als Substanzeigentum zunächst der konkrete Bestand an Eigentumsgütern in der Hand des Eigentümers, nicht nur der Wert dieser Güter.[138] Überdies vermittelt der Eigentumsschutz in erster Linie das Eigentum in seiner Substanz. Die Verfügungsbefugnis darf danach eingeschränkt, der Kern des Eigentumsrechts indessen nicht angetastet werden.[139] Der Gesetzgeber hat die durch Art. 14 Abs. 1 und Art. 14 Abs. 2 GG gesetzten Grenzen, die ihm im Rahmen seiner grundsätzlichen Gestaltungsfreiheit bei dem Erlaß von Inhalts- und Schrankenbestimmungen, welche auf die Normierung objektiv-rechtlicher Vorschriften für die Zukunft in allgemeiner Form gerichtet sind, stets zu beachten.[140]

---

[135] Im Ergebnis auch für eine Reform im Rahmen des BGB: Soergel, *Habersack*, Vor § 1204 BGB Rdnr. 18; vgl. auch Schoch, Rechtliche Konsequenzen der neuen Eigentumsdogmatik, S. 655, *S. 661f.*

[136] Zur Problematik dieser Argumentationsfigur allerdings ausführlich Peine, S. 102ff.

[137] Vgl. Pieroth/Schlink Rdnr. 928.

[138] BVerfGE 24, S. 367, *S. 389*; 38, S. 175, *S. 181*; 74, S. 264, *S. 281.*

[139] Ossenbühl, S. 152.

[140] BVerfGE 8, S. 71, *S. 80*; 52, S. 1, *S. 27*; 58, S. 137, *S. 144f.*; 72, S. 66, *S. 76*; 95, S. 48, *S. 58.*

Davon zu unterscheiden ist die Frage, ob mit einer solchen Regelung auch ein Eingriff in eine subjektive Rechtsposition verbunden ist, die einen entsprechenden Abwehranspruch des Betroffenen auslöst.[141] Zunächst gilt der allgemeine Grundsatz der Verhältnismäßigkeit, der wegen der Sozialbindungsklausel des Art. 14 Abs. 2 GG allerdings von besonderer Struktur ist.[142] Die Verhältnismäßigkeit einer angestrebten Maßnahme muß einen Ausgleich schaffen zwischen dem Gebot, die in Art. 14 Abs. 1 GG manifestierte Freiheit nicht unverhältnismäßig zu verkürzen, andererseits aber die Sozialbindung nicht mehr als verhältnismäßig zu vernachlässigen und schafft die Verpflichtung, „beiden Elementen des im Grundgesetz angelegten Verhältnisses von verfassungsrechtlich garantierter Rechtstellung und dem Gebot einer sozialgerechten Eigentumsordnung in gleicher Weise Rechnung (zu) tragen; ... ."[143] Bei der Frage nach der Verfassungsmäßigkeit einer Inhalts- und Schrankenbestimmung ist erforderlich, daß es sich um ein Parlamentsgesetz handeln muß, wenn wesentliche Eigentumsregelungen durch Gesetz getroffen werden,[144] was jedoch im Falle der Insolvenzordnung unproblematisch gegeben ist. Weiterhin muß die Inhalts- und Schrankenbestimmung dem Grundsatz der Verhältnismäßigkeit genüge tun und zur Erreichung eines legitimen Zwecks geeignet und erforderlich sein.[145] Zudem muß der Eigenart des vermögenswerten Gutes oder Rechts und dessen Bedeutung für den Eigentümer Rechnung getragen werden.[146] Eine letzte Grenze zieht die Institutsgarantie als Schranken-Schranke einer ansonsten verfassungsrechtlich gerechtfertigten Inhalts- und Schrankenbestimmung, die auch verhindert, daß der Gesetzgeber mittels Eigentumsdefinition einen Grundbestand von Normen zu umgehen versucht und ein Rechtsinstitut in einer Weise ausformt, die den Namen Eigentum nicht mehr verdient.[147] Als grundlegende Werteentscheidung des Grundgesetzes zugunsten der Privatnützigkeit des Eigentums wird damit verhindert, daß Sachwerte, die zum elementaren Bestand grundrechtlich

---

[141] *Grochtmann*, S. 277ff. verneint dies im Rahmen einer Inhalts- und Schrankenbestimmung für die Ausgestaltung einer Rechtsposition für die Zukunft, da die Beeinträchtigung eines subjektiven Eigentumsrechts Voraussetzung für die Annahme des Eingriffscharakters einer Inhalts- und Schrankenbestimmung sei. Dies erscheint im Hinblick auf die Verfügungsbefugnis problematisch. Denn diese wird durch eine Inhalts- und Schrankenbestimmung regelmäßig schon für jedenfalls bestehende Rechtspositionen eingeschränkt werden. Vor diesem Hintergrund scheidet ein Eingriff damit nur für Inhalts- und Schrankenbestimmungen aus, die gänzlich „neues" Eigentum definieren, ohne auf bestehende Positionen einzugehen. Und dies dürfte nur selten der Fall sein. Da aber eine verfassungsrechtliche Prüfung jedenfalls zu erfolgen hat, auch wenn kein Eingriff vorliegen sollte, braucht dieser Ansicht hier nicht weiter nachgegangen zu werden.

[142] Zur Entwicklung Rudolph, S. 10 ff; Pieroth/Schlink Rdnr. 929.

[143] BVerfGE 79, S. 174, *S. 198.*

[144] Vgl. Pieroth/Schlink Rdnr. 957.

[145] Vgl. Pieroth/Schlink Rdnr. 957.

[146] Vgl. Pieroth/Schlink Rdnr. 957.

[147] Vgl. Pieroth/Schlink Rdnr. 953.

geschützter Betätigung im vermögensrechtlichen Bereich gehören, entzogen werden können.[148]

Neben der Wahrung der formellen Anforderungen an ein das Grundrecht einschränkendes Gesetz müssen die Inhalts- und Schrankenbestimmungen zur Neuregelung der Haftungsverwirklichung in der Insolvenz danach zur Erreichung eines legitimen Zwecks geeignet, erforderlich und verhältnismäßig im engeren Sinne sein und dürfen nicht die Institutsgarantie des Art. 14 GG verletzen.

a) Kompetenz- und verfahrensgemäßes Gesetzgebungsverfahren

Nach Art. 74 Abs. 1 Nr. 1 GG steht dem Bund die konkurrierende Gesetzgebung für das bürgerliche Recht, das Strafrecht und den Strafvollzug, die Gerichtsverfassung, das gerichtliche Verfahren, die Rechtsanwaltschaft, das Notariat und die Rechtsberatung zu. Eine ausdrückliche Zuweisung auch für das Insolvenzrecht fehlt indessen. Der Begriff des bürgerlichen Rechts ist, geprägt durch das Verständnis nach der Weimarer Reichsverfassung, allerdings weit zu verstehen und umfaßt nicht nur das Bürgerliche Gesetzbuch und dessen Nebengesetze, sondern in umfassenderem Sinne die Rechtsbeziehungen Privater zueinander.[149] Da ein Insolvenzgesetz grundsätzlich dem Privatrecht zuzurechnen ist,[150] folgt aus Art. 74 Abs. 1 Nr. 1 GG auch die Bundeskompetenz für diese Rechtsmaterie.[151] Die prozessuale Komponente der verfahrensmäßigen Umsetzungen einer Regelung auf dem Gebiet des bürgerlichen Rechts fußt im dritten Bereich des Art. 74 Abs. 1 Nr. 1 GG. Selbst wenn eine Maßnahme nach der Insolvenzordnung eine Enteignung darstellte, wäre dies kompetenzmäßig von Art. 74 Abs. 1 Nr. 14 GG gedeckt. Soweit global wirtschaftslenkender Einfluß durch Verknappung von Kreditmitteln vom Gesetzgeber beabsichtigt ist, kommt überdies eine Kompetenz aus Art. 74 Abs. 1 Nr. 10 GG in Betracht.

Überschneidungen im Rahmen der Gesetzgebungskompetenz bereiten nur dort Probleme, wo der Bund entweder keine oder eine andersartige Gesetzgebungskompetenz besitzt (Rahmenkompetenz, ausschließliche Gesetzgebungskompetenz).[152] Da für ein Insolvenzgesetz sämtliche Kompetenzrahmen dem Art. 74 GG und damit der konkurrierenden Gesetzgebung zugeordnet werden können, kann von einer Gesetzgebungskompetenz des Bundes ausgegangen werden. Ein ordnungsgemäßes Gesetzgebungsverfahren ist zu unterstellen.

---

[148] BVerfGE 24, S. 367, *S. 389.*

[149] Vgl. Maunz/Düring, *Maunz*, Art. 74 Rdnr. 53ff.

[150] Vgl. Häsemeyer, Rz. 1.05.

[151] So für das Insolvenzrecht ausdrücklich BVerwGE 108, S. 269, *S. 271.*

[152] Vgl. Maunz/Düring, *Maunz*, Art. 74 Rdnr. 149.

b) Grundsatz der Verhältnismäßigkeit

Die gesetzgeberischen Maßnahmen müßten sich am Grundsatz der Verhältnismäßigkeit genügen.

Die Verhältnismäßigkeitsprüfung nach Art. 14 GG weist allerdings einige Besonderheiten auf. Denn anders als im Rahmen anderer insoweit unverrückbarer Rechtsposition wie Meinungsäußerungsfreiheit, Recht auf Leben und körperliche Unversehrtheit, Wissenschaftsfreiheit usf. steht hier die grundrechtlich geschützte Position ihrerseits zur Disposition des Gesetzgebers. Dieser ist nach Art. 14 Abs. 1 S. 2 GG selbst dazu berufen, den Inhalt des Eigentums überhaupt erst zu bestimmen. Dies führt jedoch nach allgemeiner Meinung nicht dazu, daß der Gesetzgeber in seiner Gestaltungsfreiheit nicht dem Grundsatz der Verhältnismäßigkeit unterworfen ist,[153] sondern es ist lediglich streitig, was den Anknüpfungspunkt für die Verhältnismäßigkeitsprüfung bildet. In Anlehnung an die sonstigen Grundrechte müßte zur Prüfung der Verhältnismäßigkeit von einem feststehenden Eigentumsbegriff im Sinne des § 903 BGB ausgegangen und jede Einschränkung sodann auf ihre Erforderlichkeit, Geeignetheit und Angemessenheit (bzw. Verhältnismäßigkeit im engeren Sinne) untersucht werden.[154] Dann aber müßte von einem feststehenden Eigentumsbegriff ausgegangen werden, den es wegen der Gestaltungsfreiheit des Gesetzgebers aus Art. 14 Abs. 1 GG eigentlich nicht geben kann.[155] Da auch das Bundesverfassungsgericht regelmäßig eine Verhältnismäßigkeitsprüfung vornimmt,[156] die sich an bestehenden Eigentümerbefugnissen orientiert, wird teilweise gefolgert, daß dann doch von einem zivilrechtlich gefestigten Eigentumsbegriff ausgehen müßte.[157] Teilweise wird auf allgemeine Lehren rechtsstaatlicher Eingriffsschranken zurückgegriffen, um so eine widersprüchliche Argumentation von verfassungsrechtlich zur Disposition stehendem Eigentumsbegriff einerseits und allgemeiner Verhältnismäßigkeitsprüfung des Eingriffs mit einfachgesetzlich umrissenem Eigentumsbegriff andererseits zu vermeiden.[158]

Eine Definition des Begriffes „Eigentum" ist indessen nicht einmal dem Bürgerlichen Gesetzbuch zu entnehmen. § 903 BGB definiert nicht den Eigentumsbegriff, sondern will hauptsächlich den Inhalt der dem Eigentümer zustehenden Befugnisse festlegen.[159] Eigentum nach bürgerlich-rechtlichem Verständnis ist das Vollrecht an

---

[153] Vgl. v. Münch, *Bryde*, Art. 14 GG Rdnr. 63; Maunz/Düring, *Papier*, Art. 14 Rdnr. 38.

[154] Vgl. v. Münch, *Bryde*, Art. 14 GG Rdnr. 63.

[155] Alternativkommentar, *Rittstieg*, Art. 14 Rdnr. 167; Schoch, Rechtliche Konsequenzen der neuen Eigentumsdogmatik, Festschrift für Boujong, *S. 655, S. 657f.*

[156] Vgl. BVerfGE 95, S. 64, *S. 84*; 100, S. 226, *S. 240*; 101, S. 54, *S. 75*; 101, S. 239, *S. 259.*

[157] Maunz/Düring, *Papier*, Art. 14 Rdnr. 38; v. Münch, *Bryde*, Art. 14 GG Rdnr. 63.

[158] Maunz/Düring, *Papier*, Art. 14 GG Rdnr. 38f.

[159] Palandt, *Bassenge*, Überbl. v. § 903 Rdnr. 1 unter Verweis auf Motive III, S. 262; Staudinger, *Seiler*, Vorbem zu §§ 903ff. BGB, Rdnr. 6.

einer Sache; einzelne Befugnisse lassen sich nicht als Eigentumsrechte auf verschiedene Personen übertragen, die Abspaltung in Form von Teilberechtigungen läßt sich nur in Form der beschränkten dinglichen Rechte realisieren.[160]

Das Bundesverfassungsgericht geht hingegen von einem Eigentumsbegriff aus, der unmittelbar aus der Verfassung selbst entnommen werden muß.[161] Allerdings liegt eben aufgrund des Umstandes, daß das BVerfG ohne nähere Auseinandersetzung die Verhältnismäßigkeit einer eigentumsrelevanten Maßnahme prüft, der Verdacht nahe, daß sich dessen Rechtsprechung wieder vermehrt am Eigentumsbegriff des BGB orientiert.[162]

In Anlehnung an den Ansatz, daß jedenfalls von Art. 14 GG geschützt werden muß, was durch die Zivilrechtsordnung als Eigentum anerkannt ist,[163] kann das jeweils geltende Recht den Ausgangspunkt für die Prüfung der Verfassungsmäßigkeit der sich ändernden Rechtslage bilden, denn der Gesetzgeber hat bereits mit der Schaffung der alten Rechtslage institutionelle Strukturen geschaffen, die er bei einer Neugestaltung berücksichtigen muß.[164] Diese Betrachtung eignet sich für eine Modifikation des Rechts der Kreditsicherheiten durch ein Insolvenzgesetz in besonderem Maße. Durch das Bürgerliche Gesetzbuch wird unter Berücksichtigung der Rechtsentwicklung der Rahmen für die Bestellung und Wirksamkeit der einzelnen Sicherheiten geschaffen, den das Insolvenzgesetz auf der anderen Seite wieder zurücknehmen muß, will es den Mobiliarkredit beschneiden. Den institutionellen Rahmen bildet das BGB mit etwa den §§ 158, 455, 929, 930, 868 BGB in richterrechtlich fortgebildeter, inzwischen gewohnheitsrechtlicher Ausprägung, den Eingriff in selbigen die Regelungen über Bestellung, Ausübung und Kostentragungspflichten der Sicherheiten. Vor diesem Hintergrund muß die Beschränkung durch die InsO verhältnismäßig sein.

Danach braucht an dieser Stelle nicht abschließend darüber entschieden zu werden, ob die Kritik an dem sogenannten verfassungsrechtlichen Eigentumsbegriff des BVerfG, und läßt er sich letztlich doch wieder auf den zivilrechtlichen Eigentumsbegriff des BGB zurückführen, berechtigt ist. Denn der institutionelle Rahmen besteht in Gestalt des BGB nach wie vor; durch die Änderungen war ja gerade nicht beabsichtigt, schon in die Anforderungen an die Sicherheitenbestellung im Bürgerlichen Gesetzbuch selbst einzugreifen. Rein verfassungsrechtliches und auf zivil-

---

160 Staudinger, *Seiler*, Vorbem. zu § 903ff. BGB Rdnr. 2, 6.

161 Vgl. Staudinger, *Seiler*, Vorbem. zu §§ 903ff. BGB, Rdnr. 29.

162 Maunz/Düring, *Papier*, Art. 14 GG Rdnr. 38f.; v. Münch, *Bryde*, Art. 14 GG Rdnr. 63; Dreier, *Wieland*, Art. 14 GG Rdnr. 119. Vgl. zur Kritik an der Rechtsprechung des BVerfG zum Eigentumsbegriff Baur, „Die Naßauskiesung – oder wohin treibt der Eigentumsschutz?“, NJW 1982, S. 1734-1736; Baur/Stürner, Sachenrecht, § 24 III, 1, Rdnr. 9ff.

163 Pieroth/Schlink, Rdnr. 901.

164 So auch v. Münch, *Bryde*, Art. 14 GG Rdnr. 63a.

rechtliche Erwägungen gestütztes Eigentum wären daher im Falle der Neugestaltung des Rechts der Mobiliarkreditsicherheiten deckungsgleich.

aa) Legitimer Zweck

Die Einschränkungen betreffend den Mobiliarkredit müßten zunächst einen legitimen Zweck verfolgen. Es ist zu verlangen, daß es einen verfassungslegitimen Grund für den gesetzgeberischen Eingriff gibt.[165] Der verfolgte Zweck als solcher muß vom Staat auch tatsächlich verfolgt werden dürfen.[166]

Propagiertes Ziel der Vorschläge der Kommission für Insolvenzrecht war insbesondere die Steigerung der Effektivität des nach Meinung der Kommission nahezu funktionsunfähigen Systems von Konkurs- und Vergleichsordnung.[167] Die gerechte Verteilung des Vermögens des Schuldners sollte wieder gewährleistet, dingliche Gläubiger zu diesem Zweck eingebunden, volkswirtschaftliche Schäden vermieden und soziale Aspekte wie Arbeitsplatzsicherung in der Reform verwirklicht werden.[168] Auch der Diskussionsentwurf geht von diesen Zielvorgaben aus und betont noch einmal den Gesichtspunkt der Unternehmenssanierung.[169] Trotz teilweise einschneidender inhaltlicher Änderungen blieb die Zielsetzung auch im Rahmen des Referentenentwurfs und schließlich in dem Regierungsentwurf zur Insolvenzordnung weitgehend gleich, was sich entsprechend im Text der jeweiligen Einführungen zu den Entwürfen niederschlägt.

Ein funktionstüchtiges Insolvenzverfahren auszugestalten, welches eine höhere Verteilungsgerechtigkeit schafft und die Unternehmensfortführung durch Sanierung gegenüber dem status quo nach Vergleichs- und Konkursordnung verbessert, stellt zweifelsohne einen legitimen, gar erstrebenswerten Zweck gesetzgeberischen Handelns dar. Als Ausprägung des Sozialstaatsprinzips des Art. 20 I GG ist die Schaffung sozialer Gerechtigkeit Verfassungspostulat und der Staat verpflichtet, die Verhältnisse insbesondere auf dem Gebiet der Wirtschaft gestaltend zu ordnen.[170] Diesbezügliche Änderungen eines Insolvenzgesetzes stellen mithin einen gesetzeslegitimen Zweck dar.

Weiteres Ziel ist die Überwindung der Massearmut der bisherigen Konkursverfahren. Hier kann man hinterfragen, inwieweit der Gesetzgeber damit billigenswerte Ziele zu Gunsten der Allgemeinheit verfolgt, da nicht ohne weiteres ersichtlich ist,

---

[165] Maunz/Düring, *Papier*, Art. 14 GG Rdnr. 315.

[166] Pieroth/Schlink, Rdnr. 279.

[167] Erster Bericht der Kommission für Insolvenzrecht, S. 3.

[168] Erster Bericht der Kommission für Insolvenzrecht, S. 3f.

[169] Diskussionsentwurf, S. A1, S. A5ff.

[170] Vgl. BVerfGE 5, S. 85, *S. 198*; 13, S. 230, *S. 233*; 22, S. 180, *S. 204*; Alternativkommentar GG, Art. 20 Abs. 1 - 3 IV Rdnr. 23

wie damit Gemeinwohlbelange gefördert werden können.[171] Allerdings ist der Gestaltungsspielraum des Gesetzgebers hier grundsätzlich weit[172] und gehört die Frage, inwieweit durch eine Maßnahme soziale Belange zu Lasten des Grundrechtsschutzes aufgewertet werden können und dürfen, zur Frage der Verhältnismäßigkeit des relevanten Eingriffs.

Die Zwecklegitimierung ist gegeben.

bb) Geeignetheit

Die Maßnahmen müßten auch geeignet sein, das gesetzgeberische Ziel zu erreichen.

Der Zustand, den der Staat durch den Eingriff zu schaffen sucht, und der Zustand, in dem der verfolgte Zweck als verwirklicht zu betrachten ist, ist nur dann verhältnismäßig im Sinne einer Geeignetheit, wenn beide in einem durch bewährte Hypothesen über die Wirklichkeit vermittelten förderlichen Zusammenhang stehen.[173] Nicht erforderlich ist, daß der erhoffte Erfolg auch tatsächlich in jedem Einzelfall eintritt; es genügt schon die abstrakte Möglichkeit des Erfolgseintritts.[174] Als Teilaspekt des Wirtschaftsrechts kann man gesicherte Kredite als Teilmarkt eines hypothetischen Gesamtmarktes „Kreditmarkt" begreifen.[175] Die reformatorischen Ansätze wegen der Aushöhlung der Konkursmasse stellen sich danach als Abhilfemaßnahmen wegen der Unzufriedenheit mit diesem Teilmarkt dar.[176] In der Vielzahl möglicher Abhilfemaßnahmen lassen sich zwei grundsätzliche Aktivitäten kanalisieren. Einerseits kann der nicht befriedigend funktionierende Markt durch wirtschaftslenkende Aktivitäten reguliert und im Extremfall zugunsten teilweise staatlicher Wirtschaftstätigkeit partiell verdrängt werden.[177] Ein gegensätzlicher Regelungstypus verfolgt hingegen das Ziel, die Randbedingungen für das Funktionieren der Vorgänge am Markt durch wettbewerbspolitische Maßnahmen zu deregulieren und damit zu verbessern.[178]

Danach kann das Kreditsicherungsrecht in zwei Richtungen beeinflußt werden: Entweder erschwert staatliches Handeln die Bestellung der Sicherheiten oder ihre

---

[171] Dazu Seuffert, Verfassungsrechtliche Fragen zu den Reformvorschlägen der Kommission für Insolvenzrecht, ZIP 1986, S. 1157, *S. 1158.*

[172] Vgl. Pieroth/Schlink, Rdnr. 280.

[173] Pieroth/Schlink Rdnr. 283.

[174] Vgl. BVerfGE 67, S. 157, *S. 175*; 95, S. 173, *S. 185*; 47, S. 109, *S. 119*; 81, S. 156, *S. 192.*

[175] Vgl. Dorndorf, S. 17.

[176] Dorndorf, S. 17.

[177] Dorndorf, S. 17.

[178] Salje, Ökonomische Analyse des Rechts aus deutscher Sicht, Rechtstheorie 15 (1984), S. 277, *S.* 279; Dorndorf, S. 17f.

Wirkung in der Insolvenz. Marktregelnd wird hier dadurch eingegriffen, daß durch gesetzgeberische Maßnahmen die Vermögensverteilung nicht im Rahmen des bestehenden Kreditsicherungssystems für den Fall der Insolvenz sich selbst überlassen wird, sondern staatliches Handeln Sorge tragen will, daß der Markt nicht bereits das Vermögen des Gemeinschuldners vorab durch Bestellung von Sicherheiten verteilt. Weiterhin kann durch die Erschwerung der Ausübung der Sicherheiten oder Verfahrensbeiträge zugunsten der Insolvenzmasse diese stärker zusammengehalten werden, um so diejenigen, die mangels Möglichkeit der Bestellung eigener Sicherheiten ansonsten mit Forderungsausfällen zu rechnen hätten, zu stärken. Oder der Gesetzgeber macht sich die wirtschaftsfördernde Wirkung des Mobiliarkredits zu nutze und verzichtet aufgrund dessen auf eine Einengung der Bestellung und Wirkung der Sicherheiten in der Insolvenz, um die Entwicklung Marktgesetzen zu überlassen.

Je nachdem, welchen Zweck der Gesetzgeber verfolgt, richtet sich hiernach auch die Frage nach der Geeignetheit der Maßnahmen. Im Zuge des Gesetzgebungsverfahrens wird als eine stärkere Regulierung des Marktes der Kreditsicherungsrechte ersichtlich, wenn auch mit abschwächender Tendenz, beginnend mit den Kommissionsvorschlägen bis hin zur Insolvenzordnung, in welcher immerhin sich der Verfahrensbeitrag und die vorrangige Verwertung von Gegenständen mit Absonderungsrechten durch den Insolvenzverwalter hat halten können. Ziele der Insolvenzrechtsreform waren insbesondere die Effektivitätssteigerung des Verfahrens verstanden als Vermeidung der Ablehnung der Verfahrenseröffnung mangels Masse[179] sowie eine höhere „Verteilungsgerechtigkeit", also eine verfahrenstechnisch zu erzielende Umverteilung des Wertes gesicherter Forderungen durch Erschwerung der Bestellung und Ausübung der Sicherheiten, unmittelbare Umverteilung des Erlöses derselben durch Verfahrensbeiträge oder eine verminderte Auskehr des Erlöses insgesamt, stärkerer Einfluß des Insolvenzverwalters als staatlich bestelltes Organ des Insolvenzverfahrens und die Erhöhung der Transparenz der Sicherheiten wie in den Kommissionsberichten durch die Einführung einer Schriftform.

Nicht den vollen Wert der gesicherten Forderung an den Gläubiger auszukehren oder ihn durch Verfahrensbeiträge einen Beitrag zur Masse leisten zu lassen, stellt ein taugliches Mittel zur Vermehrung derselben dar. Und je mehr ein staatlich bestellter Insolvenzverwalter die Kontrolle über die Verteilung des Schuldnervermögens inne hat, desto weniger werden sich Marktmacht und damit insbesondere gut gesicherte Großgläubiger durchsetzen können.

Zweifeln könnte man an der Geeignetheit von Maßnahmen, die eine stärkere Erkennbarkeit der besitzlosen Sicherheiten etwa durch Schriftformerfordernis anstreben, da dies an der Massearmut unmittelbar nichts zu ändern vermag – die Sicherheit ist zwar dann erkennbar, höhlt jedoch nach wie vor das Gemeinschuldnerver-

---

[179] Vgl. Smid, Grundzüge, § 1 Rdnr. 22ff.

mögen aus. Die Kommission für Insolvenzrecht, auf welche dieser Vorschlag zurückgeht, beabsichtigte mit der Regelung aber ein weiteres Ziel; sie fürchtete, daß Gläubiger und Schuldner kollusiv versuchen könnten, gegen das Verwaltungs- und Verfügungsverbot des damaligen § 6 KO bzw. heutigen § 80 InsO dadurch vorzugehen, daß sie in Wahrheit nicht bestehende Sicherheiten behaupten könnten, um somit das Vermögen des Gemeinschuldners doch noch auf den bislang ungesicherten Gläubiger zu übertragen.[180] Wegen der Warn- und Verfikationsfunktion des Schriftformerfordernisses[181] erscheint selbiges vor dieser Zielrichtung geeignet, etwaigem Mißbrauch zu begegnen, auch wenn die Überwindung dieser Schwelle sicherlich keine sehr hohe Hürde zu Verhinderung eines Mißbrauchs darstellt.

Überdies sollte der Formzwang dazu dienen, die Erkennbarkeit der Sicherheiten für einen neuen Gläubiger wie für den Insolvenzverwalter zu verbessern; ausdrücklich nahm die Kommission hier Bezug auf die Sicherungsrechtsregister in der Schweiz und den USA.[182] Für den Insolvenzverwalter trifft dies zu, denn er erhält im Verfahren umfassenden Zugriff auf das Schuldnervermögen und damit auch die relevanten Informationen zur Sicherheitenbestellung in schriftlicher Form, ohne sich zunächst auf die Aussagen des Gemeinschuldners und seines vermeintlichen Gläubigers verlassen zu müssen.[183] Zweifelhaft ist diese Zielsetzung allerdings für den Gläubiger, der sein Kreditrisiko bei einem Vertrag mit dem Schuldner überblicken will: Daß über die Sicherheitenbestellung anderer Gläubiger ein Dokument in Schriftform existiert, hilft diesem ebensowenig weiter wie die Tatsache, daß auch die meisten schuldrechtlichen Geschäfte, aus denen die Sicherheitenbestellung gefolgt ist, in Schriftform vorliegen werden. Dem Gläubiger bleiben diese Informationen regelmäßig verborgen und er hat auch keinen entsprechenden Anspruch auf Offenlegung der Sicherheiten gegen den Schuldner.

Das Schriftformerfordernis führt also zu einer Art „heimlichen" Publizität, bei welcher die Kenntlichmachung der Eigentumslage oder Forderungsinhaberschaft anders als bisher zwar perpetuiert ist, jedoch nur von Eingeweihten eingesehen werden kann und für einen Neugläubiger damit weitestgehend belanglos bleibt.

Die Frage nach der Geeignetheit zwingt den Gesetzgeber jedoch nicht dazu, dasjenige Mittel zu wählen, welches das angestrebte Ziel in optimaler Weise verwirklicht, sondern verlangt nur, daß das Mittel den Zweck zumindest fördert.[184] Und diesbe-

---

[180] Erster Bericht der Kommission für Insolvenzrecht, S. 306f.

[181] Vgl. Palandt, *Heinrichs*, § 125 Rdnr. 2.

[182] Die Kommission hatte zwar ein solches Register auch für das deutsche Kreditsicherungsrecht erwogen, aber gemeint, daß der Aufwand, der mit dem Aufbau eines solchen Registers verbunden wäre, wegen der großen Verbreitung der Mobiliarsicherheiten unangemessen sei und die Kredite über Gebühr verteuerte, Erster Bericht der Kommission für Insolvenzrecht, S. 307.

[183] Vgl. Wimmer, InsO, *App*, § 80 InsO Rdnr. 10ff.

[184] Vgl. Pieroth/Schlink, Rdnr. 283.

züglich hat das Schriftformerfordernis in Bezug auf den Insolvenzverwalter und die Eindämmung der Mißbrauchsgefahr jedenfalls seine Berechtigung.

Die Maßnahmen sind damit unter Berücksichtigung der erforderlichen hypothetischen Betrachtungsweise nach bekannten Erfahrungssätzen grundsätzlich geeignet, die gesetzgeberischen Zielsetzungen zu erreichen. Jedenfalls ist nicht ersichtlich, daß sie in Bezug auf diese Ziele ohne Wirkung bleiben oder sogar sich gegenteilige Effekte einstellen könnten.

Die gesetzgeberischen Maßnahmen sind danach geeignet.

cc) Erforderlichkeit

Im Rahmen der Erforderlichkeit darf kein milderes, aber gleich wirksames Mittel existieren, welches den verfolgten Zweck ebensogut erreichbar macht.[185] Es sind also Handlungsalternativen in Erwägung zu ziehen und daraufhin zu überprüfen, ob diese bei gleicher Eignung weniger belastend sind.[186] Dieses allgemeine Merkmal der Erforderlichkeit im Rahmen der Verhältnismäßigkeit im weiteren Sinn gilt auch für Art. 14 GG, indem auch eigentumsrelevante Maßnahmen den Einzelnen nicht stärker als erforderlich belasten dürfen.[187]

Als nicht erforderlich sind danach Maßnahmen auszuscheiden, die einen stärkeren Eingriff in die Position des Gläubigers vornehmen, als dies zum Zwecke der Anreicherung der Masse oder sonstiger Verfahrensziele angezeigt und mit milderen Mitteln zu verwirklichen ist. Für die Einschätzung der Geeignetheit und Erforderlichkeit besteht ein weiter Beurteilungsspielraum.[188]

Vor diesem Hintergrund erscheinen die Maßnahmen auf Ebene der Bestellung der Sicherheiten und ihrer grundsätzlichen Insolvenzwirksamkeit als wirksames Mittel, um Vermögen für die Masse zu sichern. Denn die Sicherung durch Mobiliarkredit würde erschwert, da eine Verpfändung eines Gegenstandes, die von den Einschränkungen nach allen Vorschlägen hätte ausgenommen bleiben sollen, wegen des Faustpfandprinzips häufig an dem Erfordernis der Besitzverschaffung scheitern wird; der Schuldner kann den Gegenstand nicht nutzen. Auch ist die Umgehung des Insolvenzverbotes eines besitzlosen Mobiliarkreditsicherungsmittels (etwa durch besondere mietvertragliche Regelungen) dadurch erschwert, daß entsprechende Umgehungsklauseln in den Gesetzesvorschlägen enthalten sind.

---

185 Pieroth/Schlink, Rdnr. 283.

186 Schmalz, Rdnr. 189.

187 Schmalz, Rdnr. 913.

188 BVerfGE 8, S. 71, *S. 80*; 53, S. 257, *S. 293*; Jarass/Pieroth, *Jarass*, Art. 14 GG Rdnr. 38; Stern, Insolvenzrechtsreform und verfassungsrechtlicher Schutz der Mobiliarsicherungsgläubiger, S. 737, *S. 748*.

Eine lediglich quotenmäßige Beteiligung am Erlös des Gegenstandes oder eines gesonderten Kostenbeitrages erscheint für den Gläubiger zwar milder, ist wegen der Auskehrung zumindest überhaupt eines Erlöses abseits der Masse aber weniger effektiv.

Auch die Einführung eines Schriftformerfordernisses wäre im Hinblick auf den angestrebten Zweck erforderlich, da die Einführung etwa eines Sicherheitenregisters den Gläubiger nach obigem stärker belastete.

Gleiches gilt für einen Verfahrensbeitrag zum Zwecke der Masseanreicherung. Denn in denjenigem Maße, in dem der Gesetzgeber versucht, Vermögen zugunsten der Masse und zu Lasten gesicherter Gläubiger zu verschieben und sich dies zum Ziel der Maßnahme nimmt, wächst in gleichem Umfang das Maß des Eingriffs in die Rechte der Gläubiger, die zur Erreichung dieses Zwecks erforderlich sind.

aaa) Erforderlichkeit der Sicherheitenverwaltung durch den Insolvenzverwalter?

Fraglich ist allerdings, ob auch die Verwertung der Sicherheit ausschließlich durch den Insolvenzverwalter, wie es die Kommissionsberichte vorschlugen bzw. dies als regelmäßige Verwertungsart auch nach der InsO für das Absonderungsrecht vorgesehen ist, erforderlich ist.[189] So wird vertreten, daß die Verwertung durch den Insolvenzverwalter und damit der Entzug der Verwertungsbefugnis durch den Gläubiger, wie sie auch in der InsO mit den §§ 166ff. InsO für das Absonderungsrecht zur Regel geworden ist, statt wie unter der KO die Ausnahme darstellte, nur dann im Hinblick auf Art. 14 GG erforderlich sei, wenn sich dadurch eine günstigere Verwertung der Sicherheiten positiv auf die Insolvenzmasse auswirke.[190]

Ob die Verwertung der Sicherheit durch amtliches Organ zu einem höheren wirtschaftlichen Erlös führt, als wenn der unmittelbar seinen eigenen Vorteil suchende Gläubiger die Sache für sich und gegebenenfalls die Insolvenzmasse verwertet, muß in der Tat bezweifelt werden.[191]

---

[189] Zweifelnd Stern, Insolvenzrechtsreform und verfassungsrechtlicher Schutz der Mobiliarsicherungsgläubiger, S. 737, *S. 748*.

[190] Stern, Insolvenzrechtsreform und verfassungsrechtlicher Schutz der Mobiliarsicherungsgläubiger, S. 737, *S. 748f.*

[191] Inwieweit der Insolvenzverwalter ein amtliches Organ darstellt, ist in Rechtsprechung und Literatur umstritten: Nach der *Amtstheorie* wird der Verwalter als amtliches Organ tätig; nach der *Vertretertheorie* hingegen ist er Vertreter der Gläubiger oder/und des Schuldners, dessen Vertretungsmacht sich auf die von ihm verwaltete Masse bezieht. Nach der *Organtheorie* schließlich vertritt der Verwalter die Konkursmasse, welche als eine Art juristische Person, jedenfalls aber als Rechtssubjekt anzusehen sein soll. Vgl. Frankfurter Kommentar, *Hössl*, § 56 Rdnr. 5f. Die Rechtsprechung folgt der Amtstheorie, vgl. BGHZ 44, S. 1, *S. 1ff.* Dieser Meinungsstreit ist regelmäßig ohne praktische Bedeutung, vgl. Frankfurter Kommentar, *Hössl*, § 56 Rdnr. 6. Für die hiesige Un-

Der Gläubiger hat wegen des selbst zu verbuchenden Verlustes ein vitaleres Interesse an der effizienten Verwertung der Sicherheit und wird daher diesbezüglich regelmäßig größere Anstrengungen unternehmen, als dies der Insolvenzverwalter tun wird. Zudem sind staatliche Eingriffe in den Markt nicht kostenlos; der erforderliche Ressourcenaufwand kann insgesamt höher sein als die Wohlfahrtsverluste des nicht optimal funktionierenden Marktes.[192] Allerdings wird der Gläubiger, welcher sich selbst in finanziellen Schwierigkeiten befindet, die Sache alsbald und gegebenenfalls unterhalb eines am Markt zu erzielenden Preises veräußern.

Dies allerdings sind nur Mutmaßungen der Auswirkungen potentieller Änderungen ohne entsprechende empirische Stütze. Aus einer ökonomischen Analyse[193] der Handlungsmöglichkeiten des Gesetzgebers eine Handlungsempfehlung zu entwickeln, kann jedoch nur dann seriös erfolgen, wenn komplexe und umfangreiche empirische Untersuchungen vorliegen; insbesondere ist eine große Menge genauer Informationen erforderlich, um zu verhindern, daß ein effizienzorientierter Eingriff zu einer Verschlechterung des status quo führt.[194]

Wendet man diese Erkenntnisse auf die Verwertung der Sicherheiten in der Insolvenz an, so ergibt sich, daß eine ebensolche Handlungsempfehlung kaum auszusprechen ist. Jedenfalls aber im Rahmen der Erforderlichkeit kann die einzig mögliche Voraussage der tatsächlichen Entwicklung daher kaum zur Verfassungswidrigkeit einer solchen Regelung führen, denn wie aufgezeigt hat der Gesetzgeber hier einen weiten Prognosespielraum. Und die Erforderlichkeit stellt gerade keine Verpflichtung auf, einen optimalen Ansatz zu wählen, es darf eben nur kein gleich wirksames aber milderes Mittel existieren. Vor diesem Hintergrund kann man bei unsicherer Handlungsempfehlung aus ökonomischer Sicht jedenfalls nicht annehmen, daß die Verlagerung der Verwertungsbefugnis auf den Insolvenzverwalter nicht erforderlich im Sinne des Art. 14 GG wäre.

Zudem ist fraglich, ob der Gesetzgeber mit der Verlagerung der Verwertungsbefugnis auf den Insolvenzverwalter, wie sie *de lege lata* auch in der Insolvenzordnung erfolgt ist, überhaupt (ausschließlich) eine effektivere Sicherheitenverwertung an-

---

tersuchung ist lediglich entscheidend, daß nicht die unmittelbaren wirtschaftlichen Eigeninteressen des Gläubigers zum Tragen kommen, wenn der Insolvenzverwalter an seiner Stelle die Sicherheiten verwertet, sondern diejenigen des Insolvenzverwalters – sei dies nun als Vertreter der Masse oder Gläubiger und Schuldner oder in amtlicher Eigenschaft. Insofern soll auch hier der Streit offenstehen.

[192] Schäfer/Ott, S. 99 (3.); vgl. zur ökonomischen Analyse des Rechts insgesamt Salje, Ökonomische Analyse des Rechts aus deutscher Sicht, Rechtstheorie Nr. 15 (1984), S. 277-312.

[193] Zur Bedeutung der ökonomischen Analyse für den Gesetzgeber, Kötz/Schäfer, S. VIIf.

[194] Eidenmüller, S. 168; zu empirischen Erhebungen im Gesetzgebungsverfahren vgl. Drukarczyk/Duttle/Rieger, Mobiliarsicherheiten, Arten, Verbreitung, Wirksamkeit, 1985.

strebt, wie *Stern* anzunehmen scheint.[195] Der Gesetzgeber hat nämlich weiter angegeben, daß nur der Insolvenzverwalter eine Entscheidung darüber treffen könne, ob die Sicherheit bereits verwertet werden kann oder der Betrieb zunächst fortzusetzen sei, um so eine Betriebsübernahme im Ganzen zu ermöglichen.[196] Dann aber tritt neben die Effektivität der Sicherheitenverwertung die gleichmäßigere Gläubigerbefriedigung durch Verwertung des Unternehmens insgesamt oder das Interesse an der einstweiligen Fortführung, die durch ein Herauslösen der Sicherheiten bei Verwertung durch die Gläubiger erschwert würde.[197] Damit aber gewinnt die Fortführung des Unternehmens einen anderen Sinn als bloß die effektive Sicherheitenverwertung. Dieses Zielbündel muß insgesamt an der Erforderlichkeit der Maßnahme gemessen werden.

Es darf sich also kein milderes Mittel finden lassen, das eine Sicherheitenverwertung gleich effektiv bei gleichzeitigem Zusammenhalt des Schuldnervermögens gewährleistet, welches diese beiden Zwecke ebensogut aber bei milderem Eingriff zu erfüllen vermag. Hier ergibt sich, daß kaum eine Maßnahme denkbar erscheint, die dem Insolvenzverwalter die einstweilige Fortführung des Betriebes ermöglicht. Denn die Gläubiger müssen nicht gänzlich auf zumindest den Erlös der Sicherheiten, ggf. gekürzt um einen Verfahrensbeitrag, verzichten, sondern bleiben wertsummenmäßig an dem Kreditsicherungsmittel beteiligt. Dies ist allemal milder, als sie von der Verwertung der Sicherheit ganz oder teilweise auszuschließen.

bbb) Erforderlichkeit des Zurückdrängens des Mobiliarkredits im Vergleich zur Ausdehnung der Anfechtung?

Kritisiert wurde an den Reformvorschlägen auch, daß die Ausweitung des Anfechtungsrechts gegenüber der Einschränkung des Mobiliarkredites das „geeignetere" Mittel sei.[198] Aber auch hier müssen obige Prognoseerwägungen durchdringen. Der Rückschnitt des Mobiliarkredites mag nicht der „Königsweg" sein. Aber weder liegt auf der Hand, daß dieses Mittel, welches zwar nur für einen bestimmten Zeitraum,

---

[195] Wenn es heißt: „Billigt man aber jedenfalls den Ausgangspunkt der Prognose des Entwurfs, daß etwa 80 % des bei insolventen Schuldnern vorhandenen Vermögens mit Aus- und Absonderungsrechten belastet sind und sich eine günstigere Verwertung der Sicherheiten positiv auf die Insolvenzmasse auswirken würde, kann man die Entziehung der Verwertungsbefugnis noch für erforderlich halten.", Stern, Insolvenzrechtsreform und verfassungsrechtlicher Schutz der Mobiliarsicherungsgläubiger, Festschrift für Helmrich, S. 737, *S. 748f.*

[196] Erster Bericht der Kommission für Insolvenzrecht, S. 305.

[197] Vgl. auch Erster Bericht der Kommission für Insolvenzrecht, S. 18. Dies betont auch der Regierungsentwurf, um die Übertragung der Verwertungsbefugnis auf den Insolvenzverwalter zu rechtfertigen, BT-Drs. 12/2445, S. 178.

[198] Vgl. Seuffert, Verfassungsrechtliche Fragen zu den Reformvorschlägen der Kommission für Insolvenzrecht, ZIP 1986, S. 1157, *S. 1158 Fn. 13*; Gerhardt, Zur Reform des Insolvenzrechts: das Anfechtungsrecht im Konkurs, ZIP 1985, S. 1, *S. 1f.*

dort aber restlos ein Mobiliarkreditsicherungsmittel zur Masse ziehen kann, gleich wirksam sei. Noch wird man sagen können, daß damit die Gläubigerrechte grundsätzlich geschont würden, denn trifft die Maßnahme zwar wenigere Gläubiger, diese aber um so heftiger, wenn sie sicherungslos gestellt werden. Insoweit stellt auch die Ausweitung der Anfechtung kein gleich wirksames, aber milderes Mittel zur Erreichung der gesetzgeberischen Ziele dar.

ccc) Zwischenergebnis

Danach ist die Sicherheitenverwertung durch den Insolvenzverwalter auch erforderlich, wenn neben der Effektivität der Sicherheitenverwertung überdies das Ziel der zunächst zu ermöglichenden Betriebsfortführung in die Maßnahme miteinbezogen wird. Da jedenfalls nur Prognoseentscheidungen überprüft werden können, ist auch die Beaschränkung des Mobiliarkredites gegenüber der Ausweitung der Anfechtung nicht nachrangig.

dd) Angemessenheit (Verhältnismäßigkeit im engeren Sinn)

Schließlich müßten die Maßnahmen auch angemessen sein. Aus der Verfassung folgt, daß staatliches Eingriffshandeln die Belange eines jeden Einzelnen hinreichend zu berücksichtigen hat und damit eine übermäßige Belastung möglich erscheint, die auch im Rahmen des Art. 14 GG gegen den Grundsatz der Verhältnismäßigkeit verstieße.[199]

Hier ist zu untersuchen, ob eine Maßnahme außer Verhältnis zu den mit ihr verbundenen Nachteilen steht.[200] Auch im Rahmen der Angemessenheit enthält Art. 14 GG bereits von der Normstruktur Besonderheiten. Zunächst bestimmt schon Art. 14 Abs. 1 S. 2 BGB, daß der Gesetzgeber das Eigentum inhaltlich auszugestalten vermag, während Art. 14 Abs. 2 GG die Berücksichtigung des Gemeinwohls einfordert. Der Gesetzgeber darf die Freiheit des Eigentümers nicht mehr als verhältnismäßig verkürzen, andererseits aber die Sozialbindung nicht mehr als verhältnismäßig vernachlässigen.[201]

---

[199] Vgl. v. Münch, *Bryde*, Art. 14 GG Rdnr. 64.

[200] BVerfG NVwZ 1998, S. 272, *S. 272*; Pieroth/Schlink, Rdnr. 929; Maunz/Düring, *Papier*, Art. 14 GG Rdnr: 315; Kimms/Schlünder, S. 220 Rdnr. 44ff; Schmalz, Rdnr. 913; Jarass/Pieroth, *Jarass*, Art. 14 GG Rdnr. 40; Stern, Insolvenzrechtsreform und verfassungsrechtlicher Schutz der Mobiliarsicherungsgläubiger, S. 737, *S. 748f.*

[201] Pieroth/Schlink, Rdnr. 929. Zum Teil wird vertreten, daß es sich bei Art. 14 Abs. 1 S. 1 GG und Art. 14 Abs. 2 GG um zwei unterschiedliche gesetzgeberische Instrumente zur Einschränkung der Eigentumsfreiheit handele; dies entspricht jedoch nicht der Grundrechtsdogmatik typischen Konstellation, so daß vieles dafür spricht, daß es sich bei Art. 14 Abs. 2 GG um eine Richtlinie für den Gesetzgeber handelt, die Inhalts- und Schrankenbestimmung sozialgebunden auszugestalten. Vgl. im Einzelnen Maunz/Düring, *Papier*, Art. 14 GG Rdnr. 305f. Da die unter-

Im Rahmen der Angemessenheit sind einerseits abzuwägen die Privatnützigkeit als Zuordnung eines Eigentumsobjektes zu einem Rechtsträger, dem es als Grundlage privater Initiative von Nutzen sein soll[202] und der Sozialpflichtigkeit des Art. 14 Abs. 2 GG, die um so stärker berücksichtigt und damit die Privatnützigkeit einschränken darf, je stärker der soziale Bezug des Eigentums ist.[203] Die grundsätzliche Verfügungsbefugnis über einen Eigentumsgegenstand ist als Ausfluß der Zuordnung eines Eigentumsobjektes zu einem Rechtsträger Bestandteil der Privatnützigkeit. Die Eigenart des vermögenswerten Guts oder Rechts muß ebenso beachtet werden, wie die Bedeutung desselben für den Eigentümer.[204] Gegebenenfalls muß ein Eingriff durch eine finanzielle Entschädigung ausgeglichen und müssen Härteklauseln und Übergangsregelungen geschaffen werden.[205] Bestimmte Aspekte des Eigentumsschutzes erleichtern bei der Frage der Verhältnismäßigkeit im engeren Sinn die Orientierung. Von vorderster Bedeutung ist die Intensität, also die Schwere und Tragweite des Eingriffs.[206] Besonders schwer wiegt etwa ein Veräußerungsverbot.[207] Regelmäßig ist die Grenze der Verhältnismäßigkeit überschritten, wenn in die Zuordnungsverhältnisse oder die Substanz des Eigentums eingegriffen wird.[208] Dagegen muß dem Eigentümer nicht jede wirtschaftlich vernünftige Nutzung erlaubt sein, denn Art. 14 GG gewährt keinen Anspruch auf Gewinnmaximierung.[209]

aaa) Vorüberlegungen

Fraglich ist für den Mobiliarkredit hier schon der Bezugspunkt des Verhältnisses zwischen der Sozialpflichtigkeit und Eigentümerinteresse. Daß als von Art. 14 GG geschützte Eigentumsposition nicht lediglich eine (gesicherte) Forderung in der Insolvenz angesehen werden kann, wurde bereits oben erörtert.[210] Es ist also auf das Sicherungsrecht selbst abzustellen. Allerdings kann man im Rahmen der Frage nach dem Ausgleich der widerstreitenden Interessen als Bezugspunkt entweder abstellen auf die eigentumsrechtlich geschützte Position, die sich vom Vollrecht ableitet, oder auf das Vollrecht selbst.

---

schiedlichen Ansätze zu keiner Abweichung im Ergebnis führen, soll ihnen hier nicht weiter nachgegangen werden.

202 BVerfGE 100, S. 226, *S. 241*; Schmalz, Rdnr. 914.

203 BVerfGE 100, S. 226, *S. 241*; Schmalz, Rdnr. 914.

204 Pieroth/Schlink, Rdnr. 929f.

205 Pieroth/Schlink, Rdnr. 929f.

206 BVerfGE 31, S. 229, *S. 243*; 102, S. 1, *S. 18*; 68, S. 361, *S. 368*.

207 BVerfGE 26, S. 215, *S. 222*; 52, S. 1, *S. 31*; 102, S. 1, *S. 16*.

208 Jarass/Pieroth, *Jarass*, Art. 14 Rdnr. 40; BVerfGE 42, S. 263, *S. 295*; 50, S. 290, *S. 341*; 68, S. 361, *S. 368*; 84, S. 382, *S. 385*.

209 BVerfGE 84, S. 382, *S. 385*.

210 Siehe oben, S. 127ff.

Wie sich dies praktisch darstellt, soll anhand dreier typischer Fallkonstellationen des Mobiliarkreditsicherungsrechts dargestellt werden:

- Ein einfacher Eigentumsvorbehaltsverkauf nach §§ 433, 449 BGB mit bedingter Übereignung nach §§ 929, 158 BGB
- Ein durch Sicherungsübereignung nach §§ 929, 930, 868 BGB gesichertes Darlehen nach § 488 BGB mit vereinbartem Eigentumsrückfall bei Tilgung der Darlehensschuld,
- Eine Darlehensgabe nach § 488 BGB mit Sicherungsabtretung einer Werklohnforderung, gerichtet gegen einen Dritten.

Die Grenze zwischen verfassungsgemäßer und verfassungswidriger Sozialbindung bestimmt sich nach dem Kriterium der Eingriffstiefe sowohl im Hinblick auf den Bestand des Eigentums, wie auch nach dessen Nutzbarkeit für den Eigentümer nach Abzug der Sozialbindung des Eigentums, der sogenannten Privatnützigkeit.[211]

Auch BGH und BVerfG gehen zur Untersuchung der Verhältnismäßigkeit einer eigentumsrelevanten Maßnahme regelmäßig der Frage nach, was nach dem Eingriff dem Eigentümer noch an Rechtspositionen verbleibt, um eine Relation zur Sozialpflichtigkeit des Eigentums herstellen zu können.[212] Fraglich ist allerdings, wie man die Privatnützigkeit als Anknüpfungspunkt der Verhältnismäßigkeitsbetrachtung im Falle der Mobiliarkreditsicherungsrechte verstehen will.

Muß im Fall des Eigentumsvorbehaltes nun auf das Vollrecht abgestellt werden und etwa gefragt werden, ob die Einschränkung der Verfügungsbefugnis über das Eigentum an den Maschinen verhältnismäßig ist? Immerhin kann der Unternehmer nach wie vor über dieses Eigentum relativ frei verfügen und muß nur bei Lieferung unter Eigentumsvorbehalt und dann auch nur für den Fall der Insolvenz – statt der Einzelvollstreckung – eine Einschränkung seiner Verfügungsbefugnis durch Entzug des Vorbehaltseigentums fürchten. Oder ist maßgeblich gerade die Rechtsposition aus dem Blickwinkel des Eigentumsvorbehaltsverkäufers, der bislang aufgrund Vorbehaltseigentums aussondern konnte und in der Zwangsvollstreckung in „sein" Sicherungsgut nach wie vor die Drittwiderspruchsklage nach § 771 ZPO erheben kann?

Im ersteren Fall wäre die Belastung des Eigentümers geringer und die Prüfung einer Verhältnismäßigkeit fiele eher zu Lasten des Eigentümers aus, denn von der

---

211 Maunz/Düring, *Papier*, Art. 14 Rdnr. 375; die Lehre geht zurück auf Rheinhardt, in Rheinhardt/Scheuner, Verfassungsschutz des Eigentums, zit. nach Maunz/Düring, *Papier*, Art. 14 GG Rdnr. 375ff.

212 Vgl. BGH NuR 1993, S. 497, *S. 498*; BVerfGE 70, S. 191, *S. 200*; 79, S. 174, *S. 198*; 87, S. 114, *S. 138f.*; 91, S. 294, *S. 308*; 100, S. 226, *S. 241*; zum Kriterium der Privatnützigkeit auch Maunz/Düring, *Papier*, Art. 14 GG Rdnr. 375ff.; Sachs, *Wendt*, Art. 14 GG Rdnr. 85ff.; Schmalz, Rdnr. 914.

Vielzahl der denkbar privatnützigen Verwendung der Vorbehaltsware (Vermietung, selbständiger Betrieb der Maschine in fremder Produktion gegen Entgelt usw.) wäre lediglich ein Teilbereich eingeschränkt.[213]

Betrachtet man statt dessen die Position des bisherigen Eigentumsvorbehaltsverkäufers im Vergleich nach einer gedachten Insolvenzrechtsreform, so ist der Eingriff ungleich massiver. Denn die Position des Vorbehaltsverkäufers nutzt nur noch vorgerichtlich durch ein mögliches Herausgabeverlangen auch aus § 985 BGB bei Erlöschen der Anwartschaft, etwa infolge Zahlungsverweigerung oder in der Einzelzwangsvollstreckung. Das Risiko, die Rechtsposition eines Vorbehaltsverkäufers ersatzlos einzubüßen und damit das Gewicht des Eingriffs im Verhältnis zur sozialen Funktion des Eigentums[214] ist wesentlich höher.

Im Kern geht es bei der Frage nach dem zu wählenden Blickwinkel um die Frage, wie man die Privatnützigkeit[215] des Eigentums verstehen will. Ist diese entweder abstrakt anhand eines generellen Eigentumsbegriffs (dann Eigentum an den produzierten Waren) zu bestimmen oder anhand einer konkreten, bisher geschüzten Verwendung dieses Eigentums wie im Rahmen des Kreditsicherungsrechts.

Als Ausprägung der Zweckentfremdungslehren hilft die Frage nach der generalisierten Privatnützigkeit des (verbleibenden) Gutes überhaupt allein nicht weiter. Denn der Zweck des Eigentums besteht darin, daß es nun einmal dem Eigentümer gehört. Demgemäß sagt Privatnützigkeit allein auch nicht mehr, als das Eigentum dem Berechtigten zum privaten Nutzen zugewiesen ist.[216] Und daß dem so ist, folgt seinerseits wieder aus der Tatsache, daß Art. 14 Abs. 1 S. 1 GG das Eigentum gewährleistet.[217] Insoweit kann nicht generell danach gefragt werden, ob die Privatnützigkeit eines Eigentumsobjekts verhältnismäßig durch die Sozialbindung einge-

---

[213] Anders könnte man dann entscheiden, wenn man die Umgehungsverbote eines Insolvenzgesetzes bei möglichst tiefgreifendem Eingriff in das Kreditsicherungsrecht weit verstehen will. So heißt es im ersten Kommissionsbericht etwa: „LS 3.3.10 Umgehungsverbot (1) Verträge, die darauf abzielen, einen dem Schuldner überlassenen Gegenstand zur Sicherung des Gegenwerts herausverlangen und verwerten zu können und dabei die insolvenzrechtlichen Vorschriften für Sicherungsrechte zu umgehen, werden wie die von Leitsatz 3.3.1 erfaßten Sicherungsverträge behandelt.“ Leitsatz 3.3.11 enthielt eine gesonderte Umgehungserschwerung für Leasing-Verträge, Erster Bericht der Kommission für Insolvenzrecht, S. 323ff. Will man dies bei regidem Rückschnitt der Sicherungsrechte so verstehen, daß auch die Vermietung eines Gegenstandes aus der Furcht, im Falle der Übereignung könne der Schuldner insolvent werden, verstehen, so gelten die nachstehenden Bedenken auch hier.

[214] Hier sei eine soziale Funktion der Masseanreicherung durch Einbeziehung des Mobiliarkredites zunächst einmal unterstellt, um das behandelte Problem fokussieren zu können.

[215] Die Lehre geht zurück auf Rheinhardt, in Rheinhardt/Scheuner, Verfassungsschutz des Eigentums, zit. nach Maunz/Düring, *Papier*, Art. 14 GG Rdnr. 375ff.

[216] Ähnlich: Leisner, Sozialbindung des Eigentums, S. 178.

[217] Vgl. Leisner, Sozialbindung des Eigentums, S. 178; Maunz/Düring, *Papier*, Art. 14 GG Rdnr. 377.

schränkt ist, denn dies mündet wieder in die Frage, ob denn das Eigentum verhältnismäßig eingeschränkt worden ist. Und damit ist der Ausgangspunkt der Fragestellung erreicht und die Frage nach der verbleibenden Privatnützigkeit fällt in sich zusammen.[218]

Die Frage nach der Privatnützigkeit kann also nur dann sinnvoll gestellt werden, wenn nach der Eigenart der privatnützigen Verwendung des betroffenen Gutes gefragt wird. Die Bestimmung einer funktionsgemäßen Nutzung ist damit nicht von vornherein objektiv vorgezeichnet, sondern bedarf einer differenzierenden Betrachtung in Abhängigkeit von der jeweiligen Eigentumsart, die auch wertende Gesichtspunkte berücksichtigen muß.[219] Die Verhältnismäßigkeitsprüfung läßt sich also nicht anhand einer „theoretischen Großformel" allgemein fixieren, sondern verlangt nach einer typologischen und damit von bestimmten engeren Fallgruppen ausgehenden Betrachtung, die sich am Grundtopos der Eingriffstiefe und der Privatnützigkeit orientieren kann.[220]

Für das Beispiel des einfachen Eigentumsvorbehaltes bedeutet dies: Es kann kaum sinnvoll danach gefragt werden, ob die Einschränkung der zivilrechtlichen Eigentumsposition an den Vorbehaltswaren generell beeinträchtigt ist. Denn die Frage nach der Privatnützigkeit des zivilrechtlichen Eigentums an diesen Gegenständen insgesamt liefe auf die Frage nach der Verhältnismäßigkeit der Eigentumseinschränkung insgesamt hinaus und dies hilft nach obigem nicht weiter.

Es muß also danach gefragt werden, ob die Verwendung der Ware als Sicherungsmittel für die Kaufpreisforderung durch die sozialgebundenen Gründe der Vermehrung der Insolvenzmasse des Käufers bei dessen wirtschaftlichem Zusammenbruch verhältnismäßig eingeschränkt werden.

Daß nicht generell auf die Verwendbarkeit der Sache abgestellt werden kann, an der das Sicherungsrecht bestehen soll, zeigt gleichfalls das Beispiel der Sicherungsübereignung mit vereinbartem Eigentumsrückfall bei der Tilgung. Der Sicherungsgeber begibt sich seines zivilrechtlichen Eigentums und behält lediglich die rechtlich gesicherte Aussicht zurück, daß er es einmal wiedererlangen werde, wenn er die Darlehensvaluta tilgt. Der Eigentumsrückfall geschieht dabei automatisch allein schon aufgrund der Sicherungsabrede.[221] Bei der rechtlichen Position des Sicherungsgebers handelt es sich daher um ein Anwartschaftsrecht. Bei Ausschluß der Wirksamkeit der Sicherheit im Insolvenzverfahren kann man daher kaum nach der Privatnützigkeit des Eigentums (im verfassungsrechtlichen, ohnehin nicht im privatrecht-

---

[218] Im Ergebnis ebenso für die Zweckentfremdungstheorien: Leisner, Sozialbindung des Eigentums, S. 178.

[219] Maunz/Düring, *Papier*, Art. 14 GG Rdnr. 377, als sogenannte spezielle Privatnützigkeit bezeichnet.

[220] Maunz/Düring, *Papier*, Art. 14 GG Rdnr. 378.

[221] Vgl. Jauernig, *Jauernig*, § 930 Rdnr. 43; BGH NJW 1984, S. 1184, *S. 1185*.

lichen Sinne, denn letzteres gibt der Schuldner ja gerade auf) fragen, denn die Privatnützigkeit der Eigentumsverwendung besteht im Fall der Sicherungsübereignung ja gerade in der Aufgabe des zivilrechtlichen Volleigentums. Die geweitete Betrachtung auf die weiteren Möglichkeiten der Verwendung des Eigentums geht fehl, denn geschützte Rechtsposition ist hier gerade das Anwartschaftsrecht auf das Eigentum an der Sicherheit, nicht mehr das Eigentum am Sicherungsgegenstand, welches der Sicherungsgeber aufgibt.

Für die Forderungsinhaberschaft bei der Sicherungsabtretung gilt dies im Fall der Sicherungsabtretung entsprechend, denn die Sicherungsabtretung ist mit der Sicherungsübereignung bis auf den Sicherungsgegenstand identisch,[222] so daß auch hier die Privatnützigkeit nur anhand der Verwendung der Forderung gerade als Sicherungsmittel und die Beeinträchtigung dieser Verwendung beurteilt werden kann.

Danach kann festgehalten werden: Die Frage nach der Privatnützigkeit des Eigentums kann nicht generell für eine verfassungsrechtlich geschützte Eigentumsposition beantwortet werden, sondern bedarf es einer individuellen Betrachtung der geschützten Rechtsposition in ihrer bislang ungehinderten Verwendungsmöglichkeit. Dies gilt für die Mobiliarsicherheiten in besonderem Maße, wie die Fallbeispiele gezeigt haben. Insbesondere darf hier nicht schlicht auf die (zivilrechtliche!) Eigentumsposition des Sicherheitengebers abgestellt werden, sondern muß die Einschränkung der Verwendbarkeit gerade als Sicherungsmittel als verfassungsrechtliches Eigentum an Gründen der Sozialpflichtigkeit gemessen werden.

bbb) Die Verhältnismäßigkeit der vorgeschlagenen Maßnahmen im Einzelnen

Nach der Spezifizierung der beim Mobiliarkredit abzuwägenden Interessen der Privatnützigkeit der Verwendung einer verfassungsrechtlich geschützten Eigentumsposition einerseits und der Sozialpflichtigkeit andererseits sollen die Maßnahmen wiederum anhand oben aufgestellter Eingriffsebenen auf ihre Angemessenheit im Einzelnen untersucht werden.

α) Verhältnismäßigkeit des Eingriffs bereits auf Ebene der Sicherheitenbestellung und ihrer Wirksamkeit in der Insolvenz

Die Abwägung der widerstreitenden Interessen auf der Ebene der Bestellung der Sicherheiten und ihrer Insolvenzwirksamkeit ist nur dann verhältnismäßig im engeren Sinn, wenn die Belange der Sozialpflichtigkeit des Eigentums die Belange des Eigentümers überwiegen.

---

[222] Weber, S. 299; Reinicke/Tiedke, Kreditsicherung, Rdnr. 590.

αα) Die gänzliche Abschaffung der bevorrechtigten Stellung des Mobiliarkreditsicherungsgläubigers

Zunächst wiederum zum schwersten denkbaren Angriff auf den Mobiliarkredit durch ein Insolvenzgesetz: Die Abschaffung der bevorrechtigten Stellung der Mobiliarkreditsicherungsgläubiger für den Insolvenzfall.[223]

Bereits bei der Prüfung der Eingriffsqualität hat sich ergeben, daß die völlige Abschaffung der bevorrechtigenden Stellung des Mobiliarsicherungsgläubigers besonders problematisch ist, da die Sicherheit zwar bestellt werden kann, von ihrer privatnützigen Funktion aber kaum etwas bleibt, wenn sie im Insolvenzfall nicht nützt.[224]

Die Nichtberücksichtigung in der Insolvenz führte dazu, daß das Sicherungsmittel in der Insolvenz wirkungslos wird und der gesicherte Gläubiger das Schicksal der ungesicherten Gläubiger mit im Normalfall lediglich quotenmäßiger Schlußverteilung teilt. Einher damit geht, daß die Sicherheit nur noch für eine eventuelle Herausgabeforderung taugt oder für den Fall der Einzelzwangsvollstreckung in das Vermögen des Schuldners Schutz in Gestalt der Drittwiderspruchsklage nach § 771 ZPO bzw. derjenigen auf vorzugsweise Befriedigung gewährt.

Dem Sicherheiteninhaber bleibt dann zwar nach wie vor möglich, eine Sicherheit formal zu bestellen und damit Inhaber verfassungsrechtlich geschützten Eigentums im Sinne des Art. 14 Abs. 1 GG zu werden. Jedoch ist die Nutzbarkeit dieses Eigentums und damit die Privatnützigkeit der Sicherheit stark eingeschränkt. Der Allgemeinbezug wegen des Ziels der Verhinderung der Massearmut der Insolvenz überwiegt bei weitem. Vor der völligen entschädigungslosen Aufgabe der Privatnützigkeit der Sicherheit im Regelfall durch Sachentzug will aber Art. 14 Abs. 3 GG gerade bewahren. Auch wenn es sich typologisch also um eine Inhalts- und Schrankenbestimmung des Eigentums handelt, ist bei nahezu völligem Ausschluß der Eigentümerbefugnisse die Schutzsphäre des Art. 14 Abs. 3 GG erreicht.[225]

Dies scheint zunächst nicht mit der Rechtsprechung des BVerfG in Einklang zu stehen, heißt es doch: „Inhaltsbestimmung, Legalenteignung und Administrativenteignung sind jeweils eigenständige Rechtsinstitute, die das Grundgesetz deutlich voneinander absetzt.“[226] Das BVerfG hat in diesem Zusammenhang auf die strikte Trennung zwischen Inhalts- und Schrankenbestimmung des Eigentums hingewie-

---

[223] Und wieder: hier ist nicht der Vorschlag der Kommission für Insolvenzrecht gemeint, die Aus- und Absonderung abzuschaffen. Denn wie aufgezeigt bedeutet diese vermeindliche Abschaffung nicht die Streichung der bevorrechtigten Stellung des Inhabers der Mobiliarsicherheit, sondern statt dessen die Herabstufung auf eine wertsummenmäßige Beteiligung, aber gleichwohl eine nach wie vor bevorrechtigte Stellung.

[224] Vgl oben, S. 139ff..

[225] So ausdrücklich soweit ersichtlich nur OVG Koblenz, Natur und Recht 1992, S. 487, *S. 488.*

[226] BVerfGE 58, S. 300, *S. 331.*

sen, indem eine Inhalts- und Schrankenbestimmung auch dann nicht zugleich einen „enteignenden Eingriff“[227] darstellen könne, also nicht in eine Enteignung umgedeutet werden könne, auch eine analoge Anwendung des Art. 14 Abs. 3 GG scheide aus.[228] Das BVerfG meint mit dieser Unterscheidung aber vor allem die Unvereinbarkeit der Rechtsfolgen: Nicht möglich ist, daß eine Inhaltsbestimmung des Eigentums durch Anwendung des Art. 14 Abs. 3 GG nur deshalb Bestand hat, weil die Eigentumsbeeinträchtigung durch eine Entschädigungsleistung abgemildert wird. Vielmehr „ist die gesetzliche Regelung verfassungswidrig; sie wird dadurch nicht zu einer Enteignung.“[229]

Im Übrigen aber ist weitgehend unklar, inwieweit sich eine strikte Trennung der Rechtsinstitute überhaupt durchsetzen läßt; manches spricht dafür, daß eine trennscharfe Differenzierung nach wie vor außerhalb der Rechtsfolgen nicht durchzuhalten ist.[230] Entsprechend wird auch in der Literatur vertreten, daß Maßnahmen denkbar sind, die im Rahmen inhaltsbestimmender Regelungen eine Rechtsposition totalentleeren und damit die Maßstäbe des Eigentumsschutzes außer Kraft setzen, so daß Art. 14 Abs. 3 bei den Rechtmäßigkeitsanforderungen an die gesetzgeberische Maßnahme zu beachten ist.[231] Eine solche Totalentleerung eines Rechts, die Reduktion auf ein *nudum ius*, überschreite die Grenze dessen, was noch als Inhaltsbestimmung des Eigentums gedeutet werden kann, will man es nicht zulassen, daß sämtliche Maßstäbe des Eigentumsschutzes außer Kraft gesetzt werden.[232]

Ob die Anwendung von Art. 14 Abs. 3 GG dann in Betracht kommen könnte, wenn eine inhaltsbestimmende Regelung die Nutzung des geschützten Rechts schlechthin unmöglich macht und das Recht völlig entwertet, hat das BVerfG bislang offen gelassen.[233] Es hat nur entschieden, daß sich an der Einordnung einer solchen Maßnahme als Inhalts- und Schrankenbestimmung jedenfalls auch in solchen Fällen nichts ändern könne.[234] In einer weiteren Entscheidung für die Abschaffung eines Vorkaufsrechts im Bergrecht hat das BVerfG gleichfalls entschieden, daß Art. 14 Abs. 3 GG nicht unmittelbar anwendbar ist, aber jedenfalls für die

---

[227] Wohl in Anspielung auf die ehemalige Rechtsprechung des BGH und BVerwG, wonach nach der Intensität der Maßnahme ein Ausgleichsanspruch aus enteignendem Eingriff mit Art. 14 Abs. 3 GG gewährt worden ist. Inzwischen wird dieses Rechtsinstitut auf Art. 74, 75 ALR gestützt.

[228] Jarass/Pieroth, *Jarass*, Art. 14 Rdnr. 69.

[229] BVerfGE 58, S. 137, *S. 145*; so auch BVerfGE 52, S. 1, *S. 27f.*

[230] Vgl. Eschenbach, Die Enteignung, Jura 1997, S. 519, *S. 520*; Schwabe, Die Enteignung in der neueren Rechtsprechung des Bundesverfassungsgerichts, JZ 1983, S. 273, *S. 274f.*; Maunz/Düring, *Papier*, Art. 14 Rdnr. 375.

[231] Ossenbühl, S. 178 Fn. 65; OVG Koblenz, Natur und Recht 1992, S. 487, *S. 488.*

[232] Ossenbühl, S. 178 Fn 65.

[233] BVerfGE 79, S. 174, *S. 192.*

[234] BVerfGE 83, S. 201, *S. 211ff.*; 100, S. 226, *S. 240.*

Beurteilung eines solch massiven Eingriffs nicht ohne Bedeutung sein kann.[235] Auch wenn das Bundesverfassungsgericht die Anwendbarkeit des Art. 14 Abs. 3 GG für den Fall einer Totalentleerung offen hat stehen lassen,[236] so betont es damit doch, daß jedenfalls die hier geltenden Grundsätze zu berücksichtigen sind. Da jedoch auch im Rahmen derjenigen Entscheidungen, die einen Grenzbereich zu Art. 14 Abs. 3 GG berühren, stets betont wird, daß Inhalts- und Schrankenbestimmung von der Enteignung zu trennen sind und die eine Maßnahme nicht in die andere umschlagen könne,[237] spricht vieles dafür, daß es sich auch dann noch um eine Inhalts- und Schrankenbestimmung handelt, wenn diese von der Rechtsposition des Gläubigers kaum noch Verwertbares übrig läßt. Dem steht auch nicht entgegen, daß etwa in BVerfGE 52, S. 1, *S. 28* ausgeführt wird: „Wenn hiernach die Verfassung Regelungen über den Inhalt und die Schranken des Eigentums eindeutig von der Enteignung durch das Gesetz abgrenzt, schließt dies nicht aus, daß durch den Erlaß neuer, für die Zukunft geltender Vorschriften im Sinne des Art. 14 Abs. 1 Satz 2 GG subjektiver Rechte entzogen oder gemindert werden, die der Einzelne auf Grund des alten Rechts erworben hatte. In dieser Einwirkung neuer, objektivrechtlicher Vorschriften auf individuelle Rechtspositionen kann eine Enteignung durch Gesetz liegen, die dann zulässig ist, wenn die Voraussetzungen des Art. 14 Abs. 3 GG gegeben sind." Denn auch hier überschneiden sich die beiden Institute Inhalts- und Schrankenbestimmung des Eigentums und Enteignung nicht inhaltlich, sondern lediglich zeitlich. Eine Inhaltsbestimmung schlägt nicht in eine Enteignung um, sondern kann es lediglich sein, daß eine gesetzgeberische Maßnahme, die eine Inhaltsbestimmung darstellt, für bereits bestehende Rechtspositionen einen Entzug zur Folge hat, dessen Folgen sich wegen der vergleichbaren Situation an Art. 14 Abs. 3 GG messen lassen müssen.

Somit sprechen gute Gründe dafür, das Ausschlußverhältnis von Inhalts- und Schrankenbestimmung und Enteignung auf Rechtsfolgenseite anzuerkennen, denn auch nur hier besteht die Gefahr, daß der Gesetzgeber zu unvorsichtig mit Eigentumspositionen verfährt, in dem Bewußtsein, daß bei einer Unzumutbarkeit schlicht entschädigt werden könne und im Übrigen die Eigentumsbeschränkung Bestand hat. Grundsätzlich ist letztere an Art. 14 Abs. 1 GG zu messen; die Wertungen des Art. 14 Abs. 3 GG können jedoch bei der Verhältnismäßigkeitsprüfung berücksichtigt werden.[238] Und Wesen des Art. 14 Abs. 3 GG ist, daß dieser die Entziehung einer Rechtsposition als so gewichtigen Eingriff wertet, daß sie entschädigungslos nicht hinzunehmen ist.[239] Vor diesem theoretischen Unterbau können nun die widerstreitenden Eigentümerbefugnisse und Gemeinwohlbelange im Falle des

---

[235] BVerfGE 83, S. 201, *S. 211*.

[236] BVerfGE 79, S. 174, *S. 193*.

[237] BVerfGE 52, S. 1, *S27f.*; 79, S. 174, *S. 192*; 83, S. 201, *S. 212*.

[238] Vgl. BVerfGE 100, S. 226, *S. 247*.

[239] Vgl. Maunz/Düring, *Papier*, Art. 14 Rdnr. 592.

Ausschlusses einer Haftungsverwirklichung in der Insolvenz abgewogen werden. Der materiellrechtliche Inhalt der Eigentumsposition ist dabei von maßgeblicher Bedeutung. Erst aus der Gestalt des Rechts, der Funktion, der die Eigentumsposition nach ihrer historischen Entwicklung dient, erschließt sich das Ausmaß eines Eingriffs.[240]

Während nach der ursprünglichen gesetzgeberischen Konzeption und herrschenden Meinung der Eigentumsvorbehalt den Kaufpreisanspruch sichern sollte,[241] setzte sich in der jüngeren Entwicklung die Ansicht durch, wonach der Eigentumsvorbehalt dem Schutz des Verkäufers vor unberechtigten Verfügungen des Käufers und vor dem Zugriff von Gläubigern dient, er also für die Rückabwicklung des Vertrages die Rechte des Verkäufers sichert.[242] Die Sicherungsübereignung dient gleichfalls, wie die im Sachenrecht ausdrücklich anerkannten Sicherungsrechte, der Überlassung der Sachsubstanz für den Fall der Insolvenz, überträgt jedoch zusätzlich die volle Eigentümerposition.[243] Ebenso ist die Sicherungsabtretung wie die Sicherungsübereignung dadurch gekennzeichnet, daß der Sicherungsnehmer im Außenverhältnis die volle Inhaberstellung erhält, er also für den Fall der Uneinbringlichkeit der gesicherten Forderung entsprechend gesichert ist.[244] Allen Kreditsicherungsmitteln ist gemein, daß sie in erster Linie dazu dienen, den Gläubiger einer Forderung bei Zahlungsunfähigkeit des Schuldners vor einem Ausfall und damit Vermögensverlust zu schützen, wenn dieser im Rahmen eines Kreditgeschäftes vorgeleistet hat.[245] Dem vorgelagert greift die Sicherungsfunktion auch dann schon ein, wenn der Schuldner schlicht nicht Willens ist, die fällige (Rück-)Forderung zu begleichen.[246]

---

[240] BVerfG, NJW 1979, S. 1294ff.; BVerfGE 68, S. 263ff.; 79, S. 292, *S. 302*; 83, S. 82ff; Maunz/Düring, *Papier*, Art. 14 Rdnr. 312.

[241] Staudinger, *Honsell*, § 455 Rdnr. 3; RGZ 67, S. 383, *S. 386*; Serick, Bd. 1, S. 77.

[242] BGHZ 54, S. 214, S. 218f.; Walter, § 10 I 3, S. 445ff.; Staudinger, *Honsell*, § 455 Rdnr. 3: Die Unterscheidung ist in der Praxis vor allem relevant für die Frage, ob der Verkäufer ein rücktrittsunabhängiges Rücktrittsrecht hat, ob er also die Sache bei Verzug des Käufers zurücknehmen und jetzt wieder Zug-um-Zug Leistung verlangen kann, oder ob er zurücktreten bzw. sich nach § 326 vom Kaufvertrag lösen muß. Gleichfalls relevant wurde dies bei der Frage, ob dem Verkäufer nach Verjährung der Kaufpreisforderung ein Herausgabeanspruch zusteht. Vgl. auch Foerste, Rdnr. 348.

[243] Staudinger, *Wigand*, Anh. zu §§ 929-931, Rdnr. 58.

[244] Vgl. Palandt, *Heinrichs*, § 398 Rdnr. 20ff.

[245] Weber, S.1f.

[246] Vgl. Scholz/Lwowski, Rdnr. 1.

Wenn der Gesetzgeber die bevorrechtigte Stellung der Mobiliarkreditsicherungsgläubiger über die Insolvenzordnung ganz abschaffte, verbliebe von der sichernden Wirkung lediglich noch der insbesondere durch § 161 BGB abgesicherte Schutz vor Zwischenverfügungen.[247] Im Falle der drohenden oder eingetretenen Zahlungsunfähigkeit oder Überschuldung bliebe dem Gläubiger vor Verfahrenseröffnung lediglich die Möglichkeit der Einzelvollstreckung mit dem Risiko, daß dann später doch noch die „Rückschlagsperre" des § 88 InsO greift und die Maßnahme somit nachträglich ins Leere geht.[248] Weitere Gefahr droht ihm wegen der Möglichkeit der Insolvenzanfechtung, soweit die Voraussetzungen der Anfechtung vorliegen, durch den Insolvenzverwalter, denn § 141 InsO stellt für die Insolvenzanfechtung noch einmal ausdrücklich klar, daß auch solche Maßnahmen Rechtshandlungen darstellen, für welche ein vollstreckbarer Titel erlangt oder deren Handhabung durch Zwangsvollstreckung erwirkt worden sind.[249]

Bei einer Abschaffung der bevorrechtigten Stellung der Mobiliarsicherungsgläubiger wäre der Einschnitt in die Privatnützigkeit des Eigentums erheblich. Im Beispielsfall des einfachen Eigentumsvorbehalts hätte der Gläubiger nach wie vor die Möglichkeit, wirksam Vorbehaltseigentum zu begründen, doch versagt dies in der Insolvenz. Nimmt man die etwa den Kommissionsentwürfen vorhandenen Umgehungsverbote beim Wort, so hätte er überdies nicht die Möglichkeit, den Eigentumsverlust für den Insolvenzfall durch anderweitig vertragliche Regelungen - etwa eine mietvertragliche Vertragsgestaltung - zu umgehen. Von dem einstmals starken Sicherungsrecht verbliebe lediglich ein Torso, da der Gesetzgeber die Sicherheit weitgehend entleert, vielleicht totalentleert hat. Wofür die Mobiliarsicherheiten ursprünglich erdacht wurden, namentlich gerade für die umfassende Sicherung des Gläubigers vor der Zahlungsunfähigkeit des Schuldners, ist damit unmöglich geworden. Daß der Gläubiger die Sache unter Umständen bereits vorher an sich nehmen kann oder sein Heil in der Zwangsvollstreckung zu suchen vermag, ist lediglich ein Reflex dieses umfassenden Schutzes: Was sogar für den Fall des wirtschaftlichen Zusammenbruchs des Schuldners Sicherung verspricht, muß als Konsequenz daraus auch für den Fall der Zahlungsunwilligkeit (die auch der Einzelvollstreckung nicht selten zugrunde liegt, doch wähnte sich der Schuldner im Erkenntnisverfahren mit seiner Leistungsverweigerung wohl zumeist im Recht, obwohl ob-

---

[247] Vgl. Medicus, Bürgerliches Recht, Rdnr. 462f.: Nach § 161 Abs. 1 BGB ist der Inhaber der Anwartschaft vor einer Verfügung des Verkäufers geschützt. Den Vorbehaltsverkäufer in der Insolvenz des Vorbehaltskäufers schützt dessen Eigentum unmittelbar. Nach § 161 Abs. 2 BGB gilt die Unwirksamkeit für Verfügungen während der Schwebezeit auch für Verfügungen desjenigen, dessen Recht mit dem Eintritt der Bedingung endet, also etwa dem Inhaber der Forderung der Sicherungszession oder des Sicherungseigentümers bei von vornherein vereinbartem Eigentumsrückfall bei Erlöschen der gesicherten Forderung.

[248] Dazu Wimmer, *App*, § 88 InsO, Rdnr. 3ff.

[249] Vgl. Wimmer, *Dauernheim*, § 141 InsO Rdnr. 3.

jektiv gesehen der Anspruch bestand) gelten. Dieser tiefe Eingriff bedarf also einer Rechtfertigung durch gleichstarke Belange der Sozialbindung. Je intensiver der Dritt- oder Allgemeinbezug der Eigentumsnutzung und Verfügung ist, je elementarer jene mitbetroffenen Drittinteressen sind, desto eher hat der Gesetzgeber im Rahmen des Art. 14 Abs. 1 S. 2 GG auf diese Belange Rücksicht zu nehmen und desto stärker sind jene Fremd- oder Allgemeinbelange im Abwägungsprozess zu gewichten.[250]

Typisch für den Drittbezug einer Eigentumsposition sind in der Rechtsprechung des BVerfG insbesondere die Konstellationen aus dem Mietrecht und Grundstücksrecht. Im Mietrecht wirkt die Sozialfunktion des Eigentums besonders, denn große Teile der Bevölkerung können sich aus finanziellen Gründen keinen eigenen Wohnraum leisten, sind auf diesen allerdings elementar angewiesen und müssen folglich fremden Wohnraum nutzen[251] Das BVerfG dehnt den Schutz des Art. 14 GG wegen der überragenden Bedeutung auf den Mieter selbst aus, mit der Folge, daß sich der Mieter zumindest im Verhältnis zu seinem Vermieter seinerseits auf Art. 14 Abs. 1 GG berufen können soll.[252] Bereits allerdings bei einem weitgehenden Ausschluß der Kündigungsbefugnis des privaten Kleingartenverpächters und die Begrenzung des zu erzielenden Pachtzinses verstoßen nach Ansicht des BVerfG gegen das Übermaßverbot, wenn die Überlassung einer Parzelle nicht mehr für die Existenzsicherung benötigt wird; dann sei der Privatnützigkeit der Vorzug einzuräumen.[253] Generell für das Grundeigentum hat das BVerfG ausgeführt: „Die Tatsache, daß der Grund und Boden unvermehrbar und unentbehrlich ist, verbietet es, seine Nutzung dem unübersehbaren Spiel der freien Kräfte und dem Belieben des Einzelnen vollständig zu überlassen, eine Rechtsordnung und Gesellschaftsordnung zwingt vielmehr dazu, die Interessen der Allgemeinheit beim Boden in weit stärkerem Maße zur Geltung zu bringen als bei anderen Vermögensgütern."

Nun handelt es sich allerdings bei Waren, insbesondere wenn sie im Geschäftsverkehr veräußert werden, was für den Eigentumsvorbehalt relevant ist, ebenso wie bei Gegenständen, die schon zum Betriebskapital eines Unternehmens gehören und welche sicherungsübereignet werden sollen, regelmäßig nicht um unvermehrbare Güter. Damit scheidet eine gesteigerte Sozialpflichtigkeit bereits aus diesem Grunde aus. Auf der anderen Seite steht das Interesse des Eigentümers in Gestalt der Privatnützigkeit, weswegen der Gesetzgeber der Bedeutung des vermögenswerten Guts oder Rechts für diesen in besonderer Weise berücksichtigen muß.[254] Dies-

---

[250] BVerfGE 68, S. 263ff.; 79, S. 292, *S. 302*; 83, S. 82ff; Maunz/Düring, *Papier*, Art. 14 Rdnr. 312.

[251] BVerfGE 79, S. 292, *S. 302*; 81, S. 29, *S. 30.*

[252] BVerfGE 89, S. 1, *S. 6ff.*

[253] BVerfGE 52, S. 1, *S. 34.*

[254] Pieroth/Schlink, Rdnr. 933.

bezüglich betont das BVerfG, daß der Gesetzgeber beim Verbot etwa der Veräußerung des Eigentums, die ein elementarer Bestandteil der Eigentumsfreiheit sei, einen lediglich eingeschränkten Gestaltungsspielraum hat.[255] Die Eindämmung des Mobiliarkredites führt hier zwar nicht dazu, daß der Eigentümer nicht mehr wie gewohnt über sein Eigentum verfügen kann, doch droht ein mittelbarer Verlust mindestens des Wertes – beim Eigentumsvorbehalt auch der Sachsubstanz – wenn sich der Eigentümer nicht mehr gegen eine Insolvenz des Sicherungsgebers sichern kann. Und dies führt mittelbar dazu, daß der Gläubiger in der Wahl seiner potentiellen Veräußerungsgegner eingeschränkt wird, wenn er sich zunächst deren Solvenz versichern muß. Insoweit läßt sich zumindest der Schutzgedanke der verfassungsgerichtlichen Argumentation nutzbar machen, indem auch diese Einschränkung der Veräußerungsmöglichkeiten die Privatnützigkeit berührt und das Pendel der Verhältnismäßigkeit einer solchen Maßnahme in Richtung der Privatnützigkeit des Eigentümers ausschlagen läßt.

Gerechtfertigt wird die Sozialpflichtigkeit häufig mit dem Forderungsausfall ungesicherter Gläubiger: In der Spitze sind etwa drei Viertel aller Konkursanträge mangels Masse abgewiesen worden und dies zu verhindern sei legitime Rechtfertigung für den Gesetzgeber auch zum Eingriff in das Kreditsicherungsrecht.[256] Allerdings sind von dem Rückschnitt des Mobiliarkredites nicht nur die Gläubiger eines insolventen Schuldners betroffen, sondern die Gesamtheit aller mit Kreditsicherungsmitteln arbeitenden Unternehmen. Verdeutlichen läßt sich dies wiederum anhand einer einschlägigen Statistik.[257] Im Jahr 2001 zählt das statistische Bundesamt eine Gesamtzahl von 2.920.983 umsatzsteuerpflichtigen Unternehmen in der Bundesrepublik. Und man wird sagen können, daß kaum eines dieser Unternehmen nicht als Sicherungsgeber oder -nehmer in den gewerblichen Verkehr mit Krediten und Mobiliarsicherheiten involviert ist. Demgegenüber findet sich für das Jahr 2001 eine Unternehmensinsolvenzanzahl von 32.278 Fällen. Dies ergibt eine Insolvenzhäufigkeit von 110,5 Insolvenzen auf 10.000 Unternehmen oder anders ausgedrückt einen Prozentsatz von 1,105 %. Pro Jahr werden die Sicherheiten also lediglich in rund 1 von 100 Fällen insolvenzrechtlich relevant, während sie im Übrigen der Kreditversorgung einer doch zumeist prosperierenden Volkswirtschaft dienen.[258] Schon daraus folgt, daß der gesamtvolkswirtschaftliche Effekt der durch die Eingrenzung des Mobiliarkredites eintreten kann, marginal wäre und kaum zur Rechtfertigung herangezogen werden kann. Denn die Beschneidung käme lediglich in Höhe von einem Prozent den Gläubiger mit bislang ungesicherten Forderungen

---

[255] Vgl. BVerfGE 101, 54, *S. 75* m.w.N.

[256] Baum, Von der Freiheit des Reformgesetzgebers – Verfassungskonforme Behandlung der publizitätslosen Mobiliarsicherheiten im Diskussionsentwurf einer Insolvenzordnung, KTS 1989, S. 553, *S. 571.*

[257] Quelle: Statistisches Bundesamt Deutschland, Datenbanksystem DESTATIS, www.destatis.de.

[258] Hofmann, Zur Geschichte der Reform des Insolvenzrechts, DRiZ 1994, S. 411, *S. 411.*

zugute, soweit man nach bisheriger Rechtslage einen Totalausfall unterstellt. Einher geht jedoch zugleich eine Verteuerung der Kredite, wenn die Sicherheiten, die der Kreditgeber bislang verlangt hat, entwertet werden.[259]

Fragwürdig sind auch die Insolvenzziele der Überwindung der Massearmut der Insolvenzfälle insgesamt und die Verbesserung der Position der ungesicherten Gläubiger als Ausprägungen der Sozialpflichtigkeit. Tritt der Insolvenzfall ein, so besteht bereits ein Mißverhältnis zwischen vorhandenem Vermögen und Verschuldung – daran vermag ein Insolvenzgesetz nichts mehr zu ändern.[260] Drängt der Gesetzgeber den gesicherten Kredit zurück, so profitieren davon ausschließlich diejenigen Gläubiger mit ungesicherten Krediten.[261] Die Massearmut, die es nach der Vorstellung des Gesetzgebers zu bekämpfen gilt, kann also nur noch dadurch gemindert werden, daß die Masse verfügbaren Vermögens zugunsten dieser ungesicherten Gläubiger verschoben wird, eben durch die Abschaffung von Aus- und Absonderungsrechten.

Im Rahmen des Art. 14 GG steht es dem Gesetzgeber aber gerade nicht frei, welches Ziel er mit einer eigentumsrelevanten Maßnahme verfolgt, sondern muß diese jedenfalls der Sozialpflichtigkeit des Eigentums Rechnung tragen und dies zu stärken suchen.

Unterstellt man, daß die gesetzgeberischen Maßnahmen Erfolg haben, dann ergäbe sich für eine exemplarische Insolvenz eines Unternehmens das folgende Bild: Ein Unternehmen stellt einen Insolvenzantrag, weil es überschuldet ist, vgl. § 19 Abs. 2 InsO. Eine Rechtslage *de lege ferenda* führt durch die Einschränkung des Mobiliarkredits dazu, daß die Gläubiger nur noch über ungesicherte, aber wegen des Delkredererisikos teurere Kredite verfügen. Nur diesen kommt die Abschaffung der Mobiliarsicherheiten zugute und müßte der Sozialpflicht des Eigentums entsprechen.

Das ist aber nur dann gegeben, wenn es aus allgemeinwirtschaftlichen Gründen erforderlich wäre, die Unternehmen ausgerechnet mit diesen teureren ungesicherten Krediten zu versorgen und ihnen die Möglichkeit billigerer und sichererer Kredite zu nehmen. Und dafür wird weder aus den Gesetzesmaterialien etwas ersichtlich, noch läßt sich selbiges anderweitig herleiten. „Überwindung der Massearmut" und „Beitrag zur Verbesserung der Stellung ungesicherter Gläubiger" führen damit lediglich zu teureren Krediten, was kaum als legitime Steigerung der Sozialpflichtigkeit zu Lasten der gesicherten Gläubiger wird gelten können. Zusätzlich verhindern

---

[259] Seuffert, Verfassungsrechtliche Fragen zu den Reformvorschlägen der Kommission für Insolvenzrecht, ZIP 1986, S. 1157, *S. 1160.*

[260] Seuffert, Verfassungsrechtliche Fragen zu den Reformvorschlägen der Kommission für Insolvenzrecht, ZIP 1986, S. 1157, *S. 1158.*

[261] Seuffert, Verfassungsrechtliche Fragen zu den Reformvorschlägen der Kommission für Insolvenzrecht, ZIP 1986, S. 1157, *S. 1158.*

solche Maßnahmen, daß der noch nicht über den Bestand seines Vermögens hinaus Kredit in Anspruch nehmende Schuldner billiger, weil durch Mobiliarkredit gesicherte, Kredite erlangen kann. Auch dies steigert die soziale Funktion des Eigentums in keiner Weise. Das Bestehenbleiben der bisherigen Kreditsicherungsmittel trifft zwar in erste Linie diejenigen Gläubiger, die trotz mangelnder Absicherung auf die Kreditvergabe angewiesen sind, um etwa mit dem Gläubiger überhaupt in geschäftlichen Kontakt treten zu können und damit eher die „kleinen Kreditgeber". Doch ein gesamtwirtschaftlicher Zwang, gerade diese Gläubiger wirksam zu schützen, um Großgläubigern damit die Kreditvergabe zu erschweren und Kredite zu verteuern, ist gleichfalls nicht ersichtlich. Dies mag aus sozialen Erwägungen politisch sinnvoll erscheinen, hält jedoch einer Überprüfung aus Gründen der Sozialpflichtigkeit nicht stand.

Die Überwindung der Massearmut stellt damit schon keinen tauglichen Sozialbindungszweck für die Eingriffe in Eigentumsrechte dar und kommt daher als Rechtfertigung der Eingriffe nicht in Betracht.[262] Die Besserstellung wirtschaftlich schlechter gestellter Kreditgeber rechtfertigt allein den hohen Verlust an Privatnützigkeit nicht.

Eine Abschaffung des Mobiliarkredites durch die Insolvenzordnung durch die Verweigerung jeglicher bevorrechtigter Stellung ist danach durch tragende verfassungsrechtliche Erwägungen nicht zu begründen. Kein Gemeinwohlbelang noch die Soziabindung des Eigentums vermögen den Eingriff in die Privatnützigkeit zu rechtfertigen.

Vielmehr rückt eine solche – noch hypothetische – Maßnahme in den Bereich einer Totalentleerung des Rechts der Inhaber der Mobiliarsicherheiten und damit den besonders sensiblen Bereich des Art. 14 Abs. 3 GG, da von der ursprünglichen Funktion der Sicherungsmittel nichts verbleibt.

Diese Maßnahme wäre unverhältnismäßig und damit verfassungswidrig wegen Verstoßes gegen Art. 14 Abs. 1 S. 1 GG.

ββ) Die Abschaffung des Konzernvorbehaltes

Tatsächlich bis in die Insolvenzordnung hat sich die Idee getragen, den Konzernvorbehalt oder genauer den Drittvorbehalt für nichtig zu erklären, § 449 Abs. 3 BGB. Konsequenterweise wurde die Regelung in das Bürgerliche Gesetzbuch mit Wirkung auch für das materielle Sachenrecht[263] implementiert, was die verfassungs-

[262] Im Ergebnis ebenso Seuffert, Verfassungsrechtliche Fragen zu den Reformvorschlägen der Kommission für Insolvenzrecht, ZIP 1986, S. 1157, *S. 1160*, dort als nicht taugliche Schutzzwecke bezeichnet.

[263] Vgl. Ermann, *Grunewald*, § 449 Rdnr. 66; Habersack/Schürnbrand, Der Eigentumsvorbehalt nach der Schuldrechtsreform, JuS 2002, S. 833, *S. 838*; differenzierend für verlängerten Eigen-

rechtliche Problematik schon von vornherein entschärft: Dadurch, daß der Gesetzgeber das Recht der Kreditsicherheiten an ihrem Ursprung neu regelt, betrifft sie das Kreditsicherungsrecht insgesamt und nicht lediglich Auswirkungen in der Insolvenz, womit es sich um die Neuregelung eines Rechtsgebietes und nicht lediglich des Teilbereiches dessen Haftungsverwirklichung handelt, mit der Folge, daß Änderungen hier eher vorgenommen werden können, da es dem Gesetzgeber nicht verwehrt werden soll und es teilweise unumgänglich ist, grundsätzlich Entscheidungen zu treffen und nicht das Problem einer Totalentleerung einer anerkannten Eigentumsposition droht.[264]

Der Konzernvorbehalt ist eine Form des erweiterten Eigentumsvorbehaltes.[265] Bei einem erweiterten Eigentumsvorbehalt (auch Kontokorrentvorbehalt) wird die Sicherungsfunktion des vorbehaltenen Eigentums horizontal auf weitere Forderungen neben der eigentlichen Kaufpreisforderung erweitert.[266] Der Konzernvorbehalt auf Verkäuferseite führt darüber hinaus dazu, daß außer den Forderungen des Lieferanten auch Forderungen dritter Unternehmen gesichert werden können, die mit dem Lieferanten im wirtschaftlichen Verbund stehen.[267]

Schon vor der Gesetzesänderung war die Wirksamkeit des Konzernvorbehaltes umstritten; die höchstrichterliche Rechtsprechung hat nicht abschließend zu dessen Zulässigkeit Stellung genommen.[268]

Sofern die Vereinbarung eines solchen Drittvorbehaltes nicht ohnehin schon wegen Verstoßes gegen einfaches Recht gemäß § 138 BGB unwirksam ist,[269] stellt sich die Frage, ob es sich um eine verhältnismäßige Maßnahme in Bezug auf den Eigentumsschutz im Sinne des Art. 14 GG darstellt.

Durch den Wegfall des Konzernvorbehaltes verliert der Gläubiger des Eigentumsvorbehaltes die Möglichkeit, auch Forderungen Dritter durch den bedingten Eigentumsübergang des Vorbehaltes zu sichern. Dies allerdings geht über die das Eigen-

---

tumsvorbehalt im Konzernverbund auf Käuferseite Bülow, Der erweiterte Eigentumsvorbehalt nach der Insolvenzrechtsreform, DB 1999, S. 2196, *S. 2196ff.*

[264] BVerfGE 83, S. 201, *S. 2011f.*; Schwerdtfeger, Rdnr. 550.

[265] Vgl. Vieweg/Werner, § 11 Rdnr. 30; Oechsler, Rdnr. 403f.; Walter, § 10 I 2, S. 444.

[266] Vgl. Ermann, 8. Aufl., *Weitnauer*, § 455 Rdnr. 47ff.; Vieweg/Werner, § 11 Rdnr. 28.

[267] Vgl. Heinrichs, Die Entwicklung des Rechts allgemeiner Geschäftsbedingungen im Jahre 1998, NJW 1999, S. 1595, *S. 1606;* Ermann, 8. Aufl., *Weitnauer*, § 455 Rdnr. 48e.

[268] Vgl. BGH NJW 1994, S. 1154, *S. 1154* = BGHZ 125, 83ff.; BGHZ 104, S. 129ff.; Heinrichs, Die Entwicklung des Rechts allgemeiner Geschäftsbedingungen im Jahre 1998, NJW 1999, S. 1595, *S. 1606*; für die Wirksamkeit etwa Schnorbus, Der Konzernvorbehalt in Vertrag und allgemeinen Geschäftsbedingungen, Betriebs-Berater 1995, S. 2251, *S. 2231.*

[269] Dagegen Schnorbus, Der Konzernvorbehalt in Vertrag und allgemeinen Geschäftsbedingungen, Betriebs-Berater 1995, S. 2251, *S. 2251*; der Streit kann hier jedoch dahinstehen, es sei denn, daß sich der verfassungsrechtliche Schutz einer solchen Rechtsposition, dessen Wirksamkeit unterstellt, ergäbe.

tum sichernde Funktion des Eigentumsvorbehaltes hinaus und dient der Absicherung eines Kontokorrents.[270] Damit stellt sich der Drittvorbehalt als „Übersicherungsmittel" dar, da Forderungen gesichert werden können, die mit der eigentlichen Kaufpreisforderung in keinem sachlichen, sondern nur personellen Zusammenhang stehen: Gesichert wird, was zufällig in der Hand eines Konzerns an Forderungen gegenüber dem Schuldner besteht.

Nach dem Verbot des Drittvorbehaltes bleibt es dabei, daß der Gläubiger sein Eigentum durch einfachen Eigentumsvorbehalt und die noch möglichen Verlängerungs- und Erweiterungsformen sichern kann. Ein verbotswidrig vereinbarter Konzernvorbehalt ist allerdings nicht völlig wirkungslos, weil der in ihm enthaltene einfache Eigentumsvorbehalt fortgilt.[271] Darüber hinausgehende Forderungen kann er seinerseits mit neuen Kreditsicherungsmitteln belegen, soweit diese zulässig bleiben. Und unter dem Gesichtspunkt privatnütziger Verwendung will kaum einleuchten, weswegen der Gläubiger die Forderung eines Dritten vermittels des Konzernvorbehaltes sichern können muß, wenn dieses den Bestand der eigentlichen Forderung – und sei es im Kontokorrent – nicht gefährdet. In Bezug auf Gemeinwohlbelange und Sozialbindung kann man annehmen, daß die Knebelungsmöglichkeiten der Gläubiger gegenüber dem Schuldner abnehmen, wenn diesem die Vereinbarungsmöglichkeiten des Drittvorbehaltes fehlen. Eine Verteuerung der Kredite dürfte demgegenüber – auch wenn es sich an dieser Stelle um eine bloße Prognose handeln muß – marginal sein. Auch das verfassungsgerichtliche Argument der besonderen Bedeutung des Gutes oder Rechts für den Eigentümer vermag hier nicht zu helfen: Denn nach dem BVerfG ist gerade nur die Freiheit in besonderem Maße geschützt, den Gegenstand selbst veräußern zu können, nicht jedoch, diesen auch als Sicherung für lediglich privatautonom begründete weitere Forderungen einsetzen zu können.[272] Insgesamt wiegt damit der Eingriff in die privatnützige Verwendung des Eigentums gering und ist durch Belange der Sozialbindung zu rechtfertigen. Die Abschaffung des Drittvorbehaltes gemäß § 449 Abs. 2 BGB ist damit verfassungsgemäß gewesen.

χχ) Die Abschaffung von Verlängerungs- und Erweiterungsformen des Eigentumsvorbehaltes

Als nächste Möglichkeit der Rückdrängung des Mobiliarkredits bietet sich die Einschränkung oder das Verbot der Verlängerungs- und Erweiterungsformen von Sicherungsübereignung und Eigentumsvorbehalt an, um so die Größe der vorhande-

---

[270] Serick, Bd. 5, XI 2, S. 254.

[271] Ermann, *Grunewald*, § 449 Rdnr. 66.

[272] Vgl. BVerfGE 101, S. 54, *S. 75*.

nen Konkursmasse zu erhöhen.[273] Auch hier soll die Funktion der jeweiligen Rechte zunächst noch einmal kurz beleuchtet werden.

Die Grundstrukturen der jeweiligen Erweiterungs- und Verlängerungsformen decken sich weitgehend. Beim verlängerten Eigentumsvorbehalt durch Vorausabtretung der Kaufpreisforderung gegen den Zweiterwerber oder durch Verarbeitungsklausel[274] und bei der mittels Vorausabtretung verlängerten Sicherungsübereignung[275] sichert das Eigentum die Forderung über die erste Veräußerung hinaus. Die Sicherungsfunktionen der Sicherungsmittel werden damit ausgeweitet. Bei den Verlängerungsforderungen sichert sich der Gläubiger dabei in die Tiefe weiterer rechtserheblicher Handlungen. Denn ohne den verlängerten Eigentumsvorbehalt mit Forderungsabtretung wäre er einem möglichen gutgläubigen Erwerb des Zweiterwerbers ausgesetzt, ohne daß er selbst eine Forderung gegen diesen etwa gemäß § 812ff. BGB begründen könnte, da das Bereicherungsrecht den gutgläubigen Erwerb nicht aus den Angeln heben darf.[276] Und ohne die Zulässigkeit einer Verarbeitungsklausel wäre er dem Rechtsverlust nach § 950 BGB ausgesetzt und dies insbesondere bei Vorbehaltsgut, welches von vornherein zur Weiterverarbeitung bestimmt ist.[277] Und auch hier hilft das Gesetz nur unzureichend, denn die ungesicherte Forderung aus §§ 951, 812ff. BGB, die er dann erhält, steht ebenso schutzlos wie eine ungesicherte Kaufpreisforderung, sollte es zum Insolvenzfall kommen. Die Verlängerungsformen sind also je ein weiterer Schritt zur Sicherung des Vorbehalts- oder Sicherungsgutes selbst auf vertikaler Ebene. Bei den Erweiterungsformen wird die Sicherheit hingegen verwandt, um Forderungen abzusichern, für die der unmittelbare auf das Sachenrecht bezogene Zusammenhang zum Sicherungsgut fehlt.[278] Dieses wird verwendet, um weitere Forderungen des Gläubigers bei Gelegenheit der ohnehin schon bestellten Sicherheit in die Breite zu fächern, bis hin zur Sicherungsübereignung eines Warenlagers mit wechselndem Bestand im Kontokorrent. Dieser Tendenz setzt allerdings schon das einfache Recht Grenzen in Gestalt der Sittenwidrigkeit einer Übersicherung gemäß § 138 BGB.[279] Eine sol-

---

[273] Für die damalige Gesamtvollstreckungsordnung war schon umstritten, ob verlängerter und erweiterter Eigentumsvorbehalt überhaupt zu einer bevorrechtigten Befriedigung berechtigen, vgl. LG Leipzig, ZIP 1995, S. 1841; dagegen Pape, Aktuelle Entwicklungstendenzen der Rechtsprechung zur Gesamtvollstreckungsordnung, DTZ 1997, S. 2, *S. 11*.

[274] Hier entsteht Sicherungseigentum an der vom Vorbehaltsverkäufer gelieferten Ware, wenn der Käufer die vom gesicherten Gläubiger gelieferte Sache verarbeitet und der Gläubiger auf Grund einer Herstellerklausel Eigentümer der neu hergestellten Sache wird, vgl. Pape/Uhlenbruck, Rdnr. 531.

[275] Dazu Serick, Bd. 6, § 76 III 1b, S. 341.

[276] Vgl. Palandt, *Bassenge*, § 932 Rdnr. 16.

[277] Vgl. OLG Stuttgart, NJW 1998, S. 740, *S.* 741; Vieweg/Werner, § 6 Rdnr. 30.

[278] Vgl. Vieweg/Werner, § 11 Rdnr. 12; Gerhard, S. 166.

[279] Vgl. Palandt, *Heinrichs*, § 138 Rdnr. 97.

che Sittenwidrigkeit wird dem Grunde nach nur bei den Erweiterungsformen vorkommen, denn nur hier besteht die Gefahr, daß der Wert der Sicherheit die zu sichernde Forderung bei weitem übersteigt oder eine Knebelungswirkung anzunehmen sein kann, von der sich der Schuldner nicht durch die Begleichung der

Forderung bei der einfachen Sicherungsübereignung oder dem einfachen Eigentumsvorbehalt zuzüglich seiner Verlängerungsformen befreien kann.[280] Hier sichert sich der Gläubiger in horizontaler Ebene in die Breite weiterer Geschäfte und nicht unmittelbar den Wert der Sicherheit selbst.

Diese Funktionsanalyse läßt auch in verfassungsrechtlicher Hinsicht Rückschlüsse zu. Dadurch, daß die Verlängerungsformen der Sicherheiten letztlich nur die Sachwerte selbst schützen, ist das Maß an Privatnützigkeit, welches bei einem Rückschnitt der Möglichkeit der Sicherheitenbestellung betroffen wird, höher, als wenn lediglich die Möglichkeit der horizontalen Ausweitung des Sicherungszwecks durch Erweiterungsformen eingegrenzt wird. Verfassungsrechtlich betrachtet geht es in letzterem Fall um den Schutz einer zwar auch grundrechtlich geschützten Rechtsposition, nämlich einer weiteren Forderung des Gläubigers.[281] Eine Notwendigkeit dafür, von Grundgesetz und Art. 14 GG wegen zu ermöglichen, daß eine eigentlich sachfremde Sicherheit diese Forderung sichern können muß, ist hingegen nicht ersichtlich. Nur die Verlängerungsformen der Kreditsicherheiten sind erforderlich, um den Gläubiger vor Wertverlust weitestgehend zu bewahren. Würden sie ihrer Insolvenzwirksamkeit beraubt, besteht kein wirksames Mittel mehr, um etwa bei von vornherein zu verarbeitenden Waren einem Insolvenzausfall vorzubeugen. Art. 14 GG gebietet aber auch, anerkanntes und gesetzlich ausgestaltetes Eigentum zu schützen.[282] Dieser Schutz reicht soweit, daß auch bei der Anwendung privatrechtlicher Vorschriften die Ausstrahlungswirkung des Art. 14 GG zu berücksichtigen[283] und das entsprechende Prozeßrecht verfahrensförmig auszugestalten ist.[284] Dies trifft in besonderem Maße eine nur durch Insolvenzgesetz vorgenommene Unwirksamkeit der Sicherungsmittel.

Und auch hier muß wieder die besondere Bedeutung des Gutes für den Eigentümer erwogen werden: Die oben genannten mittelbaren Einschränkungen der Veräußerungsmöglichkeiten und damit der stärkere Schutz des Eigentums greift hier,

---

[280] Bei den Verlängerungsformen wird man wesentlich nur dann eine Sittenwidrigkeit annehmen können, wenn der Gläubiger neben der Verlängerung weitere Sicherungsgeschäfte tätigt, die neben das verlängerte Sicherungsgeschäft treten sollen. Auch hier liegt wieder eine Sicherung auf horizontaler Ebene vor, vgl etwa Serick, Bd. 6, § 76, II 14 b, S. 337 für die Garantieerklärung des vorläufigen Verwalters im Vorverfahren nach der VerglO.

[281] Zum Drittvorbehalt siehe soeben unter, S. 176f..

[282] BVerfGE 20, S. 351, *S.356*; 24, S. 367, *S. 396*; 37, S. 132, *S. 141*.

[283] Vgl. BVerfGE 79, S. 292, *S. 303*; 89, S. 1, *S. 9f.*; BGHZ 101, S. 24, *S. 27;* Maunz/Düring, *Papier*, Art. 14 Rdnr. 220.

[284] Vgl. Sachs, *Wendt*, Art. 14 GG Rdnr. 15; Jarass/Pieroth, *Jarass*, Art. 14 Rdnr. 34.

wie bei der gänzlichen Abschaffung der Aus- oder Absonderungsbefugnis, wenn auch nicht in gleichem Maß. Auch hier kann der Gläubiger sich nicht mehr wirksam vor Sachsubstanz- oder zumindest Wertverlust schützen, wenn dies in abgeschwächtem Maße auch nur für die Weiterveräußerung oder die Verarbeitung der Sache gilt.

Insgesamt wird man daher sagen können: Im Rahmen der Verhältnismäßigkeit wäre eine Beschneidung der Erweiterungsformen durch Abschaffung der bevorrechtigten Stellung derselben jedenfalls im materiellen Sachenrecht nach Vorbild des § 449 Abs. 3 BGB verhältnismäßig, weil der Gläubiger in der Verwendung seiner Sicherheit kaum eingeschränkt wird. Denn die weitere Forderung, die es zu sichern gilt, unterliegt ihrerseits dem Schutz des Art. 14 GG und ihre Undurchsetzbarkeit für den Fall des wirtschaftlichen Zusammenbruchs des Schuldners ist ihrerseits – wie jede andere ungesicherte Forderung auch – mit Art. 14 GG vereinbar. Anders verhält es sich hingegen bei den Verlängerungsformen der Sicherheiten. Diese für die Insolvenz einzugrenzen, kann die selben negativen Folgen haben, wie die völlige Beseitigung bevorrechtigter Positionen der Sicherungsgläubiger, auch wenn dies auf einen Ausschnitt begrenzt ist, etwa in dem bereits benannten Beispiel gelieferter Ware, die zur Verarbeitung bestimmt ist. Nimmt man den Schutz hinzu, den der Gesetzgeber anerkannten Sicherungsmitteln zukommen zu lassen hat, stellt sich der Ausschluß der Haftungsverwirklichung der Verlängerungsformen des Eigentumsvorbehaltes als schweren Eingriff in anerkannte vermögensrechtliche Rechtspositionen dar. Und die dem gegenüberzustellende Masseanreicherung wiegt diesen Eingriff in die Privatnützigkeit ebensowenig auf, wie die gänzliche Beseitigung der bevorrechtigten Stellung – zumal die Masseanreicherung durch eine solche Maßnahme noch weit geringer ausfiele, da ein großer Teil der Sicherheiten nach wie vor wirksam ist. Zudem förderte eine solche Abschaffung gerade den unredlichen Schuldner, wenn dieser entgegen einer vertraglichen Abrede dann Vorbehaltsgut verarbeiten kann oder gegenüber einem redlichen Dritten bewußt schweigt, um so dessen gutgläubigen Erwerb einer unter Vorbehalt gelieferten Sache zu ermöglichen. Da auch dies der Sozialbindung kaum dienlich, sondern eher abträglich ist, wäre die Beseitigung der bevorrechtigten Stellung des Gläubigers eines verlängerten Eigentumsvorbehaltes oder einer verlängerten Sicherungsübereignung nicht mehr verhältnismäßig.[285]

Hingegen ist es möglich, daß die Erweiterungsformen des Eigentumsvorbehaltes und der Sicherungsübereignung ohne Verstoß gegen Art. 14 GG beschnitten werden, wie dies für den Drittvorbehalt als Sonderform der Erweiterung beim Eigentumsvorbehalt auch Gesetz geworden ist.

---

[285] Eine davon unabhängige Frage ist, ob dem verlängerten Eigentumsvorbehalt auch Aussonderungskraft beigemessen werden muß oder die Absonderung genügt. Dies betrifft die Sicherheitenverwertung und nicht deren Wirksamkeit überhaupt und soll daher bei der Sicherheitenverwertung untersucht werden.

δδ) Schriftformerfordernis

Auch auf Ebene der wirksamen Sicherheitenbestellung ist das Schriftformerfordernis als Voraussetzung der Insolvenzwirksamkeit einer Sicherheit angesiedelt. Jedenfalls die Verlängerungs- und Erweiterungsformen des Eigentumsvorbehaltes sollten einer vereinfachten Schriftform unterliegen, Sicherungsübereignung und Sicherungsabtretung sollten der vollen Schriftform unterworfen werden.[286] Auch dies ist eine Maßnahme auf Ebene der Sicherheitenbestellung und ihrer Wirksamkeit in der Insolvenz und soll nachfolgend auf ihre Verhältnismäßigkeit hin untersucht werden.

(1) Das Schriftformerfordernis im System des Bürgerlichen Gesetzbuches

Zunächst soll die bürgerlich-rechtliche Funktion des Schriftformerfordernisses kurz aufgezeigt werden.

Nach dem bürgerlich-rechtlichen Verständnis gilt zunächst der Grundsatz, daß Rechtsgeschäfte zur Erleichterung des Rechtsverkehrs, namentlich den Gegebenheiten des modernen Güter- und Leistungsaustausches, gerade keiner Form bedürfen.[287] Ordnet das Gesetz ein Formerfordernis an, so erfüllt dies regelmäßig den Zweck, den Erklärenden vor den Risiken eines bestimmten Geschäftes und vor Übereilung zu schützen (Warnfunktion) oder dient dazu, klarzustellen und beweisen zu können, daß und mit welchem Inhalt ein Geschäft zustande gekommen ist (Klarstellungs- und Beweisfunktion), die sich weiter in Identitätsfunktion, Echtheitsfunktion und Verifikationsfunktion aufgliedern läßt.[288] Bei bestimmten Formerfordernissen, wie der der notariellen Beurkundung, will das Gesetz zusätzlich eine sachkundige Beratung sicherstellen.[289]

Dem Publizitätsprinzip kommt hingegen eine von dem Schiriftformerfordernis abweichende Bedeutung zu. Grund für das Publizitätsprinzip ist die absolute Wirkung dinglicher Rechte: Wegen deren absoluten Geltungsanspruchs muß das Bestehen eines solchen Rechtes erkennbar sein.[290] Der Offenkundigkeit kommen dabei insbesondere drei Funktionen zu: die Übertragungswirkung, in welcher das Publizitätsmittel die Rechtsübertragung ersichtlich macht, die Vermutungswirkung, daß von dem Publizitätsmittel auf die Rechtsinhaberschaft geschlossen werden

---

[286] Erster Bericht der Kommission für Insolvenzrecht, S. 307; Leitsätze 3.2.1-3.2.3.

[287] Jauernig, *Jauernig*, § 125 Rdnr. 1; Palandt, *Heinrichs*, § 125 Rdnr. 1.

[288] Palandt, *Heinrichs*, § 125 Rdnr. 1, 2af.; weitere außerhalb des BGB bestehende Schriftformerfordernisse enthalten etwa: §§ 32 Abs. 1, 122, 166 Abs. 1 AktG, § 15 Abs. 3 BbiG, § 7 BKleingartenG, § 11 BJagtG, § 3 Abs. 1 BRAGO, § 3 FernUSG, §§ 5, 11 Abs. 2, 93i Abs. 3 GenG, § 11 Abs. 3 BauGB, § 363 HGB, § 4 Abs. 2 HOAI, § 23 RsiedlG, § 1 Abs. 2 TVG, § 4 VerbrKrG, § 77 Abs. 2 BetrVG, § 12 Abs. 1 AÜG, § 32 Abs. 4 AVBWasserV.

[289] Vgl. Palandt, *Heinrichs*, § 125 Rdnr. 2c.

[290] Westermann, Sachenrecht, § 3 I, 2., S. 18; Wolf, Sachenrecht, Rdnr. 25; Rdnr. 170.

kann (vgl. § 1006 BGB) sowie die Gutglaubenswirkung mit welcher die Rechtsübertragung selbst dann gelingen kann, wenn der Inhaber des Rechtsscheinträgers in Wahrheit gar nicht zugleich der dinglich Berechtigte ist.[291]

Somit erscheint fraglich, ob das Schriftformerfordernis nach dem Kommissionsentwurf sich unter die bisherigen Fallgruppen der Formerfordernisse subsumieren läßt.

Eine Warnfunktion kommt diesem Erfordernis als Voraussetzung für die Insolvenzfestigkeit nicht zu. Denn die Vollrechtsübertragung als weiterreichende Verfügung war auch nach dem Kommissionsentwurf formfrei. Somit macht es keinen rechten Sinn den Gläubiger vor dem „milderen" dinglichen Geschäft der Sicherheitenbestellung zu warnen. Auch eine Klarstellungs- und Beweisfunktion kommt dieser Schriftform kaum zu, denn auch insoweit ist die vollständige Rechtsübertragung nach wie vor formlos möglich.

Allenfalls annähren würde sich dieses Schriftformerfordernis an den allerdings zum 01.01.1999 aufgehobenen § 34 GWB, der als Ausnahme zum sonstigen Schriftformzweck eine wirksame behördliche Kontrolle wettbewerbsbeschränkender Verträge durch die Kartellbehörden ermöglichen sollte.[292] Neben der Kotrollfunktion sind die hergebrachten Schriftformerfordernisse allenfalls noch als Reflex erfüllt.[293]

Eine ähnliche Funktion sollte nach den Erwägungen der Kommission für Insolvenzrecht teilweise auch das Schriftformerfordernis für die Mobiliarsicherheiten erfüllen, indem dem Insolvenzverwalter das Überprüfen der Sicherheiten ermöglicht und Mißbrauch vermieden werden sollte: Mittels des Schriftformerfordernisses solle verhindert werden, daß unredliche Gläubiger und Schuldner nach der Eröffnung des Insolvenzverfahrens Sicherungsmittel lediglich vortäuschen könnten, um so die Masse zu unrecht auszuhöhlen.[294]

Andererseits geht das Erfordernis nach dem Insolvenzrechtsbericht aber deutlich über die Funktion des § 34 GWB hinaus. Für diesen war anerkannt, daß er wegen seines einzigen Normenzwecks, der Behördenpublizität, gerade nicht als zivilrechtliches Formgebot aufzufassen war, obgleich er in Anlehnung an die bürgerlich-

---

[291] Baur/Stürner, Sachenrecht, § 4, II, Rdnrn. 9ff.

[292] Frankfurter Kommentar GWB, *Vonnemann*, § 34 Rdnr. 4; Palandt, *Heinrichs*, § 125 Rdnr. 2c;

§ 34 GWB lautete:

Schriftform für Verträge und Beschlüsse

Kartellverträge und Beschlüsse (§§ 2 bis 8) sowie Verträge, die Beschränkungen der in den §§ 16, 18, 20 und 21 bezeichneten Art enthalten, sind schriftlich abzufassen. § 126 Abs. 1 des Bürgerlichen Gesetzbuches findet Anwendung. Es genügt, wenn die Beteiligten Urkunden unterzeichnen, die auf einen schriftlichen Beschluß, auf eine schriftliche Satzung oder auf eine Preisliste Bezug nehmen. § 126 Abs. 2 des Bürgerlichen Gesetzbuches findet keine Anwendung.

[293] Frankfurter Kommentar GWB, *Vonnemann*, § 34 Rdnr. 4.

[294] Erster Bericht der Kommission für Insolvenzrecht, S. 306.

rechtlichen Formvorschriften geschaffen worden ist.[295] Der erste Bericht der Kommission zeigt aber, daß in diesem Zusammenhang der Zweck verfolgt wurde, gerade die Publizität und damit ein feststehendes sachenrechtliches Prinzip zu stärken.[296]

Der nunmehr gestrichenen Ausnahme der herkömmlichen Zwecke des Schriftformerfordernisses des § 34 GWB wäre also eine andere nachgefolgt, wären die Kommissionvorschläge Gesetz geworden: das Schriftformerfordernis als Publizitätsmittel.

Dieses Schriftformerfordernis wäre danach ein insoweit abgeschwächteres Mittel als die bekannten Publizitätsmittel wie Besitz, Grundbuch oder Pfandrechtsregister: Denn bis zur Eröffnung des Insolvenzverfahrens wäre den Mobiliarsicherheiten nichts von der Beklagten „Heimlichkeit" genommen: Lediglich Gläubiger und Schuldner wären im Besitz entsprechender schriftlicher Urkunden, also nicht mehr als eine Publizität *inter partes*. Erst im Falle der Eröffnung des Insolvenzverfahrens und der Bestellung des Insolvenzverwalters würden die Sicherungsmittel publik werden, wenn der Gläubiger die Urkunden vorlegen muß, um seine bevorzugte Rechtsstellung einzunehmen. Die Publizität wäre zudem auf den engen Kreis der Beteiligten des Insolvenzverfahrens begrenzt. Die Kommission versuchte so offenbar ein Dilemma zu lösen, vor welchem schon der historische Gesetzgeber der Konkursordnung bei der Beseitigung der Mobiliarhypothek gestanden hatte. Denn diesem fehlte für das Bürgerliche Recht die Gesetzgebungskompetenz, weswegen er auf die Regelung der Ab- und Aussonderung auswich und somit die Mobiliarhypothek auf dem Umweg über den Insolvenzfall beseitigte, indem er ihr für diesen Fall die Wirksamkeit versagte. Und der Kommission für Insolvenzrecht fehlte auch nach eigenem Verständnis der Auftrag, mit einem neuen Insolvenzgesetz gleich das System der Mobiliarsicherheiten insgesamt und damit auch im Bürgerlichen Recht neu zu strukturieren.

Insoweit wählte die Kommission einen „milderen" Weg über ein Schriftformerfordernis, obwohl dies den eigentlichen Zwecken eines solchen zuwider lief und als Ersatz für die fehlende Publizität eingesetzt werden sollte.[297] Das Ergebnis wäre

---

[295] Frankfurter Kommentar GWB, *Vonnemann*, § 34 Rdnr. 4.

[296] So ausdrücklich Erster Bericht der Kommission für Insolvenzrecht, S. 298: Die Kommission nimmt hier auf den Vorschlag des 51. Juristentages von 1976 zu dem Thema „Empfehlen sich gesetzliche Maßnahmen zur Reform der Mobiliarsicherheiten?" wonach die Publizität der gängigen Kreditsicherungsmittel Eigentumsvorbehalt, Sicherungsübereignung und Sicherungszession verstärkt werden soll. Weiterhin wird die Einmaligkeit des Fehlens einer solchen Publizität in den Rechtssystemen der Welt angeführt (S. 306) sowie Parallelen zu den Registererfordernissen anderer Rechtssysteme gezogen (S. 307).

[297] Kritisch insoweit auch Drobnig, Empfehlen sich gesetzgeberische Maßnahmen zur Reform der Mobiliarsicherheiten? in: Verhandlungen des 51. Deutschen Juristentages (1976), Band 1: Gutachten, S. F1, *S. F 67f.*

gewesen, daß die aus den Normen des Bürgerlichen Gesetzbuches unter Billigung der Rechtsprechung entwickelten publizitätslosen Mobiliarsicherheiten für den Insolvenzfall nun doch mit einer Art limitierten Publizität in Gestalt eines Schriftstückes, welches das Bestehen der Sicherheit ausweist, versehen worden wären.

Systematisch stimmig wenigstens ist dies kaum, da die Regelung durch die Insolvenzordnung und nicht durch das Bürgerliche Gesetzbuch getroffen wird und das Schriftformerfordernis in seinem hergebrachten Verständnis gerade kein Mittel der Publizität ist, sondern vielmehr Warn-, Klarstellungs- und Beweisfunktionen erfüllen soll.

Endlich ist auch noch der Erfolg einer solchen Maßnahme zweifelhaft, denn die praktischen Änderungen gegenüber geltender Rechtslage sind gering. In den meisten Fällen wird ohnehin bereits eine schriftliche Abrede über die Sicherungsmittel existieren. Und weil nach § 1006 BGB eine tatsächliche Vermutung des Eigentums für den Insolvenzverwalter streitet,[298] hatte etwa der Aussonderungsgläubiger auch bislang schon sein Recht zu beweisen,[299] gleiches gilt für die Geltendmachung des Absonderungsrechts.[300] Und dies wird ihm regelmäßig nur dann sicher gelingen, wenn er über ein Schriftstück verfügt, aus welchem sein Recht ersichtlich ist. Gedacht werden kann allenfalls noch an ein kollusives Zusammenwirken von Gemeinschuldner und in Wahrheit nicht Haftungsbevorrechtigtem. Doch wo mündlich eine falsche Sicherheit behauptet wird, ist die Schwelle, eine solche auch schriftlich zu fixieren, nicht mehr sonderlich hoch.

(2) Verhältnismäßigkeit des Schriftformerfordernisses

Auch wenn das Schriftformerfordernis nicht die üblichen Funktionen des bürgerlich-rechtlichen Schriftformerfordernisses ausübt noch effektives Mittel zur Publizitätssteigerung zu sein scheint, so sind dies Zweckmäßigkeitserwägungen und beantwortet dies noch nicht die Frage nach einer Verhältnismäßigkeit einer solchen Maßnahme im Sinne des Art. 14 GG. Auch hier muß entsprechend der Schwere des Eingriffs eine Rechtfertigung durch Belange der Sozialbindung und des Allgemeinwohls gegeben sein.

Dabei ist das Schriftformerfordernis in Bezug auf Privatnützigkeit und Sozialbindung des Eigentums schwer zu fassen, da elementare Interessen nicht betroffen zu sein scheinen und nicht der Kernbereich des Sicherungsrechts betroffen ist. Der Eigentümer einer Sache bleibt auch mit Schriftformerfordernis, solange man dieses von den übrigem Maßnahmen separiert betrachtet, Inhaber der vollen Verfügungsgewalt und kann nach wie vor etwa vollwirksames Sicherungseigentum bestellen.

---

298 Vgl. BGH WM 1996, S. 1242, *S. 1243*.

299 Uhlenbruck InsO, § 47 InsO Rdnr. 114.

300 Vgl. MüKo InsO, *Ganter*, vor §§ 49 bis 52, Rdnr. 144.

Dies spricht für einen weiten Gestaltungsspielraum des Gesetzgebers.[301] Bei dem Schriftformerfordernis handelt es sich um eine Voraussetzung mit administrativem Charakter, die noch am ehesten mit einem öffentlich-rechtlichen Antragserfordernis zu vergleichen ist. Gemeint ist damit nicht das repressive Verbot mit Befreiungsvorbehalt oder präventive Verbot mit Genehmigungsvorbehalt aus dem Verwaltungsrecht, sondern vielmehr eine Art Anzeige einer bestimmten Tätigkeit als Erfordernis deren Zulässigkeit mit dem Zusatz, daß die Sicherheit erst dann überhaupt wirksam werden kann. Und relevant wird diese Anforderung auch erst dann, wenn es zum Insolvenzfall kommt; bereits vorher kann eine eigentlich unwirksame Sicherheit herausverlangt oder wegen ihr zwangsvollstreckt werden. Dieses rechtliche Konstrukt ist ohne Vorbild: Es entsteht mit der Einigung über die Sicherheitenbestellung und einem zusätzliche Publizitätsakt ein dingliches Recht, welches für den Insolvenzfall so behandelt wird, als wäre es erst überhaupt nicht entstanden. Als Vergleichsmöglichkeit könnte allenfalls § 311b BGB in Betracht kommen, wonach ein Vertrag über ein Grundstück der notariellen Beurkundung bedarf, was bei Nichtbeachtung die Nichtigkeitsfolge des § 125 BGB nach sich zieht, jedoch seinem ganzen Inhalte nach wirksam wird, wenn Auflassung und die Eintragung in das Grundbuch erfolgen.[302] Allerdings wird hier nicht das dingliche Rechtsgeschäft wirksam, sondern lediglich das obligatorische Geschäft, um so die Kondiktion einer erfolgten Eigentumsübertragung nach §§ 873, 925 BGB gemäß § 812ff. BGB auszuschließen.[303] Der unwirksam mündlich geschlossene Kaufvertrag ist mit dem Wirksamwerden durch Eintragung und Auflassung hinsichtlich seiner Primärleistung zugleich erfüllt worden. Doch erst jetzt hat der Käufer Anspruch aus etwa der Sachmangelgewährleistung der §§ 434ff. BGB.

Aber auch dieser Vergleich will nicht recht passen, denn im Falle der Insolvenz des Sicherungsnehmers besteht die Forderung auch bei bloß mündlicher Sicherheitenbestellung ohnehin, nur teilt sie das Schicksal jeder anderen ungesicherten Forderung. Nur in den Anforderungen an die wirksame Rechtsbegründung (in einem Falle obligatorisch, im anderen dinglich) und damit in den Auswirkungen auf den Rechtsinhaber ist das Schriftformerfordernis der Kommission für Insolvenzrecht mit der Regelung des § 311b BGB vergleichbar. Denn in beiden Fällen bedarf es nur der Einhaltung der vorgeschriebenen Form um für den Betroffenen die Eigenützigkeit des Rechts und den Ausschluß Dritter von diesem zu begründen.

Der Eingriff in verfassungsrechtlich anzuerkennendes Eigentum des Sicherungsgebers in der Insolvenz durch Schriftformerfordernis ist damit als gering zu bewerten. Denn das Schriftformerfordernis hindert, anders als § 311b BGB, nicht einmal

---

[301] Vergleichbar für geringe Eingriffsschwere bei Umwandlung des Aussonderungsrechts in die Absonderung: Baum, Von der Freiheit des Reformgesetzgebers, KTS 1989, S. 553, *S. 576*.

[302] Zum Schutzzweck MüKo, *Kanzleiter*, § 311b BGB, Rdnr. 2.

[303] Palandt, *Heinrichs*, § 311b BGB, Rdnr. 51, 55f.

wirksam die Rechtsentstehung, sondern schafft nur eine Verwertbarkeitsvoraussetzung für die Insolvenz.

Demgegenüber erleichtert das Schriftformerfordernis dem Insolvenzverwalter das Auffinden der Kreditsicherheiten und senkt dadurch die Ermittlungskosten. Und der potentielle Kreditgeber ist, soweit der Schuldner bereit ist ihm die entsprechenden Unterlagen zur Kenntnis zu bringen, in der Lage, sein Kreditrisiko besser abzuschätzen, wenn er um die bereits bestehenden Kreditsicherheiten weiß. Auch dies ist der Sozialbindung des Eigentums lediglich vorgelagert, könnte es doch helfen, das eine Forderung sich erst gar nicht gegen die Masse richtet oder eine Sicherheit herausverlangt wird, wenn der Insolvenzfall so vermieden werden kann.[304]

Auch wenn das Schriftformerfordernis systematisch sich nicht einfügt und der Nutzen für die Allgemeinheit nicht überzubewerten ist, so ergibt die Abwägung der widerstreitenden Interessen einen geringen Eingriff in die Privatnützigkeit des Eigentums verbunden mit einer wenn auch geringen Stärkung des Gemeinwohlbelangs.

Die Einführung eines Schriftformerfordernisses wäre danach verhältnismäßig.

εε) Zusammenfassung und Ergebnis in Bezug auf Eingriffe auf der Ebene der Bestellung der Sicherheiten

Zusammenfassend kann auf der Ebene der Sicherheitenbestellung festgehalten werden: Die gänzliche Abschaffung der bevorrechtigten Stellung der Mobiliarsicherungsgläubiger gerade durch die Insolvenzordnung wäre wegen Verstoßes gegen Art. 14 GG jedenfalls verfassungswidrig. Der oft befürwortete Weg der Steuerung der Kreditsicherheiten über die Insolvenzordnung statt über das BGB selbst gerät bei einem solchen massiven Eingriff an seine Grenzen. Wesentlicher Grund dafür ist gerade die Regelung außerhalb des Bürgerlichen Gesetzbuches in einem Insolvenzgesetz, denn auf diesem Weg besteht die Gefahr, daß der Gesetzgeber ein anerkanntes und in der Einzelvollstreckung wirksames Rechtsinstitut für den Insolvenzfall nahezu beseitigt. Damit aber schafft der Gesetzgeber über das bürgerliche Recht eine Eigentumsposition, die damit automatisch auch verfassungsrechtlichen Schutz erlangt. Und dieser Schutz verhindert, daß das Recht sodann über ein anderes Gesetz wieder nahezu beseitigt, also totalentleert wird. Will der Gesetzgeber also das Kreditsicherungsrecht in seinen Grundstrukturen neu gliedern, so wird er dies über das bürgerliche Recht selbst tun müssen. Das historische Beispiel der Abschaffung der Mobiliarhypothek über die Reichskonkursordnung taugt also unter der Ägide des Grundgesetzes nicht mehr zur Nachahmung durch den Bundesgesetzgeber.

---

[304] Allerdings ließe sich dies noch weit effektiver mittels eines Sicherheitenregisters verwirklichen, wenn die Sicherheitenbestellung für jedermann ersichtlich werden könnte.

Hingegen ist die Neugestaltung von Teilbereichen dieses Rechtsgebietes über die Insolvenzordnung verfassungsrechtlich möglich, wie auch nicht erst seit der Schaffung der Insolvenzordnung gängige Praxis. Die Abschaffung des Drittvorbehaltes war verfassungsgemäß und hätte in der Insolvenzordnung vorgenommen werden können, obgleich systematische Erwägungen und das Gebot der Rechtsklarheit für eine Regelung unmittelbar im BGB selbst streiten, wie sie mit § 449 Abs. 3 BGB auch Gesetz geworden ist. Auch die Erweiterungsformen von Sicherungsübereignung, Eigentumsvorbehalt und Sicherungszession könnten ohne Verfassungsverstoß eingegrenzt werden. Schwierigkeiten birgt allerdings die Einengung der Verlängerungsformen dieser Kreditsicherungsmittel. Denn dann bestünde die Gefahr, daß der Gläubiger sein verfassungsrechtlich geschütztes Eigentum nicht mehr wirksam vor Verarbeitung oder gutgläubigem Erwerb zu sichern vermag. Hier liegen die Anforderungen an eine Rechtfertigung durch die Sozialbindung demgemäß deutlich höher. Und daß eine solche verfassungsrechtliche Rechtfertigung ersichtlich ist, ist mehr als zweifelhaft, denn der Gesetzgeber ist in der Wahl seiner Zielsetzungen nicht frei, sondern muß eines der anerkannten Gemeinwohlinteressen verfolgen.[305] Und wie aufgezeigt genügen Ziele wie die Überwindung der Massearmut und Verbesserung der Stellung der ungesicherten Gläubiger durch Eingriffe in fremde Eigentumspositionen diesen Anforderungen nicht.

Jedenfalls keinen verfassungsrechtlichen Bedenken begegnet die Einführung eines Schriftformerfordernisses als Publizitätsersatz und Voraussetzung der Verwertung einer Sicherheit in der Insolvenz.

β) Verhältnismäßigkeit von Maßnahmen auf Ebene der Sicherheitenausübung

Auch die Maßnahmen, welche die Ausübung der Sicherungsmittel betreffen, müssen dem Grundsatz der Verhältnismäßigkeit als Voraussetzung einer wirksamen Inhalts- und Schrankenbestimmung genügen. Als Fallgruppen lassen sich gemäß der Einteilung in Maßnahmen auf Ebene der Sicherheitenverwertung herausstellen: zunächst das temporäre Verbot der Ausübung der Sicherheiten in einem Reorganisationsverfahren.[306] Weiterhin die Verwertung der Sicherheit ausschließlich durch den Insolvenzverwalter nach einem von diesem bestimmten Zeitpunkt oder die weitere Verwendung des Sicherungsgutes für die Masse und insgesamt die Verwertungshoheit des Insolvenzverwalters auch nach der in Kraft getretenen Insolvenzordnung jedenfalls für Absonderungsrechte.[307] Hierher gehören auch die „Um-

---

[305] Vgl. Seuffert, Verfassungsrechtliche Fragen zu den Reformvorschlägen der Kommission für Insolvenzrecht, ZIP 1986, S. 1157, *S. 1158f.*

[306] Erster Bericht der Kommission für Insolvenzrecht, Leitsatz 2.4.4.7.

[307] Vgl. erster Bericht der Kommission für Insolvenzrecht, Leitsatz 3.3.3; für die InsO vgl. Pape/Uhlenbrock, Rdnr. 535f., dort als Kernstück der Reform bezeichnet.

wandlung" der Aussonderungs- in die Absonderungsbefugnis, wie sie bis zum Referentenentwurf für den Eigentumsvorbehalt vorgeschlagen worden war.[308]

αα) Suspendierung der Sicherheitenverwertung

Fraglich ist, inwieweit es zulässig ist, die Sicherheitenausübung, wie etwa für das Reorganisationsverfahren der Kommissionsberichte vorgesehen,[309] zumindest auf Zeit zu unterbinden.[310] Denn dauerhaft ist die Einbehaltung zumindest des Wertes der Sicherheit auch nach den Kommissionsberichten nicht zu befürchten: Entweder gelingt die Reorganisation mit der Folge, daß die Sicherheit, wenn auch vermindert, fortbesteht oder es kommt zur Liquidation, im Zuge derer dann der Verwertungserlös oder die Sicherheit selbst ausgekehrt wird.[311] Durch Mehrheitsbeschluss von 80 % aller Sicherungsnehmer kann zwar die Sicherheit nach den Vorschlägen der Kommission auch aufgehoben werden, jedoch werden die Gläubiger damit nicht restlos gestellt, sondern die Sicherheiten durch anderweitige Sicherungen ersetzt.[312] Bei vorübergehenden Beschränkungen des Eigentums ist stets der Zeitmaßstab zu beachten.[313] So ist denkbar, daß sich das Insolvenzverfahren über mehrere Jahre hinziehen kann und der Gläubiger machtlos der Nutzung der Sicherungsmittel durch den Insolvenzverwalter zusehen muß. Verfassungsmäßig ist eine solche zeitliche Beschränkung dann, wenn der Gesetzgeber mittels typisierender, pauschalierender Bestimmungen der temporären Komponente die Grenzen einer kompensationslos zu duldenden Eigentumsbeeinträchtigung festlegt.[314] Das Verfahren nach den Insolvenzgesetzen[315] bzw. deren Entwürfen ist von vornherein auf lediglich zeitliche Beschränkung der Verfügung über die Sicherheiten ausgelegt: Ergibt es sich, daß das Verfahren schon nicht eingeleitet werden kann, weil selbst die Verfahrenskosten nicht von der Masse gedeckt werden, so ist das Verfahren einzustellen,[316] andernfalls die Sanierung bzw. das Reorganisationsverfahren einzuleiten bzw. das Gemeinschuldnervermögen zu liquidieren. Aus der Pflicht des Verwalters

---

[308] Zur Beibehaltung der Aussonderung für die Insolvenzordnung Gesetzentwurf der Bundesregierung, BT-Drs. 12/2443, S. 125; Schmidt-Räntsch, S. 224f.

[309] Erster Bericht der Kommission für Insolvenzrecht, S. 15ff.

[310] Ausdrücklich offengelassen etwa bei Binz/Hess: S. 27.

[311] Eine andere Frage ist es, in wie weit die Sicherheit dabei wertmäßig beschnitten wird, denn dies ist eine Maßnahme auf Kostenbeitragsebene, nicht auf Ebene der Bestellung der Sicherheiten und ihrer Wirksamkeit in der Insolvenz.

[312] Zweiter Bericht der Kommission für Insolvenzrecht, S. 194f.

[313] Für Grundeigentum: Maunz/Düring, *Papier*, Art. 14 Rdnr. 444.

[314] Maunz/Düring, *Papier*, Art. 14 Rdnr. 444.

[315] Nach § 172 Abs. 1 InsO ist der Insolvenzverwalter berechtigt, einen Gegenstand mit Absonderungsrecht für die Insolvenzmasse zu benutzen. Dies war eines der wesentlichen Reformziele, vgl. MüKo InsO, *Lwowski*, § 172 Rdnr. 1.

[316] Pape/Uhlenbruck, Rdnr. 199.

zur Verwertung und Verteilung der Masse[317] folgt zugleich, daß er nicht untätig bleiben darf und damit das Verfahren so schnell als möglich abwickeln muß.

Unter Berücksichtigung der Verfahrensziele werden die Inhaber der Mobiliarsicherheiten durch den zeitweiligen Ausschluß der Verwertung ihrer Sicherheit nicht unangemessen benachteiligt. Allenfalls anzudenken wäre eine Verletzung des Willkür- Übermaßverbotes durch allzulange Verfahren, die jedoch dann den Organen des Insolvenzverfahrens und in der gewählten Ausprägung kaum dem Gesetzgeber angelastet werden können.[318]

Die Suspendierung der Sicherheitenausübung für die Dauer des Insolvenzverfahrens ist damit verhältnismäßig, solange nicht Willkür- oder Übermaßverbot verletzt werden.

ββ) „Umwandlung" von Aus- und Absonderungsbefugnissen: insbesondere der einfache Eigentumsvorbehalt

Daß dem einfachen Eigentumsvorbehalt die Aussonderungskraft nach der Konkursordnung und nun auch wieder nach der Insolvenzordnung zusteht, beruht im Wesentlichen auf dem Gedanken, daß dieser nicht zur Insolvenzmasse gehört, § 35 InsO. Der Diskussionsentwurf wollte auch den einfachen Eigentumsvorbehalt, wie oben ausführlicher dargestellt, lediglich noch absondernde Kraft zubilligen, in dem er mit § 40 DiskE InsO den Begriff der Insolvenzmasse „erweitert".[319] Erweitert wird die Insolvenzmasse indessen nur partiell, denn daß mit § 40 Abs. 1 Nr. 2 und 3 die Sicherungsübereignung und Sicherungsabtretung in der Insolvenz des Sicherungsgebers nur zur Absonderung berechtigen, war auch vorher schon allgemeine Meinung unter der Konkursordnung.[320] Die Vorschrift war dabei als Spezialvorschrift gegenüber § 39 DisKE InsO konstruiert, welcher weitgehend den Massebegriff aus § 1 KO übernahm, indem auch Gegenstände in die Insolvenzmasse fallen sollten, die dem Schuldner gerade „... nicht oder nicht mehr gehören."[321]

Der Referentenentwurf beläßt es hingegen bei der bisherigen Massedefinition[322] und verfügte statt dessen mit § 55 RefEInsO, daß die Vorschriften über die abgesonderte Befriedigung der Pfandgläubiger entsprechend anzuwenden sei.[323] Dies erscheint im Hinblick auf den Massebegriff und die bloß teilweise Erweiterung des Massebegriffs nach dem Diskussionsentwurf schlüssiger, unterscheidet sich im

[317] Pape/Uhlenbruck Rdnr. 200.

[318] Vgl. Maunz/Düring, *Papier*, Art. 14 GG Rdnr. 444.

[319] So Diskussionsentwurf zur Insolvenzordnung, S. 40, S. B 33.

[320] Vgl. Baur/Stürner, Zwangsvollstreckungsrecht II, Rz. 14.25; Kilger/Schmidt, § 48 KO Nr. 1.

[321] Vgl. Diskussionsentwurf zur Insolvenzordnung, S. B 33.

[322] Referentenentwurf § 39, S. 23.

[323] Referentenentwurf § 55, S. 30.

Hinblick auf die praktischen Folgen jedoch nicht. In der Insolvenzordnung selbst ist mit § 51 Nr. 1 InsO jedoch die Rechtslage nach der herrschenden Meinung unter der KO fortgeschrieben worden, wonach der Gläubiger des einfachen Eigentumsvorbehaltes die Sache aussondern darf. Teilweise wird auch heute vertreten, daß die Aussonderungsbefugnis des Eigentumsvorbehaltsverkäufers systematisch nicht zu halten sei, weil der Eigentumsvorbehalt wie die Sicherungsübereignung einen Vertrag gerichtet auf Vermögensumsetzung darstellen und nach der haftungsrechtlichen Zuordnung der Gegenstand nicht mehr dem Vermögen des Eigentumsvorbehaltsverkäufers zuzuordnen sei.[324]

Die Umwandlung der Aus- in die Absonderung hätte bedeutet, daß der Gläubiger nicht mehr wie bisher die Sache herausverlangen kann, sondern lediglich Wertersatz erhält. Wertsummenmäßig wird der Gläubiger also kaum benachteiligt. Allerdings verliert er die Möglichkeit, über den Gegenstand nach Herausgabe erneut zu verfügen, § 903 BGB, und erfährt damit eine Einschränkung der Privatnützigkeit. Begründet wurde dies von Diskussions- und Referentenentwurf mit der Nähe zur Sicherungsübereignung: Der Eigentumsvorbehalt stehe dem Pfandrecht und der sicherungshalber Übereignung näher, als dem Vollrecht.[325]

Der Eingriff bei der Umwandlung erscheint zunächst als massiv, denn die Befugnis des Eigentümers, nach der Aussonderung wieder über seinen Gegenstand verfügen zu können, ist Kern der Eigentümerstellung überhaupt.[326] Entsprechend fiel auch die Kritik an diesen Entwürfen aus. Exemplarisch sei *Serick* genannt, wenn er ausführt: „Wer das Eigentum – hier: nicht Treuhandeigentum, sondern Volleigentum – aller Funktionen beraubt, die ihm seinem Wesen nach zukommen, und dies nicht als Verstoß gegen die Eigentumsgarantie ansieht, wer dem Gemeinschuldner gehörendes und fremdes Eigentum unterschiedslos zur Masse zieht, zeigt dadurch bereits ein Eigentumsverständnis, das einen ganz neuen zivilrechtlichen Eigentumsbegriff voraussetzt, der für Eigentümerpflichten keinen Raum mehr läßt, weil die korrespondierenden Eigentümerrechte fehlen. Solange das Vorbehaltseigentum noch keinen derartigen Zuschnitt hat, muß die Aussage gelten, daß eine solche Zuordnung zur Masse, wie sie im ersten Bericht vorgesehen ist, gegen Art. 14 GG verstößt."[327] Schon aus dem oben dargelegten folgt, daß das Argument des zur Masse ziehens nur scheinbar durchgreift, wenn man darauf abstellt, daß Absonderung und wertmäßige Beteiligung in etwa vergleichbar sind. Die Aussage, daß bereits das zur Masse ziehen, wie es auch bei der Absonderung erfolgte,[328] die Eigen-

---

[324] Vgl. Häsemeyer, Rz. 11.10.

[325] Vgl. Diskussionsentwurf, S. B33f; Referentenentwurf Teil A, S. 52.

[326] Vgl. Palandt, *Bassenge*, Überbl. v. § 903 BGB Rdnr. 1; v. Münch/Kuning, Art. 14 Rdnr. 13f.

[327] Serick, Bd. 6, § 82 IV 5 a, S. 855.

[328] Auch Gegenstände mit Absonderungsrechten gehören zur Insolvenzmasse, vgl. Häsemeyer, Rz. 18.01.

tümerbefugnisse in unzulässiger Weise verkürzte, ist für sich benommen weitgehend inhaltsleer.

Denn es muß zunächst untersucht werden, ob es von Verfassungs wegen geboten ist, dem Eigentumsvorbehaltsverkäufer den Gegenstand zurückzugewähren oder die wertmäßige Befriedigung genügt.[329]

Im Rahmen der Verhältnismäßigkeit eines solchen Eingriffs ist nach der Bedeutung des Rechtsgutes für den Eigentümer zu fragen und der Gesetzgeber angehalten, die Eigentumsrechte so auszugestalten, daß sie genutzt und verwertet werden können.[330] Erst dann, wenn diese Abwägung ergibt, daß die Eigentümerbefugnisse in unzulässiger Weise verkürzt sind, kann von einer Unverhältnismäßigkeit und damit Verfassungswidrigkeit des Eingriffs ausgegangen werden.

Die Bedeutung des Eigentumsvorbehaltes liegt für den Eigentumsvorbehaltsverkäufer vor allem darin, daß der verkaufte Gegenstand unmittelbar selbst die kreditierte Kaufpreisforderung sichert.[331] Wird der Schuldner zahlungsunfähig oder -willig, so ist es am einfachsten, den Gegenstand herauszuverlangen um ihn gegebenenfalls neu veräußern zu können. Für die Bedeutung für den Eigentümer ist auf eben diese Zweckbestimmung abzustellen, so daß es scheint, als könne man dem Eigentümer die Herausgabe nicht verweigern, ohne massiv in dessen Eigentümerbefugnisse einzugreifen. Dieser Anschein täuscht jedoch, wenn man sich den Regelfall des Abzahlungskaufes besieht. Regelmäßig wird dieser unter normalen Umständen vollständig erfüllt und das Eigentum geht auf den Käufer über. Dann aber ist es regelmäßig ausgeschlossen, daß der Eigentümer den Gegenstand zurückerhält und erneut verfügen kann. In der weit großen Mehrzahl der Fälle ohne Forderungsausfall wird der Vorbehaltsverkäufer die Kaufsache also in Ermangelung eines fälligen Anspruchs ohnehin niemals zurückerlangen. Daß der Eigentumsvorbehaltskäufer die Sache im Forderungsausfall herausverlangen kann, ist überdies Folge der großen Sachnähe des Herausgabeanspruchs zum verwendeten Kreditmittel. Gehört die Kaufsache noch nicht zum Vermögen des Käufers, da dieser den Kaufvertrag noch nicht erfüllt hat, eignet sie sich als Sicherungsgegenstand. Anders als bei der Sicherungsübereignung und der Sicherungsabtretung muß also kein Gegenstand aus dem Vermögen des Sicherungsgebers – egal ob vollständig oder teilweise, endgültig oder auf Zeit – herausgelöst werden, um zu sichern, sondern kann es von vornherein verhindert werden, daß dieser Gegenstand dem Schuldnervermögen überhaupt zufällt. Folge dieses Hinderns des Eintritts in das Schuldnervermögen ist die Art des Ausübens der Sicherheit: Denn anstatt wertmäßig zu verwer-

[329] Dabei geht es an dieser Stelle (noch) nicht um den abzuziehenden Verfahrensbeitrag, sondern zunächst nur um die grundsätzliche Entscheidung zwischen Freigabe in natura oder Wertersatz; erstere Frage gehört auf die Kostenbeitragsebene und wird dort behandelt werden.

[330] v. Münch/Kuning, *Byrde*, Art. 14 GG Rdnr. 32.

[331] Vgl. auch Foerste, Rdnr. 348.

ten, kann der mehraktige Rechtserwerb wieder rückgängig gemacht werden, mit der Folge, daß die Sache herausverlangt werden kann.

Die Bedeutung der Sache für den Eigentümer liegt also nicht darin, über den Gegenstand ungehindert verfügen zu können, sondern über die Herausgabe der Sache den Wert der Kaufpreisforderung zu sichern. Und eben diesen Wertersatz erhielte er, wenn man ihn statt auf die Aussonderung auf die Absonderung verweist.[332] Daß ohne den Insolvenzfall die Sache herausverlangt wird, ist lediglich die Folge davon, daß der bedingte Eigentumserwerb die „eigene" Forderung, nämlich die Kaufpreisforderung sichert, anstatt – wie bei den anderen Sicherungsmitteln – über einen Sicherungsvertrag erst Sicherungsmittel und Forderung zu verbinden. Das Argument der Kritiker der vorgeschlagenen Verweisung lediglich auf ein Absonderungsrecht, daß es sich bei dem Eigentumsvorbehalt doch um Volleigentum als Sicherungsmittel handele, mag systematisch stimmig sein, für die verfassungsrechtliche Betrachtung mit der Bedeutung des Rechtsgutes für den Eigentümer ist es indessen nicht stichhaltig.[333] Diese Einordnung läßt sich auch über § 103ff. InsO über die Erfüllung der Rechtsgeschäfte stützen. Nach § 103 InsO (früher: 17 KO)[334] kann der Insolvenzverwalter bei einem gegenseitigen Vertrag grundsätzlich entscheiden, ob er die Erfüllung eines Vertrages wählt oder selbige ablehnt. Wählt er die Erfüllung, so werden Erfüllungsansprüche gegen die Masse neu begründet.[335] In der Konkursordnung über § 17 KO nicht geregelt war die Frage, wie sich dieses Wahlrecht des Konkursverwalters auf den Eigentumsvorbehalt auswirkt.[336]

Umstritten war für die Konkursordnung insbesondere die Behandlung der Insolvenz des Vorbehaltsverkäufers. Während die Rechtsprechung und Teile der Literatur davon ausgingen, daß der Konkursverwalter durch Ablehnung der Vertragserfüllung das Anwartschaftsrecht des Käufers auf Erwerb des Vollrechts zerstören und die Sache so herausverlangen kann,[337] nahmen Teile der Literatur an, daß das Anwartschaftsrecht des Käufers insoweit insolvenzfest sei.[338] Für den Konkurs des Vorbehaltskäufers war die Anwendbarkeit des § 17 KO nach herrschender Mei-

---

[332] Vgl. zur systematischen Begründung der Ansicht, daß auch der einfache Eigentumsvorbehalt lediglich zur Absonderung und nicht zur Aussonderung berechtigen soll, vor allem Häsemeyer, Rz. 11.10.

[333] Im Ergebnis ebenso: Baum, Von der Freiheit des Reformgesetzgebers – Verfassungskonforme Behandlung der publizitätslosen Mobiliarsicherheiten im Diskussionsentwurf einer Insolvenzordnung, KTS 1993, S. 553, *S. 576.*

[334] Zur Regelung im Kommissionsbereicht vgl. Erster Bericht der Kommission für Insolvenzrecht, LS. 2.4.1.1, S. 218.

[335] MüKo InsO, *Kreft*, § 103 Rdnr. 12f.

[336] Vgl. MüKo InsO, *Ott*, § 107 Rdnr. 2.

[337] BGHZ 98, S. 160, *S 168f.* m.w.N.

[338] Vgl. Hess KO 5. Auflage, *Hess*; § 17 Rdnr. 18f.

nung gegeben und der Konkursverwalter nicht an den Kaufvertrag gebunden.[339] Für die Insolvenzordnung bestimmt § 107 Abs. 1 InsO die Insolvenzfestigkeit des Anwartschaftsrechts des Käufers im Falle der Insolvenz des Vorbehaltsverkäufers; der Gesetzgeber hatte sich somit gegen die Ansicht der Rechtsprechung für die Konkursordnung entschieden. In der Insolvenz des Vorbehaltskäufers kann nach § 107 Abs. 2 InsO der Verwalter die Vertragserfüllung ablehnen, mit der Folge, daß mit dem Wegfall der Kaufpreisforderung das Anwartschaftsrecht des Käufers entfällt und der Vorbehaltsverkäufer aussondern kann.[340]

Auch im Insolvenzfall hatte und hat der Eigentumsvorbehalt somit nicht automatisch Aussonderungskraft, sondern lediglich dann, wenn der Insolvenzverwalter des Käufers bei dessen Insolvenz die Erfüllung ablehnt; in der Insolvenz des Verkäufers kann der Verwalter den vollständigen Rechtserwerb des Käufers gar nicht mehr verhindern. Und dies ist auch stimmig, denn es besteht kein Grund, das Sicherungsmittel wirksam werden zu lassen, wenn dies bei Erfüllung ohne Insolvenz auch nicht der Fall gewesen wäre und der Verkäufer – ob insolvent oder nicht – eine Gegenleistung in Geld erhalten wird. Lediglich wenn der Vorbehaltsverkäufer wegen seines Kaufpreisanspruchs zum Insolvenzgläubiger würde, weil der Verwalter des Käufers den Kaufvertrag nicht zu ende erfüllen will, muß die Sicherheit greifen.

Damit ist jedoch nicht gesagt, daß der Vorbehaltsverkäufer die Sache dann auch aussondern können muß, solange er wertmäßig Ersatz erhält. Denn dies leistet die Absonderung ebensogut.

Zwar ist der Verweis auf eine Regelung in der Insolvenzordnung nicht allein aus sich heraus geeignet, eine andere Regelung für verfassungsgemäß zu deuten, doch zeigt § 107 InsO, daß es keinesfalls selbstverständlich ist, daß der Gläubiger des Eigentumsvorbehaltes in der Insolvenz jedenfalls aussondern können soll, weil er dies auch ohne eine Insolvenz bei ordnungsgemäßer Erfüllung des Kaufvertrages nicht kann.

Daß der Eigentumsvorbehalt in seiner historischen Entwicklung zunächst als Aussonderungsrecht eingeordnet worden ist, war vor dem Hintergrund einer dinglichen Sachzuordnung stimmig, wenn man die Entwicklung der mobilen Kreditsicherheiten betrachtet, denn die Wurzel des Eigentumsvorbehaltes liegt in der eigentumsrechtlichen Zuordnung des Gegenstandes. Das BGB unterschied bezüglich mobiler Kreditsicherheiten nur das Volleigentum und als Sicherheit das Pfandrecht und verlor sich ansonsten in Andeutungen. Als sich Mobiliarkreditsicherheiten zu entwickeln begannen, erfolgte eine langsame Ablösung vom ursprünglichen Eigentumsverständnis des BGB. Zu Beginn dieser Entwicklung war es daher konsequent, den Eigentumsvorbehalt mit der Aussonderungskraft auszustatten, denn

[339] Vgl. MüKo InsO, *Ott*, § 107 Rdnr. 4.

[340] Vgl. MüKo InsO, *Ott*, § 107 Rdnr. 23.

vom „strengen" Eigentumsverständnis des BGB handelt es sich zunächst um Volleigentum und nicht um ein Kreditsicherungsmittel, das dann auch nicht zur Masse „gehört", § 43 KO, wenn die Bedingung der vollständigen Kaufpreiszahlung nicht eingetreten ist. Erst als sich das Kreditsicherungsrecht von diesem hergebrachten Eigentumsverständnis emanzipiert hatte, wie der Vergleich zum Pfandrecht zeigt, wäre es dogmatisch sinnvoll begründbar gewesen, den Eigentumsvorbehalt trotz der formalen Eigentümerstellung des Eigentumsvorbehaltsverkäufers nur noch mit der Absonderung auszurüsten, wie es die Kommissionsvorschläge, der Diskussionsentwurf und der Regierungsentwurf im Rahmen der ersten umfassenderen Reform des Konkursrechts planten.

Als letztes könnte man noch einwenden, daß die Befriedigung mit der Absonderung in Höhe des Wertes des Gegenstandes unter Umständen geringer ausfallen kann, wenn der Verkäufer einen besonders profitablen Kaufvertrag abgeschlossen hat. Aber mit diesem Risiko müssen sich sämtliche ungesicherte Gläubiger des Gemeinschuldners ohnehin abfinden, ohne daß dies verfassungsmäßig beanstandbar wäre. Ohne die Sicherung müßte der Gläubiger also mit dem Risiko eines völligen Forderungsausfalls beim Abzahlungsgeschäft rechnen. Der Eigentumsschutz des Art. 14 GG umfaßt aber in erster Linie den Bestand des Eigentums, so daß Umsatz- und Gewinnchancen, Hoffnungen, Erwartungen und Aussichten diesen Schutz grundsätzlich nicht genießen.[341] Gewährt man dem Eigentumsvorbehalt die Aussonderung, so erhält der Gläubiger den in der Sache verkörperten Wert derselben, nicht jedoch die profitable Kaufpreisforderung erfüllt. Im Unterschied zur Absonderung hätte der Eigentumsvorbehaltskäufer mit der Aussonderung lediglich die Aussicht, einen neuerlichen gewinnträchtigen Vertrag über die Sache abschließen zu können. Dies allerdings wäre eine bloße Gewinnaussicht, die den Schutz des Art. 14 GG nicht genießt. Dadurch also, daß der Gläubiger auf die unter Umständen wirtschaftlich nachteiligere Absonderung verwiesen wird, mag also das Vermögen des Gläubigers mittelbar und einen „guten" weiteren Verkauf unterstellt, gemindert sein. Diese Gewinnaussicht ist allerdings nicht in einer Weise schützenswert, daß über den Wert der Sicherheit hinaus auch eine besonders profitable Kaufpreisforderung geschützt werden müßte.

Insgesamt zeigt sich damit, daß es von Verfassungs wegen nicht zu beanstanden ist, den Vorbehaltskäufer auf eine lediglich wertsummenmäßige Befriedigung an dem Gegenstand zu verweisen, da die Bedeutung gerade in der Forderungssicherung liegt und das Eigentum bei ordnungsgemäßer Erfüllung ohnehin verloren gegangen wäre.

---

[341] BVerfGE 68, S. 193, *S. 222*; 74, S. 129, *S. 148*; Pieroth/Schlink, Rdnr. 912.

χχ) Verwaltungs- und Verwertungshoheit des Insolvenzverwalters

Die Verwaltungs- und Verwertungshoheit des Insolvenzverwalters ist einer der entscheidenden Reformschritte, der sich in abgeschwächter Form von den Kommissionsentwürfen bis in die InsO hat halten können und stellt ein Kernstück der Reform des Insolvenzrechts dar.[342] In dieser Regelung kommt der Kontinuitätsgedanke des neuen Rechts zum tragen.[343] Niederschlag findet er in § 166 InsO, wonach das alleinige Recht zur Verwertung von beweglichen Sachen, an denen ein Absonderungsrecht besteht, dem Insolvenzverwalter zusteht, um so den Zerschlagungsautomatismus des bisherigen Konkursverfahrens zu verhindern. Es soll ermöglicht werden, daß der Insolvenzverwalter diejenigen Gegenstände nutzen kann, die für eine Betriebsfortführung unerläßlich erscheinen.

Zur Frage der Verhältnismäßigkeit dieser Maßnahmen kann sich auf die Erkenntnisse aus der Verhältnismäßigkeit der Umwandlung der Aussonderung in die Absonderung zurückgegriffen werden. Danach war die Umwandlung zulässig, weil in Anbetracht der Bedeutung des geschützten Rechts in Gestalt der Mobiliarsicherheit für den Eigentümer dieser eine Herausgabe des Gegenstandes zum Zwecke der Verwertung durch Neuverkauf nicht verlangen konnte. Entscheidendes Merkmal war der Vergleich mit der Rechtslage ohne die Insolvenz des Sicherungsgebers, denn auch dann hätte dieser ohne den Eintritt des Sicherungsfalls auch nur den zu erzielenden Kaufpreis bzw. den Wert der zu erfüllenden Forderung bei Sicherungsübereignung und Sicherungszession erhalten. Auch wenn der Wertersatz durch Verwertung einer Sicherheit hinter dem möglicherweise erzielten Gewinn bei vorteilhaftem Grundgeschäft zurückbleibt, betrifft dies die Forderung, welche ohnehin im Rahmen des Insolvenzverfahrens zulässigerweise gekürzt werden kann.

Diese Maßnahmen dienen allesamt dem Insolvenzzweck der Erhaltung des Unternehmens durch Betriebsfortführung und Verfahren zur Abwendung des Konkurses, wie es schon Zweck der Vergleichsordnung war, § 1 VerglO und als gesetzgeberische Zielbestimmung auch Eingang in die Insolvenzordnung gefunden hat, § 1 S. 1 2 HS. InsO.[344] Typischerweise umfaßt sein von der Verwaltungshoheit des Insolvenzverwalters werden nach dem Modell der Insolvenzordnung mit erhalten gebliebener Aussonderung insbesondere die sicherungsübereigneten Betriebsmittel wie Maschinen oder auch ein Warenlager.

Abzuwägen sind hier die Interessen der Allgemeinheit an der Fortführung des insolventen Unternehmens und die Gläubigerinteressen auf eigenbestimmte und selbst durchgeführte Verwaltung. Diese gläubigerautonome Verwertung ist auch der Regelfall der Verwertung des Sicherungsgutes bei der Sicherungsübereignung

---

[342] Pape/Uhlenbruck, Rdnr. 536.

[343] Pape/Uhlenbruck Rdnr. 534.

[344] Vgl. Seuffert, Verfassungsrechtliche Fragen zu den Reformvorschlägen der Kommission für Insolvenzrecht, ZIP 1986, S. 1157, *S. 1159*.

außerhalb des Insolvenzverfahrens: In allgemeinen Geschäftsbedingungen ist regelmäßig bestimmt, daß die Sicherheit bei Verwertungsreife ohne hoheitliches Verfahren unter Berücksichtigung der Belange des Sicherungsgebers an einem geeignet erscheinendem Ort verwertet werden darf.[345] Fehlt eine vorformulierte Regelung, so gelten dennoch nicht die Vorschriften über die Pfandwertung, sondern kommt es regelmäßig zum freihändigen Verkauf des Sicherungsgutes.[346] Nach der Konkursordnung entsprach die Verwertung in der Insolvenz weitgehend derjenige außerhalb des Konkursverfahrens, so daß der Gläubiger durch die Neuregelung in seinem Recht auf Ausübung der Sicherheit gegenüber der bisherigen Rechtslage und damit in seinen Eigentümerbefugnissen, wie sie § 903 BGB statuiert, beeinträchtigt ist.

Die Verwertung durch den Insolvenzverwalter läßt bei der zu treffenden Prognose deutliche gemeintaugliche Vorteile erkennen:[347] Arbeitsplätze können, wenn die Betriebsmittel des Unternehmens verwendbar bleiben, doch wenigstens auf Zeit erhalten bleiben. Zudem bleibt ein Wirtschaftsglied erhalten, wenn das insolvente Unternehmen weiter besteht. Auch bleiben Geschäftswerte erhalten und können nutzbar bleiben, etwa der Kundestamm, das know-how, oder die übrigen Betriebsmittel, die im Rahmen einer Zerschlagung nicht wirtschaftlich verwertet werden können. Die Einbußen, die der Gläubiger des Sicherungsgeschäftes hinnehmen muß, sind hingegen eher gering: Der Eigentumswert bleibt weitgehend erhalten, die Verwertung wird nur auf Zeit verhindert. Gegenüber den Gründen des Gemeinwohls können diese nicht elementaren Interessen der Gläubiger hinten an stehen, zumal auch sie zumindest mittelbar von einer erfolgreichen Fortführung des Unternehmens profitieren können, wenn dieses in vielleicht veränderter Form am Markt bestehen bleiben kann.

Damit ergibt sich, daß die Beeinträchtigungen der Interessen des Gläubigers des Absonderungsrechts verhältnismäßig in der Abwägung zu den Vorteilen für das Gemeinwohl sind. Die Verwertung der mit Absonderungsrechten belegenen Gegenstände durch den Insolvenzverwalter ist daher von Verfassungs wegen nicht zu beanstanden.

δδ) Zusammenfassung zu den Eingriffen auf der Ebene der Sicherheitenverwertung

Die angedachten Maßnahmen auf der Ebene der Sicherheitenverwertung sind allesamt mit Art. 14 GG vereinbar. Insbesondere gegen die oft und scharf kritisierte

---

[345] Weber, S. 170f.

[346] Vgl. Baur/Stürner, Sachenrecht, § 57 Rdnr. 41ff.; Weber, S. 172.

[347] Vgl. Seuffert, Verfassungsrechtliche Fragen zu den Reformvorschlägen der Kommission für Insolvenzrecht, ZIP 1986, S. 1157, *S. 1158.*

Umwandlung der Aussonderungskraft des Eigentumsvorbehaltes in die Absonderungsbefugnis, welche letztlich dazu führte, daß der Eigentumsvorbehalt nach wie vor zu Aussonderung berechtigt, greifen die verfassungsrechtlichen Bedenken nicht durch. Rückführen läßt sich dies auf die Betrachtung der Bedeutung des Gutes für den Eigentümer im Rahmen eines ohne die Insolvenz betrachteten Verlaufs des Sicherungsgeschäftes. Die Koppelung der Sicherheit an die Forderung dergestalt, daß diese herausverlangt werden kann, wenn die (weitere) Erfüllung des Kaufvertrages unterbleibt, § 449 BGB, ist Ausprägung der Nähe des Kreditmittels zur Forderung, weil es bis zur Kaufpreiszahlung den Anspruch des Verkäufers sichern kann, ohne auf anderweitige Sicherungsmittel zurückgreifen zu müssen. Die ursprüngliche Einordnung als Aussonderungsrecht läßt sich historisch aus dem ehemals strengeren Eigentumsverständnis und der deutlicheren Ablehnung des Mobiliarkredites begründen. Auch gegen die ausschließliche Verwertungsbefugnis des Insolvenzverwalters wegen der mit Absonderungsrechten belegenen Gegenstände bestehen keine durchgreifenden Bedenken. Die Rechtsposition des Inhabers der Sicherheit wird zwar eingeschränkt, weil die Verwertungsbefugnis unmittelbarer Bestandteil der Eigentumsposition ist, dieser Eingriff ist allerdings durch Belange des Allgemeinwohls zu rechtfertigen. Die Verwertungsbefugnis des Verwalters führt dazu, daß die Zerschlagungsautomatik des bisherigen Konkursverfahrens, bei welchem die Betriebsfortführung durch die Verwertung der Absonderungsrechte durch den Gläubiger erschwert bis unmöglich gemacht wird, aufgelöst und der Gläubiger dennoch nicht übermäßig belastet wird, da er binnen absehbaren Zeitraums den Erlös der verwerteten Sicherheit erhält. Dadurch wird mit hinreichend sicherer Prognose erreicht, daß der volkswirtschaftliche Schaden einer Abwicklungsinsolvenz mit den dazugehörigen Verlusten an Kapital, Arbeitskräften und kaum verwertbaren sonstigen Rechtsgütern, wie Know-how und Kundenstamm, geringer gehalten werden kann. Ohne Verstoß gegen das Willkür- und Übermaßverbot ist auch die Suspendierung jeglicher Verwertungsmöglichkeit der Sicherheiten für eine gewisse Dauer – etwa den Versuch einer Reorganisation des Gemeinschuldnervermögens – von Verfassungs wegen nicht zu beanstanden.

χ) Kostenbeitragsebene

Schließlich müßten die Maßnahmen auf der Ebene des Kostenbeitrags verhältnismäßig sein. Von den ursprünglichen Vorstellungen der Kommission zu einem Kostenbeitrag in Höhe von 25 % des Erlöses aus der Verwertung der Sicherheit hat sich in §§ 170, 171 InsO lediglich ein pauschaler Feststellungskostenbeitrag in Höhe von 4 % und ein Anteil am Verwertungserlös in Höhe von 5 % zugunsten der Masse bei Absonderung eines Gegenstandes durchgesetzt.

Auch diese Maßnahmen müßten den Grundsätzen der Verhältnismäßigkeit entsprechen. Dabei kann anhand der Höhe der Forderungen auch auf die Art der Kostenbeteiligung geschlossen werden. Sicher dürfte sein, daß sowohl die Feststellung des Bestehens einer Mobiliarkreditsicherheit wie auch die Verwertung derselben durch den Insolvenzverwalter der Masse Kosten verursachen wird.[348] Die diesbezügliche Frage muß also lauten, ob die Umlage dieser Kosten auf die gesicherten Gläubiger dem Grundsatz der Verhältnismäßigkeit entspricht. Auch wenn die Kommission eine Wertabschöpfung von 25 % noch als Kostenbeitrag betitelt, dürfte ein solcher Anteil am Wert der Sicherheit die anfallenden Ermittlungs- und Verwertungskosten allerdings weit übersteigen – dies um so mehr, wenn es sich um wertvolle Sicherheiten handelt und um so eher, wenn der Sicherheitencharakter eines Gegenstandes durch den Insolvenzverwalter leicht ermittelt werden kann. Dies gilt insbesondere bei gelieferten Sachen, die zum Weiterverkauf bestimmt sind. Bei diesen kann ohne weiteres davon ausgegangen werden, daß hier ein Eigentumsvorbehalt besteht, soweit die entsprechenden Rechnungen noch unbezahlt geblieben sind. Die Nomenklatur als Kostenbeitrag bedeutet damit nicht nur, daß der Verfahrensbeitrag die der Masse anfallenden Kosten auf den Sicherheiteninhaber verlagert, sondern bei entsprechend hohem Faktor auch, daß dieser Beitrag gezielt zur Vermögensumverteilung und Masseanreicherung jenseits der tatsächlichen Kosten verwendet werden kann. Kurz gesagt kann mittels des Kostenbeitrages eine verdeckte Vermögensumverteilung von den gesicherten Gläubigern auf die ungesicherten Gläubiger erfolgen, denen die Masseanreicherung letztlich zu Gute kommt, indem sie die Verfahrenseröffnung mangels Masse vermeiden und selbige anzuheben vermag. Danach ist zu unterscheiden zwischen Kostenbeiträgen, die tatsächlich nur die anfallenden Kosten decken sollen und solchen, die zur Aufbesserung der Quote der ungesicherten Gläubiger durch Aufstockung der Insolvenzmasse dienen.[349]

Eine gesonderte Belastung des Sicherungsgläubigers entsteht auch dann, wenn man diesen mit der Umsatzsteuer der Verwertung der Sicherheit belastet, weil etwa nach Verwertung durch den Insolvenzverwalter nur noch eine steuerlich relevante Veräußerung vorliegt,[350] die der Sicherungsnehmer zu tragen hat, vgl. § 171 Abs. 2 S. 3 InsO.[351]

---

[348] Binz/Hess, Der Konkurs der Insolvenzrechtsreform, S. 24.

[349] Siehe auch Baum, von der Freiheit des Reformgesetzgebers, KTS 1989, S. 553, *S. 556*; zu der vermögensverschiebenden Tendenz der Kommissionsvorschläge, wie sie sich zumindest aus den Begründungen der Leitsätze entnehmen läßt, Landfermann, Die Rechtsstellung der dinglich gesicherten Gläubiger im künftigen Insolvenzverfahren, KTS 1987, S. 381, *S. 392*.

[350] Noch unter der Konkursordnung mußte der Konkursverwalter regelmäßig den Gegenstand dem Gläubiger überlassen, welcher diesen dann verwertete. Dies führte regelmäßig zu doppeltem Umsatz mit entsprechender Steuerlast. Die Lieferung des Sicherungsgebers an den Sicherungsnehmer war nachkonkurslich und führte gemäß § 58 Nr. 2 KO zu einer Massekostenschuld, vgl. MüKo InsO, *Kling*, Insolvenzssteuerrecht, Rdnr. 158.

[351] Anders noch unter der Konkursordnung, vgl. BFH UR 1994, S. 350f.; hierin hatte noch der Diskussionsentwurf einen der wichtigeren Gründe für die Massearmut des Insolvenzverfahrens gesehen, vgl. Diskussionsentwurf, S. A53f.

Ob die Entnahme eines Verfahrensbeitrages verfassungsrechtlich zu rechtfertigen ist wird – und wurde insbesondere für den 25 prozentigen Verfahrensbeitrag der Berichte der Kommission für Insolvenzrecht – in Zweifel gezogen.[352]

Auch für diese Maßnahmen soll daher nachfolgend die Verhältnismäßigkeit der Eigentumsbeeinträchtigung anhand verfassungsrechtlicher Prüfkriterien untersucht werden.

Für die Prüfung der Verhältnismäßigkeit muß zunächst unterschieden werden zwischen öffentlich-rechtlichen Geldleistungspflichten und sonstigen eigentumsrelevanten Maßnahmen, um so der eingriffsrechtfertigenden staatlichen Finanzgewalt Rechnung tragen zu können. Denn die staatliche Finanzgewalt ist unter Umständen in der Lage, die Abwägung der Beschränkung der Eigentümerbefugnisse wegen der großen Bedeutung öffentlicher Einnahmen zugunsten des Staates ausfallen zu lassen.[353] Um öffentliche Lasten handelt es sich dann, wenn die Leistungen, die einer natürlichen oder juristischen Person abverlangt werden, durch öffentliches Recht auferlegt werden und deren Empfänger der Staat oder ein sonstiger Träger öffentlicher Gewalt ist.[354] Beispiele hierfür sind Steuern, Abgaben, (öffentliche) Gebühren und Beiträge. Das Merkmal einer öffentlichen Last erfüllt von den Maßnahmen auf Ebene der Kostenbeitragsebene lediglich die Umsatzsteuer, die nach den Reformvorhaben nicht mehr von der Masse getragen werden, sondern dem Inhaber der Sicherheit anfallen sollte. Denn nur im Fall der Umsatzsteuer wirkt selbige als hoheitliche Maßnahme zugunsten des Staates, bei einem (pauschalierten) Verfahrensbeitrag sowie den Feststellungs- und Erhaltungskosten und schließlich dem Nutzungsausfall kommt der Vermögenswert gerade nicht dem Fiskus zu, sondern privilegiert die Gruppe der ungesicherten Gläubiger, indem Vermögenswerte auf diese verlagert werden. Eine Privilegierung kommt also nur bei diesem Kostenfaktor in Betracht; die anderen Maßnahmen auf der Kostenbeitragsebene müssen den üblichen verfassungsrechtlichen Grundsätzen genügen.

---

[352] Vgl. gegen eine Verfassungsmäßigkeit Binz/Hess S. 22; Seuffert, Verfassungsrechtliche Fragen zu den Reformvorschlägen der Kommission für Insolvenzrecht, ZIP 1986, S. 1157, *S. 1163*; kritisch auch Serick, Bd. 6, § 82 IV 12 a, S. 886. Lediglich ein geringerer Kostenbeitrag sei verfassungsgemäß: Stern, Festschrift für Helmrich, S. 737, *S. 751*; dazu auch: Landfermann, Die Rechtstellung dinglich gesicherter Gläubiger im künftigen Insolvenzverfahren, KTS 1987, S. 381, *S. 402f.*; für die Verfassungsmäßigkeit: Baum, Von der Freiheit des Reformgesetzgebers – Verfassungskonforme Behandlung der publizitätslosen Mobiliarsicherheiten im Diskussionsentwurf einer Insolvenzordnung, KTS 1989, S. 533, *S. 578*; Lepa, S. 240ff.; Staudinger, *Beckmann*, § 449 Rdnr. 5; für §§ 170, 171 InsO auch heute zweifelnd Pape/Uhlenbruck, Rdnr. 101.

[353] Vgl. Maunz/Düring, *Papier*, Art. 14 Rdnr. 165ff.

[354] Vgl. Maunz/Düring, *Papier*, Art. 14 Rdnr. 165ff.

αα) Verfahrensbeitrag

Fraglich ist also zunächst, ob ein Verfahrensbeitrag verfassungsrechtlich zu rechtfertigen ist, der neben den tatsächlich entstehenden Kosten der Ermittlung und Erhaltung sowie Verwertung der Sicherheit auch dazu dient, die Masse anzureichern[355] und Vermögen auf die ungesicherten Gläubiger zu Lasten der Mobiliarsicherungsgläubiger zu verschieben.

(1)

Der Gesetzgeber ging bis hin zur Insolvenzordnung davon aus, daß ein masseanreichernder Verfahrensbeitrag die Position des dinglichen Gläubigers schon deswegen nicht übermäßig beeinträchtige, weil dieser die Insolvenzkosten der Verwertung seiner Sicherheit schon bei Bestellung derselben berücksichtigen könne und dadurch keinerlei Nachteile erleide.[356] Auch in der Literatur wurde selbst für alternative Modelle auf diese Eingriffsrechtfertigung abgestellt.[357]

Fraglich ist allerdings schon, ob dieses Argument für die kreditierende Praxis brauchbar ist, denn Vermögen läßt sich nicht beliebig vermehren. Wie sich die Kreditvergabe unter Einrechnung eines Verfahrensbeitrages dann künftig gestalten könnte, soll anhand der typischen Mobiliarkreditsicherheiten verdeutlicht werden:

In dem Fall einer Sicherungsübereignung zur Sicherung etwa eines Betriebsmittelkredites werden die Darlehensvaluta bei gleich bemessenem Wert der Sicherheit geringer ausfallen und möglicherweise den benötigten Kreditrahmen nicht erreichen, wenn von vornherein klar ist, daß der Sicherungsnehmer und Kreditgeber im Insolvenzfall lediglich den Wert der Sicherheit, gekürzt um einen Verfahrensbeitrag, erhält. Im Fall einer Sicherungsabtretung wird der Zedent nur die Forderung aus einem (bereits abgeschlossenen) beispielsweise werkvertraglichen Geschäft als Sicherheit anbieten und läuft bei drohenden Abzügen von der Sicherheit im Insolvenzfall Gefahr, nicht einmal mehr soviel Kredit zu bekommen, um überhaupt die Kosten einer Folgeinvestition aufbringen zu können, wenn ein fünfundzwanzigprozentiger Abschlag vom Wert der sichernden Forderung erfolgt. Denn die Differenz zwischen tatsächlichen Kosten des nächsten Auftrags und Höhe der abgetretenen Forderung zuzüglich anfallender weiterer Kreditkosten bei vergleichbaren Auftragsvolumina beträgt lediglich die Summe des Gewinns des Zedenten, die 25%

---

[355] So ausdrücklich: Erster Bericht der Kommission für Insolvenzrecht LS. 3.3.2., S. 312f.

[356] Erster Bericht der Kommission für Insolvenzrecht, S. 285f.; vgl. auch Müko InsO, *Lwowski*, § 170 Rdnr. 45f.

[357] Vgl. Landfermann, Die Rechtstellung der dinglich gesicherten Gläubiger im künftigen Insolvenzverfahren, KTS 1987, S. 381, *S. 392*, der aber zugleich dafür plädiert, daß sich der Pauschalbetrag an den tatsächlichen Kosten der Sicherheitenermittlung, -erhaltung und -verwertung orientieren müsse. Vgl. auch Paulus, Die Insolvenzrechtsreform und der Schutz gesicherter Gläubiger, ZIP 1985, S. 1449, *S. 1459*.

nur selten erreichen dürfte. Endgültig versagt das Argument der praktischen Kompensationsmöglichkeit im Beispiel des einfachen Eigentumsvorbehaltskaufs: Der unter Eigentumsvorbehalt liefernde Produzent wird keine wirtschaftlich sinnvoll gangbare Möglichkeit haben, seine Sicherheit größer zu bemessen, denn er hat schlicht nur die von ihm gelieferten beweglichen Sachen. Diese werden den Wert der zu sichernden Forderung ohnehin nicht erreichen, denn neben dem Sachwert besteht diese auch in dem Gewinn des Lieferanten.[358] Erfolgt nun noch eine Kürzung dieses Wertes um 25%, so fällt er mit der Differenz zwischen Wert des Gegenstandes abzüglich dieses Beitrages und Kaufpreisforderung regelmäßig aus.

Spätestens das Beispiel des einfachen Eigentumsvorbehaltes zeigt, daß die Argumentation, der Gläubiger könne den Verfahrensbeitrag einfach durch großzügigere Bemessung der Sicherheit ausgleichen und erleide daher keinerlei Nachteile, große praktische Schwierigkeiten aufweist. Dies liegt darin begründet, daß sich die zur Verfügung stehenden Sicherungsmittel schlicht nicht beliebig, im Falle des Eigentumsvorbehaltes sogar überhaupt nicht, vervielfältigen oder über die Höhe der zu sichernden Forderung hinaus ausdehnen lassen, denn das Schuldnervermögen kann als Sicherheit entweder nur den im Erwerbsvorgang befindlichen Gegenstand als Sicherheit bieten oder aus begrenztem Vermögen Sicherheiten stellen. Weiterhin wird mit dieser Argumentation zu sehr der Einzelfall in den Vordergrund gerückt, denn wenn die Sicherheiten größer bemessen werden müssen, um Abschläge durch das Insolvenzverfahren auszugleichen, stehen weniger Sicherungsgegenstände für den Mobiliarkredit zur Verfügung, was den Kreditmarkt weitergehend beeinträchtigt.

Zweifelhaft ist aber auch, wie sich diese Rechtfertigung – ihre praktische Tauglichkeit einmal unterstellt – in die verfassungsrechtliche Abwägung einfügen soll. Denn bei Art. 14 GG kann es zunächst für die Beurteilung der Verhältnismäßigkeit der Maßnahme nicht darauf ankommen, ob der Eigentümer den Eingriff in seine verfassungsrechtliche Position durch eigene Leistung kompensieren kann, indem er von vornherein mehr oder größere Sicherheiten verlangt. Es stellt sich die Frage danach, ob ein Eingriff in eine verfassungsrechtlich geschützte Eigentumsposition zu rechtfertigen ist, nicht, ob der Eigentümer trotz einer etwaig nicht zu rechtfertigenden Beeinträchtigung diese anderweitig wettmachen kann, ohne daß der eingreifende Staat dafür verantwortlich wäre. Eine solche „Eingriffsrechtfertigung" durch Eigenleistung unabhängig von der Rechtmäßigkeit des Eingriffs kommt in der Verfassungsdogmatik daher zurecht nicht vor. Statt dessen genießt das Eigentum, welches auf die Schaffung durch Eigenleistung zurückgeht, sogar einen besonders intensiven Schutz.[359] So können auch private Rechtspositionen eher dann einge-

---

[358] Auch durch verlängerten Eigentumsvorbehalt läßt sich dies kaum realisieren, da die Höhe der dann im voraus zur Sicherung abgetretenen Forderung die eigentlich zu sichernde Kaufpreisforderung übersteigt, vgl. auch Palandt, *Putzo*, § 449 Rdnr. 18.

[359] Jarass/Pieroth, *Jarass*, Art. 14 Rdnr. 44.

schränkt werden, wenn sie auf staatlicher und nicht auf eigener Leistung beruhen.[360] Und der Sicherungsgeber müßte größere Werte als die Summe des Kredites aufbieten, um diese mittels Sicherheit abzusichern, wenn er von vornherein den Verfahrensbeitrag einkalkuliert. Das Sicherungsmittel aber hat er sich regelmäßig durch eigene Leistung beschafft und sei es seinerseits auf Kredit. Umgekehrt muß der Sicherungsnehmer auf die Bestellung wertvollerer Sicherheiten hinarbeiten, wenn er nicht lediglich in Höhe von 75% des Wertes der Sache befriedigt werden will und damit einen größeren Vermögenswert wenigstens vorübergehend erwirtschaften.

Das Argument des Gesetzgebers, daß etwaige Nachteile durch eine größere Bemessung der Sicherheit ausgeglichen werden könnten, erweist sich damit als schwerlich praktikabel und verfassungsrechtlich nicht tragfähig.

(2)

Zweifeln läßt sich an der Verfassungsmäßigkeit einer Vermögensumschichtung von gesicherten auf die ungesicherten Gläubiger schon deshalb, weil der gesicherte Gläubiger ein Opfer an verfassungsrechtlich geschütztem Eigentum erleidet, wenn er die Sicherheit nicht zu vollem Wert herausverlangen oder verwerten kann, obgleich die Insolvenz in den Verantwortungsbereich des Gemeinschuldners fällt. Der Schuldner der Kreditsicherheiten hat für seine Liquidität selbst zu sorgen; das Insolvenzrecht kann lediglich Ordnungs- und Befriedigungsfunktionen für den Zusammenbruch und damit den Fall bieten, in welchem der Schuldner aus eigenen Kräften seinen wirtschaftlichen Zustand nicht mehr zu retten vermag und seine Teilnahme am Geschäftsverkehr in Ermangelung entsprechender Mittel unmöglich geworden ist. Grund für die mangelnde Liquidität wird sicher auch die Kreditvergabepraxis der durch (Mobiliar-)Kreditsicherungmittel gesicherten Gläubiger sein, die nicht auf ein finanziell gesundes Unternehmen angewiesen sind, wenn ihre Kredite doch jedenfalls durch Sicherungsmittel abgesichert sind. Die Kreditaufnahme beruht allerdings, mag sie auch von wirtschaftlichen Zwängen mitverursacht sein, auf einer freien Willensentschließung des Kreditnehmers. Korrelierend dazu regelt das Insolvenzrecht als Teil des Privatrechts lediglich die haftungsrechtlichen Folgen der in Selbstverantwortung und Selbstbestimmung getroffenen Entscheidungen gleichberechtigter Bürger und ist nicht etwa Teil des öffentlichen Rechts, geprägt vom Über- und Unterordnungsverhältnis.[361]

---

[360] Vgl. BVerfGE 91, S. 294, *S. 311*.

[361] Larenz/Wolf, AT, § 1 I 1 a); Gerhardt, Insolvenzrecht und Bürgerliches Recht, AcP 200 (2000), S. 426, *S. 428*; lediglich die Verfahrensvorschriften weisen – wie eine Prozeßordnung stets – öffentlich-rechtlichen Charakter insoweit auf, als daß das Insolvenzgericht tätig wird. Das Handeln der Gläubiger und des Insolvenzverwalters ist hingegen ganz dem Privatrecht zuzuordnen, vgl. zum Ganzen Lepa, S. 268.

Im Sinne eines Verursacherprinzips könnte den Gläubigern als Inhaber von Mobiliarsicherheiten Opfer an Eigentumsrechten also nicht aufgebürdet werden.

Entscheidende Frage dürfte indessen sein, ob sich ein öffentliches Interesse daran finden läßt, die Mobiliarsicherungsgläubiger in erster Linie zugunsten der Masse aber auch wegen der gegenüber dem Mobiliarkredit verbesserten Stellung der Immobiliarsicherungsgläubiger zu deren Gunsten zu verbessern, sich also die Sozialpflichtigkeit des Eigentums zu Lasten der Prtivatnützigkeit des Eigentümers auswirkt.[362]

Teilweise wird hier eingewandt, daß die Besserstellung ungesicherter Gläubiger bei der Frage nach der Verhältnismäßigkeit der Maßnahme außer Betracht zu bleiben habe und statt dessen auf das gesamtwirtschaftliche Bedürfnis eines effektiven Insolvenzverfahrens abgestellt werden müsse.[363] Dem ist zunächst zuzugeben, daß die Gemeinwohlverpflichtung den Orientierungspunkt der legislativen Beschränkung des Eigentums bildet.[364] Das BVerfG spricht insoweit davon, daß die schutzwürdigen Interessen „der Beteiligten" einem gerechten Ausgleich zugeführt und in ein ausgewogenes Verhältnis gebracht werden müßten.[365] Fraglich ist allerdings, wer bezüglich der Vermögensverschiebung durch Verfahrensbeitrag Beteiligter in diesem Sinne ist. Unmittelbar zugute kommt die Verteilung des Beitrages den ungesicherten Gläubigern, da sich ihr Anteil an der Masse durch den Verfahrensbeitrag unmittelbar mehrt. In einem weiteren Schritt kommt die Verteilung außerhalb des konkreten Verfahrens dann der Allgemeinheit zumindest insoweit zu, als eine Masseanreicherung der Verfahren die Ausfallquote ungesicherter Gläubiger verringern hilft. Es erscheint allerdings äußerst fraglich, ob von vornherein auf diesen Gemeinwohlbelang abgestellt werden kann, denn der Vorteil trifft die Summe der Insolvenzgläubiger nur mittelbar über den Umweg über die ungesicherten Gläubiger.

Insoweit differenziert auch das BVerfG regelmäßig zwischen den Belangen der Beteiligten und solchen der Allgemeinheit.[366] Denn erst die Besserstellung ungesicherten Gläubiger kann mittelbar dazu führen, daß weniger Insolvenzverfahren mangels Masse überhaupt nicht eröffnet werden können oder ein größerer Beitrag für die Masse verbleibt, der dann verteilt werden kann. Richtigerweise ist zur Ermittlung des Vorteils für das Gemeinwohl daher auch auf diejenigen Personen abzustellen, denen der Beitrag ohne weiteres zufließt: den ungesicherten Gläubigern.

---

362 Vgl. Hilgers, S. 249ff.

363 Vgl. Hilgers, S. 249.

364 Maunz/Düring, *Papier*, Art. 14 Rdnr. 308.

365 BVerfGE 58, S. 137, *S. 147f.*; 70, S 191, *S. 200*; 81, S. 29, *S. 31*; 87, S. 114, *S. 138*; 91, S. 294, *S. 308*.

366 So etwa für eigentumsrelevante Maßnahmen BVerfGE 45, S. 63, *S. 76*; vgl. auch BVerfGE 79, S. 292, *S. 302*.

Und nur diese dürften damit im Sinne der Rechtsprechung des BVerfG „beteiligt" an der eigentumsrelevanten Maßnahme sein.[367]

Dann aber müßten sich Gründe des öffentlichen Interesses oder Gemeinwohls finden lassen, die eine solche Besserstellung rechtfertigten. Zudem ist zu beachten, daß der soziale Bezug des Eigentums mit dem Dritt- oder Allgemeinbezug der Eigentumsposition steigt bzw. sich bei mangelndem solchen Bezug verringert.[368] Drittbezug bedeutet hier nicht, daß auch Dritte von der eigentumsrelevanten Maßnahme betroffen sein müßten, sondern daß der Gebrach des Eigentums „zugleich" der Allgemeinheit dient, Art. 14 Abs. 2 GG.[369]

Dafür allerdings, daß gesamtwirtschaftliche Gründe es erforderten, ausgerechnet die ungesicherten Gläubiger, die neben ihrer geschützten Forderungsinhaberschaft gegen die Insolvenzmasse keinerlei geschützte Eigentumsposition vorweisen können, zu bevorzugen, ist nichts ersichtlich.[370] Es besteht aus Sicht der ökonomischen Analyse des Rechts nicht einmal ein Grund, überhaupt die Massearmut der Verfahren zu verringern.[371] Denn die Massearmut beruht ja darauf, daß der Gläubiger zu viele Verbindlichkeiten eingegangen ist, die irgendwann zwangsläufig wegen Vermögenslosigkeit nicht mehr zu sichern und schließlich zu erfüllen waren. Weswegen es erforderlich sein sollte, ausgerechnet diese Forderungen zu privilegieren, leuchtet nicht ein.[372] Denn bessergestellt würden die ungesicherten Kredite und deren Bedienung in der Insolvenz. Und die Allgemeinheit kann kein Interesse daran haben, daß Unternehmen ausgerechnet mit solchen ungesicherten Krediten versorgt werden.[373] Ebensowenig hat die Allgemeinheit ein Interesse daran, daß Waren produziert werden, die auf Maschinen gefertigt wurden, die nicht unter Eigentumsvorbehalt stehen oder deren Ausgangsstoffe nicht unter Eigentumsvorbehalt geliefert worden sind. Es geht also nicht um die Verfügbarkeit des Gutes, sondern nur einen Beitrag aus dem Erlös der Verwertung zugunsten ungesicherter Gläubiger. Auch die Unternehmen selbst scheiden als Berechtigte eines besonderen Drittbezuges aus, weil keine limitierte Verfügbarkeit des Gutes oder dessen Unerschwinglichkeit trotz essentiellen Bedarfs vorliegt. Das am wirtschaftlichen Gewinn orientierte Unternehmen wird nicht essentiell darauf angewiesen sein, Waren z.B. stets

---

[367] Dazu auch Maunz/Düring, *Papier*, Art. 14 GG Rdnr. 312, der insoweit „Fremd- oder Allgemeinbelange" benennt.

[368] Maunz/Düring, *Papier*, Art. 14 Rdnr. 312.

[369] BVerfGE 68, S. 361, *S. 371f.*; BVerfGE 79, S. 292, *S. 302.*

[370] Im Ergebnis ebenso Seuffert, Verfassungsrechtliche Fragen zu den Reformvorschlägen der Kommission für Insolvenzrecht, ZIP 1986, S. 1157, *S. 1163.*

[371] Schäfer/Ott, S. 557.

[372] Seuffert, Verfassungsrechtliche Fragen zu den Reformvorschlägen der Kommission für Insolvenzrecht, ZIP 1986, S. 1157, *S. 1163*; Binz/Hess, S. 22f.

[373] Seuffert, Verfassungsrechtliche Fragen zu den Reformvorschlägen der Kommission für Insolvenzrecht, ZIP 1986, S. 1157, *S. 1160.*

unter Eigentumsvorbehalt zu erhalten, wenn es statt dessen lediglich den Kaufpreis aufbringen oder – im Falle der Sicherungsübereignung – genügend Immobiliarvermögen zur Verfügung stellen muß, um einen Kredit zu erhalten. Kurz gesagt: Die betroffenen Güter bleiben auch ohne die Sicherungsmittel verfügbar.

Ein gesteigerter Allgemeingebrauch an der Wertschöpfung durch Kostenbeitrag, auf welchen die gesetzgeberischen Maßnahmen abzielen, ist ohnehin nicht erkennbar, denn das Volumen dessen, was umverteilt werden kann, dürfte gesamtwirtschaftlich neben dem Schaden, der auch weiterhin durch die Zerschlagung eines Unternehmens im Insolvenzfall entsteht, nicht wirklich ins Gewicht fallen.

Und auch wenn die Mobiliarsicherungsgläubiger in Höhe einer etwaigen Restforderung als einfacher Insolvenzgläubiger weiter am Insolvenzverfahren teilnehmen, bringt dies kaum Entlastung. Denn durch die Erlösumverteilung auf die ungesicherten Gläubiger mag deren Stellung sich verbessern; daß diese allerdings auch nur in die Nähe einer vollständigen Befriedigung in einem typischen Insolvenzfall gelangen, wird wohl nicht einmal die Kommission für Insolvenzrecht geglaubt haben. Insoweit dürfte die alte Erkenntnis, daß das Konkursverfahren ein „Wertevernichter schlimmster Sorte und obendrein das teuerste Schuldentilgunsverfahren“[374] ist, sich auch durch einen Verfahrensbeitrag in Höhe von 25% nicht wirksam ändern lassen. Denn auch ein geändertes Insolvenzgesetz kann ohne materiellrechtlich weitreichende Bestimmungen über die Kreditvergabe und dessen Sicherung nicht dazu führen, daß der insolvente Gemeinschuldner über mehr Vermögen verfügt, sondern lediglich die Modalitäten der Verteilung des überschuldeten Vermögens neu ordnen.

Um die reinen Kosten des Verfahrens aufbieten zu können und die Abweisung desselben mangels Masse zu erleichtern sind zudem Mittel denkbar, die dieses Ziel mit weit weniger Eigentümerbelastung verwirklichen, etwa in Gestalt eines bereitszuhaltenden Pools zur Deckung der Verfahrenskosten einer Insolvenz oder eine Versicherung desjenigen, aus dessen Verantwortungsbereich die Insolvenz letztlich resultiert, namentlich des Gemeinschuldners.[375]

Im Ergebnis kann damit festgehalten werden: Wegen der Verhältnismäßigkeit der Maßnahme muß zunächst auf den unmittelbaren Vorteil der ungesicherten Gläubiger abgestellt werden, der bloße Verweis auf einen mittelbare Gemeinwohlnutzen überspringt die Nutznießer der Umverteilung in unzulässiger Weise. Und zugunsten dieser ungesicherten Gläubiger sind keinerlei Anhaltspunkte ersichtlich, die von Verfassungs wegen einen solchen Eingriff in die durch Art. 14 GG geschützte Rechtsposition des Gläubigers einer Mobiliarsicherheit rechtfertigen könnten.

---

[374] Jaeger, 8. Auflage 1932 zit. nach Pape/Uhlenbruck, Rdnr. 36.

[375] Einzelheiten zu den alternativen Methoden der Kostendeckung: Binz/Hess, S. 23f..

Ein Kostenbeitrag der zum Zweck hat, Vermögen zugunsten ungesicherter Gläubiger zu verschieben, ist unverhältnismäßig und verstieße folglich gegen Art.14 Abs. 1 GG.

ββ) Feststellungs- und Verwertungskosten

Nachdem ein Kostenbeitrag, der zur Vermögensverschiebung und Verbesserung der Situation der ungesicherten Gläubiger dient, mit Art. 14 GG nicht zu vereinbaren ist, stellt sich die Frage inwieweit und in welcher Form die Mobiliarsicherungsgläubiger zumindest mit den tatsächlichen Kosten der Feststellung des Bestehens einer Sicherheit und deren Verwertung belastet werden können. Da die Aussonderungskraft des einfachen Eigentumsvorbehaltes nach wie vor besteht, werden diese Kostenbeiträge derzeit insbesondere relevant für die Sicherungsübereignung, die Sicherungszession und die Verlängerungs- wie Erweiterungsformen des Eigentumsvorbehaltes.[376]

Grundsätzlich kann gelten, daß es nicht gegen Art. 14 GG verstößt, wenn Kosten, die auch tatsächlich durch den Eigentümer verursacht worden sind, durch diesen auch abgegolten werden müssen.[377]

Rechtfertigung der pauschalierenden Verfahrenskostenbeiträge für Feststellung und Verwertung der Sicherheit wird zunächst in der bisherigen Praxis unter der Konkursordnung gesucht. Dort war es üblich, daß der absonderungsberechtigte Gläubiger auf „freiwilliger" Basis einen entsprechenden Beitrag an den Konkursverwalter zur Masse geleistet hat.[378] Als Rechtfertigung im verfassungsrechtlichen Sinn taugt dies allerdings nicht, denn stellt eine freiwillige Vermögensleistung schon keinen Eingriff in Art. 14 GG dar, wie es statt dessen eine staatlich verordnete Zwangsabgabe vermag. Im Zuge des Gesetzgebungsverfahrens zur Insolvenzordnung wurde schon bei damals diskutiertem 10 % Pauschalbeitrag, wie ihn auch der 51. Deutsche Juristentag empfohlen hatte, darauf verwiesen, daß ein solcher Beitrag deswegen zu hoch sei, weil er wiederum die tatsächlich anfallenden Kosten übersteigt.[379] Wenn dem auch für einen Beitrag von 4 % bzw. 5 % mit der Möglichkeit des Ansatzes der tatsächlichen Kosten nach § 171 InsO so wäre, so träfen hier die gleichen Bedenken zu, wie bei den Kostenbeiträgen der Kommissionsberichte: Soweit es dazu kommt, daß vermittels der Beiträge eine Vermögensverschiebung nicht nur ganz unbedeutenden Ausmaßes intendiert ist, verstößt diese in Ermange-

---

[376] Huth, S 109.

[377] Stern, Insolvenzreform und verfassungsrechtlicher Schutz der Mobiliarsicherungsgläubiger, S. 737, *S. 751*; Seuffert, Verfassungsrechtliche Fragen zu den Reformvorschlägen der Kommission für Insolvenzrecht, ZIP 1986, S. 1157, *S. 1163*.

[378] Uhlenbruck, Das Neue Insolvenzrecht, S. 246, MüKo InsO, *Lwowski*, § 170 Rdnr. 7.

[379] Landfermann, Die Rechtstellung der dinglich gesicherten Gläubiger im künftigen Insolvenzverfahren, KTS 1987, S. 381, *S. 403*.

lung eines rechtfertigenden Gemeinwohlbelangs gegen Art. 14 GG. Weiterhin stellt sich auch die Frage, ob es überhaupt sinnvoll ist, die Kosten der Verwertung und Feststellung zu pauschalieren, anstatt nur die wirklich entstehenden Kosten auch vom Gläubiger zu verlangen. Letzteres sah das sogenannte *Henckel-Modell* vor, indem die in dem konkreten Verfahren entstandenen Kosten nach dem Maßstab des den Gläubigern zufließenden Verwertungserlöses von diesen zu tragen sein sollten.[380] Dagegen allerdings spricht zunächst, daß dann der Erlös aller Gläubiger mit den Gesamtkosten übereingenommen wird und somit auch nicht jeder Gläubiger nur die Kosten seiner Sicherheit trägt.[381] Auch dies führt also zu Unbilligkeiten. Bliebe nur noch, die Kosten tatsächlich in jedem Einzelfalle der Verwertung einer Sicherheit zu ermitteln. Wenn man jedoch etwa den Arbeitsaufwand des Insolvenzverwalters und dessen übliche Vergütung berücksichtigt, so wäre bei einer geringwertigen Sicherheit der Wert derselben schnell vollständig aufgezehrt – was kaum als verhältnismäßiger denn eine Pauschalierung erscheint. Zudem entstehen in diesen Fällen Ermittlungskosten, um die genaue Summe der tatsächlich verursachten Kosten bestimmen zu können, die dann ihrerseits den Gläubiger belasteten. All dies kann durch eine Pauschalierung vermieden werden, doch darf der Kostenbeitrag nicht zu einer nicht nur geringen und zufälligen, sondern gewollten und gesteuerten Vermehrung der Masse führen, sondern kann tatsächlich nur dazu dienen, dem Gläubiger die Kosten, die die Verwertung seiner Sicherheit nun einmal verursacht, nicht unzulässig dem zusammengebrochenen Schuldnervermögen, also der Insolvenzmasse, aufbürden.

Bei Pauschalbeiträgen besteht jedoch immer auch die Gefahr, daß es sich um gegriffene Beträge handelt,[382] die nicht mit den tatsächlich entstandenen Kosten übereinstimmen. Im Sinne der Verhältnismäßigkeit der Eigentumsbelastung gemessen an Art. 14 GG ist es daher geboten, den Betrag den tatsächlichen Gegebenheiten so weit als möglich anzugleichen.

Der Gesetzgeber hat nun für die Kosten der Feststellung der Sicherheit einen Pauschalbeitrag gemäß § 171 Abs. 1 InsO von 4 % vorgesehen, für die Kosten der Verwertung der Sicherheit einen Pauschalbetrag in Höhe von 5 %, hier allerdings mit der Möglichkeit des Ansatzes der tatsächlichen Kosten. Der Grund dafür ist primär darin zu sehen, daß die Verwertungskosten in weit erheblicherem Umfang von einem gemittelten Normwert abweichen können.[383] Müssen also die unter Ei-

---

[380] Dazu und zur Kritik an diesem Vorschlag auch Komo/Seelig/Stech, Thesen zu einer Reform des Insolvenzrechtes, Betriebs-Berater 1982, S. 1453, *S. 1454*; Landfermann, Die Rechtstellung der dinglich gesicherten Gläubiger im künftigen Insolvenzverfahren, KTS 1987, S. 381, *S. 402*.

[381] Landfermann, Die Rechtstellung der dinglich gesicherten Gläubiger im künftigen Insolvenzverfahren, KTS 1987, S. 381, *S. 402*.

[382] Vgl. Landfermann, Die Rechtstellung der dinglich gesicherten Gläubiger im künftigen Insolvenzverfahren, KTS 1987, S. 381, *S. 403*.

[383] Vgl. MüKo InsO, *Lwowski*, § 171 Rdnr. 51f.

gentumsvorbehalt gelieferten Waren erst noch verarbeitet werden, um veräußerungsfähig zu sein, so sind die Kosten der Verwertung verständlicherweise erheblich höher.[384] Geht es jedoch darum, wie im Beispielsfall der Sicherungsabtretung zum Zwecke der Kreditfinanzierung lediglich eine Forderung einzuziehen, so sind die Kosten dafür kaum meßbar und werden anteilig immer niedriger, je höher die Forderung ist, da der Aufwand bei einer größeren Forderung sicher nicht proportional zu ihrem Nominalwert steigen wird. Die empirische Untersuchung von *Drukarczyk*, *Duttle* und *Rieger* hat für die freiwillige Leistung nach der Konkursordnung etwa eine Spanne von 1 bis 50 % des Wertes der Sicherheit und einen durchschnittlichen Kostenbeitrag in Höhe von 9,4 % ermittelt; bereinigt um die Summe der Unternehmen, die nie einen Kostenbeitrag leisten, ergibt sich eine Summe von ca. 5 % des Wertes der Sicherheit.[385]

Außerdem bietet § 171 Abs. 2 S. 2 InsO die Möglichkeit, auch die tatsächlich angefallenen Kosten an Stelle der Pauschale zu berücksichtigen, wenn deren Abweichung von der Pauschale erheblich ist. Die Insolvenzordnung selbst trifft keine Aussage darüber, wann eine solche Erheblichkeit vorliegen soll. Nach der Begründung des Regierungsentwurfes liegt eine erhebliche Abweichung zumindest dann vor, wenn die Hälfte des Pauschalbetrages unter- bzw. überschritten wird.[386]

Diese Belastung des Eigentümers nährt sich wegen der bei präziser Ermittlung entstehenden Kosten dabei im Rahmen des vernünftigerweise machbaren den tatsächlich entstandenen Kosten weitestgehend an. Auch handelt es sich nicht um einen willkürlich beschlossenen Beitrag, sondern beruhen auf den Auskünften von Kreditinstituten und Kreditversicherern und stellen damit die weitgehende Annährung an die tatsächlichen Kosten sicher.[387] Da die Verwirklichung des verfassungsrechtlich geschützten Eigentums diese Kosten verursacht, ist die Belastung des Eigentümers auch nicht disproportional und daher von Verfassungs wegen nicht zu beanstanden.[388]

---

[384] Vgl. Landfermann, Die Rechtstellung der dinglich gesicherten Gläubiger im künftigen Insolvenzverfahren, KTS 1987, S. 381, *S. 403*.

[385] Vgl. Drucarczyk/Duttle/Rieger, S. 139; hier ist indessen zu bedenken, daß der Verfahrensbeitrag unter der Konkursordnung freiwillig abgeführt worden ist. Außerdem haben von 275 befragten Unternehmen 128 überhaupt nie einen Kostenbeitrag geleistet. Dies eingerechnet ergibt sich ein durchschnittlicher Verfahrensbeitrag von beinahe exakt 5 % (genau: 5,025), also sehr nahe dem Beitrag von 5 % der Verwertungskosten, die in § 171 Abs. 1 S. 1 InsO angesetzt worden sind.

[386] RegE InsO, BR-Drs. 1/92, S. 181f.; zustimmend MüKo InsO, *Lwowski*, § 171 Rdnr. 56f.; Uhlenbruck InsO, *Uhlenbruck*, § 171 Rdnr. 4. Für hälftige Unterschreitung LG Meiningen, ZInsO 2003, S. 810, *S. 810*; vgl. auch AG Bonn, ZInsO 2001, S. 240, *S. 240*.

[387] Vgl. RegE InsO, BR-Drs. 1/92, S. 181f.; Smid, § 171 Rdnr. 6.

[388] Ebenso Smid, Das neue Insolvenzrecht – Probleme, Widersprüche, Chancen, Betriebs-Berater 1999, S. 1; *S. 5*.

Die Kosten der Feststellung des Bestehens der Sicherheit in Gestalt von tatsächlichen und rechtlichen Feststellungskosten ist hingegen mit einer festen Pauschale in Höhe von 4% ohne die Möglichkeit der Abweichung in § 171 Abs. 1 InsO geregelt. Grund dafür soll sein, daß die Feststellungskosten in erheblich geringerem Umfang divergierten, als die Verwertungskosten.[389]

Insgesamt erfaßt werden sollen die Kosten der tatsächlichen Feststellung wie die Kosten der rechtlichen Feststellung bei belasteten Gegenständen.[390]

Als Kostenfaktoren kommen danach in Betracht:[391]

- Die Kosten der Identifizierung und Individualisierung eines konkreten Gegenstandes mit Absonderungsrecht
- Die Kosten der Trennung und Separierung einer Sache aus einer Sachgesamtheit oder nach Vermischung, Vermengung, Verarbeitung bzw. die rechnerische Separierung einer Einzelforderung aus einer Gesamtrechnungssumme
- Prüfung der Wirksamkeit eines Sicherungsvertrages
- Trennung des Sicherungsgutes von Gegenständen anderer
- Kollision mit Rechten Dritter

Zweifelhaft ist, ob die Kosten auch bei Forderungsabtretung mit Anzeige an den Drittschuldner verlangt werden können, weil diese tatbestandlich der Verpfändung mit Anzeige gleicht (§ 1280 BGB) und die Verpfändung ausdrücklich aus dem Anwendungsbereich der § 166ff. InsO herausgehalten worden ist.[392]

Es sind indessen auch Fallkonstellationen denkbar, in denen die Feststellungskosten tatsächlich nicht anfallen. Im Fall einer einfachen Sicherungsübereignung könnte etwa der Betriebsmittelkreditgeber den Insolvenzverwalter überhaupt erst auf die Sicherungsübereignung eines bestimmten Produktionsmittels hinweisen. Dies wird auch in der Praxis nicht selten der Fall sein, denn immerhin geht es ja um die Realisierung der Sicherheit durch Absonderung. Legt der Darlehensgeber dazu noch die notwendigen Unterlagen vor, bleiben als einzige Kostenfaktoren aus obiger Auf-

---

[389] Landfermann, Die Rechtstellung der dinglich gesicherten Gläubiger im künftigen Insolvenzverfahren, KTS 1987, S. 381, *S. 403*; MüKo InsO, *Lwowski*, § 171 Rdnr. 51f.

[390] Vgl. MüKo InsO, *Lwowski*, § 171 Rdnr. 16ff.

[391] Vgl. Uhlenbruck InsO, *Uhlenbruck*, § 171 Rdnr. 2; MüKo InsO, *Lwowski*, § 171 Rdnr. 16ff.

[392] Vgl. MüKo InsO, *Lwowski*, § 171 Rdnr. 16ff., der insoweit darauf hinweist, daß sich die Praxis dann für die Verpfändung der Forderungen entscheiden wird, da Nachteile im Vergleich zur Sicherungsabtretung bei ohnehin erfolgter Anzeige, etwa zur Objektfinanzierung, an den Drittschuldner nicht bestehen. Auch kann in der Verpfändung keine Umgehung der §§ 166ff. gesehen werden, da sich der Gesetzgeber nicht zuletzt wegen der vermeintlich erstrebenswerten Publizität ausdrücklich dazu entschieden hat, die Verpfändung aus dem Anwendungsbereich der §§ 166f. InsO herauszuhalten. Für eine Kostenpflichtigkeit vgl. aber BGH NJW 2002, S. 3475, *S. 3477*.

stellung lediglich die Prüfung der Wirksamkeit des Sicherungsvertrages und die Kollision mit Rechten Dritter sowie der allgemein entstehende Verwaltungsaufwand. Aber auch die Prüfung der Wirksamkeit des Sicherungsvertrages kann vernachlässigenswert sein, wenn es sich etwa um einen Standardformularvertrag einer Großbank handelt. Insoweit dient dann der Verfahrensbeitrag zur Ermittlung der Sicherheit wiederum nicht der Deckung der entstandenen Kosten, sondern reichert statt dessen die Masse an. Dies zwar lange nicht in dem Maße, wie bei dem hier bereits als verfassungswidrig eingestuften 25% Verfahrensbeitrages der Entwürfe der Kommission für Insolvenzrecht, dennoch geht er dann über eine bloße Kostendeckung hinaus. Insoweit gelten die bereits schon oben dargelegten Bedenken. Sind die Kosten hingegen tatsächlich entstanden, so ist die Regelung des § 171 Abs. 1 S. 2 InsO nicht zu beanstanden.

Indessen ist fraglich, ob allein die denkbar mögliche Fallkonstellation, in welcher Feststellungskosten nicht angefallen sind, den § 171 Abs. 1 S. 2 InsO bereits gegen Art. 14 GG verstoßen läßt. So ist etwa anerkannt, daß bei mehreren möglichen Gesetzesauslegungen diejenige gewählt werden muß, die mit dem Grundgesetz in Einklang steht.[393] Nach dem BVerfG ist dabei auch unerheblich, daß nach dem Willen des Gesetzgebers eine andere Auslegung als diejenige, die die Verfassung gebietet, gewollt war.[394] Diese verfassungkonforme Auslegung findet ihre Grenze im eindeutigen Wortlaut und klar erkennbaren Willen des Gesetzgebers, zu der sie sich nicht in Widerspruch setzen darf.[395] Erst wenn die Grenze der möglichen Auslegung überschritten ist, kommt die Feststellung der Unvereinbarkeit einer Norm mit der Verfassung in Betracht, bei welcher die Wirksamkeit der Vorschrift bis zu einer Neuregelung durch den Gesetzgeber suspendiert wird.[396] Doch kann in engeren Grenzen auch schon eine Rechtsfortbildung, besonders in Form der Analogie, einen Verfassungsverstoß beseitigen.[397] Voraussetzung ist, daß eine planwidrige Regelungslücke besteht, die durch die Anwendung einer Norm mit vergleichbarem Regelungsgehalt geschlossen wird.

Möglich erscheint eine analoge Anwendung des § 171 Abs. 2 S. 2 InsO, der für die Verwertungskosten die Möglichkeit zur Veranschlagung der tatsächlichen Kosten bietet, auch auf die Feststellungskosten in denjenigen Ausnahmenfällen, in denen Kosten in Wahrheit nicht verursacht worden sind. Wie aus den Gesetzesmaterialien ersichtlich wird, ging der Gesetzgeber davon aus, daß mit 4 % für die Kosten der Feststellung einer Sicherheit etwa der Betrag gefunden sei, der den tatsächlich anfallenden Kosten entspräche. Verfassungsrechtliche Bedenken gegen den Kosten-

---

[393] Jarass/Pieroth, *Jarass*, Einl. Rdnr. 5.

[394] BVerfGE 69, S. 1, *S. 55*; 9, S. 194, *S. 200*; 93, S. 37, *S. 93*.

[395] BVerfGE 95, S. 64, *S. 93*; BVerwGE 105, S. 20, *S. 23*; Bettermann, S. 19.

[396] So ausdrücklich für einen Verstoß gegen Art. 14 GG: BVerfGE 97, S. 114, *S. 136*.

[397] Jarass/Pieroth, *Jarass*, Art. 20 Rdnr. 42.

beitrag wurden – soweit ersichtlich – nicht erwogen. Nimmt man die (verfassungswidrige) Ansicht der Kommission für Insolvenzrecht hinzu, daß auch ein weit höherer Kostenbeitrag unter weiterer Zurückdrängung der Aus- und Absonderungsbefugnisse zulässig sei, so war sich der Gesetzgeber des verfassungsrechtlichen Problems eines Kostenbeitrages wohl nicht in hinreichender Form bewußt. Dies rechtfertigt es, die Regelung des § 171 Abs. 2 S. 2 InsO auf solche Sonderfälle entsprechend anzuwenden. Da die Intention des Gesetzgebers lediglich war, die tatsächlich anfallenden Kosten zu decken, setzt man sich mit dieser analogen Anwendung auch nicht in Widerspruch zu einem eindeutigen gesetzgeberischen Willen.

Die Umlage der Verwertungskosten stellt eine verhältnismäßige Inhalts- und Schrankenbestimmung des Eigentums dar; in besonders gelagerten Fällen, in denen Feststellungskosten nicht angefallen sind, kann § 171 Abs. 2 S. 2 InsO auf diese entsprechend angewandt werden, um den verfassungsrechtlichen Anforderungen Rechnung zu tragen.

χχ) Sacherhaltungskosten

Während noch die Entwürfe zur InsO die Umlage der Sacherhaltungskosten auf den absonderungsberechtigten Gläubiger vorgesehen haben, fehlt eine entsprechende Regelung in der InsO.

Auch eine analoge Anwendung der Feststellungs- und Verwertungskosten nach § 170 InsO kommt wegen der unterschiedlichen Wirkung der Kostenarten nicht in Betracht.[398]

Damit ist der Insolvenzverwalter verpflichtet, zu Lasten der Masse die Kosten der Sacherhaltung bis zur Verwertung des Sicherungsgegenstandes aufzubringen; fällt der Verwertungserlös geringer aus, weil der Insolvenzverwalter nicht die notwendigen Maßnahmen zur Erhaltung des Sicherungsgegenstandes erbracht hat, so haftet er dem Sicherungsgläubiger in Höhe des Mindererlösbetrages.[399]

Fraglich ist, ob der Gesetzgeber nicht dennoch berechtigt wäre, die Kosten der Sacherhaltung auf den Sicherungsgläubiger im Falle eines Absonderungsberechtigten abzuwälzen.

In der vom historischen Gesetzgeber des BGB vorgesehenen Grundform des Mobiliarkredites, dem Faustpfandrecht, ist mit § 1216 BGB eine solche Ersatzpflicht schon materiellrechtlich angelegt. Macht der Pfandgläubiger demnach Verwendungen auf die Sache, so bestimmt sich die Ersatzpflicht nach den §§ 683ff. nach Maß-

---

398 MüKo InsO, *Lwowski*, § 171 Rdnr. 58ff.; a.A. bei Uhlenbruck InsO, *Maus/Uhlenbruck*, § 171 Rdnr. 22: Folgt man dieser Ansicht, ist die Frage, inwieweit den Sicherungsgläubigern die Sacherhaltungskosten aufgebürdet werden können, schon für die gegenwärtige Rechtslage relevant.

399 MüKo InsO, *Lwowski*, § 171 Rdnr. 59.

gabe der Geschäftsführung ohne Auftrag.[400] Daß dieser Anspruch über die Regelung über die GoA wegen des vorausgesetzen Interesses des Verpfänders an der Verwendung des Pfandgutes relativ schwach ausgestaltet ist, liegt daran, daß mit der Verpfändung ein ganz spezifischer Zweck verfolgt wird, nämlich die Sicherung des Gläubigers.[401] Im Unterschied etwa zur Sicherungsübereignung hat aber auch gerade der Pfandgläubiger die Sache regelmäßig im Besitz. Bei der Sicherungsübereignung verbleibt der Gegenstand hingegen im Besitz des Sicherungsgebers. Gerade daraus ergibt sich jedoch auch die unentgeltliche Pflicht des Sicherungsgebers, die Sache zu erhalten.[402] Denn dies ist gerade der Grund für die Verdrängung des Pfandrechtes durch die Sicherungsübereignung:[403] Die Sacherhaltung ist gleichsam der Preis, den der Sicherungsgeber dafür bezahlt, daß er im Gegensatz zum Pfand die Sache behalten und weiter nutzen darf. Da die Parteien auch nicht kraft Vereinbarung ein besitzloses Pfandrecht schaffen können, sondern an den numerus clausus der Sachenrechte gebunden sind, scheidet auch eine analoge Anwendung der Pfandrechtsvorschriften in diesem Zusammenhang regelmäßig aus.[404]

So erscheint fragwürdig, ob im Insolvenzfalle entgegen dieser einfachgesetzlichen Wertung eine Belastung des Sicherungsgläubigers mit den Sacherhaltungskosten verhältnismäßig im Sinne des Art. 14 GG wäre.

Soweit eine solche Maßnahme lediglich ergriffen würde, um die Kosten des Insolvenzverfahrens zu verkleinern und die einfachen Gläubiger im Verhältnis zu Sicherungsgläubigern zu stärken, gelten dieselben Bedenken wie im Rahmen eines Kostenbeitrages: Es ist kein öffentliches Interesse und kein nachvollziehbarer Gemeinwohlbelang ersichtlich, der eine solche Privilegierung gerechtfertigt erscheinen lassen könnte.

Allerdings ist etwa eine Konstellation denkbar, bei welcher die Verzögerung der Verwertung des Sicherungsgutes lediglich auf einem Vertretenmüssen des Sicherungsgläubigers beruht. Entweder dieser setzt etwa bei vorhandener eigener Verwertungshoheit den Sicherungsgegenstand nicht rechtzeitig zum Zwecke der eigenen Befriedigung um. Denkbar wäre beispielsweise eine vorwerfbare Nichtverwertung trotz Möglichkeit. Oder aber es ist ein weiterer Gemeinwohlbelang ersichtlich, der solche Erhaltungskosten rechtfertigt. Zu denken ist hier insbesondere an die Rechtfertigung durch Betriebsfortführung durch den Insolvenzverwalter zur Vermeidung der Zerschlagung des Schuldnervermögens. Unter ökonomischen Gesichtspunkten ist die Voraussetzung für die Unternehmensfortführung dann gegeben, wenn im Liquidationsfall bestimmte Vermögenswerte investitionsspezifisch

---

[400] Dazu Soergel, *Habersack*, § 1216, Rdnr. 3; Palandt, *Bassenge*, § 1216 Rdnr. 1.

[401] Staudinger, *Wiegand*, § 1216 Rdnr. 2; Protokolle Bd. 3, S. 460.

[402] Staudinger, *Wiegand*, Anh. zu § 929ff. Rdnr. 219.

[403] Vgl. Reifner, § 48 Rdnr. 49.

[404] MüKo, *Oechsler*, Anh. 929-936, Rdnr. 41.

sinnlos werden; die Liquidation hingegen sinnvoll, wenn die im Schuldnervermögen gebundenen Ressourcen außerhalb dieser Vermögensmasse einen höheren Gesamtertrag erwirtschaften können.[405] Insoweit kann die Unternehmensfortführung in Grenzen die Belastung der Sicherungsgläubiger mit den Kosten der Erhaltung der Sicherheit rechtfertigen. Aber auch dies kann nur gelten, wenn entweder hinreichend klar ist, daß das gemeinschuldnerische Unternehmen gerettet werden kann, oder doch zumindest bis zu einem Zeitpunkt, indem dies mit hinreichender Sicherheit ausgeschlossen werden kann.

Der Kostenbeitrag durch Erhaltungskosten kann also lediglich eine flankierende Maßnahme sein, um nicht nur wegen der Kosten der Erhaltung der Sicherheiten das Schuldnervermögen liquidieren zu müssen.

Im Gegensatz zur heutigen Rechtslage mit den §§ 170ff. InsO erscheint es im Rahmen einer Reorganisation also auch von Verfassungs wegen möglich, dem Gläubiger mit Absonderungsbefugnis die Erhaltungskosten der Sicherheit aufzuerlegen. Denn wenn wegen dieser Kosten das Schuldnervermögen liquidiert werden muß, ist der Schaden für das Gemeinwohl durch die damit verbundenen Kosten im Zweifel weit höher.

δδ) Wertersatz und Nutzungsentschädigung

Mit § 172 InsO hat der Gesetzgeber eine Regelung geschaffen, die den durch die Nutzung eines Sicherungsgegenstandes entstehenden Wertverlust dadurch ausgleicht, daß laufende Zahlungen des Insolvenzverwalters an den Sicherungsgläubiger erfolgen. Weder in der Konkursordnung noch in der Vergleichsordnung hatte die heutige Norm eine Vorgängerin.

Die Regelung beruht auf einem neuen Ansatz der Insolvenzordnung gegenüber der KO: Bei letzterer stand primär die Verwertung und Abwicklung der Masse, also unmittelbare Gläubigerbefriedigung im Fokus, während die Insolvenzordnung vermehrt auch die Fortführung des Schuldnervermögens zum Insolvenzziel erhob und folglich Regelungen benötigte, die die Weiterbenutzung der Sicherheit durch den Insolvenzverwalter festlegten.[406] Selbst wenn unter der Konkursordnung die Sache weiterbenutzt wurde und sich dadurch im Wert verminderte, war der Konkursverwalter nicht zu Ausgleichszahlungen verpflichtet; allenfalls konnte der Gläubiger die Sachnutzung untersagen und die Sache herausverlangen – abweichendes galt nur, wenn die Sicherungsabrede eine entsprechende Regelung enthielt.[407]

---

[405] Schäfer/Ott, S. 558f.

[406] MüKo InsO, *Lwowski*, § 172 Rdnr. 4f.

[407] MüKo InsO, *Lwowski*, § 172 Rdnr. 5f.

Der Gesetzgeber der Insolvenzordnung hat sich hingegen entschlossen, der Nutzungsmöglichkeit durch den Insolvenzverwalter den Ausgleich des Wertverlustes durch laufende Zahlungen nach § 172 InsO gegenüberzustellen.

In einer entsprechend abweichenden Regelung ohne einen solchen Wertausgleich läge eine weitere Möglichkeit, die Insolvenzmasse von weiteren Kosten freizuhalten.

Auch hier soll zunächst die Rechtslage ohne Eintritt der Insolvenz kurz dargestellt werden.

Nach §§ 929, 930, 868 BGB für die Sicherungsübereignung bzw. §§ 929, 158 beim Eigentumsvorbehalt erwirbt der Gläubiger entweder das (auflösend bedingte) Eigentum und der Schuldner bei Rückfallklausel eine Anwartschaft auf das Eigentum bzw. beim Vorbehaltskauf bleibt der Verkäufer Eigentümer und der Erwerber erwirbt die Eigentumsanwartschaft.[408] Kommt es zum Bedingungsausfall, weil Sicherungsgeber oder Vorbehaltskäufer die Zahlung auf die zugrundeliegende Forderung einstellen, entsteht ein Eigentümer-Besitzer-Verhältnis gemäß §§ 985ff. BGB mit der Folge der Anwendbarkeit der §§ 987ff. BGB.[409]

Da der Eigentumsvorbehaltskäufer bzw. Sicherungsgeber der Sicherungsübereignung wegen der Zahlungseinstellung dann auch weiß, daß er nicht mehr zum Besitz berechtigt ist, greift die verschärfte Haftung nach §§ 989, 990 BGB. Nach § 987 BGB hat der unrechtmäßige Besitzer dann die Nutzungen (§ 100 BGB) zu vergüten und ist auch nach § 987 BGB für den Schaden verantwortlich, der dadurch entsteht, daß die Sache verschuldet untergeht, verschlechtert wird oder aus einem anderen Grunde nicht zurückgegeben werden kann. Als Nutzungen kommen insbesondere auch Gebrauchsvorteile in Betracht,[410] eine Verschlechterung kann dadurch eintreten, daß die Sache infolge Abnutzung an Wert verliert.[411]

Ohne den Insolvenzfall erhält der Sicherungsgläubiger der Sicherungsübereignung also sowohl seine Nutzungen vergütet, als auch eine Entschädigung für eingetretene Sachverschlechterung durch Abnutzung.

In verfassungsrechtlicher Hinsicht lassen sich die beiden Kostenfaktoren folgendermaßen systematisieren:

---

[408] Vgl. Medicus, Bürgerliches Recht, Rdnr. 456ff.; Wolf, Sachenrecht, Rdnr. 675 ff.; 766ff. Zur Kritik an der Anwartschaftsbegründung Mülbert, Das inexistente Anwartschaftsrecht und seine Alternativen, AcP 202 (2002), S. 912, *S. 918f.*

[409] Vgl. MüKo, *Medicus*, Vor §§ 987-1003, Rdnr. 8; Palandt, *Bassenge*, § 929 Rdnr. 50; die ist im Zweipersonenverhältnis auch unproblematisch. Schwieriger zu beurteilen ist es nur, wenn ein Dritter die Sache in Besitz hatte, und die vom Eigentümer zu diesem Besitzer bestehende Vertragskette an einer Stelle zusammenbricht, vgl. zum Ganzen Medicus, Bürgerliches Recht, Rdnr. 587ff.

[410] Palandt, *Bassenge*, § 987 Rdnr. 6.

[411] MüKo, *Medicus*, § 989 Rdnr. 3f.

Die Entschädigung für die Abnutzug der Sache ist Korrelat zum schleichenden Verlust der Sache selbst. Das verfassungsrechtlich geschützte Eigentum wird durch Benutzung in seiner Substanz vermindert. Nach einem hypothetischen beliebig langen Zeitraum der Nutzung für die Insolvenzmasse wird von diesem Eigentum schließlich kaum mehr etwas verbleiben. Das Resultat ist dann schließlich zumindest im Hinblick auf den dann durch die Insolvenz vernichteten Substanzwert das gleiche, als wenn man dem Sicherungsgläubiger die Verwertung des Sicherungsgegenstandes verwehrte – nur eben dann einem nur gedanklich möglich teilbaren Anteil an seiner Sicherheit. Ohne die Kompensation dieses Wertverlustes, wie ihn § 172 InsO *de lege lata* vorsieht, käme es durch Zeitablauf statt finalem Zugriff auf die Sicherheit aber gleichfalls zu einem Entzug verfassungsrechtlich geschützten Eigentums. Die Vermögenseinbuße des Sicherungsgläubigers kommt wiederum der Insolvenzmasse zugute, wenn der Insolvenzverwalter die Sache kostenlos in Gebrauch halten und abnutzen darf. Letztendlich profitieren davon wieder die ungesicherten Gläubiger, denn sie erhalten schließlich den Mehrwert als Insolvenzquote, der auf diesem Wege erwirtschaftet werden konnte. Und daß es für eine solche Umverteilung an anerkennenswerten Gemeinwohlbelangen fehlt, wurde schon oben herausgearbeitet.[412] Denn auch hier ist nichts ersichtlich, was eine solche gesetzgeberische Umverteilungsmaßnahme im Sinne einer verhältnismäßigen Einschränkung des Eigentums des Sicherungsgebers rechtfertigt. Anders könnte man lediglich dann argumentieren, wenn die Nutzung des Sicherungsmittels zur Verhinderung der Insolvenz des Gemeinschuldners überhaupt und zu einer Reorganisation führte. In allen anderen Fällen aber, in denen Wertersatz für die Verschlechterung der Sicherheit nicht gewährt wird, wäre eine solche Maßnahme wegen Verstoßes gegen Art. 14 GG wiederum verfassungswidrig.

Der Gesetzgeber hat mit der Schaffung des § 172 InsO dieser verfassungsrechtlichen Anforderung genüge getan.

Aus den gleichen Gründen könnte es jedoch verfassungswidrig sein, daß der Gesetzgeber neben dem Ausgleich für den Wertverlust keine Nutzungsherausgabe gewährt. Hier ist jedoch der konstruktive Unterschied Nutzungsausfallentschädigung und des Wertersatzes für die Verschlechterung der Sicherheit zu beachten. Denn ein Bedürfnis für die Nutzungsherausgabe besteht insbesondere dort, wo es an einer entsprechenden vertraglichen Regelung fehlt, die das Schicksal der Nutzungen bestimmt.[413] Kurz gefaßt kann man sagen: Der Ausgleich der Abnutzung der Sache in Gestalt eines Wertersatzes soll verhindern, daß das Vermögen des Eigentümers zu unrecht vermindert wird. Die Nutzungsherausgabe dient hingegen dazu, zu verhindern, daß das Schuldnervermögen zu unrecht vermehrt bleibt.

---

[412] Siehe oben, S. 201ff.

[413] Vgl. MüKo, *Medicus*, Vor §§ 987-1003 Rdnr. 20.

Diese Unterscheidung muß sich auch verfassungsrechtlich auswirken. Für Art. 14 GG ist es eher zu verschmerzen, wenn mit einer fremden Sache erzielte Nutzungen zu unrecht beim „Bereicherten“ bleibt, als daß das Eigentum des Berechtigten vermindert wird.

Für die Insolvenz gilt dies in besonderem Maße, denn hier muß gelten, daß wegen der eingetretenen Krisenlage im Interesse der Insolvenzziele die entstehenden Kosten so gering als möglich gehalten werden. Und andererseits schützt Art. 14 GG zu erzielenden Gewinn in weit schwächerem Maße, als Eingriffe in Eigentumssubstanz.[414] Die Nutzungsherausgabe tritt kraft Gesetzes an die Stelle einer zusammengebrochenen oder niemals vorhanden gewesenen Vertragsbrücke. Wenn ein solcher Anspruch allerdings einen vertraglichen Anspruch substituiert, so spricht nichts dagegen, auch ihn – wie den vertraglichen Anspruch an seiner Stelle auch – zu kürzen. Die Nutzungsentschädigung nähert sich also einer aus Gerechtigkeitserwägungen gesetzlich geschaffenen Gewinnrealisierung.

Aus diesem viel schwächeren Schutz des Art. 14 GG für den Ausgleich gezogener Nutzungen folgt auch eine leichtere Einschränkbarkeit durch den Gemeinwohlbelang der Möglichkeit einer Sanierung des Gemeinschuldnervermögens. Wie eine vertragliche Forderung kann die Nutzungsherausgabe somit verfassungskonform gekürzt werden. Soweit dem verfassungsrechtlichen Eigentümer dessen Eigentum ansonsten verbleibt, ist der Gesetzgeber damit nicht gehalten, auch den Nutzungsausgleich zwischen Gemeinschuldnervermögen und Sicherungsgläubiger herbeizuführen.

Während eine Entschädigung für den Verlust des Wertes Postulat des Art. 14 GG ist und der Gesetzgeber eine solche mit § 172 InsO auch zu Recht geschaffen hat, ist er andererseits nicht verpflichtet, auch die gezogenen Nutzungen dem Sicherungsgläubiger zu gewähren.

Die gegenwärtige Regelung der InsO befindet sich damit in voller Übereinstimmung mit den verfassungsrechtlichen Anforderungen.

εε) Umsatzsteuer

Grundsätzlich kann auch eine steuerliche Belastung für die Eigentümerrechte im Sinne des Art. 14 GG relevant werden. Zunächst gingen Rechtsprechung und Lehre lange Zeit davon aus, daß der Schutz des Art. 14 GG gegen Eingriffe der staatlichen Finanzgewalt versage.[415] Das Bundesverfassungsgericht hat jedoch in einer Entscheidung aus dem Jahre 1978 dann ausdrücklich offengelassen, ob nicht doch im dort behandelten Fall einer Einkommensteuerbelastung Art. 14 GG einschlägig

---

[414] Vgl. v. Münch, *Bryde*, Art. 14 Rdnr. 21.

[415] BVerfGE 4, S. 7, *S. 17*; 93, S. 121, *S. 137*; 97, S. 332, *S. 349*; vgl. auch Maunz/Düring, *Papier*, Art. 14 Rdnr. 165.

sein könnte.[416] In späteren Entscheidungen heißt es zumindest, daß eine Verletzung von Art. 14 GG bei Auferlegung öffentlich-rechtlicher Geldleistungspflichten in Betracht kommen könne.[417]

In der Literatur dürfte diejenige Ansicht überwiegen, die Maßnahmen auf dem Gebiet der Steuererhebung unmittelbar für Art. 14 GG für relevant hält.[418]

Die Kommission für Insolvenzrecht schenkte der Frage nach der Belastung der Masse keine gesonderte Beachtung, sondern meinte, daß der mit 25 % deutlich bemessene Verfahrensbeitrag sämtliche Kosten, die der Masse durch die Sicherheitenverwertung entstünden, abzudecken seien.[419] Da auch der einfache Eigentumsvorbehalt nicht mehr zur Aussonderung berechtigen sollte, wäre auch von der Verwertung dieses Sicherungsmittels ein Verfahrensbeitrag zu leisten gewesen. Der Diskussionsentwurf sah demgegenüber wegen des Wegfalls dieses hohen Verfahrensbeitrages die Frage nach der Umsatzsteuerbelastung als mitentscheidend für den Erfolg eines künftigen Insolvenzverfahrens an und wollte Entlastung dadurch schaffen, daß die Umsatzsteuerforderung des Fiskus zur einfachen Insolvenzforderung herabsinkt.[420] Da dieses Vorhaben am Widerstand des Finanzministeriums im Referentenentwurf scheiterte,[421] sollte mit dem Regierungsentwurf die Umsatzsteuer zur Kostenlast des absonderungsberechtigten Gläubigers gehören.[422]

Der Regierungsentwurf verschärfte damit die Belastung der Gläubiger, indem er vom berechneten Verwertungserlös den angefallenen Umsatzsteuerbetrag vom auszukehrenden Verwertungserlös abzog und somit wieder den Gläubiger des Kreditsicherungsrechtes, welcher zur Absonderung befugt ist, einbezog.[423] Allerdings erkannte der Regierungsentwurf andererseits die Aussonderung für den Eigentumsvorbehaltsverkäufer wiederum an, womit dessen Umsatzsteuerbeteiligung nicht in Betracht kam.

Nach der Insolvenzordnung kann die Aussonderung steuerlich lediglich im Falle einer Vorsteuerabzugsberechtigung relevant werden. Denn die Herausgabe der mit einem Aussonderungsrecht belasteten Sache durch den Insolvenzverwalter ist kein steuerlich relevantes Rechtsgeschäft, sondern lediglich eine tatsächliche Handlung, die folglich auch keine Massekosten verursachen, noch zu Masseschulden führen

---

[416] BVerfGE 50, S. 57, *S. 104.*

[417] BVerfGE 4, S. 7, *S. 17*; 10, S. 354, *S. 371*; 75, S. 108, *S. 154*; 78, S. 232, *S. 243*; 82, S. 159, *S. 169*; 95, S. 267, *S. 301*; für Grenze nur der „erdrosselnden Wirkung" BVerfGE 87, S. 153, *S. 169.*

[418] Vgl. Maunz/Düring, *Papier*, Art. 14 GG Rdnr. 166ff.; Jarass/Pieroth, *Jarass*, Art. 14 GG Rdnr. 16f.

[419] Vgl. Hofmann, Zur Geschichte der Reform des Insolvenzrechts, DRiZ 1994, S. 411, *S. 412.*

[420] Vgl. Diskussionsentwurf, S. A 53.

[421] MüKo InsO, *Stürner*, Einl. Rdnr. 41.

[422] Vgl. §§ 159, 196 RegEInsO, BT-Drs. 12/2443, S. 40f.; BT-Drs. 12/2443, S. 89; S. 181f.

[423] Gesetzentwurf InsO, BT-Drs 12/2443 S. 89.

kann.[424] Allerdings ist der Verkauf unter Eigentumsvorbehalt trotz der Tatsache, daß ein Eigentumsübergang nicht stattfindet, als Veräußerung einer Sache als steuerbarer Umsatz anzusehen.[425] Dies führt dazu, daß, wenn der Eigentumsvorbehaltsverkäufer zum Vorsteuerabzug berechtigt war, er den Vorsteuerabzug gemäß § 17 Abs. 2 Nr. 3 UStG zu berichtigen hat.

Bei Gläubigern mit Absonderungsbefugnissen ist die Verwertung der Sicherheit durch den Insolvenzverwalter umsatzsteuerpflichtig und fällt gemäß § 171 Abs. 2 S. 2 InsO dem Sicherungsgläubiger zur Last.[426] Anders war dies noch nach der Konkursordnung, bei welcher die Masse die Kosten der Umsatzsteuer als Masseforderung zu tragen hatte.[427]

(1)

Um die Verhältnismäßigkeit einer Steuerbelastung beurteilen zu können, ist es erforderlich, herauszustellen, wann überhaupt nach allgemeinen steuerrechtlichen Grundsätzen und im Sonderfall der Insolvenz ein umsatzsteuerpflichtiges Geschäft vorliegt.

Gegenstand der Umsatzsteuer sind nach § 1 UStG zunächst die gesamten steuerbaren Umsätze. Dies sind gemäß §§ 3 Abs. 1, Abs. 9 UstG Lieferungen und sonstige Leistungen, die von einem Unternehmer im Rahmen seines Unernehmens nach § 2 UStG im Inland gegen Entgelt (§ 10 UStG) vorgenommen werden. Durch die Eröffnung des Insolvenzverfahrens ändert sich an der umsatzsteuerrechlichen Stellung des Gemeinschuldners als Unternehmer im Sinne des § 2 UStG nichts.[428] So lösen auch die während des Insolvenzverfahrens vorgenommenen Leistungen weiterhin Umsatzsteuerforderungen aus.[429] Umsatzsteuerliche Vorgänge, die der Insolvenzverwalter bewirkt, werden unmittelbar dem Unternehmen zugerechnet.[430] Verwertet der Insolvenzverwalter Sicherungsgegenstände, für die die Regelungen der §§ 170, 171 InsO gelten, so ist die Umsatzsteuer, soweit sie angefallen ist, vom auszukehrenden Erlös abzuziehen und daher vom Sicherungsgeber zu tragen. Noch unter der Konkursordnung war bei der Verwertung des Gutes durch den Konkursverwalter an den Sicherungsnehmer der Bruttoerlös inklusive vom Erwerber gezahlter Umsatzsteuer herauszugeben; der Konkursverwalter mußte die Umsatz-

---

[424] Hess/Boochs/Weis, Rdnr. 698.

[425] Hess/Boochs/Weis, Rdnr. 698.

[426] Hess/Boochs/Weis, Rdnr. 146.

[427] BFH ZIP 1987, S. 1134, *S. 1134*; Pape/Uhlenbruck, Rdnr. 541, dort als „unhaltbare Situation" bezeichnet.

[428] Vgl. BFH ZIP 1997, S. 1347, *S. 1347*; ZInsO 2000, S. 660, *S. 661*; Hübschmann/Hepp/Spitaler, § 251 Rdnr. 34.

[429] MüKo InsO, *Kling*, Anh. Insolvenzsteuerrecht Rdnr. 120.

[430] MüKo InsO, *Kling*, Anh. Insolvenzsteuerrecht Rdnr. 122.

steuer aber dennoch an das Finanzamt abführen, womit die Umsatzsteuer zu den Massekosten nach § 58 Nr. 2 KO zählte.[431]

An der Nettoauszahlung nach der Insolvenzordnung ändert sich auch dann nichts, wenn der Gläubiger nach § 168 InsO auf eine ihm günstigere Verwertungsmöglichkeit hinweist und den Gegenstand nach § 168 Abs. 3 InsO selbst übernimmt, denn hier findet ein Leistungsaustausch[432] mit dem Sicherungsgeber statt, der zu der Folge der §§ 170ff. InsO führt, mit dem Resultat, daß dem Sicherungsgeber wiederum nur der Nettoertrag ausgezahlt wird.[433] Auch wenn der Insolvenzverwalter (ausnahmsweise) nicht von seinem vorrangigen Recht zur Verwertung des Gegenstandes nach §§ 159, 166 InsO Gebrauch macht, fällt die Umsatzsteuer dem Absonderungsgläubiger zur Last. Denn nach § 170 Abs. 2 InsO sind neben den Kosten der Feststellung auch der Umsatzsteuerbetrag (§ 171 Abs. 2 S. 3 InsO) vorweg an die Masse abzuführen.

Hat der Insolvenzverwalter keinen Besitz an dem Gegenstand, so ist nach § 173 InsO der Gläubiger befugt, die Sicherheit zu verwerten. Dies darf allerdings nicht mit der für die Umsatzsteuer irrelevanten Verwertung nach § 170 Abs. 2 InsO verwechselt werden. § 173 InsO regelt subsidiär hinter den vorrangigen §§ 165ff. InsO insbesondere bei fehlendem Besitz des Insolvenzverwalters ein außerordentliches Verwertungsrecht des Sicherungsgläubigers.[434] In diesem Fall ist der Sicherungsgläubiger auch nach der Rechtslage der Insolvenzordnung nicht verpflichtet, gemäß § 170 Abs. 2 InsO die Umsatzsteuer an die Masse abzuführen.[435]

Die Behandlung der Umsatzsteuer im Rahmen des künftigen Insolvenzverfahrens stellt damit eines der wenigen Beispiele dar, in denen sich letztlich nicht die mildeste und schonendste Maßnahme in Bezug auf den Mobiliarkredit durchgesetzt hat, sondern der Regierungsentwurf und die Insolvenzordnung die Umsatzsteuerbelastung auf den Mobiliarsicherungsgläubiger mit Absonderungsrecht verlagern.

---

[431] Vgl. BGH NJW 1980, S. 2473, *S. 2473*; Hess/Boochs/Weis, Rdnr. 734.

[432] Nach anderer Ansicht liegt in der Herausgabe einer Sache zum Zwecke der Verwertung vom Insolvenzverwalter an den Absonderungsgläubiger und Sicherungsnehmer gerade kein umsatzsteuerpflichtiges Geschäft, vgl. etwa *Häsemeyer, Rz.* 23.59ff. In der Herausgabe der Sache, in der die h.M. die entgeltliche Verschaffung der Verfügungsmacht sieht fehle es an der nach § 1 Abs. 1 Nr. 1 UStG erforderlichen Leistung gegen Entgelt. Unter haftungsrechtlichen Gesichtspunkten, die sich jedoch über die systematische Stellung der §§ 170, 171 InsO hinwegsetzen, gelangt er jedoch im Ergebnis gleichfalls dazu, daß der Absonderungsberechtigte die Umsatzsteuer aus der Verwertung in die Masse entrichten muß. Da es im Rahmen der vorliegenden Untersuchung nur um die Belastung des Sicherungsgläubigers mit der Umsatzsteuer geht, braucht diesem Streit hier nicht weiter nachgegangen zu werden.

[433] MüKo InsO, *Kling*, Anh. Insolvenzsteuerrecht Rdnr. 159f.

[434] MüKo InsO, *Kling*, Anh. Insolvenzsteuerrecht Rdnr. 163.

[435] MüKo InsO, *Kling*, Anh. Insolvenzsteuerrecht Rdnr. 163.

(2)

Diese Umschichtung der Belastung mit der Umsatzsteuer, die zweifellos durch Verringerung des Erlöses aus der (Mobiliar-)Sicherheit den Gläubiger derselben belastet, müßte mit Art. 14 GG, sofern dieser Schutz gegenüber steuerlichem Handeln des Staates gewährt,[436] vereinbar sein.

Hier ist zunächst zu beachten, daß die staatliche Besteuerungsgewalt unverzichtbare Voraussetzung ist, um den Belangen des Allgemeinwohls gerecht werden zu können, vgl. Art. 20 Abs. 1, 28 Abs. 1 GG.[437] Daraus ergibt sich eine prinzipielle Legitimation des Besteuerungseingriffes.[438]

An der Vereinbarkeit der Umsatzsteuer insgesamt als wichtigste Verkehrssteuer und indirekte Steuer bestehen somit keine ernsthaften Bedenken.[439]

Fraglich ist jedoch, ob ausgerechnet auch der Gläubiger der Mobiliarsicherheit anstelle der Insolvenzmasse mit der Umsatzsteuer belastet werden kann, mithin die gesetzgeberische Maßnahme verhältnismäßig ist.

Verdeutlicht werden soll dies wiederum anhand des einfachen Beispielsfalls mit der Sicherungsübereignung eines Gegenstandes aus dem Anlagevermögen zum Zwecke des Erhaltes eines Betriebsmittelkredites an den Kreditgeber gemäß §§ 929, 930, 868 BGB. Noch unter der Konkursordnung hätte der Kreditgeber den Bruttoerlös aus der Verwertung der Sicherheit erhalten, während nach der Insolvenzordnung gemäß § 171 Abs. 2 S. 3 InsO die Umsatzsteuer einbehalten wird und damit lediglich der Nettoerlös – also derzeit der um 16% verminderte Erlös aus der Verwertung bei umsatzsteuerpflichtigem Geschäft abzüglich weiterer Kosten für Feststellung (4%) und Verwertung (5% oder bei erheblichem Abweichen die tatsächlichen Kosten) – ausgezahlt werden.

Eine besondere Belastung des Gläubigers wäre insbesondere dann anzunehmen, wenn er durch den Insolvenzfall mit Kosten belastet würde, die ihn bei Verwertung außerhalb der Insolvenz nicht getroffen hätten. Eine solche Belastung hätte dann überwiegende Gemeinwohlinteressen erfordert, um den verfassungsrelevanten Eingriff in die Rechtsposition des Sicherungsgläubigers zu rechtfertigen. Maßgeblich für den Anfall der Umsatzsteuer ist der Lieferungsbegriff des § 3 UStG. Für die Verwertung der Sicherheit ohne Insolvenz hat sich hier folgende Leitlinie etabliert. Umsatzsteuerrechtlich handelt es sich bei der Sicherungsübereignung noch nicht um eine Lieferung, da diese durch die Sicherungsübereignung überhaupt erst vor-

---

[436] Vgl. Maunz/Düring, *Papier*, Art. 14 GG Rdnr. 166ff.; Jarass/Pieroth, *Jarass*, Art. 14 GG Rdnr. 16f.; BVerfGE 4, S. 7, *S. 17*; 10, S. 354, *S. 371*; 75, S. 108, *S. 154*; 78, S. 232, *S. 243*; 82, S. 159, *S. 169*; 87, S. 153, *S. 169*; 95, S. 267, *S. 301*.

[437] Maunz/Düring, *Papier*, Art. 14 Rdnr. 167.

[438] Maunz/Düring, *Papier*, Art. 14 Rdnr. 167ff.

[439] Vgl. auch BVerfG NJW 1999, S. 1098, *S. 1099*.

bereitet wird. Auch wenn die Sicherungsübereignung zu vollem bürgerlichrechtlichen Eigentum verhilft, ist sie ihrem Wesen nach (noch) nicht die vollständige Übertragung sämtlicher Befugnisse auf den Sicherungsnehmer, sondern steht bei wirtschaftlicher Betrachtung dem Pfandrecht näher.[440] Vor dem Hintergrund der zuordnenden Betrachtung erscheint es dann aber auch sachgerecht, die Bestellung der Sicherungsübereignung noch nicht als eine Lieferung im Sinne des § 3 UStG anzusehen.[441] Nach der Theorie des sogenannten Doppelumsatzes fällt bei der Verwertung des Sicherungsgutes durch den Unternehmer allerdings dann gleich zweifach die Umsatzsteuer an. Nunmehr wird die Bestellung der Sicherheit als endgültige Übertragung ebenso steuerpflichtig, wie die Veräußerung des Sicherungsgegenstandes durch den Sicherungsnehmer.[442] Dann erscheint es aber eingängig, den Gläubiger und Sicherungsnehmer auch im Insolvenzfalle mit der Umsatzsteuer zu belasten, die er ohnehin bei Verwertung der Sicherheit hätte leisten müssen, wenn er selbst verwertet hätte.[443] Dagegen spricht auch nicht, daß durch die Verwertung in der Insolvenz nur der durch Bestellung des Sicherungseigentums eingeleitete Teil des doppelten Übertragungsvorganges relevant und damit steuerpflichtig wird und somit von der Masse zu tragen ist. Denn auch dann wird zumindest der Großteil des Erlöses der Sicherheit an den Gläubiger ausgezahlt, ebenso, als hätte dieser selbst verwertet. Zwar gebührt der z.B. sicherungsübereignete Gegenstand haftungsrechtlich noch zur Masse und berechtigt daher nicht zur Aussonderung, aber ist der Gegenstand nach seinem Substanzwert bereits umgesetzt und befindet sich diesbezüglich schon außerhalb der Insolvenzmasse.[444] Diesen Substanzwert an den Gläubiger nun auch auszukehren, ist Sinn des Absonderungsverfahrens.[445] Dies vorausgesetzt, wäre es in der Tat unbillig, die Masse mit der Umsatzsteuer zu belasten und den Sicherungsgläubiger mit dem Insolvenzfall sogar besser zu stellen, als bei Verwertung der Sicherheit ohne Insolvenzverfahren.

Im Beispielsfall der Sicherungsübereignung erwüchse dem Kreditgeber und Sicherungsnehmer sonst ohne ersichtlichen Grund ein Mehrwert durch die Insolvenz es Sicherungsgebers, wenn die Umsatzsteuer von der Insolvenzmasse getragen würde. Anstatt daß er selbst sie umsatzsteuerpflichtig verwertet, übernimmt dies – aus den benannten Gründen der besseren Möglichkeit der Verwertung des Schuldnervermögens insgesamt und der Möglichkeit einer Betriebsfortführung – der Insolvenzverwalter.

---

[440] Vgl. Scholz/Lwowski, Rdnr. 434; Schwab/Prütting, Rdnr. 410; Westermann, § 44 IV, S. 351; Palandt, *Bassenge*, § 930 Rdnr. 13.

[441] Hundt-Eßwein/Schumann, UStG, § 3 Rdnr. 26.

[442] Hundt-Eßwein/Schumann, UStG, § 3 Rdnr. 26; BFH BStBl. II 1987, S. 741, *S. 741*.

[443] Vgl. MüKo InsO, *Kling*, Insolvenzsteuerrecht, Rdnr. 157ff.

[444] Häsemeyer, 2. Teil, 11. Kap. I. 1.; Rdnr. 1105.

[445] Vgl. Pape/Uhlenbruck, Rdnr. 529ff.

Da die Umsatzsteuer ihrerseits aber nicht verfassungswidrig ist, ist der Eingriff in die Eigentumsrechte des Sicherungsgläubigers verfassungsrechtlich gerechtfertigt, denn dem Sicherungsnehmer wird nur angelastet, was er ohnehin ohne die Insolvenz zu tragen hätte. Der geringfügige Mindererlös wegen der einbehaltenen Feststellung und Verwertungskosten fällt demgegenüber nicht ins Gewicht, da er nur den tatsächlichen Aufwand für den Insolvenzverwalter vergütet.

Die Belastung des Gläubigers mit der bei der Sicherheitenverwertung etwaigen Umsatzsteuer nach §§ 170, 171 InsO verstößt mithin nicht gegen Art. 14 GG.

φφ) Zusammenfassung zu den Eingriffen auf der Kostenbeitragsebene

Die gewichtigste und effizienteste Maßnahme auf dem Gebiet der Kostenbeiträge der Mobiliarsicherungsgläubiger hätte der Verfahrensbeitrag in Höhe von 25% am Erlös der Verwertung der Gegenstände der Mobiliarsicherungsgläubiger werden sollen, wie ihn die Berichte der Kommission für Insolvenzrecht zum Vorschlag gemacht haben. Selbst bei geboten vorsichtiger Prognose wären auf diesem Weg bis nahe an 25% des mobilen Vermögens des Gemeinschuldners der Masse und letztlich den ungesicherten Gläubigern zugekommen. Diese Maßnahme wäre damit imstande gewesen, die Abweisung der Eröffnung eines Insolvenzverfahrens mangels Masse effektiver als alle in der Insolvenzordnung vorgesehenen gesetzgeberischen Mittel zu verhindern.

Die eingehende Untersuchung dieses Instrumentariums hat jedoch ergeben, daß der Einführung eines solchen Verfahrensbeitrages unüberwindliche verfassungsrechtliche Hindernisse entgegen stehen. Art. 14 GG läßt eine Vermögensumverteilung zugunsten ungesicherter Gläubiger nicht zu, weil dies keinen in hinreichendem Maße anerkennenswerten Gemeinwohlbelang darstellt. Die Umverteilung führt im Gegenteil durch den damit verbundenen administrativen Aufwand zu einer weiteren Wertevernichtung, der kein anerkennenswerter Vorteil für die Allgemeinheit gegenübersteht. Der Gesetzgeber muß sich entscheiden, ob er den Mobiliarkredit an seiner Wurzel beschneidet, um der Vorabverteilung des Schuldnervermögens zuvorzukommen. Die Bestellung der Sicherheiten zuzulassen und sodann in ihrem Wert in dieser Form zu beschneiden, ist verfassungswidrig.

Die Kosten der Ermittlung der Sicherheit und deren Verwertung können hingegen auf den Sicherungsgläubiger wirksam umgelegt werden, allerdings gebieten unflexible Pauschalbeiträge Vorsicht. Zumindest durch eine analoge Anwendung des § 171 Abs. 2 S. 2 InsO auch auf die Kosten der Ermittlung der Sicherheit, die, wie aufgezeigt, möglich ist, können hier verfassungsrechtliche Bedenken allerdings ausgeräumt werden.

Ein weiteres Mittel zur Verminderung der Belastung der Masse bietet die zulässige Umlage der Sacherhaltungskosten auf den Sicherungsgläubiger *de lege ferenda*.

Wie in § 172 InsO vorgesehen, muß der Mobiliarsicherungsgläubiger auch den Verlust des Wertes der Sicherheit durch Benutzung im Insolvenzverfahren nicht tragen, sondern kann einen entsprechenden Ausgleich verlangen. Die Auskehr auch der gezogenen Nutzungen ist hingegen nicht erforderlich.

Die durch die Verlagerung der Umsatzsteuer auf den Sicherungsgläubiger entstandene Entlastung der Insolvenzmasse im Vergleich zur Rechtslage unter der Konkursordnung ist hingegen zu begrüßen. Mag die quasi doppelte Besteuerung eines eigentlich einheitlichen Veräußerungsvorganges auch selbst zweifelhaft sein, so spricht nichts dagegen, den Gläubiger des Mobiliarkredites jedenfalls mit der bei der Verwertung der Sicherheit entstehenden Umsatzsteuer zu belasten.

6. Ergebnis zu Art. 14 GG

Insgesamt hat die Überprüfung der Steuerungsmöglichkeiten des Kreditsicherungsrechts durch die Insolvenzordnung durch Eingriffe in die Bestellung Verwertung und Kostenverteilung ein differenziertes Bild ergeben.

Zunächst einmal handelt es sich bei den sämtlichen Maßnahmen um Inhalts- und Schrankenbestimmungen des Eigentums. Für die Frage nach dem eigentumsrechtlichen Schutz des Mobiliarkreditsicherungsgläubigers in der Insolvenz kommt es im Rahmen des Schutzbereichs nicht nur auf die Forderung an, so daß deren Schutz isoliert betrachtet werden könnte; der Inhaber der Mobiliarsicherheit verfügt nämlich neben der Forderung noch über weiteres zivilrechtliches und damit auch vom Schutzbereich des Art. 14 GG umfaßtes Eigentum in Gestalt des Rechts am Sicherungsgegenstand; eine anderweitige Sichtweise verkürzt den Eigentumsschutz in unzulässigem Maße.

Art. 14 GG zeigt den Reformbestrebungen des Kreditsicherungsrechts aber gleichzeitig seine Grenzen auf. Während allgemein begrüßt wird, daß sich ein Wandel von Reformvorhaben der Sicherheiten innerhalb des BGB hin zu einer Reform des Insolvenzgesetzes vollzieht,[446] bleiben doch Bereiche, die nur innerhalb der Regelungsmaterie des materiellen Rechts ausgestaltet werden können. Die auch von den bisherigen Reformvorschlägen (noch) nicht unterbreite Abschaffung einer Mobiliarkreditsicherheit, wie sie von der Mobiliarhypothek bei Inkrafttreten der Konkursordnung bekannt ist, wird es ohne Verfassungsverstoß nicht geben. Entscheidend ist jedesmal die Verhältnismäßigkeit einer solchen Maßnahme im engeren Sinn. Die gänzliche Abschaffung über ein Insolvenzgesetz führt in eine Totalentleerung des Eigentums: Der Gesetzgeber ist gehindert, einerseits ein eigentumsrelevantes Recht zunächst auszugestalten und etwa für die Einzelvollstreckung mit

[446] So etwa Staudinger, *Wiegand*, Anh. zu §§ 929-931, Rdnr. 34ff., der darauf hinweist, daß die Durchdringung des Mobiliarkredites durch das BGB lediglich unvollständig ist und meint, daß sich erst im Konkurs die „Krise“ des Mobiliarkredites zeigt.

Rechtswirkungen auszustatten, es andererseits aber wieder obsolet zu machen, indem es für den Urfall des Sicherungsbedürfnisses, namentlich dem Zusammenbruch des Gemeinschuldnervermögens in Gestalt der Insolvenz, wirkungslos wird. Andererseits ist der Gesetzgeber nicht gehindert, gewisse Erweiterungs- und Verlängerungsformen der Mobiliarsicherheiten zu beschneiden. Die Abschaffung des Konzernvorbehaltes war verhältnismäßig und wurde zudem systematisch mit § 449 Abs. 2 BGB vorzugswürdig im BGB selbst verortet. Auch die weiteren Erweiterungsformen der Sicherungsmittel können gleichfalls eingeschränkt werden, da im Hinblick auf die Bedeutung des Sicherungsmittels und damit des verfassungsrechtlichen Eigentums die Verwendbarkeit nicht beeinträchtigt, sondern nur eine „Übersicherungsfunktion" beseitigt wird. Ein Schriftformerfordernis für die Wirksamkeit der Sicherheiten in der Insolvenz könnte der Gesetzgeber von Verfassungs wegen zwar verankern, jedoch ist dies zumindest abzuraten, da sich ein Schriftformerfordernis als Publizitätsersatz nicht in das System der privatrechtlichen Formerfordernisse einfügt und damit insgesamt einen vermeidbaren Sonderweg darstellt. Gleichfalls gerechtfertigt wäre eine Suspendierung der Ausübung der Sicherheiten, solange nicht Übermaß- oder Willkürverbot verletzt werden.

Die Grenze des verfassungsrechtlich Machbaren ist allerdings mit der geltenden Insolvenzordnung an einigen Stellen auch noch nicht ausgeschöpft: Die erst im letzten Verfahrensstadium auf dem Weg vom Regierungsentwurf zur Insolvenzordnung selbst zurückgenommene Rückstufung des einfachen Eigentumsvorbehaltes zum Absonderungsrecht statt zur Aussonderung ist mit Art. 14 GG durchaus vereinbar. Dies folgt aus der Überlegung, daß Art. 14 GG den Gläubiger des Eigentumsvorbehaltes in den wesentlichen eigentumsrechtlichen Regelungen nicht besser zu stellen hat, als er ohne die Insolvenz stünde. Hier dürfte sich – besonders in Kombination mit der Nutzungsmöglichkeit durch den Insolvenzverwalter für die Insolvenzmasse – ein besonders hohes Potential zur Fortführung eines insolventen Unternehmens ergeben. Im Einklang damit hat sich ergeben, daß auch die Verwertungs- und Verwaltungshoheit des Insolvenzverwalters an mit Absonderungsrechten versehenen Gegenständen nicht gegen Art. 14 GG verstößt.

Eine deutliche Grenze setzt die Verfassung jedoch zu recht bei den Verfahrensbeiträgen. Da es keinen gemeinwohlfördernden Zweck darstellen kann, die „einfachen" Insolvenzgläubiger auf Kosten gesicherter Gläubiger zu bevorteilen, in dem Vermögen von letzteren auf erstere umgeschichtet wird, kann es einen Kostenbeitrag, der seinen Ursprung nicht im Verursacherprinzip findet, nicht geben; insbesondere ein 25%iger Verfahrensbeitrag, wie ihn die Kommission für Insolvenzrecht vorgeschlagen hat, ist mit Art. 14 GG unvereinbar. Vor diesem Hintergrund ist auch die bislang soweit ersichtlich nicht kritisierte Regelung, wonach gemäß § 171 Abs. 1 S. 2 InsO die Feststellungskosten stets ohne Rücksicht auf die tatsächlichen Kosten mit 4% veranschlagt werden können, in Ausnahmenfällen, in denen die Kosten in Wahrheit nicht angefallen sind, problematisch. Jedoch schafft eine analoge Anwendung des § 171 Abs. 2 S. 2 InsO hier gegebenenfalls Abhilfe.

Wiederum Potential beinhaltet die Möglichkeit der Umlage der Sacherhaltungskosten. In Einklang mit den Anforderungen des Grundgesetzes sind auch die Entschädigungen für die Verschlechterung des Sicherungsgegenstandes und der gezogenen Nutzungen in § 172 InsO geregelt.

Auch die Belastung mit der Umsatzsteuer kann dem Mobiliarsicherungsgläubiger aufgebürdet werden.

IV. Vereinbarkeit der Maßnahmen zur Regelung des Mobiliarkredites gemessen an Art. 3 GG

1. Allgemeines

Art. 3 GG bringt als wichtigste Positivierung den Gleichheitsgedanken des Grundgesetzes zum Ausdruck.[447] Er verlangt sowohl allgemein die Rechtsanwendungsgleichheit wie auch im Zusammenhang mit Art. 1 Abs. 3 GG die Rechtssetzungsgleichheit.[448] Die grundgesetzlichen Bestrebungen von Freiheit des Einzelnen einerseits und Gleichheit in der Gesellschaft andererseits stehen wesentlich konfliktfrei nebeneinander.[449] Dem Gesetzgeber ist es weitgehend überlassen, wieviel Spielraum dem Starken zu gewähren und wieviel Schutz er dem Schwachen bieten will, soweit er nicht die Grenzen dieses Spielraums in die eine oder andere Richtung verletzt.[450] Der Spielraum ist umso weiter, wenn Lebenssachverhalte zwar unterschiedlich behandelt werden, die Betroffenen aber durch eigenes Verhalten Einfluß darauf nehmen können, welcher der ungleichbehandelnden Regelungen sie unterliegen.[451] Spannungen zwischen Freiheit und Gleichheit entstehen erst dort, wo Wertentscheidungen getroffen werden müssen, weil sich eines von beiden nicht ohne Auswirkungen auf das jeweils andere verwirklichen läßt.[452]

Auch die Insolvenzrechtsdogmatik kennt den Grundsatz der Gleichbehandlung insbesondere der Gläubiger als Charakteristikum des Konkurses.[453] Die *par conditio creditorum* geht dabei von einer proportionalen Verlustgemeinschaft der Gläubiger aus und wendet sich gegen jedes Privileg, wie es Einzelzwangsvollstreckung oder Prioritätsprinzip gewähren.[454]

---

[447] v. Münch/Kunig, Grundgesetzkommentar, *Gubelt*, Art. 3 Rdnr. 1.

[448] Pieroth/Schlink, Rdnr. 430.

[449] Pieroth/Schlink, Rdnr. 430.

[450] Maunz/Düring, Art. 3 Rdnr. 6.

[451] BVerfGE 88, S.5, *S.12.*

[452] Eingehend Bleckmann, S. 51 ff.; Maunz/Düring, Art. 3 Rdnr. 6.

[453] Baur/Stürner, Zwangsvollstreckungsrecht II, Rz. 1.2; 5.36f.

[454] Vgl. Häsemeyer, Rz. 2.13ff.; Marotzke, Marktkonformität und Gläubigergleichbehandlung in der vorläufigen Insolvenzverwaltung (Teil 1), ZinsO 2004, S. 113, *S.* 113; Baur/Stürner, Zwangs-

Hier stellt sich zunächst das Problem einer möglichen Divergenz des insolvenzspezifischen Gläubigergleichbehandlungsgrundsatzes und des grundgesetzlichen Verfassungspostulats.

Für die Mobiliarsicherheiten stellt sich darauf aufbauend die Frage, ob den Anforderungen im Spannungsfeld von formaler Gleichheit und Differenzierungsspielraum durch die Einordnung der Sicherungsrechte nach den Modifikationen durch die Gesetzgebungsentwürfen und denkbaren weiteren Maßnahmen genüge getan ist.[455]

2. Untersuchungsmaßstab

Zunächst ist danach zu fragen, wie sich die Prüfung des Gleichheitsgrundsatzes in die zu Art. 14 GG festgestellten Ergebnisse fügt.

Da es sich bei Art. 3 GG gerade nicht um ein Freiheitsgrundrecht handelt, tritt diese Regelung nicht bereits hinter eine speziellere Regelung zurück, sondern ist gleichwohl neben einer freiheitsspezifischen Grundrechtsregelung zu erörtern (Idealkonkurrenz).[456] Ist allerdings der Bezug einer zu untersuchenden Rechtsposition deutlich stärker einem Freiheitsrecht zugewandt, so wird teilweise von einer Verdrängung des allgemeinen Gleichheitsrechtes ausgegangen, dessen Grundsätze aber in die Erwägungen des Freiheitsrechts mit einbezogen.[457] Im Rahmen der Bindung des inhalts- und schrankenbestimmenden Gesetzgebers hat der allgemeine Gleichheitssatz eine spezifisch eigentumsrechtliche Seite.[458]

So muß jede Inhalts- und Schrankenbestimmung nicht lediglich an Art. 14 GG gemessen werden, sondern auch dem übrigen Verfassungsrecht und insbesondere dem Gleichheitssatz des Art. 3 GG genügen.[459]

Art. 3 GG gebietet es also, neben der Verhältnismäßigkeit der Beschränkung einer Eigentümerfreiheit zugleich danach zu fragen, ob das institutionelle System der Verwirklichung der Eigentumsfreiheiten den Anforderungen an die besondere Be-

---

vollstreckungsrecht II, Rz. 5.37; auch zu dessen ökonomischen Gesichtspunkten, Schildbach, Sicherheiten versus par conditio creditorum – Eine betriebswirtschaftliche Analyse im Zusammenhang mit der Insolvenzrechtsreform, Betriebs-Berater 1983, S. 2129, *S. 2131ff.*

[455] So auch MüKo InsO, *Stürner*, Einleitung Rdnr. 95.

[456] v. Münch/Kunig, *Gubelt*, Art. 3 Rdnr. 105f.

[457] Vgl. BVerfGE 20, S. 292, *S. 312*; 75, S. 382, *S. 393*; OVG Bremen, NJW 1989, S. 926, *S. 927* sowie Pieroth/Schlink, Rdnr. 501a f.

[458] v. Münch/Kunig, *Bryde*, Art. 14 Rdnr. 64a, 109.

[459] Jarass/Pieroth, *Jarass*, Art. 14 GG, Rdnr. 48, 52; BVerfGE 14, S 263, *S. 278*; 62, S. 169, *S. 183*; 102, S. 1, *S. 17*.

handlung bestimmter Träger von Eigentumsrechten genügt.[460] Innerhalb eines institutionellen Systems, wie es auch die Insolvenzordnung mit der Behandlung von einfachen Insolvenzgläubigern, Mobiliar- und Immobiliarsicherungsgläubigern darstellt, ist also eine Ungleichbehandlung nur dann gerechtfertigt, wenn sich Unterschiede von entsprechendem Gewicht feststellen lassen.[461] Der Gleichheitssatz ist insbesondere bei der Frage nach der Inhaltsbestimmung der Eigentumsposition ein maßgebliches Kriterium.[462]

Die Untersuchung zu Art. 14 GG hat bislang ergeben, daß die Totalentleerung eine Grenze der Möglichkeiten der Steuerung des Mobiliarkredites über die Insolvenzordnung darstellt. Der Gesetzgeber ist gehindert, einerseits wenngleich durch Gewohnheitsrecht ausgestaltete Kreditmittel zuzulassen und andererseits deren Wirkung durch Nichtberücksichtigung in der Insolvenz nahezu vollständig wieder zu zerstören. Wenn nun der Grundsatz der Gleichbehandlung ergibt, daß der Gesetzgeber die gesicherten Gläubiger zu unrecht gegenüber ungesicherten privilegiert, so scheint ein Paradoxon zu entstehen: Einerseits verlangte dann Art. 3 GG zum Beispiel nach einer Gleichbehandlung der (Mobiliar-) Sicherungsgläubiger mit den einfachen Insolvenzgläubigern, während Art. 14 GG die einschneidende Reduzierung des Mobiliarkredites durch die Insolvenzordnung verbietet.

Hier zeigt sich die besondere Struktur der Gleichheitsprüfung bei der Frage der Betroffenheit einer Eigentumsposition. Wenn Art. 14 GG dem Mobiliarkredit seinen Schutz gewährt, muß sich dies auch im Rahmen der Frage der Gleich- oder Ungleichbehandlung mit weiteren Gläubigergruppen auswirken.

---

[460] v. Münch/Kunig, *Bryde*, Art. 14 Rdnr. 64a. *Häsemeyer* vertritt hingegen, daß die Entscheidung zur Verwirklichung der Gläubigergleichbehandlung allein nach privatrechtlichen Grundsätzen zu treffen sei, da es sich beim Insolvenzrecht um Privat- und Haftungsrecht handele und denkbare wirtschafts-, sozial- und fiskalpolitische Gründe für den Gleichbehandlungsgrundsatz nichts besagten (Rz. 2.19). Gleichzeitig weist er jedoch auf die Bedenklichkeit der Bevorzugung einzelner Gläubigergruppen aus sozialen, wirtschaftlichen und fiskalischen Gründen im Hinblick auf Art. 3 GG hin (Rz. 2.21). Hier erscheint fraglich, weswegen sich nicht auch das Privatrecht innerhalb der eigenen Regelungen selbst dem übergeordneten Gleichheitssatz unterwerfen soll. Verwerfungsfrei läßt sich dies dahin auslegen, daß Gründe für eine Ungleichbehandlung nicht aus sachfremder Regelungsmaterie entnommen werden können sollen. Aber dies ist eine Frage der Rechtfertigung einer Ungleichbehandlung und nicht schon des Anwendungsbereiches des Art. 3 GG.

[461] Vgl. BVerfGE 55, S. 72, *S. 88*.

[462] v. Münch/Kunig, *Bryde*, Art. 14 Rdnr. 109; zu weitergehender Integration des Gleichheitssatzes in die Prüfung des Art. 14 GG vgl. BGHZ 6, S. 270, *S. 280*: „Der Verstoß gegen den Gleichheitssatz kennzeichnet die Enteignung. Gerade um ihn wieder auszugleichen, fordert die Enteignung eine diesen Ausgleich gewährleistende Entschädigung des Enteigneten, während die alle gleich treffende allgemeine inhaltliche Begrenzung des Eigentums keine Entschädigung fordert." Mitschwingen werden hier allerdings die überholte Sonderopfer- bzw. Schweretheorie, wonach die Inhaltsbestimmung bei Überschreitung eines gewissen Schweregrades in die Enteignung umschlägt.

Wie ein Ausgleich herbeizuführen ist, ergibt sich aus der betrachteten Schnittmenge beider verfassungsrechtlicher Anforderungen.

Wie schon der Mobiliarkredit über das Bürgerliche Gesetzbuch weit einfacher, weil inhaltsausgestaltend ohne Totalentleerung vorgenommen werden kann, ließe sich auch ein etwaiges Verfassungspostulat einer Gleichbehandlung von ungesicherten Gläubigern mit mobiliarkreditgesicherten Gläubigern wirksam wohl nur über das BGB verwirklichen. Auch dies wäre dann ein deutliches Beispiel dafür, daß über die Insolvenzordnung der Mobiliarkredit nur eingeschränkt gesteuert werden kann.

Da Art. 14 GG die Mobiliarsicherheiten schützt, solange und soweit das BGB sie zuläßt, ergibt sich für die Frage nach der Gleichbehandlung in der Insolvenz aus dieser verfassungsrechtlichen Sicht bereits ein eingeschränkter Prüfungsmaßstab. Denn ungesicherter Gläubiger und Mobiliarkreditsicherungsgläubiger sind schon deswegen etwas Unterschiedliches, weil neben dem Schutz, den Art. 14 GG zunächst den Forderungen beider Gläubiger gewährt, der Mobiliarkreditsicherungsgläubiger über eine zusätzliche, gleichfalls geschützte Rechtsposition verfügt. Und soweit dieser Schutz reicht, was im Rahmen des Art. 14 GG bereits zu beantworten war, ist ein bestimmtes Maß an möglicher Ungleichbehandlung von vornherein vorgegeben. Erst auf sekundärer Ebene läßt sich die Frage nach der Ungleichbehandlung des Mobiliarkredites noch stellen, nämlich dort, wo diese privilegierte Stellung durch den Gesetzgeber derjenigen eines einfachen Insolvenzgläubigers soweit angenähert wird, daß eine verfassungswidrige Gleichbehandlung vorliegen könnte.

3. Ungleiche Behandlung von wesentlich Gleichem

Nach der Rechtsprechung des BVerfG ist es dem Gesetzgeber zunächst untersagt, „wesentlich Gleiches willkürlich ungleich" zu behandeln.[463] Darüber hinaus betont das BVerfG, daß auch „wesentlich Ungleiches nicht willkürlich gleich" behandelt werden dürfe.[464] Andere dagegen betonen, daß es lediglich eine willkürlich ungleiche Behandlung wesentlich Gleichens gäbe und es nur auf die Auswahl der tauglichen Vergleichsgruppe ankomme.[465] Findet sich eine taugliche Vergleichsgruppe, die von der Ursprungsgruppe anders und damit ungleich behandelt wird, so stellt sich die Frage nach der Rechtfertigung einer solchen Ungleichbehandlung.

---

[463] BVerfGE 3, S. 58, *S. 135*;42, S. 64, *S. 72*; 76, S. 256, *S. 329*; 93, S. 386, *S. 396*; 74, S. 182, *S. 191*.

[464] BVerfGE 4, S. 144, *S. 155*; 76, S. 256, *S. 329*; 86, S. 81, *S. 87*; 101, S. 275, *S. 290*; 108, S. 186, *S. 233*.

[465] Vgl. Rüfner, Der Allgemeine Gleichheitssatz als Differenzierungsgebot in: Festschrift für Kriele, S. 271, *S. 279*; Pieroth/Schlink Rdnr. 436; auch Jarass/Pieroth, *Jarass*, Art. 3 Rdnr. 5. Da die Ergebnisse sich nicht unterscheiden, kann eine Streitentscheidung im hiesigen Rahmen unterbleiben.

Zunächst ist also nach tauglichen Vergleichsgruppen für die Mobiliarkreditsicherungsgläubiger zu suchen und sodann zu entscheiden, ob diese unterschiedlich behandelt werden.

a) Vergleichbarkeit

Als taugliche Vergleichsgruppen kommen, mit obigen Einschränkungen, die ungesicherten Gläubiger einerseits und die Immobiliarsicherungsgläubiger andererseits in Betracht.

Die einfachen Insolvenzgläubiger scheiden aus der Menge der tauglichen Vergleichsgruppen nicht schon von vornherein deswegen aus, weil sie im Unterschied zu den Mobiliar- und Immobiliarsicherungsgläubiger eben nur mit ihrer schuldrechtlichen Forderung an der Insolvenz teilnehmen, wohingegen letztere über ihre schuldrechtliche Forderung hinaus zusätzlich dinglich gesichert sind. Denn dann wäre der Anwendungsbereich des Art. 3 GG sehr knapp bemessen und eine zu vermeidende Ungleichbehandlung ließe sich schon über das Kriterium der mangelnden Vergleichbarkeit rechtfertigen.[466] Dies schränkte den Verfassungsmaßstab schon über den Anwendungsbereich des Art. 3 GG unangemessen ein und wird der Bedeutung des Gleichbehandlungsgebotes kaum gerecht.Zurecht geht das Bundesverfassungsgericht daher von einem weiten Anwendungsbereich des Art. 3 GG aus und nimmt eine Unvergleichbarkeit nur dort an, wo Sachverhalte unterschiedlichen rechtlichen Ordnungsbereichen angehören und in anderen systematischen und sozialgeschichtlichen Zusammenhängen stehen.[467]

Die Frage nach der Vergleichbarkeit benötigt allerdings einen rechtlichen Bezugspunkt (*tertium comparationis*).[468] Ohne einen solchen läßt sich die Frage nach der Vergleichbarkeit nicht sinnvoll stellen. Denn auch wenn unterschiedliche Sachverhalte durch unterschiedliche Regelungsmaterien behandelt werden, so sagt dies für sich benommen nichts über verfassungsrechtlich relevante Ungleichbehandlung. Vielmehr bedarf es einer Warte, von welcher aus die Vergleichsgruppen gewichtet werden können.

---

[466] Vgl. Jarass/Pieroth, *Jarass*, Art. 3 GG Rdnr. 4.

[467] Vgl. BVerfGE 40, S. 121, *S. 139f.* für die unterschiedliche Behandlung der Versorgung eines Waisen, eines Sozialversicherten und eines Beamten. Auch dies spricht gegen einen rein privatrechtlichen Beurteilungsmaßstab bei der Frage nach einer Gläubigerungleichbehandlung.

[468] Pieroth/Schlink, Rdnr. 431.

Betrachtet man hierzu die Gläubigerbefriedigung im Insolvenzfall *de lege late*, ergibt sich folgende schematische Darstellung der Gläubigerbefriedigung im Insolvenzfall:[469]

Gläubigerbefriedigung im Insolvenzfall			
Typus	Befriedigung	Rang	Innenverhältnis
Aussonderungs-berechtigte, §§ 47f. InsO	Außerhalb des Verfahrens	Konkurrenzlos	
Absonderungs-berechtigte, §§ 49ff. InsO	Im Verfahren	Vorrang vor Masse- und Insolvenz-gläubigern	Nach allgemeinen Regeln außerhalb der InsO
Massegläubiger, §§ 54ff. InsO	Im Verfahren	Vorrang vor den Insolvenz-gläubigern	Prinzipielle Gleich- behandlung
Insolvenz-gläubiger, § 38 InsO	Im Verfahren	Vorrang vor nachrangigen Insolvenz-gläubigern	Gleichbehandlung (quotale Befriedigung)
Nachrangige Insolvenz-gläubiger	Im Verfahren		Gleichbehandlung (quotale Befriedigung)

Schon aus dieser Darstellung ergibt sich, daß die vorrangig zu befriedigenden Mobiliarsicherungsgläubiger im Spannungsverhältnis zum Grundsatz gleichmäßiger Gläubigerbefriedigung stehen.[470]

Hinsichtlich der Mobiliarsicherheiten kommen sowohl Aussonderung (einfacher Eigentumsvorbehalt, Sicherungsgeber der Sicherungsübereignung) wie auch abgesonderte Befriedigung (Sicherungsnehmer der Sicherungsübereignung, verlängerter Eigentumsvorbehalt, Sicherungszession[471]) in Betracht.

In der Verwertung von Immobiliarsicherheiten ergibt sich die grundsätzlich gleiche Einteilung. Allerdings ist eine Aussonderung einer Immobilie, die regelmäßig durch

---

[469] Nach Foerste, Rdnr. 10.

[470] Vgl. Schildbach, Sicherheiten versus par conditio creditorum – Eine betriebswirtschaftliche Analyse im Zusammenhang mit der Insolvenzrechtsreform, Betriebs-Berater 1983, S. 2129, *S. 2130.*

[471] Vgl. Häsemeyer, Rz. 18.45.

Grundbuchberichtigung gemäß § 984 BGB erfolgt,[472] wegen einer bestellten Sicherheit nicht möglich, denn gemäß § 925 Abs. 2 BGB ist die Übereignung einer solchen bedingungsfeindlich, also auch ein Eigentumsvorbehaltskauf nur bei Mobilien denkbar.[473] Für die Verwertung von Gegenständen mit Absonderungsrechten enthält § 165 InsO hingegen eine Spezialregelung für Immobilien, die mit einem Volumen von bis zu 49,1 % des Gesamtanteils an Sicherungsrechten den größten Anteil am Sicherungsgut darstellen.[474] In Verbindung mit dem Zwangsversteigerungsgesetz (ZVG) ergeben sich grundsätzlich folgende Verwertungsmöglichkeiten:

- Die Zwangsversteigerung des Grundstückes in der Insolvenz auf Antrag
  - des Insolvenzverwalters (§ 165 InsO, §§ 172ff. ZVG),
  - eines Absonderungsberechtigten, der sein Recht bereits vor der Krise des Grundstückseigentümers erworben hat,
  - eines persönlichen Gläubigers, wobei die Zwangsversteigerung in diesem Fall vor Eröffnung des Insolvenzverfahrens eingeleitet gewesen sein muß und die Rückschlagsperre des § 88 InsO zu beachten ist und schließlich
  - eines Massegläubigers nach Eröffnung des Insolvenzverfahrens.
- Bei Zusammentreffen von Insolvenz- und Zwangsverwaltungsverfahren die Befriedigung aus dem Ertrag statt dem Stammwert des Grundstückes.
- Die freihändige Verwertung des Grundstücks oder dessen lastenfreie Veräußerung mit Löschungsbewilligungen und anschließender Erlösverteilung nach den für die Zwangsversteigerung maßgeblichen Vorschriften.[475]
- Die Freigabe des Grundstückes und damit den Verzicht auf die Verwertung, wenn der Gegenstand zu hoch belastet ist und deshalb kein Überschuß für die Masse zu erwarten ist.

Andererseits hat der Insolvenzverwalter durch Art. 20 EG InsO weitrechende Möglichkeiten, eine einstweilige Einstellung der Zwangsversteigerung zu erreichen. Dagegen hat der Gesetzgeber davon Abstand genommen, allgemein für die Eröffnung des Insolvenzverfahrens die Liegenschaftsvollstreckung zu stoppen, weil man sonst einen unverhältnismäßigen Eingriff in die Rechte immobiliargesicherter Gläubiger fürchtete.[476]

---

[472] Vgl. MüKo InsO, *Ganter*, § 47 Rdnr. 20.

[473] Palandt, *Putzo*, § 449 Rdnr. 3.

[474] Serick, Bd. 6, S. 258; Erster Bericht der Kommission für Insolvenzrecht, S. 295.

[475] MüKo InsO, *Lwowski*, § 165 Rdnr. 33.

[476] MüKo InsO, *Lwowski*, § 165 Rdnr. 87.

Der Gläubiger der Immobiliarsicherheit ist allerdings gegen den Verlust des wirtschaftlichen Wertes seiner Sicherheit weitgehend geschützt. Grundsätzlich soll er durch Zeitablauf keinen Schaden erleiden. Nach § 30 e Abs. 2 ZVG ist ein Ausgleich für die Weiternutzung des Grundstücks vorgesehen, nach § 30 e Abs. 1 ZVG kann die Einstellung der Zwangsvollstreckung nur gegen Zinszahlung vorgenommen werden. Die einstweilige Einstellung selbst kann der Gläubiger durch Antrag zur Prüfung stellen, § 30 f ZVG. Nach herrschender Meinung laufen sogar die Zinsen der Grundpfandberechtigten, die regelmäßig weit höher ausfallen, als die sonst vertraglich vereinbarten Zinsen, weiter, mit der Folge, daß der Gläubiger auch ihretwegen abgesonderte Befriedigung verlangen kann.[477] Der durch die Verwertung im Wege der Zwangsversteigerung erzielte Erlös eines Grundstücks wird gemäß §§ 105ff. ZVG verteilt. Nach § 109 ZVG sind jedoch die Verfahrenskosten dem Versteigerungserlös vorweg zu entnehmen, wobei § 109 ZVG lediglich die Gerichtskosten erster Instanz behandelt.[478] Die Kosten der Rechtsverfolgung innerhalb des Verfahrens richten sich nach § 10 ZVG. Unter Rangordnung 1a findet sich dort eine ähnliche Regelung für die Feststellungskosten, wie sie auch für Mobilien vorgesehen ist. Danach gewähren, soweit ein Insolvenzverwalter bestellt worden ist, die Kosten der Feststellung der beweglichen Gegenstände, auf die sich die Versteigerung erstreckt, ein Recht auf Befriedigung aus dem Grundstück. In vierter Rangklasse folgen gemäß § 10 Abs.2 Nr. 4 ZVG Ansprüche aus Rechten am Grundstück, also insbesondere auch die Immobiliarsicherungsrechte aus Hypothek (§ 1113 BGB), Sicherungshypothek (§ 1184), Sicherungshöchsthypothek (§ 1190 BGB), Zwangshypothek (§ 867 ZPO) und Grundschuld (§1191 BGB).

Was nach der Versteigerung nach Vorwegentnahme gemäß § 109 ZVG verbleibt, ist der Überschuß, der nach der Rangfolge des § 10 ZVG auf die Rechte, welche gemäß § 109 ZVG durch Zahlung zu decken sind, verteilt wird.

Der einfache Inhaber einer Forderung gegen den Gemeinschuldner ist demgegenüber weit zurückgesetzt, weil er lediglich an der quotalen Befriedigung teilnimmt und nicht außerhalb des Verfahrens aus einer Sicherheit seine Forderung tilgen kann. Und diese Quote wird so gut wie niemals an eine volle Befriedigung heranreichen.

Allen Gruppen ist in der Insolvenz eines gemein:[479] die Haftungsverwirklichung ihrer gesicherten oder ungesicherten Forderung in der Insolvenz als *tertium comparationis*, nur sind die gesicherten Gläubiger dabei nicht allein auf die Forderung ange-

---

[477] Nach anderer Ansicht handelt es sich auch bei den dinglichen Zinsen um „vertraglich vereinbarte Zinsen“, was die Masse zwar nicht unerheblich entlastete, vor dem Hindergrund der Schutzrichtung in Gestalt des Gläubigerschutzes und des Wortlauts allerdings nicht zu überzeugen vermag, vgl. MüKo InsO, *Lwowski*, § 165 Rdnr. 105.

[478] Dassler/Schiffhauer/Gerhardt/Muth, *Schiffhauer*, § 109 Rdnr. 1; Böttcher, § 109 Rdnr. 1f.

[479] Vgl. Häsemeyer, Rz. 2.21.

wiesen, wenn diese auch den eigentlichen Grund für die dann zur Haftungsverwirklichung dienende (Im-)Mobiliarsicherheit bietet, denn ohne die Forderung wäre auch die Sicherheit ohne rechtlichen Grund bestellt.[480] Ausgeschieden werden damit zunächst etwa diejenigen dinglich Berechtigten, bei denen die Rechtsposition nicht der Sicherung der Forderung dient,[481] auch der Vermieter einer Sache nach dem Ablauf des mietvertraglichen Zeitraums oder im Falle von Sachen, die der Gemeinschuldner schlicht zu unrecht (§ 986 BGB) in seinem Besitz hat. Andererseits ist nicht relevant, ob sich schuldrechtliche Berechtigung und dingliche Rechtsinhaberschaft in einer Person vereinen oder etwa durch Verfügung über vorbehaltenes Eigentum auseinanderfallen. Denn auch in diesen Fällen ist es Zweck der Sicherheit, eine schuldrechtliche Forderung vor Ausfall zu schützen, mag sich dieser Zweck inzwischen auch auf mehrere Gläubiger des Gemeinschuldners verteilen. Im Kern geht es immer um die Frage der Werthaltigkeit einer (durch Mobiliar- oder Immobiliarkredit gesicherten) Forderung. Neben der Differenzierung nach diesen drei Vergleichsgruppen läßt sich auch innerhalb der Gruppe der Mobiliarsicherungsgläubiger differenzieren: Hier sind zu nennen Gläubiger, denen aufgrund der dinglichen Sicherheit die Aussonderung zusteht und solche, die auf die Absonderung verwiesen werden. Unter dem Gesichtspunkt der Kostenbeitragsebene ergeben sich zudem Unterschiede zwischen der Verwertung eines Faustpfandes und den besitzlosen Mobiliarsicherheiten insbesondere dann, wenn man die Berichte der Kommission für Insolvenzrecht mitbetrachtet.

b) Ungleichbehandlung

Der freie Wettlauf der Gläubiger nach der Privatrechtsordnung und auch nach dem Prioritätsgrundsatz der Einzelzwangsvollstreckung endet mit der Eröffnung des Insolvenzverfahrens. Die Gesamtvollstreckung betrifft nunmehr grundsätzlich alle Gläubiger und soll ihnen gleichermaßen zugute kommen (*par condition creditorum Regel*).[482] Bei der Verteilung des Schuldnervermögens soll dann jeder soviel erhalten, wie dem Verhältnis von vorhandenen Aktiva zu Passiva entspricht.[483] Nur stellt die

---

[480] Für die akzessorischen Sicherungsmittel kann schon das Bestehen der Forderung Entstehungsvoraussetzung sein (Eine Hypothekenbestellung ohne bestehende Forderung macht die Hypothek zur Eigentümerhypothek, § 1163 BGB; ein deswegen etwaig falsches Grundbuch ist zu berichtigen (Palandt, Bassenge, § 1137 Rdnr. 2). Bei nichtakzessorischen Sicherheiten wie der Grundschuld entsteht das Sicherungsmittel zwar, ist aber kondizierbar (vgl. Medicus, BR, Rdnr. 495). Insoweit meint ohne Rechtsgrund hier nicht die technischen Voraussetzungen der §§ 812ff., sondern einen Mangel des Gesamttatbestandes der Entstehung des Anspruchs einschließlich seiner Sicherheiten, der sich gegen das Vermögen des Gemeinschuldners richtet.

[481] Denn diese dingliche Berechtigung genügt, um etwa die die Aussonderung geltend zu machen, vgl. Pape/Uhlenbruck, Rdnr. 543.

[482] Foerste, Rdnr. 8.

[483] Foerste, Rdnr. 8.

Insolvenzordnung die Haftungsverwirklichung in ein Stufenverhältnis. Während die Aussonderung einer Mobilie schlicht die Geltendmachung der Unzugehörigkeit zur Masse betrifft, verläuft die Verwertung eines Absonderungsrechts durch abgesonderte Befriedigung auch abgesondert vom sonstigen Insolvenzverfahren und ohne Rücksicht auf den sonstigen Bestand der Insolvenzmasse. Lediglich der einfache Insolvenzgläubiger wird in Höhe der Quote befriedigt – aus der die dinglichen Sicherungen durch Aus- oder Absonderungen bereits herausgelöst sind.

Während des Reformprozesses ist zunächst die vermeintliche Ungleichbehandlung der durch Mobiliarkredit und durch Immobilien gesicherten Absonderungsberechtigten nach Maßgabe der Reformvorschläge, insbesondere derer der Kommissionsberichte, auf Kritik gestoßen.[484] Nach der Ansicht der Kommission sollten Hypotheken und Grundschuld keinen Beschränkungen unterliegen, weil der langfristige Bodenkredit besondere Bedeutung für die Wirtschaft habe und in vielen Fällen die geringe Eigenkapitalausstattung eines Unternehmens ausgleiche.[485] Hingegen solle – wie schon aufgezeigt[486] – der Grundsatz zum Zuge kommen, daß nur erkennbare Sicherheiten zur Absonderung berechtigen sollten.[487] Kritisiert wurde hieran insbesondere, daß dieser althergebrachte Grundsatz durch die von der Rechtsprechung flankierte zunehmende Tolerierung des Mobiliarkredits und den Ausbau schließlich zum Gewohnheitsrecht seine Geltung verloren habe.[488] Auch eine ungleiche Behandlung von Mobiliarkredit und Faustpfandrecht bzw. Pfändungspfandrecht sei nicht zu rechtfertigen,[489] wie der Vergleich zwischen einer Bank, die sich vermittels AGB ein Pfandrecht an einer Forderung sichere und einem einfachen Sicherungszessionar zeige; lediglich die Stärkung des Publizitätsprinzips eines Insolvenzgesetzes rechtfertige eine solche ungleiche Behandlung jedenfalls nicht.[490] Andererseits finden sich jedoch auch Stimmen, die das Gleichbehandlungsargument in die entgegengesetzte Richtung verwenden. So sei die „Schicksalsfrage" der Reform, namentlich die Frage nach der Gläubigergleichbehandlung, durch einen unzureichenden Rückschnitt der Vorrechte weitgehend ungelöst geblieben.[491] Durch Absonderungsrechte könne ein Gläubiger unter Zurücksetzung gegenüber seinen Mitgläubigern seine Forderung durchsetzen, obschon der Gläubiger bei der Kreditgabe gewußt hat, daß der Schuldner mit den Mitteln des Kredites arbeiten, respektive neu

---

[484] Vgl. insbesondere Serick, Bd. 6, § 82 IV 5 b, S. 856, der insoweit von „schwersten verfassungsrechtlichen Bedenken" spricht.

[485] Erster Bericht der Kommission für Insolvenzrecht, S. 333.

[486] Siehe oben, S. 73f.

[487] Erster Bericht der Kommission für Insolvenzrecht, S. 298.

[488] Serick, Bd. 6, § 82 IV 5 b, S. 856.

[489] Insoweit differenzierend Landfermann, Die Rechtstellung der dinglich gesicherten Gläubiger im künftigen Insolvenzverfahren, KTS 1987, S 381, *S. 399ff.*

[490] Serick, Bd. 6, § 82 IV 5 c, S. 858.

[491] Häsemeyer, Rz. 4.08.

Verbindlichkeiten begründen muß.[492] Als Forderung an den künftigen Gesetzgebungsprozeß wird unter Berufung auf dieses Argument die Einschränkung der Sicherungsrechte und ihrer Wirkung, bis hin zu einer -fast- vollständigen Abschaffung der Vorrechte, gefordert.[493]

aa) Grundlinie der Gläubigergleichbehandlung nach der InsO

Sowohl die Befürworter einer stärkeren Angleichung der Mobiliarkreditsicherungsgläubiger an die Immobiliarsicherungsgläubiger, die damit die Mobiliarsicherheiten zu stärken und vor vermeintlich zu starkem Rückschnitt schützen wollen, wie auch diejenigen, die die Vorrechte in der Insolvenz beschneiden und folglich auch den Mobiliarkredit, teils wegen mangelnder Publizität, einschränken wollen, machen sich danach das Gleichbehandlungsargument zu nutze.

Doch ist die Frage nach der Gleichbehandlung der Gläubiger im Insolvenzverfahren nicht allein eine Frage des Art. 3 GG. Vielmehr gibt es sehr wohl einen übergeordneten Gleichheitsbegriff als Teil einer allgemeinen Gerechtigkeitsformel.[494] Er dient als wertebezogener Rechtsbegriff einer juristische Grundhypothese und ist deutlich strenger ausgestaltet, als der allgemeine Gleichheitssatz der Verfassung.[495] In der Insolvenz, die die gleichmäßige Gläubigerbefriedigung (*par conditio creditorum*) als allgemeinen Verfahrensgrundsatz anerkennt,[496] hängt das Maß der Ungleichbehandlung maßgeblich von der Anerkennung privatautonom oder durch Einzelvollstreckung begründeter Vorzugsrechte ab;[497] vor allem gilt dies für die Anerkennung dinglicher Rechtspositionen im Insolvenzfall.[498] Auch wenn diese Anerkennung auf Kritik stößt,[499] wird eine Rechtfertigung in einem Fortwirken der Privatautonomie und dem dieser folgenden Prioritätsprinzip der Einzelvollstreckung gesucht.[500]

Aus diesem Grunde wird auch vertreten, daß die Gläubigergleichberechtigung nur über das BGB selbst hergestellt werden könnte, also dort, wo die Ungleichbehand-

---

[492] Häsemeyer, Rz. 18.05.

[493] Häsemeyer, Rz. 18.05; Landfermann, Die Rechtstellung der dinglich gesicherten Gläubiger im künftigen Insolvenzverfahren, S 381, *408f.*

[494] Vgl. Bydlinski, S. 336; Larenz, S. 334, Hueck S. 7ff.

[495] Bydlinski, S. 347f.

[496] Frege/Keller/Riedel, Rdnr. 24; Berges, Erster Bericht der Kommission für Insolvenzrecht, Betriebs-Berater 1986, S. 753, *S. 754.*

[497] Vgl. Henckel, Die letzen Vorrechte im Insolvenzverfahren in: FS für Uhlenbruck, S. 19, *S. 31*; zum Verhältnis von Privatautonomie und Insolvenzverfahren Paulus, Verbindungslinien zwischen Insolvenzrecht und Privatautonomie in: FS für Uhlenbruck, S. 33ff.

[498] Vgl. Häsemeyer, Rz. 2.21.

[499] Pape/Uhlenbruck, Rdnr. 38; Häsemeyer 2.22ff.

[500] Häsemeyer, Rz. 2.21.

lung der Gläubiger ihren Ursprung hat.[501] Nur auf diese Weise lasse sich die schon von der Kommission für Insolvenzrecht gerügte Ungerechtigkeit vollständig beseitigen, daß die Masse bereits vor dem Insolvenzfall verteilt worden ist, ohne daß es zu Verwerfungen komme.[502] Wenn dieses wegen wirtschaftspolitischer Erwägungen[503] nicht in Betracht komme, so bliebe nur, den Mobiliarsicherungsgläubigern den vollen Wert ihrer Sicherheiten im Insolvenzverfahren zu erhalten: voller Wertausgleich zuzüglich physischen und durch Zeitablauf bedingten Wertverlust.[504] Dagegen wird eingewandt, daß ein derartiger Gleichlauf weder der Privatautonomie noch der Haftungsverwirklichung gerecht werde, da das Insolvenzrecht die spezifisch haftungsrechtlich begründeten Unterscheidungen treffen müsse.[505] Das vermögensrechtliche Instrumentarium reiche häufig aus, die finanziellen Krisen selbst zu bewältigen.[506] Erst mit dem Zusammenbruch des Schuldnervermögens verlören die Vorrechte allerdings ihre Rechtfertigung und die auf privatautonomer Ebene geschlossenen Privilegien würden willkürlich und es rückte das allseitige Konzept der Insolvenzrechtssystematik in den Vordergrund.[507] Demgegenüber müßten die dinglichen Sicherheiten von vornherein als „nicht gleichbehandlungsrelevant ausgeklammert" werden und blieben bei der Verwirklichung des Gleichbehandlungsgrundsatzes außer Betracht.[508] Für diese Einordnung eines Insolvenzgesetzes spricht die dogmatische Klarheit in der haftungsrechtlichen Konsequenz, daß an die Stelle der privatautonomen Verbindlichkeitsbegründung und deren Einzelvollstreckung ein System der Legalhaftung tritt, welches zwischen absolut dinglichen und relativ schuldrechtlichen Verbindlichkeiten nicht in einem Maße differenzieren muß, daß allein der absolute Charakter dinglicher Rechte deren Freistellung von der Gleichbehandlung verlangt.[509]

---

[501] Paulus, Die Insolvenzrechtsreform und der Schutz gesicherter Gläubiger, ZIP 1985, S. 1449, *S. 1459.*

[502] Paulus, Die Insolvenzrechtsreform und der Schutz gesicherter Gläubiger, ZIP 1985, S. 1449, *S. 1459.*

[503] Wie bereits dargestellt, führte eine Abschaffung des Mobiliarkredites zu einer erheblichen Verteuerung der Kredite, vgl. Schäfer/Ott, 20. Kap, 4.3; S. 492, 20. Kap 2., S. 488; MüKo InsO, *Stürner*, Einl. Rdnr. 40.

[504] Paulus, Die Insolvenzrechtsreform und der Schutz gesicherter Gläubiger, ZIP 1985, S. 1449, *S. 1459*; vgl. auch MüKo InsO, *Stürner*, Einleitung Rdnr. 63.

[505] Häsemeyer, Rz. 2.22.

[506] Häsemeyer, Rz. 2.22.

[507] Häsemeyer, Rz. 2.22.; 2.28ff.

[508] Häsemeyer, Rz. 2.32; ähnlich Baum, Von der Freiheit des Reformgesetzgebers - Verfassungskonforme Behandlung der publizitätslosen Mobiliarsicherheiten im Diskussionsentwurf einer Insolvenzordnung, S. 583, *S. 583.*

[509] Vgl. Häsemeyer, Rz. 2.36 a.A. MüKo InsO, *Stürner*, Einl. Rdnr. 62.

Schon im Grundsatz der Gläubigergleichbehandlung als Insolvenzprinzip besteht also Uneinigkeit über die Einordnung des Mobiliarkredites.

Fraglich ist jedoch, ob dieser Meinungsstreit hier überhaupt der Entscheidung bedarf. Denn der einfache Gesetzgeber muß sich zwar dem Grunde nach an den Gerechtigkeitsmaßstab halten, jedoch mit dem deutlichen Unterschied, daß in der Verfassungsrechtsdogmatik längst nicht jede Ungerechtigkeit im Sinne einer juristischen Gerechtigkeitshypothese zugleich als Verfassungsverstoß gewertet wird, mögen sich die privatrechtlichen Gleichbehandlung und Verfassungsgebot auch auf die selbe Grundidee zurückführen lassen.[510] Dies bedeutet, daß der Gesetzgeber ohne über dogmatische Bedenken hinausgehende Verstöße auch eine ungerechtere, weil die Grundlinie der Gläubigergleichbehandlung im Insolvenzverfahren mißachtende Lösung wählen kann, solange sie sich im Rahmen der verfassungsrechtlichen Vorgaben, respektive Art. 3 GG hält. Denn man wird in der Praxis in Ermangelung eines Rechtsverstoßes gleichwohl eine gesetzgeberische Entscheidung hinzunehmen haben, die im Sinne einer juristischen Grundhypothese zwar ungerecht, allerdings in Ermangelung eines verfassungsrechtlichen Rechtsverstoßes gleichwohl rechtswirksam ist. Dies gilt umso mehr dann, wenn der Gesetzgeber gerade nicht die optimale Haftungsverwirklichung und Gläubigergleichbehandlung vor Augen hat, sondern aus bewußt nicht sachnächsten aber gesetzmäßigen Erwägungen beispielsweise bestimmte Interessengruppen – man denke etwa an Arbeitnehmer oder eben Mobiliarsicherungsgläubiger – privilegiert.

Daß für die Betrachtung der Gläubigergleichbehandlung von vornherein nicht die dinglichen Sicherheiten ausgeklammert werden, ergibt sich schon aus einer verfassungsrechtlichen Vorgabe, namentlich der Verknüpfung des Eigentumsschutzes des Art. 14 GG und des allgemeinen Gleichheitssatzes des Art. 3 Abs. 1 GG. Denn nach der Untersuchung des Art. 14 GG ist es dem Gesetzgeber wegen des Verbots einer Totalentleerung verwehrt, die Wirkung des Mobiliarkredits allein über die Insolvenzordnung für den Insolvenzfall zu beseitigen.[511] Auch läßt sich ein Verfahrensbeitrag, welcher der Anreicherung der Insolvenzmasse dient, mangels legitimen Gemeinwohlbelangs nicht verwirklichen, ohne Art. 14 GG zu verletzen. Hieran zeigt sich in praktischer Auswirkung, wie eng Art. 14 GG und Art. 3 GG und damit der Schutz des Eigentums und der Gleichbehandlungsgrundsatz in verfassungsspezifischer Weise miteinander verknüpft sind.[512] Denn die Erkenntnisse aus der Prüfung des ersteren bedingen, daß die Sicherungsrechte wegen dieses Schutzes auch bei der Frage nach der Gläubigergleichbehandlung nicht außer Betracht bleiben dürfen. Soweit also die Gleichbehandlung in der Insolvenz, verstanden nach

---

[510] Vgl. Hueck, S. 96; Bydlinski, S. 348.

[511] Siehe oben, S. 168ff.

[512] Zu den Berührungspunkten zwischen Art. 3 GG und Art. 14 GG vergleiche v. Münch/Kunig, *Bryde*, Art. 14 Rdnr. 109.

privatrechtlichen Erwägungen, einen Verfassungsverstoß nach sich zöge, weil die Substanz der Sicherungsrechte betroffen ist, kann die Ansicht, wonach Sicherungen bei der Frage nach der Gleichbehandlung der Gläubiger außer Betracht zu bleiben habe, kaum richtig sein.

Selbst soweit also eine Ungleichbehandlung von ungesicherten und gesicherten Gläubigern zwar nicht gegen Art. 3 GG, wohl aber gegen den Gleichbehandlungsgrundsatz der Insolvenzordnung verstoßen sollte, läßt sich dieser Verstoß nicht über die Insolvenzordnung selbst korrigieren, weil Art. 14 GG dies verbietet. Es bliebe einzig, die Mobiliarsicherheiten schon über das BGB zu beschneiden, um den Schutz des Art. 14 GG von vornherein nicht entstehen zu lassen.

Daraus folgt eine weitere Einschränkung der Steuerungsmöglichkeiten des Kreditsicherungsrechts nach der Insolvenzordnung. Diese sind nicht imstande, eine Gläubigergleichbehandlung einzig nach der *par condition creditorum* Regel herzustellen. Diese Einschränkung liegt außerhalb eines Verfassungsverstoßes, zeigt aber zugleich, daß die Sicherheitenbehandlung durch das Insolvenzgesetz weiteren Beschränkungen unterliegt.

bb) Ungleichbehandlung im verfassungsspezifischen Sinn

Bleibt schließlich, die vorgeschlagenen und denkbaren Änderungen des Mobiliarkredits über die Haftungsverwirklichung des Mobiliarkredites nach der Insolvenzordnung auf einen spezifischen Verfassungsverstoß zu untersuchen.

Nach obigem kann – wie schon im Rahmen des Art. 14 GG – die Relevanz des Bestehens der Sicherheit nicht von vornherein ausgeklammert und lediglich die Forderung als gegen den Gemeinschuldner gerichteter einziger Vermögenswert betrachtet werden. Fraglich ist jedoch, im Rahmen welcher Koordinaten eine Ungleichbehandlung der Gläubiger nach deren Befriedigung im Insolvenzfall ausgemacht werden kann.

Die Anwendung des Art. 3 GG basiert immer auf einem Vergleich von Verhältnissen, die nie in allen, sondern nur in einzelnen Elementen gleich oder ungleich sind.[513] Der Bezugspunkt (*tertium comperationis*) der Ungleichbehandlung ist der gemeinsame Oberbegriff (*genus proximum*),[514] unter den sich die rechtlich verschiedenen Personen, Personengruppen oder Situationen einordnen lassen müssen. Im Licht dieses Oberbegriffs müssen sich gemäß einem Unterscheidungsmerkmal verschiedene Personengruppen sichtbar machen lassen, um Inhalt, Ausmaß und möglichen Grund für die Ungleichbehandlung erkennbar zu machen. Zudem ist im Falle der Ungleichbehandlung durch Gesetz auch immer daraufhin zu prüfen, im Verhältnis zu welchen Normadressaten eine ungerechtfertigte Ungleichbehandlung

---

513 BVerfGE 74, S. 182, *S. 200*.

514 Vgl. BVerfGE 6, S. 389, *S. 424*; Pieroth/Schlink, Rdnr. 433.

vorliegt.[515] Daraus folgt, daß nicht lediglich gefragt werden darf, ob im Verhältnis zu einer bestimmten, mehr oder weniger willkürlich gewählten Vergleichsgruppe eine Ungleichbehandlung vorliegt, sondern in den relevanten Einzelaspekten im Rahmen der jeweils in Betracht kommenden Vergleichsgruppe eine willkürliche Ungleichbehandlung ermittelt werden muß und zwar unter Zuhilfenahme des gemeinsamen Oberbegriffs.[516] Allen Gläubigern gemein war die Forderungsverwirklichung in der Insolvenz, entweder einfach auf lediglich diese gestützt oder abgesichert durch Mobiliar- und Immobiliarsicherheiten. Gemeinsamer Oberbegriff ist also der Gläubiger[517] des Gemeinschuldners aufgrund schuldrechtlich begründeter Forderung. In den insolvenzrechtlichen Überlegungen zur Gleichbehandlung findet sich der Ansatz, als Vergleichsgruppe sämtliche Gläubiger des Schuldners bereits mit Begründung ihrer Forderungen schon außerhalb der Insolvenz zu wählen und außerprivatrechtliche Beschränkungen dieses gewählten Oberbegriffs seinerseits für mit Art. 3 GG kaum vereinbar zu bewerten.[518] Aus dieser Überlegung wird eine weitreichende Abschaffung der Absonderungsrechte gerade auch im Interesse einer Gläubigergleichbehandlung gefordert.[519] Doch es erscheint fraglich, ob schon damit für den viel engeren Fokus der Behandlung der Mobiliarsicherheiten in der Insolvenz durch die Sicherung der Forderung durch Aus- oder Absonderung gleichfalls die taugliche Vergleichsgruppe gefunden ist.[520] Nach obigem ist eine Ungleichbehandlung, welche einer verfassungsrechtlichen Rechtfertigung bedarf, dann gegeben, wenn[521]

- eine Situation oder beteiligte Personen oder Personengruppen durch Leistung, Eingriff, Teilhabe oder schon durch ein Verfahren in einer bestimmten Weise rechtlich behandelt wird,
- eine Situation oder beteiligte Person oder Personengruppe in einer abweichenden Weise rechtlich behandelt wird und
- beide Situationen oder Personen oder Personengruppen unter einen gemeinsamen Oberbegriff gefaßt werden können, der weitere Situationen oder Personen oder Personengruppen ausschließt.

---

515 Vgl. BVerfGE 55, S. 72, *S. 88*; 84, S. 348 *S. 359*; 101, S. 239, *S.* 269; stRspr

516 So BVerfGE 105, S. 313, *S. 352* für das Lebenspartnerschaftsgesetz mit Vergleichen in Richtung der Ehe (Art. 6 GG) einerseits und anderer sozialer Lebensgemeinschaften auf der anderen Seite.

517 Nicht etwa: Insolvenzgläubiger.

518 Häsemeyer, Rz. 2.21.

519 Häsemeyer, Rz. 18.04f.. Dies ist allerdings wegen des verfassungsrechtlichen Schutzes auch des Sicherungsmittels nach Art. 14 GG jedenfalls für eine Regelung innerhalb der Insolvenzordnung höchst problematisch, vgl. schon oben S. 127ff.

520 Dagegen auch Stürner, Aktuelle Probleme des Konkursrechts – Zur Neubearbeitung des *Jaeger*schen Kommentars, ZZP 94 (1981), S. 263, *S. 269f.*

521 Zusammenfassung nach Pieroth/Schlink, Rdnr. 435.

Danach aber versagt ein Vergleich allein nach der Eigenschaft als Gläubiger eines Schuldners als taugliches Vergleichskriterium. Denn einerseits gibt es hier keinen sinnvollen Bezugspunkt und keinen tauglichen gemeinsamen Oberbegriff mehr. Oberbegriff wäre allenfalls noch die übergeordnete Eigenschaft als Rechtssubjekt, was auch die Schuldnereigenschaft umfaßte. Dort fehlt es jedoch an einer Vergleichbarkeit, denn die Eigenschaft als Schuldner ist ja gerade das glatte Gegenteil der Eigenschaft des Gläubigers, mag bei jedem gegenseitigen Rechtsgeschäft auch jedes Rechtssubjekt zugleich das eine und das andere sein. Zudem vergleicht man bei der Betrachtung nur der Gläubigereigenschaft nicht eine bestimmte, sondern viele verschiedene Situationen, eingedenk etwa der Sicherheitenbestellung nach BGB, der Einzelvollstreckung in diese nach der ZPO und eben Gesamtvollstreckung nach der InsO. Und dann fehlt es am Erfordernis der Einheitlichkeit der Vergleichssituation.

Auch die Eigenschaft als Gläubiger eines insolventen Schuldners erscheint noch zu weit, denn dort gibt es Gläubiger, die nicht aufgrund der Innehabung eines bestimmten Rechts, sondern allein wegen einer besonderen - auch politisch motivierten - Interessenlage gegenüber einfachen Insolvenzgläubigern bevorzugt werden. Hierzu zählt etwa das Arbeitnehmerprivileg, wegen der besonderen sozialen Komponente des Arbeitsvertrages bei der Insolvenz des Arbeitgebers durch Sozialplan und Nachteilsausgleich bis zu zweieinhalb Monatsverdienste bzw. bis zu einem Drittel der Teilungsmasse für die Berichtigung der Sozialplanforderungen zu erhalten.[522] Diese Privilegierung des eigentlich einfachen Dienstvertrages gemäß § 611 Abs. 1 BGB gegenüber sämtlichen weiteren einfachen Forderungen aus etwa §§ 433 Abs. 2, 535 Abs. 2, 631 Abs. 1 BGB beruht ja nicht auf der Eigenschaft der Forderung, sondern auf die Eigenschaft des Gläubigers in Gestalt des Arbeitnehmers, für welchen die (teilweise) Erfüllung trotz Insolvenz eine besondere soziale Härte vermeiden soll.[523]

Zum gemeinsamen Oberbegriff gehören danach nur Gläubiger des Gemeinschuldners, die entweder aufgrund persönlichen, dinglichen oder einer Kombination beider Rechte aufgrund privatautonomer Begründung (oder deren Fortwirkung durch Einzelvollstreckung mittels Prioritätsprinzip)[524] eine Forderung gegen diesen innehaben und nicht schon aufgrund der Eigenart der Forderung selbst einen Sonderstatus genießen. Vor diesem gemeinsamen Oberbegriff als Bezugspunkt läßt sich sodann die unterschiedliche Behandlung der Gläubiger in der Insolvenz abbilden:

---

[522] Vgl. MüKo InsO, *Löwisch/Caspers*, § 123 Rdnr. 8; zur verfassungsrechtlichen Kritik daran, daß hier seinerseits der Gleichheitssatz des Art. 3 Abs. 1 GG verletzt sein könnte, weil die Betriebe von qualifizierter Größe nach §§ 111, 112a BetrVG sein müssen und zudem leitenden Angestellten solche Leistungen nicht zustehen vgl. Häsemeyer Rz. 23.14; Spinti, S. 35ff.

[523] Vgl. hierzu BVerfG, NJW 1984, S. 475, *S. 475f.*; Kraushaar, Was wird aus den Sozialplänen im Konkurs, DB 1984, S. 346, *S. 349f.*; Zur Kritik an dieser Privilegierung vgl. Häsemeyer, Rz. 2.19f.

[524] Vgl. Häsemeyer, Rz. 2.21.

Das Kennzeichen des Aussonderungsberechtigten ist es ja gerade, daß er nicht lediglich an der quotenmäßigen Befriedigung teilnehmen muß, sondern gemäß §§ 47f. InsO außerhalb des Verfahrens konkurrenzlos befriedigt wird.

Die abgesonderte Befriedigung nach §§ 49ff. InsO findet gleichfalls aufgrund dinglicher Berechtigung zwar im Verfahren statt, genießt jedoch Vorrang vor allen anderen Gläubigern.

Nicht unter den hier vertretenen gemeinsamen Oberbegriff fallen hingegen die Massegläubiger, da diese Forderungen gegenüber einfachen Insolvenzgläubigern nur aufgrund der Eigenart der Forderung herausgehoben ist, namentlich der Tatsache, daß sie Insolvenzkosten sind (§ 54 InsO), vom Insolvenzgläubiger begründet wurden, aus der Erfüllungsforderung eines gegenseitigen Vertrages folgen oder an denen die Masse ungerechtfertigt bereichert ist (jeweils § 55 InsO).

Wiederum unter den gemeinsamen Oberbegriff zu subsumieren sind hingegen die einfachen Insolvenzgläubiger aufgrund privatautonom begründeter Forderung.

Ausgeschlossen werden können schließlich die zuletzt zu befriedigenden nachrangigen Insolvenzgläubiger, da auch hier die Eigenart der Forderung selbst und deren Inhalt das prägende Kriterium darstellen.[525]

Und diese Gläubigergruppen werden, obgleich sie unter den gemeinsamen ausschließlichen Oberbegriff der Gemeinschuldnergläubiger durch privatautonome Begründung fallen, in unterschiedlicher Weise behandelt, indem sie entweder aussondern, kraft Sicherungsübereignung oder Treuhand einerseits, rechtsgeschäftlich oder durch Pfändung andererseits begründeten Pfandrechts absondern oder eben nur, wie die einfachen Insolvenzgläubiger, an einer quotenmäßigen Befriedigung teilnehmen können.[526] Mit Blick auf die Steuerungsfähigkeit der Insolvenzordnung für den Mobiliarkredit ist jedoch nicht nur zu fragen, ob die gegenwärtige Einteilung der Gläubiger sich in den Grenzen einer verfassungsrechtlich begründbaren Ungleichbehandlung hält, sondern auch, ob die teils viel weiterführenden Ansätze des Reformprozesses und darüber hinaus den Gleichbehandlungsgrundsatz verletzen.

4. Verfassungsrechtliche Rechtfertigung einer Ungleichbehandlung

Auch wenn Art. 3 GG die willkürliche Ungleichbehandlung von wesentlich Gleichem untersagt,[527] gebietet er doch andererseits nicht stets dem Gesetzgeber, die zweckmäßigste, vernünftigste und gerechteste Lösung zu wählen, sondern gibt einen gewissen Rahmen vor, innerhalb dessen ihm ein recht weiter Beurteilungsspiel-

---

[525] Vgl. Wimmer, *Schulz*, § 38 Rdnr. 8ff.

[526] Vgl. Übersicht bei Foerste, Rdnr. 10.

[527] BVerfGE 3, S. 58, *S. 135*;42, S. 64, *S. 72*; 76, S. 256, *S. 329*; 93, S. 386, *S. 396*; 74, S. 182, *S. 191.*

raum zusteht.[528] Aus diesem Grund wird Art. 3 Abs. 1 GG häufiger auch als schwaches Grundrecht bezeichnet.[529]

Prozessual folgt aus dem allgemeinen Gleichheitssatz des Art. 3 Abs. 1 GG i.V.m. dem aus Art. 20 GG hergeleiteten allgemeinen Justizgewährleistungsanspruchs das Gebot einer weitgehenden Angleichung der Situationen von wirtschaftlich Leistungsfähigen und weniger Leistungsfähigen bei der Verwirklichung des Rechtsschutzes.[530] Die Rechtsprechung des Bundesverfassungsgerichts differenziert bei den Anforderungen jeweils nach der Intensität, mit welcher die Ungleichbehandlung die betroffenen Personen, Personengruppen oder Situationen beeinträchtigt.[531]

Die Tendenz der Ungleichbehandlung durch den Gesetzgeber wird sich dabei regelmäßig aus den Reformzielen eines Insolvenzgesetzes ablesen lassen: ging es bei den Mobiliarsicherheiten doch stets darum, diese insoweit zu beschränken, als eine Masseverteilung bereits im Vorfeld der Insolvenz vermieden werden sollte, auch im Sinne einer Gläubigergleichbehandlung im privatrechtlichen und dort speziell insolvenzrechtlichen Sinne. Dies bedeutet dann aber zugleich eine Angleichung an die ungesicherten Gläubiger, da allein diese lediglich über die Forderung verfügen, die einer Zuteilung nach der *par creditorum*-Regel zugänglich sind. Der Immobiliarkredit und auch das durch Publizitätsakt regelmäßig kenntliche Pfandrecht blieben – zumindest bislang – selbst im stärksten Eingriffsfalle, namentlich den Berichten der Kommission für Insolvenzrecht, weitestgehend verschont.[532]

a) Allgemeine Anforderungen an das Bestehen eines sachlichen Grundes für die Ungleichbehandlung im Falle des Mobiliarkredites

Die Anforderungen an die Rechtfertigung des Eingriffs bestimmen sich nach dessen Intensität.

Die Rechtsprechung des Bundesverfassungsgerichts differenziert bei den Anforderungen jeweils nach der Intensität, mit welcher die Ungleichbehandlung die Betrof-

---

[528] Vgl. BVerfGE 50, S. 142, *S. 162*; 69, S. 150, *S. 160*; Baum, Von der Freiheit des Reformgesetzgebers – verfassungskonforme Behandlung der Publizitätslosen Mobiliarsicherheiten im Diskussionsentwurf einer Insolvenzordnung, KTS 1989, S. 553, *S. 581*; Bleckmann, S. 70.

[529] Pietzker, Zu den Voraussetzungen des Anspruchs auf Gleichbehandlung nach Art. 3 I GG, JZ 1989, S. 305, *S. 305*; Baum, Von der Freiheit des Reformgesetzgebers – Verfassungskonforme Behandlung der publizitätslosen Mobiliarsicherheiten im Diskussionsentwurf einer Insolvenzordnung, KTS 1989, S. 553, *S. 581*.

[530] Vgl. BVerfGE 81, S. 347, *S. 356*; 78, S. 104, *S. 117f.*; 10, S. 264, *S. 270*; 9, S. 124, *S. 130*; vgl. auch BGHZ 98, S. 295, *S. 299f.*; Isensee/Kirchhof, Bd. V, *Kirchhof*, § 124 Rdnr. 119.

[531] BVerfGE 60, S. 123, *S. 134*; 88, S. 87, *S. 96*; 95, S. 267, *S. 316f.*

[532] Vgl. Erster Bericht der Kommission für Insolvenzrecht, S. 96; Berges, Erster Bericht der Kommission für Insolvenzrecht, Betriebs-Berater 1986, S. 753, *S. 753*.

fenen Personen, Personengruppen oder Situationen beeinträchtigt.[533] Danach wächst die Intensität und damit zugleich die Anforderung an die verfassungsrechtliche Rechtfertigung um so stärker, je

- mehr sich ein Kriterium an die nach Art. 3 Abs. 3 GG verbotenen Kriterien annährt, je
- weniger der Betroffene das Kriterium jener Ungleichbehandlung beeinflussen kann und je
- mehr die Ungleichbehandlung den Gebrauch grundrechtlicher Freiheiten erschwert.[534]

Werden darüber hinaus nicht Personen oder Personengruppen, sondern Sachverhaltsgruppen ungleich behandelt, so weitet sich der Beurteilungs- und Gestaltungsspielraum des Gesetzgebers.[535]

Bei Eingriffen geringer Intensität beschränkt sich die Prüfung des Gleichheitsgebotes auf eine Willkürkontrolle und läßt eine Ungleichbehandlung schon dann als willkürfrei erscheinen, wenn sich nur irgendein sachlicher Grund für die Ungleichbehandlung findet.[536] Lediglich bei Beeinträchtigungen größerer Intensität sieht das BVerfG das Gleichheitsgebot als Verbot der Ungleichbehandlung ohne Gründe von solchem Gewicht, die die ungleiche Rechtsfolge rechtfertigen können und unternimmt eine Verhältnismäßigkeitsabwägung zwischen ungleicher Behandlung und rechtfertigenden Gründen.[537]

Daher ist zunächst fraglich, von welcher Intensität die Eingriffe in den Mobiliarkredit wären.

Zunächst einmal handelt es sich um eine unterschiedliche Behandlung von Sachverhalten, nicht um eine ungleiche Behandlung von Personen oder Personengruppen. Zwar teilt die Insolvenzordnung die Gläubiger des Gemeinschuldners in unterschiedliche Kategorien nach obiger Auflistung. Doch ist dies nur die Reaktion des Insolvenzgesetzes auf die Art der Forderung, die gegen die Insolvenzmasse gerichtet ist. Da die Rückwirkungsproblematik hier bewußt ausgeklammert ist,[538] steht nicht von vornherein fest, welcher Gläubiger bei einer späteren Insolvenz zu wel-

---

[533] BVerfGE 60, S. 123, *S. 134*; 88, S. 87, *S. 96*; 95, S. 267, *S. 316f.*

[534] Vgl. v. Münch/Kunig, *Gubel*, Art. 3 GG Rdnr. 14; Pieroth/Schlink, Rdnr. 438; insbesondere letzteres Kriterium zeigt wieder die Verküpfung von Freiheits- und Gleichheitsgesichtspunkten bei der Prüfung des Art. 3 Abs. 1 GG.

[535] BVerfGE 93, S. 99, *S 111.*

[536] v. Münch/Kunig, *Gubelt*, Art. 3 Rdnr. 14; Pieroth/Schlink, Rdnr. 439; BVerfGE 92, S. 53, *S. 69*; 97, S. 271, *S. 291.*

[537] BVerfGE 88, S. 87, *S. 97*; 93, S. 99, *S. 111*; v. Münch/Kunig, *Gubelt*, Art. 3 Rdnr. 14.

[538] Vgl. zur Problematik der Rückwirkung von Gesetzen in der Verortung des Art. 3 Abs. 1 GG v. Münch/Kunig, *Gubelt*, Art. 3 Rdnr. 34ff.; BVerfGE 101, S. 237, *S. 259.*

cher Gläubigergruppe zählen wird. Regelungsinhalt ist damit die Verwertung einer bestimmten Forderung bzw. Sicherheit in einem bestimmten Verfahren. Bei der Gläubigereigenschaft handelt es sich nicht um ein personenbezogenes Merkmal, sondern um das sachverhaltsbezogene Merkmal der Inhaberschaft einer Forderung, die lediglich eine mittelbare Zugehörigkeit zu einer Personengruppe zur Folge hat.[539] Damit gilt jedoch der mäßigere Maßstab der nicht so strengen Gleichheitsprüfung.[540] Zudem könnte man annehmen, daß der Gläubiger bei der Bestellung der Sicherheit die Wahl zwischen den verschiedenen Sicherungsmitteln hat und daß Maß der Ungleichbehandlung damit schon bei der Kreditgabe berücksichtigen kann. Auch dann wiegt die Ungleichbehandlung weniger schwer. Die Wahl des Kreditmittels wird allerdings durch das Vermögen des Schuldners begrenzt. Zu Sicherungszwecken zu dienen vermag zunächst das immobile Vermögen des Schuldners, welches allerdings - auch bei Gewerbebetrieben - nicht stets vorhanden sein wird. Und die Mobiliarsicherung durch Verpfändung ist wegen des Publizitätsmittels des Besitzes (§ 1205 BGB) nur sehr eingeschränkt möglich. In einem Beispielsfall des Herstellers bestimmter Waren wird sich die Wahlmöglichkeit also etwa kaum stellen: Eine (Rück-) Verpfändung der Lieferung scheidet aus, da der Belieferte auf die Nutzung der Gegenstände angewiesen ist. Gerade diese eingeschränkte Nutzbarkeit des Pfandrechtes war es ja, welche die „modernen" Mobiliarkreditsicherungsmittel überhaupt zum Entstehen brachten.[541] Die Wahlmöglichkeit besteht damit lediglich theoretisch und darf demgemäß nicht überschätzt werden. Allerdings beschränkt eine Angleichung des Mobiliarkredits an die ungesicherten Gläubiger die von Art. 14 GG garantierte Eigentumsfreiheit, indem der Eigentümer einer Sache diese dann nicht mehr unter Absicherung der Kaufpreisforderung veräußern, noch zu Sicherungszwecken übereignen kann. Indessen entspricht der verfassungsrechtliche Maßstab hier nicht der Prüfung aus Art. 14 GG. Denn dort war zu fragen, ob ein nach dem Bürgerlichen Gesetzbuch wirksam zu bestellendes Sicherungsmittel durch ein Insolvenzgesetz weitgehend wirkungslos gemacht werden oder eine Vermögensverlagerung auf ungesicherte Gläubiger zu Lasten der gesicherten Gläubiger erfolgen kann. Denn die Einschränkung der Freiheitsrechte als Prüfungspunkt des Art. 3 I GG ersetzt nicht die Prüfung des Freiheitsrechtes selbst, sondern fragt lediglich, wie stark geschütztes Freiheitsrecht durch den Eingriff nachteilig betroffen sein kann.[542] Ein Eingriff in eine grundrechtlich eigenständig gesicherte Freiheit im persönlichen oder vermögensrechtlichen Bereich kann somit immer nur Indizwirkung haben und führt nicht zugleich zu einer Verfas-

---

[539] Vgl. v. Münch/Kunig, *Gubelt*, Art. 3 Rdnr. 14; Jarass/Pieroth, *Jarass*, Art. 3 Rdnr. 19; BVerfGE 89, S. 15, *S. 22*; 92, S. 53, *S. 69*.

[540] v. Münch/Kunig, *Gubelt*, Art. 3 Rdnr. 14.

[541] Siehe oben, S. 38ff.

[542] v. Münch/Kunig, *Gubelt*, Art. 3 Rdnr. 14.

sungswidrigkeit des Gesetzes auch nach Art. 3 GG.[543] Denn ansonsten führte die Prüfung einer spezifischen Verletzung eines Freiheitsrechts anhand von Art. 3 GG bereits dazu, daß die Prüfung des Freiheitsrechts selbst entbehrlich wäre. Vielmehr ist im Rahmen des Art. 3 GG zu fragen, inwieweit ein bestimmter Freiheitsbereich durch die unterschiedliche Behandlung verschiedener möglicher Sachverhalte beeinträchtigt werden kann. Dies betrifft dann aber nicht ein bestimmtes Kreditsicherungsmittel in bestimmter Situation, sondern die vermögensrechtliche Freiheit des Sacheigentümers insgesamt. Die Frage muß also lauten, ob der Eigentümer einer Sache durch die mögliche Beschränkung ausgerechnet einer bestimmte Nutzungsmöglichkeit seines Eigentums eingeschränkt wird. Die Antwort ist demgemäß, daß die freiheitsbeschränkende Maßnahme sich bei der Frage der Ungleichbehandlung weit weniger auswirkt, denn dem Sacheigentümer bleiben ja noch sämtliche weiteren Nutzungsmöglichkeiten seines Eigentums oder die Veräußerung lediglich gegen sofortige Begleichung der Kaufpreisforderung. Daher wiegt die Freiheitsbeeinträchtigung hier weit weniger schwer, als im Rahmen der Prüfung, ob zivilrechtlich anerkanntes und damit verfassungsrechtlich geschütztes Eigentum in seinem konkreten Bestand in unzulässigerweise verkürzt wird.

Insgesamt ergibt sich damit, daß an die Rechtfertigung einer Ungleichbehandlung des Mobiliarkredites im Vergleich zu ungesicherten Gläubigern, Pfand- und gleichgestellten Gläubigern sowie Immobiliarsicherungsgläubigern keine allzu hohen Anforderungen zu stellen sind. Weder entspricht eine solche Ungleichbehandlung einem weiteren benannten Kriterium des Art. 3 GG, noch werden unmittelbar der Person zuzuordnende Kriterien zur Ungleichbehandlung herangezogen.[544] Allerdings wirkt die Ungleichbehandlung mittelbar auf Personengruppen zurück und wird ein Freiheitsbelang in Gestalt der Eigentumsfreiheit aus Art. 14 GG durch die Ungleichbehandlung zumindest tangiert, so daß sich die Rechtfertigung auch nicht auf lediglich eine Willkürkontrolle beschränken läßt.

b) Rechtfertigung der Ungleichbehandlung der tauglichen Vergleichsgruppen

Um eine Ungleichbehandlung rechtfertigen zu können, muß diese einen legitimen Zweck verfolgen und ihrerseits geeignet, erforderlich und angemessen sein.[545]

Wie dies zu bestimmen ist, richtet sich nach der Rechtsprechung des Bundesverfassungsgerichtes nach der sog. „neuen Formel“.[546] Danach liegt eine Verletzung des Gleichheitssatzes aus Art. 3 GG dann vor, „wenn eine Gruppe von Normadressa-

---

[543] BVerfGE 48, S. 127, *S. 198*.

[544] Vgl. Jarass/Pieroth, *Jarass*, Art. 3 Rdnr. 20.

[545] Pieroth/Schlink, Rdnr. 501.

[546] Begründet durch Entscheidung vom 7.10.1980, BVerfGE 55, S. 72ff.

ten im Vergleich zu anderen Normadressaten anders behandelt wird, obwohl zwischen beiden Gruppen keine Unterschiede von solcher Art und solchem Gewicht bestehen, daß sie die ungleiche Behandlung rechtfertigen könnten."[547] Mit der neuen Formel ist zugleich der Gedanke der Systemgerechtigkeit verknüpft.[548] Auch wenn im einzelnen hier vieles umstritten ist,[549] gilt doch der Grundsatz, daß ein hinreichendes Maß an Folgerichtigkeit einfachgesetzlicher Wertungen zu beachten ist, die vom Gesetz selbst statuierte Sachgesetzlichkeit also eingehalten werden muß.[550] Allerdings bedingt eine Systemwidrigkeit oder mangelnde Sachnähe nicht automatisch den Gleichheitsverstoß: Beides stellt allenfalls ein Indiz für einen solchen dar.[551]

Für den Mobiliarkredit und dessen Behandlung in der Insolvenzordnung bedeutet dies, daß zwischen den verschiedenen Gruppen unterschiedlich behandelter Gläubiger verfassungsrechtlich solchen Unterschiede bestehen müssen, daß eine ungleiche Behandlung der Sicherungsmittel in der Insolvenz gerechtfertigt ist bzw. umgekehrt, daß nicht bei gleichbehandelten Gläubigern aus verfassungsrechtlichen Erwägungen eine ungleiche Behandlung erforderlich ist. Im Sinne zumindest auch indizieller Wirkung muß dafür die einfachgesetzliche Wertung des BGB und des Insolvenzgesetzes beachtet und eine Abweichung vom gesetzgeberisch selbst gesetzten Regelsystem durch zureichende Gründe gerechtfertigt sein. Wegen des Detailreichtums der denkbar möglichen Änderungen kann hier naturgemäß nicht auf jede mögliche Regelung eingegangen werden;[552] möglich ist es aber, doch zumindest Leitlinien künftiger Änderungsbestrebungen anhand der Systematisierung nach den Eingriffsebenen herauszuarbeiten, wofür bereits der Reformprozeß hin zur Insolvenzordnung mannigfaltige Anhaltspunkte liefert. Die Entscheidung, ob ein Differenzierungskriterium hinreichend sein kann, ist aufgrund wertender Betrachtung unter Berücksichtigung des Differenzierungsziels zu ermitteln.[553]

---

[547] BVerfGE 55, S. 72, *S. 88*; dazu Maunz/Düring, *Herzog*, Art. 3 Anh. Rdnr. 6ff; Pieroth/Schlink, Rdnr. 441ff.

[548] Sachs, *Osterloh*, Art. 3 GG Rdnr. 90 unter Berufung auf BVerfGE 55, S. 72, *S. 88*.

[549] Vgl. zur Problematik dieser Argumentationsfigur Peine, Systemgerechtigkeit, Die Selbstbindung des Gesetzgebers als Maßstab der Normenkontrolle, Baden-Baden 1985 und Degenhardt, Systemgerechtigkeit und Selbstbindung des Gesetzgebers als Verfassungspostulat, München 1976; zur begrifflichen Unschärfe auch Klees, 92ff.

[550] Jarass/Pieroth, *Jarass*, Art. 3 Rdnr. 29; Sachs, *Osterloh*, Art. 3 GG Rdnr. 90 unter Berufung auf BVerfGE 55, S. 72, *S. 88*; vgl. BVerfGE 34, S. 103, *S. 115*; 67, S. 70, *S. 84f.*

[551] BVerfGE 59, S. 36, *S. 49*; 68, S. 237, *S. 253*; 81, S. 156, *S. 207* ; BK, *Rüffner*, Art. 3 Rdnr. 38ff.

[552] Schon aus der Vielfältigkeit der denkbaren Lebenssachverhalte folgt, daß sich bei Art. 3 GG ohnehin schon nicht abstrakt umreißen läßt, welche materiellen Grenzen der Gleichheitssatz dem Gesetzgeber für das Verhältnis des Differenzierungskriteriums zum Differenzierungsziel setzt, vgl. v. Münch/Kunig, *Gubelt*, Art. 3 Rdnr. 27.

[553] Vgl. v. Münch/Kunig, *Gubelt*, Art. 3 Rdnr. 17, der darin gleichzeitig die negativen Auswirkungen der Unzulänglichkeit der juristischen Methode eröffnet sieht.

Differenzierungsziel sämtlicher Reformbestrebungen war, wie oben dargestellt, durch den Ausschluß der Vorverteilung nicht publiker Sicherungsmittel eine Masseanreicherung und dadurch eine Verbesserung der Insolvenzquote einfacher Gläubiger und die Verringerung der Quote der abgewiesenen Verfahrenseröffnungen mangels Masse zu erreichen; die Zerschlagungsautomatik des bisherigen Verfahrens sollte beseitigt und die Unternehmensfortführung ein höheres Gewicht erhalten.[554] Dieses Differenzierungsziel, welches bei der gebotenen wertenden Betrachtung eine Wertenscheidung des Gesetzgebers zur Verbesserung der Stellung ungesicherter Gläubiger dienen soll, ist aus sich heraus nicht zu beanstanden, denn die grundsätzliche Entscheidung, welche Gläubigergruppen er bevorzugen oder zurücksetzen will, ist ihm grundsätzlich zu überlassen.[555]

In der Literatur wurde in der Reformdiskussion vor allem eine nicht gerechtfertigte Ungleichbehandlung des Mobiliarkredites mit den Immobiliarsicherheiten als für mit Art. 3 GG unvereinbar gehalten. Kritisiert wurde insbesondere, daß doch beide Sicherungsmittelgruppen der Versorgung mit liquiden Mitteln wegen zu geringer Eigenkapitalausstattung dienten.[556] Die mangelnde Publizität sei untaugliches Differenzierungskriterium, das Schriftformerfordernis der Berichte der Kommission für Insolvenzrecht auch der falsche Weg, diesen nur vermeintlich zu unrecht bestehenden Unterschied zu beseitigen.[557] Dem ist zuzugeben, daß sicherlich jedes Mittel zur Absicherung des Kredites die Menge verfügbaren Kapitals mehrt – wenn auch der Immobiliarkredit eher zu Absicherung längerfristiger Kredite dienen wird, nicht zuletzt wegen der höheren Schwelle der an ihn geknüpften Formerfordernisse.[558]

Der nur hypothetische Eingriff in die Beseitigung der bevorrechtigten Stellung des Mobiliarkredites geht über diese bloße Erschwerung noch weit hinaus. Zu entscheiden ist, ob mit der dann bestehenden Gleichbehandlung von mobiliarkreditgesicherter und einfacher Insolvenzforderung eine nicht verfassungsrechtlich zu rechtfertigende Gleichbehandlung von wesentlich Ungleichem, bzw. mit Blick auf den Immobiliarkredit eine verfassungsrechtlich nicht zu rechtfertigende Ungleichbehandlung von wesentlich Gleichem vorliegt. Es muß sich also ein Differenzierungskriterium finden lassen, welches verhältnismäßig in Bezug auf das Differenzierungsziel der Masseanreicherung und Verbesserung der Stellung der einfachen Insolvenzgläubiger und zur Ermöglichung der Fortführung des Gemeinschuldnervermögens ist.

---

[554] So etwa der Diskussionsentwurf einer Insolvenzordnung, S. A4, A 20, A 24.

[555] Etwa die Frage, ob sozial abhängig Beschäftigte oder der Fiskus in besonderem Umfang privilegiert werden sollen.

[556] Serick, Bd. 6, § 82 IV 5 b, S. 856.

[557] Vgl. Dorndorf, S. 33; Serick, Bd. 6, § 82 IV 5 b, S. 857.

[558] Und gerade diese Erkennbarkeit der Sicherheiten sollte der Grund dafür sein, daß auch in den Berichten der Kommission für Insolvenzrecht der Immobiliarkredit nur geringen Änderungen unterworfen sein soll, vgl. Erster Bericht der Kommission für Insolvenzrecht, S. 298.

aa) Das Kriterium der Inhaberschaft

Ein verhältnismäßiges Differenzierungskriterium könnte schon der Vermögensgegenstand selbst darstellen. Etwa nach § 52 InsO (früher § 64 KO und § 27 Abs. 1 S. 1 VerglO) nehmen die absonderungsberechtigten Gläubiger in Höhe ihrer Ausfallforderung als Insolvenzgläubiger teil und sind daher aus der Insolvenzmasse insoweit zu befriedigen, als die Verwertung der Sicherheit allein die Forderung nicht zu tilgen vermocht hat.[559] Beim Eigentumsvorbehalt ist der Vorbehaltsverkäufer gerade kein Insolvenzgläubiger, sondern kann, wenn der Insolvenzverwalter nicht gemäß § 103 Abs. 1 die Erfüllung des Vertrages verlangt, den Kaufgegenstand als nicht massezugehörig herausverlangen.[560] Indessen ist die Aussonderung nicht auf dingliche Rechte beschränkt, sondern berechtigen auch schuldrechtliche Ansprüche zu deren Geltendmachung.[561] Die Unterscheidung nach der Art der Rechtsinhaberschaft - dingliches oder lediglich persönliches Recht - war allerdings von Beginn an für die Zuordnung des Gegenstandes zur Masse von Bedeutung.[562] Diese Zuordnung ist allerdings doch zumindest nicht mehr ausschließliches Kriterium. Denn etwa der Sicherungsnehmer der Sicherungsübereignung in der Insolvenz des Sicherungsgebers kann lediglich absondern, obgleich er formal Eigentümer ist; im Falle der Insolvenz des Sicherungsnehmers steht hingegen die Aussonderung offen, obgleich der Sicherungsgeber ja gerade nicht mehr Eigentümer der Sache ist.[563] Danach ist spätestens seit der Begründung des Mobiliarkredites die Unterscheidung zwischen dinglichen Rechten und persönlichen Forderungen unscharf geworden.[564] Wenn die Zuordnung eines Vermögensbestandteils zu schuldrechtlicher Forderung oder dinglichem Recht schon innerhalb der Insolvenzordnung keine klare Abgrenzung ermöglicht, muß diese auch als Differenzierungskriterium für eine bestehende Ungleichbehandlung ausscheiden.

bb) Das Kriterium der mangelnden Publizität

Jedoch könnte die mangelnde oder vorhandene Publizität ein taugliches Kriterium sein, dessen wegen die Ungleichbehandlung des Mobiliarkredites gegenüber dem Immobiliarkredit bzw. die Gleichbehandlung mit dem ungesicherten Insolvenz-

---

559 Vgl. Wimmer, *Jonaleit/Imberger*, § 52 InsO Rdnr. 1.

560 Über § 103 Abs. 2 S. 2 InsO kann der Verkäufer diese Wahl innerhalb eines unverzüglichen (§ 121 BGB) Zeitraumes erzwingen; dazu MüKo InsO, *Ganter*, § 47 Rdnr. 62ff.

561 So etwa Treuhand aus rein schuldrechtlicher Beziehung; Miete, § 546 BGB; Pacht, § 581 BGB; vgl. MüKo InsO, *Ganter*, § 47 Rdnr. 340ff.

562 „Die Gläubiger können ihre Befriedigung nur aus dem Vermögen erhalten, welches dem Schuldner gehört; nur dieses bildet die Konkursmasse (§§ 1, 2 des Entwurfs). Der Begriff derselben schließt fremdes Eigentum aus."; vgl. auch Häsemeyer Rz 2.36; 11.03.

563 MüKo InsO, *Ganter*, § 47 Rdnr. 53.

564 So auch MüKo InsO, *Ganter*, § 47 Rdnr. 47; Uhlenbruck InsO, *Uhlenbruck*, § 47 Rdnr. 8.

gläubiger gerechtfertigt ist. Denn sowohl Pfandrecht als auch Immobiliarkredit sind jeweils publik, während der Mobiliarkredit für den Rechtsverkehr unbemerkt bestellt werden kann.

Doch dagegen spricht, daß die Publizität eines Anspruchs oder der zugrundeliegenden Rechtsinhaberschaft für sich benommen über die Verwertung oder Unzugehörigkeit zur Masse noch nichts aussagt. So ist beispielsweise der Besitzer einer beweglichen Sache durch den Rechtscheinträger des Besitzes legitimiert. War diese Sache jedoch nur gemietet, so kann der Vermieter, auch wenn er selbst nicht Eigentümer ist und daher nicht kraft dieses Eigentums aussondern kann, den schuldrechtlichen Anspruch aus § 546 BGB auf Rückgabe der Mietsache geltend machen.[565] Und dieser Anspruch gewährt – wiederum unabhängig von der dinglichen Rechtslage – in der Insolvenz einen Anspruch auf Aussonderung.[566] Für die Frage, ob überhaupt ausgesondert werden kann, ist das Merkmal der Publizität also nicht entscheidend.

Damit wird das Publizitätsmerkmal als Differenzierungskriterium für die tauglichen Vergleichsgruppen jedoch unscharf. Denn je ungenauer ein Differenzierungskriterium bestimmt ist, desto größer wird zugleich die Gruppe der als gleich zu behandelnden Sachverhalte und umsomehr scheint die Möglichkeit zur unterschiedlichen Behandlung zu schwinden.[567] Neben den Sicherungsgläubigern kämen somit zugleich Gläubiger mit schuldrechtlichem Anspruch, welcher zur Aussonderung ermächtigt, hinzu. Ziel muß es aber sein, das Differenzierungskriterium so präzise wie möglich zu fassen, denn erst dann wird ersichtlich, ob innerhalb des zutreffend gewählten Differentzierungskriteriums eine Ungleichbehandlung zu rechtfertigen ist oder nicht. Dies zeigt wiederum, daß der Gesichtspunkt der Insolvenzgerechtigkeit mit Blick lediglich auf die Forderung unter Ausschluß eines diese sichernden Sicherungsmittels für die verfassungsrechtliche Komponente nur eingeschränkt geeignet ist. Denn während es bei der Herstellung der Gläubigergleichbehandlung unter rein insolvenzrechtlichen und damit auch privatrechtlichen Gesichtspunkten darum gehen muß, im Interesse einer gleichmäßigen Gläubigerbefriedigung die Insolvenzvorrechte[568] nach Möglichkeit zurückzudrängen, muß in der verfassungsrechtlichen Betrachtung der Gleichbehandlung diese gerade mit einbezogen werden, will man ein möglichst scharf gefaßtes Differenzierungskriterium ermitteln.

Das Merkmal der Publizität kann danach lediglich dann herangezogen werden, wenn sich kein anderes Merkmal finden läßt, welches die Unterscheidung von Mo-

---

[565] Palandt, *Weidenkaff*, § 546 Rdnr. 1.

[566] Vgl. MüKo InsO, *Ganter*, § 47 Rdnr. 341 für § 556 BGB a. F, welcher dem § 546 BGB n.F. entspricht.

[567] So v. Münch/Kunig, *Gubelt*, Art. 3 Rdnr. 16.

[568] Im untechnischen Sinne, also unter Einschluß der Mobiliarsicherheiten und nicht im Sinne der Konkursvorrechte der Konkursordnung.

biliarkredit, Immobiliarkredit und einfacher Insolvenzforderung deutlicher abzubilden vermag.

cc) Das Kriterium der materiellen Eigentumsbefugnisse und die Auswirkungen der Sicherheitenverwertung auf den Insolvenzfall

Ein weiteres Differenzierungskriterium könnte die vermögensrechtliche Zuordnung eines Gegenstandes - also einer Forderung oder einer sonstigen zivilrechtlich wirksamen Rechtsposition, wie etwa des Eigentums - in das System der Insolvenzordnung darstellen. Diese vom Haftungsrecht her betrachtende Zuordnung ist, wie die Verfahrensgrundsätze nach der Insolvenzordnung überhaupt, bislang im deutschen Insolvenzrecht nur selten ausführlicher behandelt worden.[569] Jedenfalls gesichert ist, daß das Insolvenzrecht im eigentlichen Verfahrenszweck der Haftungsverwirklichung dient.[570] Die Insolvenz soll dabei nicht Marktgesetze ausschließen, sondern als zentraler Teil des Wirtschaftsprivatrechts den Wettbewerb nicht unnötig beeinflussen.[571] Der Kampf aller gegen alle soll dabei ebenso vermieden werden, wie die Möglichkeit der Einzelvollstreckung, denn die Insolvenzordnung kann nicht lediglich als Verteilungskonflikt aufgefaßt werden.[572] Der Charakter dieser haftungsrechtlichen Betrachtung soll besonders deutlich im Unterschied zur dinglichen Vermögenszuordnung zu Tage treten:[573] Häufig stimmten beide überein, im Detail jedoch zeigten sich Abweichungen, insbesondere beim Mobiliarkredit.[574] Haftungsrechtlich gehörten die zur Sicherheit übertragenen Forderungen und Sachen zur Masse, obgleich sie nach dinglicher Zuordnung dem Eigentümer gebühren; aus dieser Eigentümerstellung ergebe sich allenfalls das Vorrecht der abgesonderten Befriedigung.[575] Unter dem Blickwinkel der haftungsrechtlichen Vermögenszuordnung wird auch kritisiert, daß sich der Gesetzgeber sozusagen im letzten Augenblick auf dem Weg vom Referentenentwurf der InsO bis zur Gesetz gewordenen Fassung doch wieder entschieden hat, dem einfachen Eigentumsvorbehalt statt nur der Absonderungswirkung wieder Aussonderungskraft zuzubilligen.[576] Zur stimmigen haftungsrechtlichen Lösung habe es einer Gleichstellung mit der Siche-

---

[569] Vgl. Pape/Uhlenbruck, Rdnr. 118; Baur/Stürner, Zwangsvollstreckungsrecht II, Rz. 5.1 zur „Notwendigkeit des Maximendenkens"; zu einigen Mängeln in der Systematik vgl. Jauernig, Versuch einige Dunkelheiten der Insolvenzordnung aufzuhellen, FS für Uhlenbruck, S. 3, *S. 4ff.*

[570] Häsemeyer, Rz. 1.11.

[571] Pape/Uhlenbruck, Rndr. 96.

[572] Häsemeyer, Rz. 1.11ff.; Pape/Uhlenbruck Rdnr. 96; MüKo InsO, *Stürner*, Einleitung Rdnr. 1.

[573] Häsemeyer, Rz 1.15.

[574] Vgl. Häsemeyer, Rz. 1.15; Henckel, Grenzen der Vermögenshaftung, JuS 1985, S. 836, *S. 836f.*

[575] Vgl. Henckel, Grenzen der Vermögenshaftung, JuS 1985, S. 836, *S. 837.*

[576] Vgl. Häsemeyer, Rz. 18.32.

rungsübereignung bedurft,[577] da auch beim Eigentumsvorbehalt ein auf Substanzwertumsetzung gerichtetes Rechtsverhältnis begründet wurde, für welches der Gläubiger eine Gegenleistung erhalten hat.[578] An diesem vermögensumsetzenden Rechtsverhältnis müsse er sich daher auch im Insolvenzfall festhalten lassen, mit der Folge, daß die Sache auch dann nicht herausverlangt werden kann.[579] Der einfache Eigentumsvorbehalt ähnele darüber hinaus eher einem besitzlosen Pfandrecht.[580]

Dagegen wird eingewandt, daß das Eigentum nicht, wie das Pfandrecht, die Kaufpreisforderung, sondern den Herausgabeanspruch sichere.[581] Von der Sicherungsübereignung unterscheide sich der Eigentumsvorbehalt dadurch, daß er Verkäufer vorerst behält, was der Käufer erwerben will; bei der Sicherungsübereignung sichere sich der Erwerber hingegen dadurch, daß er sich vorübergehend etwas übertragen läßt, das der Sicherungsgeber behalten will.[582] Zudem handele es sich um zivilrechtlich vollwirksames Eigentum, das mit bloßer Absonderungskraft versehen zum Eigentum zweiter Klasse degradiert werde.[583]

Daß die haftungsrechtliche Zuordnung von der dinglichen jedenfalls abweichen kann, zeigt die einhellige Behandlung des Sicherungseigentums als Absonderungsrecht, wie nun auch in § 51 Nr. 1 InsO kodifiziert. Noch in der Einzelvollstreckung ist hingegen nach herrschender Meinung die Drittwiderspruchsklage nach § 771 ZPO, nicht die der Absonderung vergleichbare Klage auf vorzugsweise Befriedigung nach § 805 ZPO der statthafte Rechtsbehelf für den Sicherungsnehmer bei sicherungshalber übertragenem Eigentum.[584] Und das der Sicherungsnehmer der Si-

---

[577] So noch der Referentenentwurf mit § 55 Abs. 1 Nr. 1, Teil A, S. 30.

[578] Häsemeyer, Rz. 11.10.

[579] Häsemeyer Rz. 1.10; vgl. auch Pape/Uhlenbruck, Rdnr. 531; Diskussionsentwurf, S. B 51ff.

[580] Zur Anwendung der Pfandrechtsgrundsätze Mühl, Sicherungsübereignung, Sicherungsabrede und Sicherungszweck in: Festschrift für Rolf Serick, S. 285, *S. 289ff.*; Häsemeyer Rz. 18.34ff.

[581] BGHZ 54, S. 214, *S. 219*; MüKo InsO, *Ganter*, § 47 Rdnr. 55.

[582] MüKo InsO, *Ganter*, § 47 Rdnr. 55.

[583] So insbesondere Serick, Bd. 6, § 82 IV 5 a, S. 855; ders., Die Mobiliarsicherheiten im Referentenentwurf zur Insolvenzrechtsreform, Betriebs-Berater 1990, S. 861, *S. 864*.

[584] Vgl. BGHZ 12, S. 232, *S. 234*; RGZ 124, S. 73; Thomas/Putzo, *Putzo*, § 771 Rdnr. 15; a.A. Müko ZPO, *Karsten Schmidt*, § 771 Rdnr. 29 vor allem auch mit dem Argument von Gleichlauf von Insolvenz- und Einzelzwangsvollstreckung. Dagegen wiederum MüKo ZPO, *Schilken*, § 805 Rdnr. 15, da das Sicherungseigentum dem Sicherungsnehmer eine größere Rechtsmacht einräume, als dem Pfandgläubiger das Pfandrecht. Der Gleichlauf mit der Insolvenzordnung werde durch die Anwendbarkeit des § 805 ZPO gerade nicht hergestellt, da der Sicherungseigentümer im Insolvenzverfahren immer noch die Mitwirkungsrechte aus bereits behandelten §§ 167ff. InsO habe. Indessen braucht diesem Meinungsstreit hier nicht weiter nachgegangen werden, denn gemäß einem möglichst eng zu wählenden *genus proximum* ist Maß der Ungleichbehandlung hier die Behandlung der Mobiliarkreditsicherungsmittel gerade in der Insolvenz und nicht der Einzelzwangsvollstreckung.

cherungsübereignung nach §§ 929, 930, 868 BGB zivilrechtliche wirksam Eigentum erwirbt, wird niemand ernstlich bestreiten wollen. Insoweit kann als gesichert gelten, daß Abweichungen von Haftungsrecht und dinglicher Rechtslage durchaus gegeben sind.

Ohne über die haftungsrechtliche Zuordnung hier insgesamt befinden zu müssen, läßt sich der bestehende Meinungsstreit doch insoweit fruchtbar machen, als daß hier über Inhalt und Ausmaß des Differenzierungskriteriums von Sicherungsrecht, Eigentum und Pfandrecht gestritten wird. Insoweit geht es um eine nicht lediglich formale Betrachtung nach dinglicher Rechtslage, sondern zugleich um die Frage, wessen Vermögen das Sicherungsmittel bei materieller Betrachtung zuzuordnen ist. Der formellen Eigentümerposition steht also eine materielle Eigentümerstellung gegenüber. Eine solche Unterscheidung ist auch der Rechtsordnung nicht fremd, wie etwa § 39 AO zeigt. Bei der Frage der wirtschaftlichen Zuordnung eines Gegenstandes ist nach § 39 Abs. 1 AO zunächst die Eigentümerstellung maßgeblich, aber nicht allein entscheidend. Denn nach § 39 Abs. 2 AO ist ein Wirtschaftsgut steuerlich auch dem Nichteigentümer zurechenbar, wenn dieser den formalen Eigentümer wirtschaftlich von der Nutzung seines Eigentums weitgehend ausschließen kann.[585] Auch für die handelsrechtliche Eröffnungsbilanz bzw. den Jahresabschluß nach § 242 HGB hat der BGH wirtschaftliches Eigentum für die Zuordnung zu einer Kommanditgesellschaft erwogen und anerkannt.[586] Hintergrund ist jeweils, daß aufgrund tatsächlicher Umstände und schuldrechtlicher Bindungen ein Wirtschaftsgut in Substanz und Ertrag bei wertender Betrachtung einer anderen Person als dem rechtlichen Eigentümer zugeordnet ist.[587] Insoweit handelt es sich dann um eine wirtschaftliche und damit materielle Eigentumsbetrachtung. An versteckter Stelle läßt sich auch im BGB selbst ein Anhaltspunkt finden, der in Richtung einer solchen Steuerung materiellen Eigentumsbefugnisse deutet: Nach der Schuldrechtsmodernisierung[588] ist die Auslegungsregel des § 455 Abs. 1 2. Halbs. BGB a.F. gestrichen worden.[589] Dies bedeutet, daß zur Realisierung der Herausgabe des Eigentums nicht das bloße Sicherungsinteresse des Eigentumsvorbehaltsverkäufers genügt, sondern selbst bei zu vertretener Nichtleistung des Vorbehaltskäu-

---

[585] Vgl. FG Rheinland-Pfalz, EFG 1999, 1207 mit Anmerkung Fumi; vgl. für § 5 EStG ebenso BFH, NJW 1992, S. 2046, *S. 2047* m.w.N.

[586] BGH NJW 1996, S. 458, *S. 459*; ablehnend Ekkenga, Gibt es wirtschaftliches Eigentum im Handelsrecht?, ZGR 1997, S. 262, *S 270*; für eine Ausweitung wirtschaftlicher Betrachtung des Eigentums Körner/Weiken, Wirtschaftliches Eigentum nach § 5 Abs. 1 Satz 1 EStG, Betriebs-Berater 1992, S. 1033, *S. 1036, S. 1042*.

[587] Vgl. BGH, NJW 1996, S. 458, *S. 459*; BFH NJW 1992, S. 2047, *S. 2047*; Körner/Weiken, Wirtschaftliches Eigentum nach § 5 Abs. 1 Satz 1 EStG, Betriebs-Berater 1992, S. 1033, *S. 1038f.*

[588] BGBl I 2001, S. 3138ff.

[589] Dazu Schulze/Kienle, Der Kauf unter Eigentumsvorbehalt – eine Kehrtwende des Gesetzgebers?, NJW 2002, S. 2842, *S. 2842f.*; Habersack/Schürnbrand, Der Eigentumsvorbehalt nach der Schuldrechtsreform, JuS 2002, S. 833. *S. 834f.*

fers sich der Gläubiger erst nach fruchtlosem Ablauf einer zu setzenden Nachfrist vom Vertrag lösen kann.[590] Die Rücksetzung dieses Sicherungsinteresses zugunsten des allgemeinen Fristsetzungserfordernisses des § 323 BGB n.F.[591] ohne Änderungen der dinglichen Rechtslage bedeutet aber zugleich eine wirtschaftliche Schwächung des Eigentums des Vorbehaltsverkäufers, dessen dingliche Rechtsposition nicht mehr so leicht wie früher zu verwirklichen ist. Auch hier wird deutlich, daß die abstrakte Eigentumsposition des Vorbehaltskäufers allein nicht viel aussagt. Vielmehr ist zu berücksichtigen, in welcher Form dieses Eigentum den Interessen des Vorbehaltskäufers zu dienen vermag.

Die Frage nach der haftungsrechtlichen Eigenschaft einer Rechtsposition ist also zugleich die Frage, wessen Interessen diese dient und welche Funktion sie dabei erfüllt.

Für die besitzlosen Mobiliarsicherheiten läßt sich dabei tatsächlich ein Unterschied in Funktion und Interessenrichtung ausmachen. Sachen, die der Pfändung durch Faustpfand unterliegen, sind dem Umlaufvermögen des Schuldners regelmäßig entzogen. Hingegen dienen die Mobiliarsicherheiten weiter dem technisch-organisatorischen Verbund des Schuldners.[592] Daran vermag auch die Tatsache nichts zu ändern, daß es sich bei Eigentumsvorbehalt und Sicherungsübereignung jeweils um „volles" zivilrechtliches Eigentum handelt.[593] Denn auch wenn die dingliche Rechtlage eindeutig ist, so dient dieses Eigentum doch weiter dem Schuldnervermögen. Man könnte dann meinen, daß mit selbiger Argumentation auch eine Mietsache dem Schuldnervermögen dient und deshalb nicht ausgesondert werden könne nach Wegfall des Mietvertrages. Aber hier ist der vorgezeichnete Weg des dinglichen Rechts ja ein vollständig anderer: Bei der Miete überläßt der Mieter und Gläubiger sein Eigentum auf Zeit und es ist von vornherein klar, daß die Sache in Wert und Substanz nach Ablauf des schuldrechtlichen Behaltendürfens seinen Weg vollständig zurück ins Gläubigervermögen antritt. Ganz anders bei den Mobiliarsicherheiten, denn diese werden auf Zeit in ihrer dinglichen Berechtigung aus dem Schuldnervermögen gelöst oder von diesem einstweilen zurückgehalten und kehren diametral entgegengesetzt nach Ablauf des Sicherungszwecks in das Schuldnervermögen zurück, bzw. finden dort ihre Bestimmung. Während dieser Zeit aber werden sie weiter beim Schuldner verwendet: Dies ist ja auch der eigentliche Zweck

---

[590] Palandt, *Putzo*, § 449 Rdnr. 26; Schulze/Kienle, Der Kauf unter Eigentumsvorbehalt – eine Kehrtwende des Gesetzgebers?, NJW 2002, S. 2842, *S. 2842f.*

[591] Auch bei sonstigen Pflichtverletzungen, wie etwa einer unsachgemäßen Behandlung des Kaufgegenstandes kommt ein Rücktrittsrecht aus § 324 BGB in Frage, Palandt, *Putzo*, § 449 Rdnr. 26.

[592] Baum, Von der Freiheit des Reformgesetzgebers – Verfassungskonforme Behandlung der publizitätslosen Mobiliarsicherheiten im Diskussionsentwurf einer Insolvenzordnung, KTS 1989, S. 553, *S. 583.*

[593] Vgl. anders Serick, Bd. 6, § 82 IV 5 a, S. 855.

der Entwicklung des Mobiliarkredites gewesen.[594] Die dem Faustpfand unterliegende Sache des Schuldners ist schon allein durch die Besitzverschaffungspflicht des § 1205 BGB aus dessen organisatorischen Verbund herausgelöst und dient, obgleich noch in seinem Eigentum, dem Gläubiger im Zweifel zum Zwecke der Befriedigung nach § 1219ff. BGB. Beim Mobiliarkredit ist auch dies genau umgekehrt: Die Eigentümerstellung bzw. Forderungsinhaberschaft wechselt, hingegen bleibt die dienende Zuordnung gleich: Nach wie vor soll der Schuldner die Sache nutzen können. Bei der Immobiliarsicherheit gleicht die Situation dem Pfandrecht, doch weil in Gestalt des Grundbuchs ein anderes Publizitätsmittel als der Besitz existiert, kann die Sicherheit in den organisatorischen Verbund des Schuldnervermögens eingegliedert bleiben.[595]

Vor dem Hintergrund einer wirtschaftlich wertenden Betrachtungsweise ist damit ein Differenzierungskriterium gefunden, fraglich nur dessen Anknüpfungspunkt im überkommenen Eigentumsverständnis.

Die Frage nach dem Eigentum erschöpft sich ihrerseits allerdings auch nicht in der Frage nach der formalen Rechtsstellung. Denn das (zivilrechtliche) Eigentum läßt sich kennzeichnen als das umfassende Nutzungs- und Herrschaftsrecht des Eigentümers.[596] Der Eigentümer ist im Rahmen dieser Herrschaft berechtigt, mit seinem Eigentum nach Belieben zu verfahren (Nutzungsfunktion) und andere von der Nutzung seines Eigentums auszuschließen (Ausschlußfunktion).[597] Der Eigentümer hat danach insbesondere die Möglichkeit, entweder die Sache für sich zu nutzen oder über sie zu verfügen und sie so zu verwerten.[598]

Beim Pfandrecht verbleibt zwar das Eigentum beim Schuldner, die Verwertungsmöglichkeit aber erhält der Pfandgläubiger gemäß §§ 1219ff. BGB. Nach § 1215 BGB ist der Gläubiger verpflichtet, das Pfand zu verwahren, die §§ 688ff. gelten entsprechend.[599] Der Pfandgläubiger darf die Sache danach weder nutzen noch gebrauchen, es sei denn, gemäß § 1213 BGB wird dies anders vereinbart.[600] Auch wenn der Pfandgläubiger den Besitz an der Sache erhält, ist die Nutzungsfunktion des Eigentums nach der gesetzlichen Konstruktion in dieser Zeit nicht etwa dem Pfandgläubiger zugewiesen, sondern für die Dauer der Verpfändung suspendiert. Beim Pfandrecht liegt also die formale Eigentumsposition beim Pfandschuldner,

---

594 Vgl. Hofmann, Zur Geschichte der Reform des Insolvenzrechts, DRiZ 1994, S. 411, *S. 411.*

595 Zum Publizitätsgrundsatz des Grundbuchrechts vergleiche Baur/Stürner, Sachenrecht, § 14 Rdnr. 11f.; Vieweg/Werner, § 13 Rdnr. 2f.

596 Baur/Stürner, Sachenrecht, § 24 Rdnr. 5; Wolf, Sachenrecht, Rdnr. 43ff.; Vieweg/Werner, § 3 Rdnr. 6.

597 Vieweg/Werner, § 3 Rdnr. 6.

598 Vgl. Baur/Stürner, Sachenrecht, § 24 Rdnr. 5; zur Aufspaltung vgl. § 56 Rdnr. 2.

599 Palandt, *Bassenge*, § 1215 Rdnr. 1.

600 Vgl. Soergel, *Habersack*, § 1215 Rdnr. 4; Palandt, *Bassenge*, § 1215 Rdnr. 1 .

die Verwertungsmöglichkeit mit Ausnahme allenfalls der Eigentumsverschaffung der mit Pfandrecht belasteten Sache[601] beim Pfandgläubiger und die Nutzungsfunktion des Eigentums ist unterdrückt. Und diese formale Eigentumsposition ist so schwach und wenig werthaltig, daß darin ein Grund für die Umgehung der Pfandrechtsvorschriften durch die Rechtswirklichkeit zu sehen ist.[602]

Bei der Sicherungsübereignung hingegen wird die formale Eigentümerstellung übertragen, wohingegen die Nutzungsmöglichkeit beim Sicherungsgeber verbleibt. Der Sicherungseigentümer bekommt dadurch rechtlich betrachtet mehr, als ihm bei der Pfandrechtsbestellung zufällt, nämlich die volle Eigentümerstellung, der Sicherungsgeber hingegen behält im Unterschied zum Pfandrecht die Nutzungsmöglichkeit. Die Eigentumsübertragung findet also nur statt, um dem Sicherungsnehmer das Verwertungsrecht zu übertragen.[603]

Unter diesem Blickwinkel ist auch der Eigentumsvorbehalt nichts anderes als die Verschaffung der Nutzungsmöglichkeit bei Erhalt der Eigentümerposition zum Zwecke der Erhaltung auch des Verwertungsrechtes und damit einem besitzlosen Pfand angenähert.[604]

Bei der Sicherungsabtretung, bei der der Unterschied von Forderungsinhaberschaft und Pfandrecht an der Forderung ohnehin weit weniger deutlich ist,[605] dient die Umgehung der Pfandrechtsvorschriften lediglich dazu, die Anzeige an den Drittschuldner zu vermeiden.[606]

Betrachtet man anstelle der formalen Eigentümerposition (bzw. Inhaberschaft) die materiellen Inhalte des Eigentums im Vergleich zum Pfand so ergibt sich, daß dem Sicherungsgeber bei der Verpfändung am wenigsten, bei Sicherungsübereignung und Eigentumsvorbehalt am meisten verbleibt. Beim Pfandrecht übt er weder die Nutzungsfunktion noch die Verwertungsfunktion des Eigentums aus, es bleibt eine inhaltsleere Rechtsposition zurück, die wirtschaftlich nichts wert ist und mit dem Eigentum nur noch Namen und – der Ordnungsfunktion des Sachenrechts folgend – eine dingliche Zuordnung gemein hat; in den beiden letzteren Fällen erhält er vom ursprünglichen Eigentumsinhalt doch zumindest die Nutzungsfunktion. Und wegen dieser Nutzungsfunktion bleiben die Mobiliarsicherheiten auch dem Ver-

---

601 Vgl. aber den Schutz des Pfandrechts aus § 1227 BGB; dazu Palandt, *Bassenge*, § 1227 Rdnr. 1ff.; RGRK, *Kregel*, § 1227 Rdnr. 3.

602 Baur/Stürner, Sachenrecht, § 54 Rdnr. 1f.

603 Mit Hinweis auf das rein wirtschaftliche Interesse Baur/Stürner, Sachenrecht, § 56 Rdnr. 2.

604 Vgl. Baur/Stürner, Sachenrecht, § 56 Rdnr. 4.

605 Mit der Leistung in Gemäßheit der §§ 1280, 1281 BGB erlischt nicht nur das Pfandrecht, sondern auch die Forderung, vgl. Palandt, *Bassenge*, § 1287 Rdnr. 1, so daß ein praktischer Unterschied zwischen Forderungsinhaberschaft und lediglich einem Pfandrecht an der Forderung kaum besteht.

606 Baur/Stürner, Sachenrecht, § 56 Rdnr. 2.

bund des Schuldnervermögens erhalten, so daß dieses nicht nur unter Umständen fortgeführt, sondern auch besser in seiner Gesamtheit verwertet werden kann, wenn die Mobiliarkreditsicherungsgläubiger in das Insolvenzverfahren einbezogen werden können.[607] Wegen der Nutzungssuspendierung des Pfandrechtes ist dieses dem Schuldnervermögen ohnehin entzogen und muß gleichsam bei der Pfandbestellung schon verzichtbar gewesen sein. Dann aber benötigt auch der Insolvenzverwalter es nach aller Wahrscheinlichkeit weder zur Fortführung, noch zur Verwertung des Gemeinschuldnervermögens.

Hingegen gehören auch mit Grundpfandrechten belegene Immobilien dem organisatorischen und wirtschaftlichen Verbund des Schuldnervermögens an. Doch deren Verwertung vermag die Insolvenzabwicklung weit weniger zu stören als etwa die Mobiliarsicherheitenverwertung durch Aussonderung oder abgesonderte

Befriedigung unter Herrschaft des Sicherungsnehmers, denn ihre Verwertung nimmt weit längere Zeiträume in Anspruch, wie überhaupt der Immobiliarkredit auf längerfristige Sicherung angelegt ist.[608]

Aus alledem ergibt sich:

Vor dem Hintergrund einer materiellen Betrachtung der aus dem Eigentum folgenden Befugnisse ist die Rechtsposition des Sicherungsnehmers beim Mobiliarkredit nicht stärker als die des Pfandgläubigers. Im Gegenteil behält der Sicherungsgeber im ersteren Fall sogar mehr seiner aus dem Eigentum folgenden Befugnisse zurück und verliert nur ordnungsrechtlich das Eigentum an der Sache, da er die Nutzungsmöglichkeit erhält. Weiterhin stört die Verwertung der Mobiliarsicherheiten durch Aussonderung und abgesonderte Befriedigung die Insolvenzabwicklung weit mehr als die Verwertung des Pfandrechtes, denn hier wird der Insolvenzmasse offensichtlich weniger Verzichtbares erst im Insolvenzfall entzogen. Den Immobiliarkredit kennzeichnet hingegen seine Nachhaltigkeit und die Tatsache, daß zwar auch hier die Sache im wirtschaftlichen und organisatorischen Verbund des Schuldnervermögens verbleibt, die Verwertung der Sicherheit aber wegen ihrer wirtschaftlichen Bedeutung des Immobiliareigentums und seiner weit limitierten Verfügbarkeit für den Schuldner viel häufiger als beim Mobiliarkredit auch außerhalb der Insolvenz das Schuldnervermögen an den Rand seiner Existenz bringt. Insoweit besteht auch kein gesteigertes Interesse, dieses Vermögen ausgerechnet im Insolvenzfall unter besonderen Schutz zu stellen und die Verwertung des Immobiliarkredites zu erschweren. Zudem ist ein der Aussonderung vergleichbares Instru-

---

[607] Mit ähnlicher Begründung Baum, Von der Freiheit des Reformgesetzgebers - Verfassungskonforme Behandlung der publizitätslosen Mobiliarsicherheiten im Diskussionsentwurf einer Insolvenzordnung, KTS 1989, S. 553, *S. 583*.

[608] Baum, Von der Freiheit des Reformgesetzgebers - Verfassungskonforme Behandlung der publizitätslosen Mobiliarsicherheiten im Diskussionsentwurf einer Insolvenzordnung, KTS 1989, S. 553, *S. 583*.

ment der Verwertung der Grundpfandrechte weder vorgesehen noch systematisch sinnvoll denkbar. Diese Erwägungen führen dazu, daß es nicht außerhalb sachlicher Rechtfertigung liegt, noch gar willkürlich wäre, dem Mobiliarkredit eine dem Pfandrecht vergleichbare Stellung einzuräumen; die Bedeutung der Sachen für das Schuldnervermögen gebieten danach nicht einmal, sie gegenüber diesem nicht noch zurückzusetzen. Eine gleiche Schonung wie den Grundpfandrechten muß ihnen danach schon gar nicht zuteil werden.

Daß eine Gleichbehandlung mit den einfachen Insolvenzgläubigern andererseits auch nicht in Betracht kommt, ergibt sich bereits aus dem Schutz des Art. 14 GG, denn auch bei materieller Betrachtung bleibt die Eigentümerposition geschützt und ist doch eben noch weit mehr, als die bloße Forderungsinhaberschaft. Die gänzliche Abschaffung der Rechte der Mobiliarsicherungsgläubiger in der Insolvenz bedeutete schon daher eine nicht zu rechtfertigende willkürliche Gleichbehandlung von wesentlich Ungleichem.[609] Es spricht allerdings nichts dagegen, diese bevorrechtigte Stellung abweichend zu gestalten und den Mobiliarsicherungsgläubigern zumindest Kosten aufzuerlegen oder dem Eigentumsvorbehalt die Aussonderung zu versagen.[610] Bei letzterem spricht nach obigem sogar einiges dafür, daß dies die gerechtere, zweckmäßigere und vernünftigere Lösung darstellt – zu deren Realisierung der Gesetzgeber indessen nicht verpflichtet ist.

dd) Ergebnis

Das Kriterium der materiellen Eigentümerbefugnisse stellt ein taugliches Differenzierungskriterium innerhalb der zu privilegierenden Gläubigergruppen dar. Aus ihm ergibt sich, daß eine weitgehende Gleichbehandlung von Pfandrecht und Mobiliarkredit in der Insolvenz verfassungsrechtlich gerechtfertigt ist. Hingegen ist eine weitestgehende Gleichbehandlung von Immobiliar- und Mobiliarkredit nicht erforderlich. Eine weitgehende Gleichbehandlung von einfachem Insolvenzgläubiger und Mobiliarkreditsicherungsgläubiger verstieße hingegen gegen Art. 3 Abs. 1 GG. Grund dafür ist der Schutz des Art. 14 Abs. 1 GG.

5. Zusammenfassung zu Art. 3 GG

Der Gestaltungsspielraum des Gesetzgebers bei der Regelung des Mobiliarkredites im Rahmen des Art. 3 Abs. 1 GG ist verhältnismäßig weit, da der Gläubiger durch eigene Wahl des Sicherungsmittels und der Kreditvergabe Einfluß auf die ungleichbehandelnde Regelung nehmen können. Und Immobiliarkredit wie Pfandrecht und besitzlose Mobiliarsicherheiten sind durchaus vergleichbar und werden durch die denkbaren Einschnitte in Bezug auf letztere auch unterschiedlich behandelt. Indes-

---

[609] So auch Baur/Stürner, Zwangsvollstreckungsrecht II, Rz. 6.30.

[610] So wohl auch Baur/Stürner, Zwangsvollstreckungsrecht II, Rz. 6.30.

sen ist diese Ungleichbehandlung in weitem Spielraum durch die materiellen Eigentümerbefugnisse des jeweiligen Sicherungsrechts und seiner Auswirkungen auf den Insolvenzfall verfassungsrechtlich gerechtfertigt. Eine Abschaffung der bevorrechtigten Stellung des Mobiliarkredites verstieße allerdings auch gegen Art. 3 Abs. 1 GG. Denkbar wäre also eine stärkere Beteiligung der Mobiliarkreditsicherungsgläubiger am Insolvenzverwahren durch Kostenbeiträge und Erschwerung der Verwertungsmöglichkeiten – eine Gleichstellung von einfachem Eigentumsvorbehalt und Sicherungsübereignung mit dem Inhalt einer Absonderungsbefugnis im Insolvenzverfahren wäre sogar wünschenswert.

V. Die negative Vereinigungsfreiheit, Art. 9 GG

Art. 9 GG statuiert nach seinem Wortlaut zunächst nur die Freiheit, Vereine und Gesellschaften zu bilden, Art. 9 Abs. 1 GG. Sicher ist aber auch, daß die Vereinigungsfreiheit eine negative Seite hat. Denn wie die Freiheit gewährleistet ist, Vereinigungen zu gründen, ist es gleichfalls verfassungsrechtlich verbrieft, einer solchen Vereinigung gerade nicht anzugehören oder aus ihr wieder auszutreten.[611]

Insoweit stellt sich die Frage, wie sich die Gemeinschaft der Gläubiger im Konkurs des Schuldners eine solche Vereinigung, wie sie etwa mit Gläubigerversammlung (§ 74 InsO) und Gläubigerausschuß (§ 67 InsO)[612] Einzug auch in die Insolvenzordnung gehalten haben,[613] zu dieser negativen Vereinigungsfreiheit verhält.

1. Schutzbereich

Anerkannt ist zunächst, daß unter den Begriff der Vereinigung, soweit die positivrechtliche Seite des Schutzes der Vereinigung und des Zugangs zu ihr betroffen ist, jedenfalls nicht Zwangszusammenschlüsse, gleich ob privatrechtlicher oder öffentlich-rechtlicher Natur fallen.

Denn es fehlt an der Freiwilligkeit des Zusammenschlusses fehlt, den Art. 9 Abs. 1 GG impliziert.[614]

Inwieweit öffentlich-rechtliche Zusammenschlüsse unter den Schutz des Art. 9 GG in seiner negativ-rechtlichen Ausprägung fallen, ist umstritten. Während nach Ansicht des BVerfG und des BVerwG sowie einiger Stimmen in der Literatur der

---

[611] Jarass/Pieroth, *Jarass*, Art. 8 Rdnr. 7; Pieroth/Schlink, Rdnr. 727; für Fernbleiben BVerfGE 50, S. 290, *S. 354*; für Austritt BGHZ 130, S. 243, *S. 254*.

[612] Vgl. Foerste, Rdnr. 66.

[613] Die Kommission etwa sah noch die Bildung eines Gläubigerbeirats vor, vgl. Erster Bericht der Kommission für Insolvenzrecht, Leitsatz 1.3.1.5, S. 131ff.

[614] Maunz/Düring, *Scholz*, Art. 9 Rdnr. 66.

Schutz des Art. 9 GG nicht greift,[615] meinen andere, daß es keinen Unterschied machen könne, ob der Vereinigungszwang vom privaten oder öffentlichen Recht ausgehe.[616] Insoweit könnte bereits zweifelhaft sein, ob Art. 9 Abs. 1 GG überhaupt auf die durch Insolvenzvollstreckungsrecht begründeten Gläubigermehrheiten anwendbar ist.

Maßgebliches Kriterium der Vereinigung ist jedenfalls das Merkmal der organisierten Willensbildung.[617] An ihm fehlt es, wenn es dem Verband am Ziel der Willenbildung mangelt und er über keine über den Willen seiner Mitglieder hinausgehende Gesamtwillensbildung verfügt.[618] Durch die nicht dem Art. 9 Abs. 1 GG unterfallende Versammlung unterscheidet sich die Vereinigung durch die zeitliche Dauer des Zusammenschlusses.[619] Im Sinne des Art. 9 Abs. 1 GG genügt es danach nicht, auf die Eigenschaft als Gläubiger eines insolventen Schuldners abzustellen und diese Personengruppe schon als Vereinigung im Sinne des Art. 9 Abs. 1 GG zu verstehen. Denn dann fehlt es an dem Merkmal der Bildung eines einheitlichen Willens. Der „Zusammenschluß" erfolgt hier lediglich aus faktischen Gründen, namentlich der Tatsache, Forderungen gegen das Schuldnervermögen zu haben und dient nicht dem Ziel, einen gemeinsamen Willen zu bilden.

Die Gläubigerversammlung ist in ihrer Ausgestaltung nicht nur in der InsO mit § 74 Abs. 1 InsO, sondern auch in der Reformdiskussion stets eine freiwillige Zusammenkunft der teilnahmeberechtigten Gläubiger gewesen, insoweit fehlt ihr der Charakter einer Zwangsgemeinschaft.[620] Weiterhin fehlt ihr wegen der nicht festgelegten Zusammensetzung aus der Masse der Gläubiger das Merkmal der Dauerhaftigkeit, denn bei einer weiteren Zusammenkunft kann die Gläubigerversammlung völlig anders zusammengesetzt sein – insoweit spricht das Gesetz auch im verfassungsrechtlichen Sinne zutreffend von einer Gläubigerversammlung, nicht Gläubigervereinigung.

Auch bei dem von Gericht oder Gläubigerversammlung fakultativ einzusetzenden Gläubigerausschuß (§ 67 InsO) ist die Annahme des Amtes freiwillig, so daß es auch hier an einer Zwangsmitgliedschaft fehlt.[621]

---

[615] Vgl. BVerfGE 10, S. 89, *S. 102*; 38, S. 281, *S. 291f.* Jarass/Pieroth, *Jarass*, Art. 9 Rdnr. 5, 7.

[616] Murswiek, Grundfälle zur Vereinigungsfreiheit – Art. 9 I, II GG, JuS 1992, S. 116, *S. 118f.*; Pieroth/Schlink, Rdnr. 729; Maunz/Düring, *Scholz*, Art. 9 Rdnr. 90; in diesem Sinne wohl auch RegE InsO, BT-DRs. 12/2443, S. 91.

[617] Vgl. v. Münch/Kunig, *Löwer*, Art. 9 Rdnr. 32.

[618] Vgl. Maunz/Düring, *Scholz*, Art. 9 Rdnr. 67; v. Münch/Kunig, *Löwer*, Art. 9 Rdnr. 32.

[619] Jarass/Pieroth, *Jarass*, Art. 9 GG Rdnr. 3; Maunz/Düring, *Scholz*, Art. 9 GG Rdnr. 65.

[620] Vgl. etwa Erster Bericht der Kommission für Insolvenzrecht, Leitsatz 1.3.1.9, S. 138ff.

[621] Vgl. Wimmer, *Hössl*, § 67 InsO Rdnr. 14; MüKo InsO, *Gößmann*, § 67 Rdnr. 27; einen Anspruch auf Mitgliedschaft gibt es hingegen nicht, MüKo InsO, *Gößmann*, § 68 Rdnr. 36; zu den Einzelheiten vgl. Frege, Die Rechtstellung des Gläubigerausschusses nach der Insolvenzordnung

Der Schutzbereich des Art. 9 Abs. 1 GG würde also erst dort eröffnet werden, wo man beispielsweise die Beteiligung an einer privatrechtlichen (Abwicklungs-) Gesellschaft des Schuldnervermögens durch die bloße Eigenschaft, etwa absonderungsberechtigter Gläubiger zu sein, statuierte.[622] Die Kürzung der Mobiliarsicherheiten durch einen Beschluß der Gläubigerversammlung[623] ist hingegen an Art. 14 GG zu messen, nicht jedoch an Art. 9 Abs. 1 GG.

2. Ergebnis zu Art. 9 GG

Die bloße Bildung von Gläubigerversammlungen und Gläubigerausschüssen sowie deren Parallelorganisationen der Kommissionsberichte eröffnet für die dadurch Betroffenen nicht den Schutzbereich des Art. 9 Abs. 1 GG, da es für die Wirkungen der negativen Vereinigungsfreiheit schon an einem Zwangszusammenschluß fehlt. Die positive Freiheit, sich dererlei Ausschüssen anzuschließen, ist gleichfalls nicht tangiert, da sich die Zugehörigkeit schon aus der Art der Gläubigerschaft bzw. Bestimmung, respektive Wahl, durch Insolvenzgericht bzw. Gläubigerversammlung richtet, nicht aber durch freiwilligen Zusammenschluß gekennzeichnet ist.

VI. Der Grundsatz rechtlichen Gehörs

Der Grundsatz des rechtlichen Gehörs ist nicht nur in Art. 103 Abs. 1 GG manifestiert, sondern notwendiger Bestandteil des Rechtsstaatsprinzips und auch der Verpflichtung zur Achtung und Wahrung der Menschenwürde, die es verbieten, den Menschen zum bloßen Objekt staatlichen Handelns zu machen, ohne ihm Gelegenheit zu geben, selbst Stellung zu nehmen.[624]

Dieser Anspruch, der vor jedem staatlichen Gericht besteht, findet seinen Ursprung in der Erwägung, daß niemand in seinen Rechten betroffen werden darf, ohne vorher Gelegenheit zur Äußerung gehabt zu haben.[625] Art. 103 Abs. 1 GG

(InsO), NZG S. 478, *S. 481*. Dies ist auch unter dem Gesichtspunkt einer positiven Vereinigungsfreiheit unproblematisch, denn auch hier fehlt wegen der Wahl durch die Gläubigerversammlung bzw. Bestimmung durch das Insolvenzgericht an der zu fordernden Freiwilligkeit des Zusammenschlusses.

[622] So wohl auch RegE InsO, BT-Drs. 12/2443, S. 91; Pape/Uhlenbruck, Rdnr. 101.

[623] Eine solche Kürzungsmöglichkeit durch Reorganisationsplan durch Beschluss der Mehrheit von 80 % der Gesamtsumme der Forderungen der Sicherungsnehmer sah etwa der zweite Bericht der Kommission für Insolvenzrecht vor, dort Leitsatz 9.8, S. 194ff.

[624] Vgl. Wolf, Die institutionelle Schiedsgerichtsbarkeit, S. 176; Maunz/Düring, *Schmidt-Aßmann*, Art. 103 GG Rdnr. 2; BVerfGE 9, S. 89, *S. 95*; 63, S. 332, *S. 337*, 70, S. 180, *S. 188*.

[625] Zöller, *Greger*, Vor § 128 ZPO, Rdnr. 3; Pieroth/Schlink, Rdnr. 1076; Maintzer, Die Gewährung rechtlichen Gehörs im Rahmen des Konkursverfahrens, KTS 1985, S. 617, *S. 617*; Uhlenbruck, Das Rechtliche Gehör im Konkurseröffnungsverfahren in FS für Baumgärtel, S. 569, *S. 570*.

legt damit das absolut zentrale prozessuale Grundrecht nieder.[626] Die Vorschrift beschränkt sich in ihrem Schutzbereich allerdings auf die Gewährung rechtlichen Gehörs in einem gerichtlichen Verfahren.[627] Der Schutz geht also nur so weit, wie die Zuweisung der rechtsprechenden Gewalt an den Richter reicht.[628] Dementsprechend fallen schon Handlungen des Rechtspflegers und erst recht einer Verwaltungsbehörde oder der Staatsanwaltschaft aus ihrem Anwendungsbereich heraus.[629]

Der Insolvenzverwalter fungiert in seiner Tätigkeit eher als eine Art Organisationsinstanz für das Insolvenzverfahren.[630] Nach § 59 Abs. 1 InsO kann der Insolvenzverwalter sogar auf Betreiben des Gläubigerausschusses oder der Gläubigerversammlung ausgewechselt werden. Damit ist er weit entfernt von einer Stellung, die das Grundgesetz an die rechtsprechende Gewalt mit Art. 92ff. GG knüpft.

Für seine Handlungen besteht der Schutz des Art. 103 Abs. 1 GG damit nicht, und es kommen lediglich gerichtliche Maßnahmen betreffend die Mobiliarsicherheiten für eine Verletzung des grundrechtsgleichen Rechts aus Art. 103 GG in Betracht. Das auch Maßnahmen der ersten Gewalt vom Schutz des Art. 103 GG nicht umfaßt werden und daher gesetzgeberische Vorgaben von vornherein nicht unter Art. 103 GG fallen, ist ohnehin selbstverständlich.

1. Rechtliches Gehör der Mobiliarkreditsicherungsgläubiger im Insolvenzverfahren

De lege lata beschäftigt sich die Insolvenzordnung vor allem mit dem rechtlichen Gehör, welches dem Schuldner zu gewähren ist.[631] Dies ergibt sich schon daraus, daß das Insolvenzverfahren in erster Linie massiv in dessen Rechtspositionen eingreift. Da selbiges aber auch das Schicksal der Forderungen und Sicherungsmittel der Gläubiger regelt, kommt auch ein Eingriff in deren Rechte insbesondere dann in Betracht, wenn diese Sicherungsmittel durch den Insolvenzfall beeinträchtigt werden und nicht in vollem Umfang der Befriedigung des Schuldners dienen.

---

[626] Vgl. Prütting, Allgemeine Verfahrensgrundsätze der Insolvenzordnung in: Kölner Schriften zur Insolvenzordnung, S. 221, *S. 228*.

[627] Vgl. König, S. 48f.

[628] Jarass/Pieroth, *Pieroth*, Art. 103 Rdnr. 5.

[629] Für den Rechtspfleger für eine Anwendbarkeit, soweit dieser dem Richter angenäherte Tätigkeit verrichtet, vgl. BVerfGE NJW 1993, S. 1699 a.A. BVerfGE 101, S. 397, *S. 404f.*; im Übrigen vgl. Jarass/Pieroth, *Pieroth*, Art. 103, Rdnr. 5; Maunz/Düring, *Schmidt-Aßmann*, Art. 103 GG Rdnr. 55; die Anwendbarkeit des Grundsatzes auf den Rechtspfleger rechtfertigt sich wohl insbesondere dort, wo ursprünglich originäre Richtertätigkeit im Zuge der Justizverschlankung auf den Rechtspfleger übertragen ist, vgl. § 11 RPflegG .

[630] Foerste, Rdnr. 48.

[631] Vgl. Uhlenbruck InsO, *Uhlenbruck*, § 10 InsO, Rdnr. 3 mit einer Sammlung der Vorschriften, welche die Anhörung ausdrücklich anordnen.

Wegen der oben aufgezeigten Grundsätze kommt eine Verletzung rechtlichen Gehörs nur im Rahmen gerichtlicher Maßnahmen in Betracht, was für die Maßnahmen des Insolvenzgerichtes durch die allgemeine Verfahrensförmigkeit durch Anwendung auch der Zivilprozeßordnung[632] weitgehend ausgeschlossen werden kann.

Am weitesten geht darüber hinaus die Möglichkeit des Reorganisationsverfahrens, wie ihn die Kommissionsberichte vorschlagen haben. Auf Betreiben des Insolvenzverwalters kann ein Reorganisationsplan aufgestellt werden, wenn das Schuldnervermögen rettungsfähig erscheint und durch Reorganisation, die an die Stelle des bisherigen Vergleichsverfahrens tritt, neu geordnet werden soll.[633] Nach Gläubigerabstimmung erfolgt eine Bestätigung des Reorganisationsplans durch das Gericht durch Beschluß, mit dessen Rechtskraft die im gestaltenden Teil des Reorganisationsplans festgelegten Rechtswirkungen eintreten und gegen den das Rechtsmittel der sofortigen Beschwerde statthaft ist.[634] Damit soll die Reorganisation Gegenstand des gerichtlichen Verfahrens bleiben, gleichzeitig das Gericht aber nicht über die wirtschaftliche Zweckmäßigkeit noch über den Inhalt des Reorganisationsplans entscheiden.[635] Ausdrücklich soll dieses Verfahren dennoch gerade dazu dienen, rechtsstaatliche Grundsätze zu wahren und insbesondere den Anspruch auf rechtliches Gehör sicher zu stellen.[636] Versagt das Gericht nach dieser formellen Inhaltskontrolle seine Zustimmung, so kommt es automatisch zur Einleitung des Liquidationsverfahrens.[637] An Schärfe gewinnt dies gerade für die hiesige Untersuchung dadurch, daß im zweiten Bericht der Kommission für Insolvenzrecht für die besitzlosen Mobiliarsicherheiten die schon erörterte Möglichkeit bestand, diese durch Mehrheitsbeschluß von 80 % der Gesamtsumme der Forderung der Sicherungsnehmer, deren Forderungen durch Sicherungsrecht gedeckt sind, begrenzt oder gar aufgehoben werden konnten.[638] Der Inhaber einer Mobiliarsicherheit hätte diese also schlimmstenfalls gegen seinen Willen ganz verlieren können. Und so kann man einwenden, daß dem Sicherungsgläubiger rechtliches Gehör zu gewähren ist, bevor diese Beschneidung oder gar Aufhebung seines Sicherungsmittels erfolgt. Denn aus dem Grundsatz rechtlichen Gehörs folgt letztlich auch, daß die Prüfung des vorgebrachten zwischen verfügbaren Normenhypothesen auf dessen Erheb-

---

[632] Vgl. § 4 InsO, dazu Uhlenbruck InsO, *Uhlenbruck*, § 4 Rdnr. 1ff.

[633] Erster Bericht der Kommisson für Insolvenzrecht, S. 152ff, Leitsatz 2.1.2, S. 162f; Leitsatz 2.2.3., S. 165ff.

[634] Erster Bericht der Kommission für Insolvenzrecht, Leitsatz 2.2.21, S. 192ff.; Leitsatz 2.2.23, S. 195f.; Leitsatz 2.2.24, S. 196; Leitsatz 2.2.25, S. 198f.

[635] Erster Bericht der Kommission für Insolvenzrecht, Leitsatz 2.2.21, S. 193.

[636] Erster Bericht der Kommission für Insolvenzrecht, Leitsatz 2.2.21, S. 193.

[637] Erster Bericht der Kommission für Insolvenzrecht, Leitsatz 2.2.22, S. 195.

[638] Zweiter Bericht der Kommission für Insolvenzrecht, Leitsatz 9.8, S. 194f.; vgl. auch Erster Bericht der Kommission für Insolvenzrecht, Leitsatz 2.4.4.6, S. 257, wo die Regelung noch offen gehalten worden ist.

lichkeit zu erfolgen hat, dieses auf Richtigkeit zu untersuchen ist und falls diese bejaht wird, die Entscheidung unter Zugrundelegung des vorgebrachten zu ergehen hat.[639] Die Entscheidung, ob das Kreditsicherungsmittel gekürzt oder aufgehoben wird, obliegt jedoch gar nicht dem Gericht, sondern der aufgezeigten qualifizierter Gläubigermehrheit, allenfalls eine formell fehlerhafte Abstimmung könnte das Gericht rügen. Auf diesen formellen Aspekt beschränkt sich folglich auch der Anspruch auf rechtliches Gehör, denn nur insoweit kann der Vortrag des Sicherungsgläubigers entscheidungsrelevant werden.

Folglich wäre der Anspruch auf rechtliches Gehör nach den Vorschlägen der Kommission für Insolvenzrecht gewahrt. Auch für künftige Reformbestrebungen gilt danach, daß nur eine Verfahrenskontrolle mit entsprechender Anhörungspflicht hinsichtlich formeller Aspekte vorgesehen werden muß, solange die Entscheidung über die Kürzung oder Beseitigung eines Sicherungsmittels nicht dem Gericht überantwortet wird, was wegen mangelnden Eigeninteresses und unter Umständen Sachkenntnis des Gerichts im Unterschied zu den Gläubigern und dem Insolvenzverwalter auch nicht übermäßig sinnvoll erscheint.

Daß die Beschränkung des Sicherungsmittels dann ihrerseits wieder Art. 14 GG genügen muß, ist Frage der eigentumsrechtlichen Schutzposition, nicht eine Frage des rechtlichen Gehörs.[640]

2. Zusammenfassung zu Art. 103 GG

Art. 103 Abs. 1 GG schützt den Einzelnen davor, durch eine nachteilige Entscheidung ohne vorherige Anhörung durch richterliche Gewalt betroffen zu werden.

Aus diesem Grund ist die Bedeutung dieses Grundsatzes für die Mobiliarkreditsicherungsgläubiger gering. Denn Eingriffe in ihre Rechtspositionen durch das Insolvenzgericht haben sie nach geltendem Recht nicht zu fürchten. Und auch nach den am weitesten gehenden Kommissionsberichten waren die Einflußmöglichkeiten des Gerichts begrenzt. Denn die Entscheidung, daß eine Sicherheit gekürzt oder aufgehoben wird, oblag nicht dem Insolvenzgericht, sondern der Mehrheit der Gläubiger und ist daher schon mangels judikativer Einflußnahme dem Schutz des Art. 103 GG entzogen.

Bei der Verwirklichung eines dem Kommissionsmodell ähnlichen Verfahrens wäre die Kontrolle des Gerichts auf die formellen Aspekte des Verfahrens beschränkt. Und auch nur soweit reicht das grundrechtsgleiche Recht aus Art. 103 GG. We-

---

[639] Maunz/Düring, *Schmidt-Aßmann*, Art. 103 Rdnr. 97; Deubner, Zurückweisung verspäteten Vorbringens und Verfassungsbeschwerde, NJW 1976, S. 2113, *S. 2113*.

[640] Indessen wird sich eine regelmäßige und vollständige Beseitigung eines Kreditsicherungsmittels lediglich über ein „Mehrheitsbeschlußmodell" der Insolvenzordnung dann seinerseits nicht halten lassen, wenn die Grenze der Totalentleerung erreicht ist, siehe oben S. 168ff.

sentlich größeren Einfluß gewinnt der Grundsatz bei dem Verfahrensbeteiligten, der durch die gerichtlichen Maßnahmen im Zweifel stets der Betroffene sein wird: der Gemeinschuldner.[641]

VII. Ergebnisse zur gesetzgeberischen Gestaltungsfreiheit

Aus dem verfassungsrechtlich vorgezeichneten Rahmen ergibt sich nach alledem, daß dem Gesetzgeber ein weiter Gestaltungsspielraum zusteht, innerhalb dessen er mittels des Insolvenzgesetzes das materielle Kreditsicherungsrecht steuern kann. Innerhalb dieses Rahmens erlaubt die Verfassung eine Vielzahl auch rechtspolitisch motivierter Zielsetzungen, „denn es gibt nicht nur *eine* wissenschaftlich richtige und sonst nur lauter falsche Lösungen."[642] Etwa bei dem Ziel der Einschränkung des Mobiliarkredites ist dieser Rahmen auch längst nicht ausgeschöpft.

Doch auch eine weite Gestaltungsmöglichkeit findet ihre Schranken in Anforderungen, die auch den Gesetzgeber binden, in erster Linie gezogen durch die Werteordnung des Grundgesetzes. Zuerst und unmittelbar setzt die Verfassung ungerechtfertigten Eingriffen in die Freiheiten des Einzelnen und Ungleichbehandlungen auch im vermögensrechtlichen Bereich Schranken, die der Gesetzgeber zu durchbrechen zu unterlassen hat.

Maßgebliche Verfassungsvorgabe ist der durch Art. 14 Abs. 1 GG verbriefte Schutz des Eigentums. Jedenfalls über die Insolvenzordnung ist es nicht möglich, eine durch das Bürgerliche Gesetzbuch in seiner rechtsfortentwickelten Gestaltung durch die Rechtsprechung ausgeformte Mobiliarsicherheit institutionell zu beseitigen und nicht lediglich an ihrer Peripherie zu beschränken.[643] Zu begründen ist dies über das Verbot der Totalentleerung des Eigentums, daß sich hier wie eine Ausprägung des Verbotes widersprüchlichen auch gesetzgeberischen Verhaltens lesen läßt: Der Gesetzgeber ist gehindert, einerseits eine dann auch von der Verfassung geschützte Eigentumsposition zuzulassen und sie dann andererseits über ein anderes Gesetz wieder völlig wertzuentleeren. Eigentumsvorbehalt, Sicherungsübereignung und Sicherungszession werden damit in der Insolvenzordnung immer eine bevorrechtigte Stellung beanspruchen können, solange das Bürgerliche Gesetzbuch deren Existenz toleriert. Zudem stellt die heutige Insolvenzordnung kein Vermögensum-

---

[641] Vgl. hierzu Uhlenbruck, Das rechtliche Gehör im Konkurseröffnungsverfahren in: Festschrift für Baumgärtel, S. 569ff.; Landfermann, Allgemeine Wirkungen der Insolvenzeröffnung in: Kölner Schriften zur Insolvenzordnung, S. 159, *S. 185ff.*; Prütting, Allgemeine Verfahrensgrundsätze der Insolvenzordnung in: Kölner Schriften zur Insolvenzordnung, S. 221, *S. 228ff.*

[642] Engelhard, Politische Akzente einer Insolvenzrechtsreform, ZIP 1986, S. 1287, *S. 1288*.

[643] Hingegen sind Änderungen von Einzelaspekten wie des Konzernvorbehaltes beim Eigentumsvorbehaltskauf oder seiner weiteren Verlängerungs- und Erweiterungsformen durchaus möglich, vgl oben S. 168ff.

verteilungsverfahren dar.[644] Wenn im Rahmen der konstituierenden Sitzung der Reformkommission der damalige Bundesminister der Justiz, *Dr. J. Vogel*, noch darauf hinwies, daß die Insolvenz nicht lediglich eine Angelegenheit zwischen Gläubiger und Schuldner sei, sondern es allgemeine volkswirtschaftliche und soziale Auswirkungen zu erkennen und zu bewerten gäbe und es in der rechtssoziologischen Untersuchung von *V. Gessner, B. Rode, G. Strate und K. A. Ziegert* noch hieß, die Insolvenzordnung müsse den ökonomischen Erfordernissen Rechnung tragen und sich zu einem ordnungspolitischen Instrument entwickeln, so mögen dies rechtspolitisch vertretbare oder erstrebenswerte Ziele sein.[645] Entsprechenden Legislativakten zur Steuerung des Mobiliarkredites sind allerdings deutliche Grenzen gesetzt. Denn die Umverteilung verfassungsrechtlich geschützten Mobiliarsicherungseigentums zugunsten ungesicherter Gläubiger stellt keinen anerkennenswerten Gemeinwohlbelang dar, der eine solche Umverteilung rechtfertigen könnte. Die Kostenlast, welche die Mobiliarkreditsicherungsgläubiger zu tragen haben, muß sich an den tatsächlich entstandenen Kosten orientieren. Insoweit spricht einiges dafür, die flexible Grenze des § 172 Abs. 2 S. 2 InsO auf die Feststellungskosten analog anzuwenden, wenn solche tatsächlich nicht entstanden sind.

Eine wesentliche Änderung, von der der Gesetzgeber erst auf dem Weg vom Regierungsentwurf zur eigentlichen Insolvenzordnung abgesehen hat, ist dagegen ohne weiteres zu verwirklichen: Die Gleichbehandlung von Sicherungseigentum, einfachem Eigentumsvorbehalt und seinen Erweiterungs- und Verlängerungsformen.

Auch der verfassungsrechtliche Gleichbehandlungsgrundsatz bindet den Gesetzgeber, wenn auch in weit schwächerem Umfang. Dies liegt zunächst daran, daß der Gesetzgeber nicht die gerechteste Lösung im Sinne der insolvenzspezifischen *par-creditorum*-Regel einhalten muß, sondern das verfassungsrechtliche Gebot der Gleichbehandlung wesentlich weiter ist als allgemeine Gerechtigkeitsüberlegungen. Und mehr noch: Solange das BGB besitzlose Mobiliarsicherheiten anerkennt, wird sich die Gläubigergleichbehandlung verstanden als Insolvenzrechtspostulat nicht verwirklichen lassen, denn spiegelbildlich verhindert Art. 3 GG die Gleichbehandlung einfacher Gläubiger und Mobiliarkreditsicherungsgläubiger, da hier die Wertung des BGB mitberücksichtigt werden muß. Taugliches Kriterium einer Gleich- oder Ungleichbehandlung sind die aus dem Eigentum folgenden materiellen Befugnisse, die diese Eigentumsposition verleiht, nicht die lediglich formale Stellung als Eigentümer einer Sache oder Inhaber eines Rechts.

Eine Gleichbehandlung von Mobiliarkredit und Pfandrecht ist danach ebenso unbedenklich, wie die Gleichbehandlung von Mobiliar- und Immobiliarkreditsicherungsmitteln nicht erforderlich ist. Auch hier verbleiben dem Gesetzgeber weite Gestaltungsmöglichkeiten. Eine gesetzgeberisch nicht zwingende, dennoch im In-

---

[644] Uhlenbruck InsO, § 1 Rdnr. 10.

[645] Jeweils zitiert nach Uhlenbruck InsO, § 1 Rdnr. 10.

teresse einer gerechten Verteilung wünschenswerte Änderung wäre die Gleichstellung von einfachem Eigentumsvorbehalt mit den übrigen Sicherungsrechten, die lediglich die Absonderung gewähren.

Keine verfassungsrechtliche Hürde stellt hingegen die negative Vereinigungsfreiheit des Art. 9 Abs. 1 GG dar, so lange nicht die Sicherungsgläubiger in eine echte Zwangsgemeinschaft gedrängt werden. Die Zugehörigkeit zu einer bestimmten Gläubigergruppe genügt hier jedenfalls nicht. Relevant wird Art. 9 Abs. 1 GG erst dort, wo echte Zwangszusammenschlüsse, beispielsweise die automatische Mitgliedschaft in einer Abwicklungsgesellschaft als Personengesellschaft oder juristischer Person, gebildet werden.

Auch die Bedeutung des grundrechtsgleichen Rechts des Anspruchs auf rechtliches Gehör aus Art. 103 Abs. 1 GG ist zwar für die Insolvenzordnung insgesamt wegen der mit der Insolvenz einhergehenden massiven Eingriffe in die Rechte des Schuldners hoch angesetzt, spielt für den Mobiliarkreditsicherungsgläubiger jedoch eine nur untergeordnete Rolle. Selbst wenn in Gläubigerrechte eingegriffen wird, so werden diese Eingriffe zweckmäßigerweise nicht unbedingt von einem Gericht vorgenommen werden, sondern spricht wegen der größeren Sachnähe einiges für die Gläubigergruppe und den Insolvenzverwalter als eingreifendes Organ. Dann aber fehlt es schon an der Möglichkeit der Einflußnahme der Judikative.

Insgesamt hat sich gezeigt, daß sich mittels der Verwertungsbefugnisse der Insolvenzordnung gewichtige Belange des Mobiliarkredites steuern lassen. Wirklich konstitutive Lenkungsakte sind jedoch nicht möglich. Weder kann über die Insolvenzordnung ein Sicherungsmittel wirkungslos gemacht (Art. 14 Abs. 1 GG) und damit den einfachen Insolvenzgläubigern weitgehend gleichgestellt werden (Art. 14 Abs. 1 GG und Art. 3 Abs. 1 GG) noch eignet sich das Insolvenzverfahren als ein ordnungspolitisches Instrument zur Umverteilung von Vermögen der gesicherten auf die ungesicherten Gläubiger (Art. 14 Abs. 1 GG).

Kurz gefaßt kann die Insolvenzordnung mit Aus- und Absonderungsrechten zwar Weichen für den Mobiliarkredit stellen, nicht aber den Zug insgesamt aufhalten. Denn die verfassungsrechtlichen Vorgaben zwingen dazu, die Mobiliarkreditsicherungsmittel Sicherungsübereignung, Eigentumsvorbehalt und Sicherungszession im Grundtypus, wenn auch nicht in allen Erweiterungs- und Verlängerungsformen, zu erhalten. Die Art der Verwertung kann variiert und die Verwertung auch auf Zeit suspendiert werden. Nicht möglich ist es allerdings, ein Sicherungsmittel in Bestand oder Wert substantiell einzuschränken und dies stellt sich als entscheidende Schwäche der Regelung des Mobiliarkredites durch die Insolvenzordnung dar: Ein Insolvenzgesetz kann letztlich nicht wirksam verhindern, daß die Insolvenzmasse durch Kreditsicherungsmittel ausgehöhlt wird, solange wegen deren Schutz im Bestand eine Vorabverteilung möglich bleibt.

4. Teil: Alternativen

Die Untersuchung hat gezeigt, daß sich einige der gesetzgeberischen Ziele nicht ohne größere Verwerfungen, teilweise mit den Mitteln der Insolvenzordnung überhaupt nicht, verwirklichen lassen.[1] Angelpunkte sind einerseits die Tatsache, daß im wesentlichen Betriebsvermögen durch Mobiliarkredit vorab verteilt und die Eigenkapitalisierung der Unternehmen dadurch wesentlich gemindert wird. Hier fragt sich, wie der Gesetzgeber dennoch erreichen kann, daß die bevorzugte Stellung des Mobiliarkredites abgebaut wird, so daß schließlich auch mehr Betriebsvermögen, allerdings zu Lasten der Gesamtkapitalausstattung,[2] zur Verfügung steht. Kritisiert am Mobiliarkredit wird zudem nicht nur dessen eigentliche Existenz, sondern vor allem seine Unsichtbarkeit für den Rechtsverkehr. Es fehlt das Publizitätsmittel des Besitzes bzw. die Verpfändungsanzeige bei der Sicherungsabtretung einer Forderung. Hier fragt sich, wie die Mobiliarsicherheiten erkennbarer gestaltet werden können.

Die alternativen Ansätze sollen dabei möglichst sicherungsspezifisch wirken, denn bei generellen Maßnahmen, wie etwa die Vorverlegung der Eröffnung eines Insolvenzverfahrens durch neugefaßte Insolvenzeröffnungsgründe,[3] werden die Gesamtauswirkungen regelmäßig nur schwer überschaubar sein.

A. Materiellrechtliche Umgestaltungen der Mobiliarkreditsicherungsmittel

I. Änderungen des BGB

Die Untersuchung der gestalterischen Möglichkeiten der Mobiliarsicherheiten durch das Insolvenzgesetz haben die Grenzen der Steuerungsfunktionalität aufgezeigt. Strukturelle Eingriffe in die Mobiliarsicherheiten wird es über die Insolvenzordnung nicht geben können.[4]

---

[1] Vgl. Binz/Hess, S. 38.

[2] Denn eine Zurückdrängung des Mobiliarkredites nimmt Kreditmittel und damit die Möglichkeit, fast das gesamte Umlaufvermögen und einen erheblichen Teil des Anlagevermögens zu Kreditsicherung und Kapitalbeschaffung einzusetzen, vgl. Schäfer/Ott, S. 561.

[3] Dazu Pape/Uhlenbruck, Rdnr. 298ff.

[4] Im Ergebnis ebenso Baur/Stürner, Zwangsvollstreckungsrecht II, Rdnr. 4.31, die dieses Ergebnis jedoch mit der praktischen Erwägung stützen, daß das deutsche fremdfinanzierte Unternehmertum „den Schnitt beim kreditierenden dinglichen Gläubiger nur ganz eingeschränkt zuläßt oder doch sehr erschwert".

1. Sachenrechtliche Änderungen

Entgegen der Ansicht, die die Änderungen des Mobiliarkredites durch Insolvenzgesetze grundsätzlich begrüßt,[5] spricht schon diese eingeschränkte Steuerungsfähigkeit für eine Änderung im BGB selbst. Über die Insolvenzordnung sollten nach obigem nur diejenigen Regelkreise geändert werden, deren Auswirkungen größtenteils insolvenzrechtsspezifisch sind.[6] Überall dort aber, wo der Regelungszweck über die Handhabbarmachung der Sicherheit für den Fall der Insolvenz hinausgeht, ist eine systematische Änderung an der Basis materiellen Rechts erforderlich. Die Risiken, die ein solcher Eingriff dort an zentralen Prinzipien mit sich bringt,[7] sind aus Gründen dogmatischer Klarheit und systematischer Gerechtigkeit – nicht zuletzt im Hinblick auf die stets zu beachtende Verfassung – hinzunehmen.

Soll der Mobiliarkredit zurückgedrängt werden, so kann die Regelung des Verbotes des Drittvorbehaltes des § 449 Abs. 3 BGB insoweit beispielhaft herangezogen werden.

Zuordnungsschwierigkeiten und Verwerfungen zum Spezialitätsprinzip[8] wie den Übereignungstatbeständen treten vor allem bei den komplizierten, von der Formularpraxis entwickelten Rechtsinstituten der Verlängerungs- und Erweiterungsformen von sowohl Eigentumsvorbehalt wie auch Sicherungsübereignung auf. Forderungsseitig in etwa vergleichbar wäre die Globalzession als typisches Mittel des Geldkreditgebers im Vergleich zum verlängerten Eigentumsvorbehalt als typisches Sicherungsmittel des Warenkreditgebers.[9] Soll diesen Sicherungsmitteln entgegengetreten werden, was etwa aus Gründen des sozialen Schutzes, aus wirtschaftspolitischen Erwägungen zur Steigerung der Effizienz des Konkursverfahrens oder dogmatisch systematischen Gründen rechtspolitisch erwogen werden mag,[10] so empfiehlt sich nach obigem eine sachlich-rechtliche Vorschrift, die bestimmte Arten der Sicherung unzulässig macht, diese im Vorhinein verhindert und somit für die Abwicklung in der Insolvenz keine weitergehenden Schwierigkeiten mehr verursachen kann. Hierher gehört folglich die Frage nach der Wirksamkeit der Sicher-

---

[5] So etwa Staudinger, *Wiegand*, Anh. zu §§ 929-931, Rdnr. 34ff.

[6] Staudinger, *Wiegand*, Anh. zu §§ 929-931 BGB, Rdnr. 38 sieht es demgegenüber gerade als Vorteil an, daß bei Änderungen über die Insolvenzordnung zentrale Regelungsmechanismen unangetastet bleiben und unabsehbare oder unerwünschte Konsequenzen vermieden werden können. Dieser Vorteil nivelliert sich jedoch dort, wo die Insolvenzordnung wegen verfassungsrechtlicher Gründe an die Grenze der Regelungsfähigkeit gerät.

[7] Vgl. Staudinger, *Wiegand*, Anh. zu §§ 929-931 BGB, Rdnr. 38.

[8] Vgl. Paulus, Grundlagen des Kreditsicherungsrechts, JuS 1995, S. 185, 188; Schwab/Prütting Rdnr. 20.

[9] Vgl. Palandt, *Heinrichs*, § 398 Rdnr. 590.

[10] Dazu Staudinger, *Wiegand*, Anh. zu §§ 929-931 BGB, Rdnr. 46; vgl. schon Weber, Ziele und Wege der Insolvenzrechtsreform, FS Einhundert Jahre Konkursordnung 1877-1977, S. 331; *S. 350.*

heiten überhaupt, die nicht in der Insolvenz beantwortet werden kann, wie auch etwaig die Ausstattung der Sicherungsmittel mit Publizität. Maßnahmen des Gesetzgebers, die nach der hier vertretenen Einteilung in Eingriffsebenen auf der Primärebene der Bestellung der Sicherheit liegen, sind also im Bürgerlichen Gesetzbuch bzw. dessen Regelungsebene selbst vorzunehmen. Grundsätzlich in der Insolvenzordnung vorgenommen werden können Eingriffe auf der sekundären Eingriffsebene durch Beschränkung der Sicherheitenausübung, wie etwa die Frage, ob Ab- oder Aussonderung gewährt werden soll. Widersprüche zum Sachenrecht entstehen hier nicht, wenn man eine materielle Eigentumsbetrachtung vornimmt. Die Grenze ist auf dieser Ebene indessen erreicht, wenn die Regelung der Sicherheitenausübung die materielle Regelung ersetzen soll, also durch zu starken Beschnitt die Sicherheit schon in ihrer Wirksamkeit angegriffen wird. Eindeutig der Insolvenzordnung zuzuordnen ist schließlich die Kostenbeitragsebene und die dort vorgenommenen Eingriffe, denn dies betrifft die ausschließlich insolvenzspezifische Frage, wer die Lasten der durch das Insolvenzverfahren verursachten Kosten zu tragen hat. Eine Regelung die darüber hinaus einer Vermögensumverteilung von Mobiliarkreditsicherungsgläubigern auf ungesicherte Gläubiger dient, kann jedoch weder hier vorgenommen noch in das BGB verlagert werden; sie ist aus sich heraus verfassungswidrig.

2. Europarechtskonformität

Die Regelungen betreffend den Mobiliarkredit vorzunehmen, hat ein weiteres gewichtiges Argument für sich: Im Zuge der immer größeren Bedeutung des Europarechts und der damit verbundenen Harmonisierung der einzelstaatlichen Regelungen bietet sich eine Änderung im BGB deshalb an, weil letztlich nur so eine Europarechtskonformität erzielt werden kann, falls die deutschen Mobiliarkreditsicherheiten sich nicht in das europäische Bild fügen.

Nichts anderes als ein solcher Reformdruck hat schließlich erst jüngst dazu geführt, daß mit der Schuldrechtsmodernisierung[11] die umfassendste Neugestaltung des BGB seit dessen Bestehen stattgefunden hat.[12] Der Gesetzgeber hat europarechtliche Vorgaben hier zum Anlaß genommen, gerade keine beschränkte Harmonisierungsmaßnahme in Gestalt nur einer Richtlinienumsetzung vorzunehmen, sondern in der Sorge, daß „die vorgenannten Richtlinien zur Änderung der ohnehin reformbedürftigen Teile des Bürgerlichen Gesetzbuches zwingen und eine isolierte Richtlinienumsetzung die strukturellen Mängel des geltenden Schuldrechts in un-

---

[11] BGBl. I 2001, S. 3137.

[12] Vgl. dazu etwa Heß, Das neue Schuldrecht In-Kraft-Treten und Übergangsregelungen, NJW 2002, S. 253ff.; Kupisch, Schuldrechtsreform und Kunst der Gesetzgebung, NJW 2002, S. 1401f.; Gsell, Kaufrechtsrichtlinie und Schuldrechtsmodernisierung, JZ 2001, S. 65ff.; Zimmermann, Schuldrechtsmodernisierung?, JZ 2001, S. 161ff.

vertretbarem Maße verschärfen würde."[13] Statt dessen eine große Lösung gewählt. Und wenn schon das Schuldrecht von Grund auf neugestaltet wird,[14] so erscheint nicht unwahrscheinlich, daß sich auch das deutsche Sachenrecht der EU-weiten Harmonisierung wird beugen müssen. Denn auf insolvenzrechtlicher Ebene ist die Harmonisierung mit der Verordnung (EG) über Insolvenzverfahren[15] zu einem vorläufigen Abschluß gekommen, die sich jedoch auf eine Verzahnung von Universalität und Territorialität beschränkt hat.[16] Ganz bewußt hatte der deutsche Gesetzgeber die Regelungen zum internationalen Insolvenzrecht im Hinblick auf diese europaweite Regelung lediglich kursorisch in den Art. 102 EGInsO geregelt.[17] Der Druck, der durch die Verordnung auf die einzelstaatlichen Sachrechte ausgeübt wird, hat damit nicht etwa ab-, sondern gar noch zugenommen, da eine Kodifikation eines europäischen Einheitskonkurses gerade nicht vorgenommen worden ist und dies gerade wegen der Verschiedenheit der einzelstaatlichen Regelungen.[18] Insoweit erscheint es zweckmäßig, im Zuge einer Reformierung der besitzlosen Mobiliarsicherheiten auch die Rechte anderer Mitgliedsstaaten einzubeziehen, um größtmöglichen Konsens zu erreichen. Exemplarisch aus der Vielzahl der Rechtsordnungen seien hier größere Rechtskreise wie Großbritannien und Frankreich sowie wegen der Nähe im Recht Österreich herangezogen.

a) Großbritannien

Die englischen Vorschriften über den Mobiliarkredit sehen grundsätzlich eine Veröffentlichungspflicht in Form einer Registereintragung vor.[19] Hervorzuheben ist allerdings, daß sowohl der einfache wie auch der erweiterte Eigentumsvorbehalt nicht als sogenanntes *charge* und damit Sicherungsrecht eingestuft werden, da nach einer streng formalisierten Betrachtungsweise der Käufer kein dingliches Recht erhält und folglich auch keine Sicherheit leisten kann.[20] Damit besteht für dieses Sicherungsmittel konsequenterweise auch keine Registerpflicht. Eine der Aussonde-

---

[13] Entwurf eines Gesetzes zur Modernisierung des Schuldrechts, BT-Drs. 14/6040, S. 2.

[14] Anlaß der Neugestaltung war die Umsetzung der sog. Kaufrechtsrichtlinie EGRL 44/99, vgl. Gsell, Kaufrechtsrichtlinie und Schuldrechtsmodernisierung, JZ 2001, S. 65ff.

[15] Verordnung (EG) Nr. 1346/2000 des Rates vom 29.05.2000.

[16] Vgl. Huber, die europäische Insolvenzverordnung, EuZW 2002, S. 490, *S. 491*; Huber, Internationales Insolvenzrecht in Europa, ZZP 114 (2001), S. 133, *S. 134*; Duursma-Kepplinger, Duursma, Chalupsky, *Duursma*-Kepplinger, Vorbemerkung zur EuInsVO, Rdnr. 1.

[17] Ehricke, Die neue Europäische Insolvenzverordnung, JuS 2003, S. 313, *S. 313*.

[18] Hierzu und zum Umstand, daß eine solche Regelungstechnik lediglich den zweitbesten Weg zur Bewältigung grenzüberschreitender Insolvenzen darstellt Duursma-Kepplinger, Duursma, Chalupsky, *Duursma*-Kepplinger, Vorbemerkung zur EuInsVO, Rdnr. 70f.; Zur Wirkung europäischer Kreditsicherungsmittel in Deutschland vgl. v. Bar/Drobnig, S. 345.

[19] Vgl. Wilmowsky, S. 157; Hadding/Schneider Teil IV, Rz. 358ff.;

[20] Vgl. Bernstorff, S. 94f.; Wilmowsky, S. 157.

rung vergleichbare Wirkung im Konkurs entwickelt dieser Eigentumsvorbehalt jedoch uneingeschränkt nur im Konkurs einer Kapitalgesellschaft.[21] Zu einem Sicherungsmittel mit entsprechender Registerpflicht nach diesem Verständnis wird der Eigentumsvorbehalt erst dann, wenn sich die dingliche Berechtigung des Verkäufers nicht auf die gelieferte Sache beschränkt, sondern Verarbeitungserzeugnisse oder Erlöse einbezogen werden sollen.

b) Frankreich

Das Recht Frankreichs ist zwar durchgängig auf die Erkennbarkeit des Sicherungsmittels abgestimmt, in deren Durchsetzung aber uneinheitlich. Es herrscht ein Faustpfandprinzip vor, daß jedoch durch gewisse Registersicherheiten durchbrochen ist; der Eigentumsvorbehalt ist hingegen publizitätslos gültig.[22] Allerdings wurde diesem auch erst im Jahre 1980 durch eine Gesetzesänderung eine Konkursfestigkeit zu teil, die jedoch eine schriftliche Urkunde voraussetzt.[23]

c) Österreich

Auch in Österreich begann sich jenseits vom Faustpfandprinzip die Sicherungsübereignung zu entwickeln, die jedoch - ganz anders als in Deutschland - nicht die Anerkennung durch die Rechtsprechung erlangte. Diese verlangt, daß die Bestellung der Sicherungsübereignung nicht das Faustpfandprinzip umgehen darf, was die Bedeutung der Sicherungsübereignung marginalisierte.[24] Der Eigentumsvorbehalt ist hingegen auch hier publizitätslos vereinbar.[25]

d) Zusammenfassung

Schon diese kurzen Beispiele lassen erahnen, daß die Praxis der Mobiliarkreditsicherungsmittel in Deutschland wohl eine der umfassendsten aber auch liberalsten in Europa ist, vor allem, was die Erkennbarkeit anbelangt.[26] Der Eigentumsvorbehalt ist in den Rechtsordnungen der einzelnen europäischen Länder wohlbekannt, hat jedoch nicht überall eine maßgebliche Bedeutung.[27] Ansonsten dominieren be-

---

[21] Vgl. Bonomi, S. 174.

[22] Vgl. Hadding/Schneider, Teil II, Rdnr. 31ff.; Bonomi, S. 171; Wilmowski, S. 159.

[23] Vgl. Bonomi, S. 171f.

[24] Vgl. Wilmowski, S. 166; Hadding/Schneider, Rdnr. 669f.

[25] Vgl. Wilmowski, S. 167.

[26] Vgl. v. Bar/Drobnig, S. 344f.; Wiegand, Übersicherung und Freigabeanspruch, NJW 1995, S. 2513, *S. 2513*; Drobnig, Empfehlen sich gesetzliche Maßnahmen zur Reform der Mobiliarsicherheiten? in: Verhandlungen des 51. Deutschen Juristentages (1976), Band 1: Gutachten, S. F1, *F 57*.

[27] Vgl. Bonomi, S. 169.

züglich der Sicherheiten jedoch Publizitätsmittel, häufig Besitz oder Sicherheitenregister, die sicherungsübereignungsgleichen Sicherungsmittel erkennbar machen.[28] Für den deutschen Mobiliarkredit bedeutet dies, daß der (einfache) Eigentumsvorbehalt wohl keiner besonderen Anpassung bedarf. Im Sinne einer Vereinheitlichung zum Zwecke der Kompatibilitätssteigerung empfiehlt sich jedoch, die Sicherungsübereignung kritisch in den Blick zu nehmen. Auf dem Weg zu einem einheitlichen europäischen Kreditsicherungsrecht stellt sie einen Fremdkörper dar, der sich kaum in europäische Harmonisierungsinteressen einfügen wird.[29]

Auch dies spricht dafür, anstelle nur punktueller Änderungen eher eine grundlegendere Neugestaltung innerhalb des BGB vorzunehmen, wenn eine Reform der Mobiliarkreditsicherheiten ansteht.

II. Konsequente Vermeidung der Übersicherung

Schon in seinem Gutachten für den 51. Deutschen Juristentag betonte *Drobnig*, daß es zu den Zielvorstellungen gehören müsse, gerade die Vermeidung eines Übermaßes an Sicherungen in den Vordergrund des Interesses zu stellen.[30] Die Übersicherung führt dazu, daß selbst Verfahrensbeiträge und den Sicherungsgebern aufgebürdete Kosten schon bei der Bemessung der Sicherheit berücksichtigt werden und in der Insolvenz letztlich doch wieder der Masse anheimfallen.[31] Und wenn der Erlös nicht ausreicht, eine bestehende Forderung zu decken, so kommt unter Umständen auch wieder die persönliche Haftung des Schuldners zum tragen, weil die überschießende Forderung zur Insolvenzgläubigerschaft berechtigt, was die Masse weiter schmälert.[32]

Auch der Gesetzgeber hat dies zum Anlaß genommen, den Konzernvorbehalt in Gestalt des Drittvorbehaltes mit § 449 Abs. 3 BGB als „Übersicherungsmittel" die Wirksamkeit zu versagen,[33] wie es am inneren Zusammenhang des Sicherungsmit-

---

[28] Drobnig, Empfehlen sich gesetzliche Maßnahmen zur Reform der Mobiliarsicherheiten? in: Verhandlungen des 51. Deutschen Juristentages (1976), Band 1: Gutachten, S. F1, *F 57*.

[29] Allerdings sind auch Stimmen zu vernehmen, die in der mangelnden Anerkennung der Deutschen Mobiliarkreditsicherheiten in anderen Mitgliedsstaaten der EU wegen der situs-Regel einen Verstoß gegen die Warenverkehrsfreiheit nach Art. 28 EGV sehen und daher die Anerkennung dieser Sicherheiten nach dem Prinzip des Herkunftslandes fordern, vgl. Wolf, Sachenrecht, Rdnr. 801a. Dann allerdings hätten die Deutschen Mobiliarkreditsicherheiten tatsächlich das Potenzial, sich nach den hier eingeforderten Anpassungen zu einem Erfolgsmodell für Europa zu entwickeln.

[30] Drobnig, Empfehlen sich gesetzliche Maßnahmen zur Reform der Mobiliarsicherheiten? in: Verhandlungen des 51. Deutschen Juristentages (1976), Band 1: Gutachten, S. F1, *F 54f.*

[31] Vgl. MüKo InsO, *Lwowski*, § 170 Rdnr. 45.

[32] So etwa § 64 KO, § 27 Abs. 1 VerglO und § 52 InsO für die Absonderung; vgl. auch MüKo InsO, *Ganter*, vor §§ 49 bis 52 InsO Rdnr. 50ff.; Wimmer, *Jonleit/Imberger*, § 52 Rdnr. 1.

[33] Vgl. Palandt, *Putzo*, § 449 Rdnr. 22.

tels und der Forderungen fehle.[34] Doch stellt sich die Frage, ob nicht bereits auch außerhalb einer solchen gesetzlichen Regelung, wie sie auch für die Erweiterungs- und Verlängerungsformen der Mobiliarkreditsicherheiten denkbar wäre, allein durch eine konsequente Vermeidung einer Übersicherung eine Entlastung der Insolvenzmasse erreicht werden kann.

1. Grenzen der Übersicherung nach derzeitiger Rechtsprechung und Literatur

Zunächst soll kurz der derzeitige Stand der Rechtsprechung und Diskussion in der Literatur aufgezeigt werden. Dabei lassen sich zwei grundsätzlich verschiedene Fallkonstellationen unterscheiden: Die erste Fallgruppe betrifft die Frage nach der Sittenwidrigkeit einer ursprünglichen Übersicherung, die zweite Fallgruppe eine Übersicherung, die erst im Nachhinein, also nach Abschluß der Sicherungsabrede und der Sicherungsübertragung ersichtlich wird.[35]

a) Anfängliche Übersicherung: Nichtigkeit nach § 138 BGB

Eine anfängliche Übersicherung kann ein Verstoß gegen § 138 Abs. 1 BGB begründen.[36] Eine Nichtigkeit kommt in Betracht, wenn der Schätzwert des Sicherungsgutes deutlich über der Freigabegrenze von 150% liegt[37] und darüber hinaus die Übersicherung auf einer verwerflichen Gesinnung beruht.[38] Als Faustregel soll im Zweifel gelten, daß die Grenze bei 200% der Deckungsgrenze unter Berücksichtigung der Freigabegrenze, also bei 300% der gesicherten Forderung verläuft.[39] Eine anfängliche durch Individualvertrag getroffene Abrede am Beispiel einer Sicherungsübereignung wäre also erst dann unwirksam, wenn zur Gewährung eines Kredites in Höhe von 100.000,- Euro eine Sicherheit beispielsweise in Gestalt eines Betriebsmittels im Werte von 300.000,- Euro verlangt würde.

---

[34] Vgl. Begründung BR-Drs. 511/92, S. 78.

[35] Vgl. Reinicke/Tiedke, Kreditsicherung, Rdnrn. 550, 554ff. mit Darstellung des Streitstandes.

[36] Vgl. Schwab, Übersicherung und Sicherheitenfreigabe – BGH NJW 1998, 671, JuS 1999, S. 740, *S.741*; Palandt, *Heinrichs*, § 138 Rdnr. 97; BGH NJW 1998, S. 2047, *S. 2047*; BGHZ 120, S. 272, *S. 275*; 125, S. 206, *S. 209*; BGH WM 1966, S. 13, *S. 15*.

[37] BGHZ 137, S. 212, *S. 212*.

[38] BGH WM 1966, S. 13, *S. 15*.

[39] Palandt, *Heinrichs*, § 138 Rdnr. 97; OLG Hamm, WM 2002, S. 451, *S. 451*.

b) Nachträgliche Übersicherung: insbesondere Übersicherung durch Formularvertrag

Bei der Übersicherung durch Formularvertrag hat der BGH seine Rechtsprechung aufgegeben, wonach die Bestellung revolvierender Sicherheiten nur dann wirksam ist, wenn die AGB dem Sicherungsgeber im Falle nachträglicher Übersicherung einen Freigabeanspruch einräumen.[40] Statt dessen soll im Falle des Fehlens einer solchen Regelung ein ermessensunabhängiger gesetzlicher Freigabeanspruch anzunehmen sein, der regelmäßig bei 150 % des Schätzwertes des Sicherungsgutes liegen soll.[41] Deswegen soll selbst die Unwirksamkeit einer ermessenabhängigen Freigaberegelung nicht zur Nichtigkeit der formularmäßigen Sicherungsübertragung führen, sondern der Freigebeanspruch an die Stelle der unwirksamen Regelung treten.[42] Und dieser gesetzliche Freigabeanspruch hindere es auch, daß die Vereinbarung wegen Verstoßes gegen § 138 Abs. 1 BGB nichtig ist.[43]

Die Schwelle einer rechtswidrigen Übersicherung ist damit ein weiteres Mal abgesengt worden, muß der Sicherungsnehmer doch künftig nicht mehr bedenken, daß er eine unwirksame Sicherungsabrede abschließen könnte, wenn ein Freigabenanspruch nicht vorgesehen ist.

2. Einschränkungen der Übersicherung

Im deutschen umfassenden Kreditsicherungssystem war die Perpetuierung der Mobiliarkreditsicherheiten systemimmanent. Festgelegt war damit aber zugleich die Kollision dieser Sicherheiten und der Automatismus, der notwendigerweise in die Übersicherung führt und schon manches Mal beklagt wurde.[44]

Nach der bisherigen Rechtsprechung liegt die Grenze anfänglicher Übersicherung mit 300 % Sicherheitenwert im Vergleich zu gesicherten Forderung außerordentlich hoch. Abhilfe ließe sich hier schon schaffen, wenn man nicht die Höhe der Freigabegrenze von 150 %, sondern den tatsächlichen Wert des Sicherungsmittels als Ausgangspunkt für die Frage nach einer sittenwidrigen Übersicherung wählte. Der Gläubiger muß diese Grenze fürchten, denn wird sie bei anfänglicher Übersicherung überschritten, so ist die Rechtsfolge nicht die leicht zu verschmerzende teilweise Freigabe der Sicherheit, sondern die Nichtigkeit der Sicherungsabrede.[45] Zu-

---

[40] So zuletzt BGH NJW 1997, S. 651, *S. 651.*

[41] BGH NJW 1998, S. 671, *S. 673.*

[42] BGH NJW 1998, S. 671, *S. 673.*

[43] BGH NJW 1998, S. 671, *S. 673*; anders noch der VII. Zivilsenat: NJW 1997, S. 651, *S. 651.*

[44] Wiegand, Übersicherung und Freigabeanspruch, NJW 1995, S. 2513, *S. 2513*, mit dem Hinweis (Fn. 2), daß hier die Reform eines Insolvenzgesetzes weder die nötige Abhilfe gebracht hat noch hätte überhaupt bringen können.

[45] Palandt, *Heinrichs*, § 138 Rdnr. 97.

dem hat eine derart starre Pauschalgrenze den Nachteil, daß sich der Gläubiger sicher sein kann, diese Grenze auch ganz ausreizen zu können. Bei einer Prüfung im Einzelfall müssen statt dessen sämtliche Faktoren berücksichtigt werden, so daß auch hier der Gläubiger eher zur Vorsicht gemahnt wäre und folglich den Spielraum, will er nicht die Nichtigkeit riskieren, nicht ganz ausnutzen wird.[46]

Nur müßte sich mit einer solchen Maßnahme, die keinen Legislativakt notwendig macht, auch die Vorabverteilung des Schuldnervermögens wirksam verhindern lassen. Zunächst würde ein Verbot der Übersicherung dazu führen, daß der Schuldner sein so gewonnenes Betriebsvermögen seinerseits zur weiteren Kreditsicherung nutzen wird.

Zudem wird auch der übersicherte Gläubiger im Insolvenzfall ja höchstens in Höhe seiner Forderung befriedigt, ein erzielter Übererlös fällt wiederum der Masse zu, § 170 InsO.[47] Aus diesem Grund wird vertreten, daß die Übersicherung regelmäßig nicht zu einer Verringerung der Masse führen wird.[48] Allerdings wird durch die Verwertung des Gegenstandes sich regelmäßig nicht der Nominalwert, sondern lediglich – wegen des „Makels" der Insolvenzverwertung – ein geringerer Wert erzielen lassen.[49] Dieser „Verwertungswert" mag damit regelmäßig um einen bestimmten Prozentsatz niedriger sein als der Nominalwert der Sache. Wenn man dem Gläubiger aber von vornherein nur gestattet, sich mit einem Gegenstand geringeren Wertes zu sichern, fällt auch dieser prozentuale Verlust des Nominalwertes des Sicherungsgegenstandes geringer aus – soweit der Insolvenzverwalter durch Veräußerung an einen beliebigen Interessenten[50] im Stande ist, bei der Verwertung eines Gegenstandes für die Masse einen höheren Erlös zu erzielen, als bei der Verwertung auf Betreiben des Absonderungsberechtigten.

Dem geringen Aufwand, den die Begrenzung der Übersicherung erfordert, steht damit auch ein nur ein überschaubarer Nutzen zur Entlastung der Insolvenzmasse gegenüber.

---

[46] Gegen lediglich eine Pauschalierung und für flexiblere Einzelfallbetrachtungen auch Ganter, Die ursprüngliche Übersicherung, WM 2001, S. 1, *S. 6f.*

[47] Anders nur, soweit der Gläubiger die Herausgabe des Sicherungsmittels im Wege der Aussonderung verlangen kann. Dies ist jedoch auf Seiten des Sicherungsnehmers nur beim einfachen Eigentumsvorbehalt der Fall. Und da dort das Eigentum lediglich die vom Gläubiger selbst begründete Kaufpreisforderung sichert, ist eine Übersicherung hier kaum denkbar.

[48] MüKo InsO, *Lwowski*, § 170 Rdnr. 45.

[49] Schwab, Übersicherung und Sicherheitenfreigabe, JuS 1999, S. 740, *S. 742.*

[50] Wozu er bei beweglichen wie unbeweglichen Sachen befugt ist, ebenso, wenn er die Gesamtverwertung wählt, vgl. Foerste, Insolvenzrecht, Rdnr. 424.

B. Maßnahmen zur Erkennbarkeit der Sicherungsmittel

I. Bilanztechnische Ausweisung

Nach §§ 283ff. HGB ist jeder Kaufmann verpflichtet, Bücher zu führen und Inventare und Bilanzen zu errichten.[51] Hier könnte es sich anbieten, durch solch eine Rechenlegungspflicht, die auch die Lieferung unter Eigentumsvorbehalt enthält oder eine Sicherungsübereignung verzeichnet, die besitzlosen Sicherheiten über dieses bereits bestehende Institut publik zu machen, anstatt ein neues und dogmatisch zweifelhaftes Publizitätsersatzmittel wie das Schriftformerfordernis der Kommissionsberichte einzuführen.

1. Pflicht zur Offenlegung in Handelsbüchern im weiteren Sinne

Einen Anhaltspunkt bietet § 264 HGB, der für Kapitalgesellschaften größeren Ausmaßes eine Pflicht zur Aufstellung eines Anhangs statuiert, die den Jahresabschluß nach § 242 HGB erweitert.[52] Diese Verpflichtung gilt jedoch nach ihrer Stellung im zweiten Abschnitt zunächst allein für die Kapitalgesellschaften AG, KGaA und GmbH.[53] Schon durch die Richtlinie 90/605/EWG vom 08.11.1990 (GmbH & Co. Richtlinie) sollte diese Verpflichtung auch auf solche Personengesellschaften ausgeweitet werden, bei denen es keine voll haftungspflichtige natürliche Person gibt. Erst durch das KapCoRiLiG vom 24.02.2000[54] hat der deutsche Gesetzgeber diese Regelung durch Schaffung des § 264a HGB umgesetzt und damit die Anwendung des § 264 HGB deutlich erweitert. Die betroffenen Gesellschaften müssen danach ihre Vermögens-, Finanz- und Ertragslage aufgrund der tatsächlichen Verhältnisse im Unternehmen offen legen.[55] Nach § 285 Abs. 1 Nr. 1b HGB gehört zu den Pflichtangaben auch der Gesamtbetrag von Verbindlichkeiten, die durch Pfandrechte oder ähnliche Rechte gesichert sind, unter Angabe von Art und Form der Sicherheiten. Unter die anzugebenden Sicherheiten fallen sowohl die ausdrücklich aufgezählten Pfandrechte, wie auch Sicherungsübereignung, Siche-

---

[51] Überblick bei Brox, Handels- und Wertpapierrecht, Rdnr. 149ff.; Schmidt, Handelsrecht, § 15 III 1 a), S. 424f.

[52] Vgl. Brox, Handelsrecht, S. 153; für eine solche bilanztechnische Lösung auch Binz/Hess, S. 39ff.

[53] Ergänzend wird die Anwendbarkeit gesetzlich erweitert auf Unternehmen, die nach dem PublG rechnungslegungspflichtig sind (§§ 1,5 PublG), auf Kreditinstitute (§240 a HGB), auf Versicherungsunternehmen (§ 341 a HGB), für Genossenschaften (§ 336 Abs. 2 HGB). Eine analoge Erweiterung auf weitere Unternehmen wurde von der überwiegenden Literatur abgelehnt (sehr str.), zu den Einzelheiten vgl. MüKo HGB, *Beater*, § 264 Rdnr. 3ff.; Gemeinschaftskommentar zum HGB, *Marsch-Barner*, § 264 Rdnr. 1.

[54] BGBl. I, S. 154.

[55] Im Einzelnen MüKo HGB, *Beater*, § 264 Rdnr. 22ff.

rungsabtretung, einfacher und verlängerter Eigentumsvorbehalt.[56] Versteht man diese Pflichtangaben als umfassend, so scheinen die Mobiliarsicherheiten tatsächlich sich mit Publizität ausstatten und somit erkennbar machen zu lassen.[57]

Dagegen spricht jedoch zunächst das zeitliche Element, denn die Mobiliarkreditmittel zeichnet ja in erster Linie ihre hohe Flexibilität und damit auch ihr ständiger Wechsel aus, so daß mit einer einmaligen Momentaufnahme für den jeweiligen Jahresabschluß wenig gewonnen wäre. Zum anderen ist der Ausweis im Jahresabschluß nicht vollständig, da fremde Verbindlichkeiten nur als Haftungsverhältnisse gemäß § 251 HGB i.V.m. § 268 Abs. 7 HGB zu vermerken sind, und von Dritten gewährte Sicherheiten überhaupt nicht erfaßt werden.[58] Schließlich wird sogar noch die Auffassung vertreten, daß sogenannte branchenübliche Sicherheiten überhaupt nicht anzugeben seien.[59] Selbst, wenn man dieser Ansicht nicht folgen will, so bleibt der Ausweis der bilanztechnische Ausweis der Sicherungsrechte langsam und unvollständig.

Zudem greift die Internationalisierung und Europäisierung des Bilanzrechtes stetig weiter Platz.[60] Die IAS-Verordnung vom 19.7.2002 strebt etwa die Möglichkeit einer Internationalisierung von Konzern- und Einzelabschlüssen nach IAS[61]/IFRS[62] an.[63] Und vor diesem Hintergrund erscheint es sehr zweifelhaft, daß bei einer Internationalisierung Sicherungsrechte dezidiert aufgeführt werden müssen, die in den meisten anderen Rechtsordnungen keinerlei Entsprechung finden, denn der publizitätslose Mobiliarkredit ist in soweit vorrangig eine deutsche Besonderheit.

Schließlich entscheidend dürfte aber sein, daß sich Publizität auf diesem Wege nicht wirklich erreichen läßt; denn auch wenn eine Pflicht zur Aufstellung der Handelbücher im weiteren Sinne[64] besteht, werden diese damit noch längst nicht öffentlich und damit publik. Denn eine Offenlegungspflicht trifft nach § 325ff.

---

[56] Vgl. Gemeinschaftskommentar zum HGB, *Marsch-Barner*, § 285 Rdnr. 3; MüKo HGB, *Lange*, § 285 Rdnr. 13, 15.

[57] Dafür Binz/Hess, S. 40.

[58] MüKo HGB, *Lange*, § 285 Rdnr. 13.

[59] So etwa für § 42 GmbHG Baumbach/Hueck, *Schulze-Osterloh*, § 42 Rdnr. 410.

[60] So etwa der Referentenentwurf zum Bilanzrechtsreformgesetz als Anpassungsmaßnahme an die IAS-Verordnung vom 19.07.2003; zum Ganzen Hüttemann, BB-Gesetzgebungsreport: Internationalisierung des deutschen Handelsbilanzrechts im Entwurf des Bilanzrechtsreformgesetzes, BB 2004, S. 203-209, sowie Kajüter, Berichterstattung über Chancen und Risiken im Lagebericht-Auswirkungen des Referentenentwurfs für das Bilanzrechtsreformgesetz, BB 2004, S. 427-433.

[61] International Accounting Standarts.

[62] International Financial Report Standarts.

[63] Mit grundsätzlich positiver Aufnahme Hüttemann, BB-Gesetzgebungsreport: Internationalisierung des deutschen Handelsbilanzrechts im Entwurf des Bilanzrechtsreformgesetzes, BB 2004, S. 203, *S. 205*.

[64] Zu diesem Begriff Brox, Handelsrecht, Rdnr. 150.

HGB nur die Kapitalgesellschaften und kapitalisierten Personenhandelsgesellschaften[65] und nach § 399 HGB eingetragene Genossenschaften. Nur ausnahmsweise besteht nach dem Publizitätsgesetz vom 14.8.1969[66] auch für den Einzelkaufmann und die Personenhandelsgesellschaft eine Verpflichtung im Interesse an der Unterrichtung über Geschäftsvorgänge, bestimmte Unterlagen offen zu legen.[67]

Gerade kleine Unternehmungen währen damit von der Offenlegung befreit, da sie weder bekanntzumachen, noch Unterlagen zum Handelsregister einzureichen hätten.

2. Ergebnis

Mit einer nur partiellen Publizität zwar insbesondere bei der „insolvenzträchtigen" GmbH, im übrigen aber eher „inslovenzfesteren" größeren Unternehmen ließe sich die Heimlichkeit des Mobiliarkredites nur in ganz engem Rahmen beseitigen.

Die aufgezählten weiteren Nachteile dazugenommen ergibt sich, daß die Bilanzierung der Sicherheiten kaum einen tauglichen Weg für die Steigerung der Publizität des Mobiliarkredites darstellt und in Anbetracht des Aufwandes, den eine solche Aufstellung erforderlich machte, daher abzulehnen ist.

II. Sicherheitenregister

Schon ein kurzer europarechtlicher Exkurs hat gezeigt, daß die Publizitätslosigkeit der deutschen Mobiliarsicherheiten, vom einfachen Eigentumsvorbehalt einmal abgesehen, im internationalen Vergleich eine Sonderstellung einnimmt. So resümiert auch *Drobnig*: „Die mangelnde Offenkundigkeit der deutschen Mobiliarsicherheiten ist für manche ihre wundeste Stelle."[68] Die Publizität für besitzlose Sicherungsrechte wäre auch in Deutschland allerdings beinahe schon einmal eingeführt worden: Im Jahre 1926 brachten Handelskreise ein Gesetz über ein Registerpfandrecht ein, welches jedoch am Widerstand der Banken und Skepsis des Reichsjustizministeriums scheiterte.[69] Die Vorteile eines solchen Registers liegen auf der Hand: Ohne den Mobiliarkredit in seinem Bestand anzugreifen, ließe sich erkennbar machen, welche Sicherungsrechte am Betriebsvermögen eines Unternehmens bestellt und welche Waren unter Eigentumsvorbehalt geliefert sind, wie es seit langem bei den

---

65 MüKo HGB, *Fehrenbacher*, § 325 Rdnr. 76.

66 BGBl. I, 1189, zuletzt geändert durch Art. 5 BiRiLiG.

67 Dazu Brox, Handelsrecht, Rdnr. 155.

68 Drobnig, Empfehlen sich gesetzliche Maßnahmen zur Reform der Mobiliarsicherheiten? in: Verhandlungen des 51. Deutschen Juristentages (1976), Band 1: Gutachten, S. F1, *F 56*.

69 Drobnig, Empfehlen sich gesetzliche Maßnahmen zur Reform der Mobiliarsicherheiten? in: Verhandlungen des 51. Deutschen Juristentages (1976), Band 1: Gutachten, S. F1, *F 56*; dazu auch Rühl, S. 311.

Immobiliarsicherungsrechten aus dem Grundbuch ersichtlich ist. Kollisionen verschiedener Sicherungsmittel könnten - weil nunmehr im Vorfeld zu erkennen - vermieden werden und der Schuldner ist zur Vorsicht gemahnt, allzu freigiebig mit der Sicherheitenvergabe umzugehen, da er die im wahrsten Wortsinn kreditgefährdende Wirkung eines überquellenden Registerauszuges wird vermeiden wollen.[70]

1. Europarechtliche Aspekte

Gegen eine Registerpflicht wird zunächst vorgebracht, daß diese deswegen nicht notwendig sei, weil der Geschäftsverkehr inzwischen mit dem Bestehen von Sicherheiten - insbesondere dem Eigentumsvorbehalt - ohnehin rechne.[71] Dieses Argument verliert allerdings gleichfalls vor dem Hintergrund der fortschreitenden europäischen Einigung an Kraft, denn mag der nationalen Markt die Gepflogenheiten deutschen Kreditsicherungsrechts kennen, so trifft dies auf den Markt der übrigen EU-Mitgliedsstaaten kaum zu. Denn die deutschen publizitätsfreien Mobiliarsicherheiten stehen nahezu allein im weltweiten Vergleich und erst Recht in Europa.[72] Aus europarechtlichen Gesichtspunkten empfiehlt sich eine Registerpflicht im Gegenteil geradezu.

2. Kostenfaktoren

Entscheidendes Argument gegen eine Registerpflicht war jedoch stets der damit verbundene organisatorische und finanzielle Aufwand einer Registrierung der Sicherheiten. Dieser stände zu dem zu erzielenden Erfolg wegen der hohen insbesondere maschinellen aber auch personellen Kosten in keinem vernünftigen Verhältnis.[73] Und in der Tat sind Kostenfaktoren insbesondere in Zeiten der angespannten Lage öffentlicher Haushalte ein gewichtiges Argument. Hier soll auch nicht in Abrede gestellt werden, daß der Aufwand zur Einführung eines solchen Registers, aber nicht nur für die öffentliche Hand, sondern auch für die private Wirtschaft hoch wäre. Die Voraussetzungen, ein solches Register jetzt zu schaffen, sind allerdings weit günstiger als zum Zeitpunkt der lebhaft geführten Diskussionen der 70er Jahre des vorigen Jahrhunderts.

Mit dem Gesetz zur Vereinfachung und Beschleunigung registerrechtlicher und anderer Verfahren (Registerverfahrenbeschleunigungsgesetz RegVBG) vom

---

[70] Vgl. Flume, Zur Problematik des verlängerten Eigentumsvorbehalts, NJW 1959, S. 913, *S. 914f.*

[71] Drobnig, Empfehlen sich gesetzliche Maßnahmen zur Reform der Mobiliarsicherheiten? in: Verhandlungen des 51. Deutschen Juristentages (1976), Band 1: Gutachten, S. F1, *F 59.*

[72] Drobnig, Empfehlen sich gesetzliche Maßnahmen zur Reform der Mobiliarsicherheiten? in: Verhandlungen des 51. Deutschen Juristentages (1976), Band 1: Gutachten, S. F1, *F 57.*

[73] Drobnig, Empfehlen sich gesetzliche Maßnahmen zur Reform der Mobiliarsicherheiten? in: Verhandlungen des 51. Deutschen Juristentages (1976), Band 1: Gutachten, S. F1, *F 59.*

20.12.1993[74] und der sich darauf stützenden Verordnung zur Einführung von Vorschriften über die maschinelle Führung des Handelsregisters und des Genossenschaftsregisters sowie zur Änderung anderer registerrechtlicher Vorschriften vom 06.07.1995[75] und durch das Gesetz über elektronische Register und Justizkosten für Telekommunikation (ERJuKoG) vom 10.12.2001[76] hat der Gesetzgeber den Rahmen geschaffen, um elektronisch geführte Handelsregister zu ermöglichen und die Registereinsicht zu erleichtern.[77] In der Folge werden nicht nur die Handelsregister, sondern auch die Vereinsregister, Genossenschaftsregister usw. in absehbarer Zeit auf die elektronische Fassung umgestellt werden.[78] Auf europäischer Ebene sorgt die Änderungsrichtlinie 2003/58/EG[79] dafür, daß bis zum 01.01.2007 elektronische Handelsregister für bestimmte Kapitalgesellschaften geschaffen werden müssen.[80] Der Aufbau elektronischer Register ist also in vollem Gange. Diese Umstellung ist wegen der inzwischen selbstverständlichen Verwendung elektronischer Datenverarbeitung ohnehin unumgänglich; auch soll die Umstellung wegen der mit der Auskunft verbundenen Gebührenpflicht jedenfalls nicht zu einer Erhöhung der Verbraucherpreise führen; die Auskunft selbst könne gar kostenneutral verwirklicht werden.[81] Die Infrastruktur zur Errichtung auch eines Sicherheitenregisters ist damit bereits vorhanden, so daß die durch die Errichtung eines solchen Registers anfallenden Kosten noch weit geringer wären, als zum Zeitpunkt der letztmaligen Diskussion. Zudem können dennoch entstehende Kosten, wie nach dem Modell des ERJuKoG, durch die Gebühren der jeweiligen Auskunftserteilung teilweise noch kompensiert werden.

3. Zwischenergebnis

Die Argumente, die bislang gegen ein Sicherheitenregister ins Feld geführt wurden, haben mit der Zeit erheblich an Gewicht verloren. Die Gründe, die für dessen Einführung streiten, sind in selbigem Umfange gewachsen. Ein solches Register ermöglichte die vielleicht gewünschte Publizität durch Eintragung, statt durch eine

---

[74] BGBl. I (1993), S. 2182ff.

[75] BGBl. I (1995); S. 1ff.

[76] BGBl. I (2001), S. 3422ff.

[77] Vgl. dazu Seibert, Der Online-Abruf aus dem Handelsregister kommt!, BB 2001, S. 2494ff.; Gernoth, Das deutsche Handelsregister – telekommunikative Steinzeit im Zeichen des europäischen Wettbewerbs, BB 2004, S. 837ff.; wie weit die Errichtung elektronischer Register schon fortgeschritten ist, kann unter www.handelsregister.de, dem Justizregisterportal der Bundesländer, eingesehen werden.

[78] Vgl. Begründung zum ERJuKoG, BR-DRs. 339/01, S. 17.

[79] ABl. 2003 Nr. L 221, S. 13ff.

[80] Dazu Scholz, Die Einführung elektronischer Handelsregister im Europarecht, EuZW 2004, S. 172ff.

[81] Vgl. die jeweiligen Begründungen in BR-Drs. 217/95, S. 2; BR-Drs. 339/01, S. 17.

Betonung des einzig weiter ersichtlichen Publizitätsmittels Besitz[82] ohne die Mobiliarsicherheiten unmittelbar in ihrer Wirksamkeit zu beeinträchtigen und stellt im Ergebnis wegen der förderungswürdigen Rechtsvereinheitlichung auf europäischer Ebene eine mehr als sinnvolle Alternative zu den Erwägungen des Insolvenzgesetzreformprozesses dar. Letztendlich bleibt die Realisierung eines solchen Registers aber vor allem eine rechtspolitische Entscheidung. Sie böte allerdings zum gegenwärtigen Zeitpunkt auch die Chance, daß sich die deutschen Mobiliarkreditsicherheiten zu einem erfolgreichen Exportmodell entwickeln, wenn ihre zumindest aus rechtsvereinheitlichender Sicht größte Schwäche in Gestalt der fehlenden Publizität teilweise beseitigt wird. Denn die Liberalität der Mobiliarsicherheiten bliebe ansonsten erhalten. Und daß liberale Modelle europaweit Zuspruch erfahren können, zeigt eindrucksvoll gegenwärtig schon das Gesellschaftsrecht mit der stetig wachsenden Akzeptanz der englischen *limited private company*.[83]

C. Zusammenfassung

Die kursorische Betrachtung der alternativen Reformmöglichkeiten ergibt ein zwiespältiges Bild. Einerseits ermöglichen nur sachlichrechtliche Änderungen am Recht des Bürgerlichen Gesetzbuches selbst grundlegende Änderungen der Mobiliarkreditsicherheiten. Denn auch die Vermeidung einer Übersicherung wäre weitestgehend insolvenzkostenneutral. Auch eine Publizitätssteigerung mittels der Pflicht, Mobiliarsicherheiten in Bilanzen auszuweisen, erhöht deren Erkennbarkeit kaum. Andererseits scheint ein Mittel geeignet, den derzeitigen Mißstand, wenn man ihn als solchen begreifen will, wirksam zu beseitigen: die Errichtung eines Sicherheitenregisters. Die Gründe, die dafür streiten, sind vor allem auch, daß im Hinblick auf eine europaweit einheitliche Regelung ein deutscher Sonderweg in der Kreditsicherung gegeben ist, der auf diesem Wegen europarechtskonform ausgestaltet werden könnte – wenn die europäische Einigung ihn nicht ohnehin dereinst erzwingt. Dies alle spricht dafür, die Einführung eines Sicherheitenregisters im Zuge einer weiteren Reform der Insolvenzordnung unter besondere Prüfung zu stellen und sie nicht, wie beim Reformprozeß von KO zu InsO, von vornherein auszuklammern.[84] Nicht vernachlässigt werden dürfen bei solchen Erwägungen vor allem die möglichen Vorteile, die ein Erfolgsmodell Mobiliarkredit aus europarechtlicher Sicht mit sich bringen könnte.

---

[82] Das ein Schriftformerfordernis keine wirkliche Alternative zu diesen Publizitätsformen bildet, wurde bereits oben erörtert, siehe S. 182ff.

[83] Vgl. dazu Wachter, Auswirkungen des EuGH Urteils in Sachen Inspire Art. Ldt. auf Beratungspraxis und Gesetzgebung – Deutsche GmbH vs. Englische private limited company, GmbHR 2004, S. 88, *S. 88ff.*; Kallmeyer, Vor- und Nachteile der englischen Limited im Vergleich zur GmbH oder GmbH und Co. KG, Der Betrieb 2004, S. 636, *S. 638ff.*

[84] Vgl. MüKo InsO, *Wiegand*, Anh zu §§ 929-931 BGB, Rdnr. 42.

5. Teil: Schlußbetrachtung, wesentliche Ergebnisse und Ausblick

Die Untersuchung läßt nach alledem Aussagen über die Steuerungsfähigkeit des Mobiliarkredits vermittels eines Insolvenzgesetzes zu. Darüber hinaus kann auch festgehalten werden, in welche Richtung diese Möglichkeiten im Hinblick auf das verwobene Zusammenwirken verschiedener Regelkreise, für all die die Insolvenzordnung eine Antwort auf das wirtschaftliche Versagen eines Unternehmens geben muß, sinnvollerweise eingesetzt werden können.

A.

Die Absage der Konkursordnung an den Mobiliarkredit war weit deutlicher als die des Bürgerlichen Gesetzbuches – indessen es fehlten die Mittel, diese Absage auch durchzusetzen, weil die sachenrechtliche Eigentumsordnung einem materiellen Zivilrecht vorbehalten war, für welche zu Zeiten der Konkursordnung die Gesetzgebungskompetenz fehlte. Dies entwickelte sich zum Einfallstor des Mobiliarkredites auch in die Konkursordnung, gestattete aber zugleich im Wege wertender Betrachtung eine ergebnisorientierte Vermögenszuordnung zu erzielen. Das Bürgerliche Gesetzbuch konnte diese Zuordnung wegen des Auseinanderdriftens von formaler Eigentümerstellung und materieller Sachzuordnung nicht mehr leisten. Auch künftig wird die materielle Zuordnung einer Rechtsposition nicht vom BGB, sondern dem Insolvenzgesetz vorgegeben werden. Die Entscheidung über die Haftungsverwirklichung im Konkurs wird damit entscheidendes Kriterium zur Steuerung des Mobiliarkreditsicherungsrechtes bleiben.

B.

Die Mobiliarkreditsicherheiten tragen die Hauptschuld am zunehmenden Funktionsverlust der Konkursordnung von 1877, die schließlich zu deren vollständigem Scheitern führte. Auch die Vergleichsordnung konnte wirksame Entlastung wegen der Nichterfassung der Mobiliarkreditsicherungsgläubiger trotz des Ansatzes der Konkursvermeidung nicht bringen. Regelmäßig waren die Vermögen bereits vor dem Konkursfall durch Sicherheiten ausgehöhlt, was zu häufiger Abweisung des Antrags auf Verfahrenseröffnung mangels Masse geführt hat. Die Insolvenzordnung hat Besserung gebracht, die derzeitige Quote von etwa 50% nicht eröffneter Insolvenzverfahren kann allerdings keinesfalls als befriedigend angesehen werden. Ein Hauptziel der Insolvenzrechtsreform ist damit gescheitert; es besteht nach wie vor Reformbedarf.

Die Reformgeschichte ist dadurch gekennzeichnet, daß den harten Einschnitten der Vorgaben der Kommission für Insolvenzrecht mit jedem weiteren Schritt immer mildere Vorschläge folgten. Dies geschah nicht aus der Erkenntnis der Unvereinbarkeit bestimmter Regelungen mit höherrangigem Recht, sondern einem politisch intendierten Paradigmenwechsel weg von der Idee eines staatlich geregelten Sanierungsverfahrens hin zu einer möglichst marktkonformen Abwicklung des insolventen Schuldners und zeigt zugleich, wie erheblich der Einfluß rechtspolitischer Erwägungen auf die Gesetzespraxis ist. Die gesetzgeberischen Eingriffsmittel zur Regelung des Mobiliarkredites lassen sich dabei auf drei immergleiche Eingriffsebenen einordnen, die mit den denkbaren Eingriffen in verfassungsrechtlich geschützte Eigentumspositionen korrelieren. Möglich sind danach Eingriffe auf der Ebene der Bestellung der Sicherheiten, der Ausübung des Sicherungsrechts und der Verminderung des Substrats der Sicherheit bei Eintritt des Sicherungsfalls durch Geld- oder Sachleistung.

C.

Aus Art. 3 GG i. V. m. dem Rechtsstaatsprinzip läßt sich zunächst das institutionelle Gebot der Schaffung eines Insolvenzverfahrens ableiten; der Gesetzgeber ist verpflichtet, ein möglichst effektives Instrument für den wirtschaftlichen Zusammenbruch des Gemeinschuldners zu schaffen, wenn eine gleichmäßige Gläubigerbefriedigung anders nicht zu gewährleisten ist. Dem entspricht es nicht, wenn die Mehrzahl der Verfahren mangels Masse schon überhaupt nicht eröffnet werden können. Der Gesetzgeber muß vielmehr die Interessen der Gläubiger, also der gesicherten wie ungesicherten, in ein angemessenes Verhältnis zueinander stellen. Die Insolvenzordnung läßt allerdings Einschnitte in das Recht der Mobiliarsicherheiten nur eingeschränkt zu.

Das Rückwirkungsverbot hindert aber zunächst den Gesetzgeber nicht an einer werkgerechten Umgestaltung des Mobiliarkredites. Hier müßte nur durch geeignete Übergangsregelungen sichergestellt werden, daß eine echte Rückwirkung bzw. Rückanknüpfung von Rechtsfolgen vermieden und bei unechter Rückwirkung bzw. tatbestandlicher Rückanknüpfung dem Vertrauensschutz gesicherter Gläubiger hinreichend Rechnung getragen wird.

I.

Die dinglichen besitzlosen Sicherheiten sind verfassungsrechtlich geschütztes Eigentum im Sinne des Art. 14 GG und treten in diesem Schutz neben die gleichfalls geschützte regelmäßig zugrundeliegende Forderung. Jeder Versuch, die *par conditio creditorum* dadurch zu verwirklichen, daß lediglich auf den Forderungsschutz abgestellt wird, führt zu einer unzulässigen Verkürzung des Schutzbereiches. Die Frage um die Verfassungsmäßigkeit der Einzelregelungen ist vom materiellrechtlich ausgestalteten Eigentum geprägt. Aus ihr ergibt sich die Bedeutung des Rechts für den Eigentümer, die den Gründen der Sozialpflichtigkeit bei Einschränkungen der Rechtspositionen gegenüberzustellen sind.

Die Maßnahmen zur Steuerung des Kreditsicherungsrechts mittels Insolvenzgesetz stellen auch allesamt Eingriffe in den verfassungsrechtlichen Eigentumsschutz dar. Auch der schwerste denkbare Eingriff in Gestalt des völligen Ausschlusses der Haftungsverwirklichung eines Kreditsicherungsmittels für den Insolvenzfall ist keine Enteignung im Sinne des Art. 14 Abs. 3 GG, da der Gesetzgeber bereits mit diesem Schritt unmittelbar einem Gemeinwohlbelang zur Durchsetzung verhelfen will. Die heute häufig präferierte Neuordnung des materiellen Sachenrechts durch Insolvenzgesetz stößt allerdings dort auf insolvenzrechtsspezifische verfassungsrechtliche Bedenken, wo eine Eigentumsposition durch Unwirksamkeit im Insolvenzfall nahezu vollständig ausgehöhlt wird. Denn anders als bei der Änderung materiellen Sachenrechts wird nicht der Inhalt des Eigentums generell festgeschrieben, sondern eine vom bürgerlichen Recht anerkannte und damit auch verfassungsrechtlich geschützte Rechtsposition beschnitten. Dies führt dazu, daß bei gravierenden Eingriffen der Rechtsgedanke des Art. 14 Abs. 3 GG herangezogen werden muß, mag sich an der Charakterisierung der Maßnahme als Schrankenbestimmung des Eigentums auch nichts ändern. Die schweren Einschnitte in die Privatnützigkeit des Eigentums bei vollständiger Beseitigung der Haftungsverwirklichung des Mobiliarkredites sind von keinem Gemeinwohlbelang gedeckt. Die Überwindung der Massearmut stellt schon keinen solchen anerkennenswerten Belang dar – die Besserstellung wirtschaftlich schwächerer Kreditgeber allein rechtfertigt einen derartigen Eigentumseingriff nicht. Das Beispiel der historischen Mobiliarhypothek, die durch schlichte Nichtberücksichtigung im Konkurs ihr Ende fand, wird sich unter der Ägide des Grundgesetzes nicht wiederholen. Während sich die Erweiterungsformen des Mobiliarkredites mit ihrer grundsätzlichen Tendenz als sachferne Übersicherungsmittel wirksam mittels Insolvenzgesetz beschränken lassen und folglich auch die Abschaffung des Drittvorbehaltes mit § 449 Abs. 3 BGB verfassungskonform war, droht bei Eingriffen in die Verlängerungsformen als vertikaler Eigentumsschutz gegen den endgültigen Rechtsverlust ein Verfassungsverstoß, weil wirksam materiellrechtlich ausgestaltetes Eigentum in der Insolvenz durch vorherige Verarbeitung oder Weiterveräußerung verloren gehen kann.

Auf der Ebene der Sicherheitenverwertung tragen auch die weitergehenden Vorschläge aus der Historie des Gesetzgebungsverfahrens den Vorgaben des Art. 14 GG Rechnung. Für die Dauer eines Sanierungsversuchs kann die Wirkung der Mobiliarkreditsicherungsrechte suspendiert werden. Die Verwertungshoheit des Insolvenzverwalters beseitigt nicht nur ein lange beklagtes Manko der Konkursordnung, sondern steht auch mit Art. 14 GG in Einklang, da die Gemeinwohlbelange das Interesse der Gläubiger an rascher Sicherheitenverwertung überwiegen. Herauszuhebendes Ergebnis auf dieser Ebene ist aber, daß einer der angefeindetsten Reformansätze, der wohl auch aufgrund dieser Kritik nie Rechtswirklichkeit wurde, ohne weiteres mit Art. 14 GG in Einklang steht: Es ist möglich, auch dem einfachen Eigentumsvorbehalt nur die Absonderungskraft zuzubilligen. Denn entscheidendes Charakteristikum ist keinesfalls, daß es sich bei der Rechtsinhaberschaft des Eigentumsvorbehaltsverkäufers um zivilrechtliches Volleigentum handelt, sondern gerade die Bedeutung der Rechtsposition für den Eigentümer. Herausverlangen konnte der Verkäufer ohnehin nur, weil eine natürliche Bindung des Kreditsicherungsmittels an die Forderung besteht. Im ordnungsgemäßen Geschäftsgang aber wäre diese Eigentumsposition in der weit überwiegenden Vielzahl der Fälle ohnehin verloren. Und nicht mehr als den Wert der Sache muß die Insolvenz dann auch für den Eigentumsvorbehaltskäufer bewahren.

Der Eigentumsschutz, den die Mobiliarkreditsicherungsgläubiger genießen, setzt sich weiterhin durch bei Verfahrensbeiträgen zugunsten der Insolvenzmasse, die eine Vermögensverschiebung von gesicherten auf ungesicherte Gläubiger bezwecken. Denn weder besteht ein Gemeinwohlinteresse ausgerechnet an der Versorgung mit ungesichertem Kredit noch ein gesteigerter Drittbezug an den Kreditsicherungsmitteln selbst. Die eigentumsrechtliche Zuordnung von Produktionsmitteln und Ausgangsstoffen ist vielmehr für den allgemeinen Markt nicht relevant. Ein Verfahrensbeitrag von 25 %, wie ihn die Kommission für Insolvenzrecht vorgeschlagen hat, verletzt daher Art. 14 Abs. 1 GG. Ableiten läßt sich aus diesen Erwägungen der allgemeine Grundsatz, daß die Kreditsicherungsgläubiger nur diejenigen Kosten zu tragen haben, die durch Ermittlung und Verwertung der Sicherheit durch den Insolvenzverwalter tatsächlich entstanden sind. *De lege lata* empfiehlt sich daher, bei ersichtlichen Ausnahmefällen, in denen Feststellungskosten nicht entstanden sind, die Regelung des § 171 Abs. 2 InsO analog anzuwenden. In Erweiterung gegenwärtiger Rechtslage läßt Art. 14 GG aber zu, den Sicherungsnehmern die Sacherhaltungskosten aufzubürden, wenn nur ihretwegen eine Unternehmenssanierung nicht in Betracht kommt. Im Einklang mit Art. 14 GG hat der Gesetzgeber zwar einen Wertersatz für die Verschlechterung der Sicherheit durch Verwendung zur Masse, nicht aber Nutzungsherausgabe vorgesehen, denn als gesetzlicher Ersatz für das sonst übliche vertragliche Nutzungsentgelt genießt diese Position geringeren Schutz, weil Gewinn weit weniger als die Sachsubstanz geschützt ist. Zu begrüßen ist auch, daß nach der Insolvenzordnung der absonderungsberechtigte Gläubiger die Umsatzsteuer zu tragen hat, wie sich aus allgemeinen umsatzsteuerrechtlichen Erwägungen ergibt, die ihrerseits mit Art. 14 GG konform gehen.

II.

Die Wertung des grundrechtlichen Gleichheitssatzes des Art. 3 GG steht eigenständig neben der insolvenzspezifischen *par conditio creditorum*, ist aber bereits durch den Schutz des Mobiliarkredites durch Art. 14 GG besonders ausgestaltet. Im Rahmen der Bindung des inhalts- und schrankenbestimmenden Gesetzgebers hat der allgemeine Gleichheitssatz dann eine spezifisch eigentumsrechtliche Seite. Die Privilegierung der Mobiliarkreditsicherungsgläubiger entspricht nicht der *par conditio creditorum*, und die Steuerungsmöglichkeiten der Insolvenzordnung lassen die Verwirklichung dieser Regel wegen des Schutzes des Mobiliarkredites durch Art. 14 GG auch nicht zu. Daraus muß folgen, daß sich der Gleichheitsmaßstab des Art. 3 GG, welcher verfassungsrechtliche Vorgaben zu berücksichtigen hat und das Insolvenzrechtspostulat der gleichmäßigen Gläubigerbefriedigung widersprechen. Abhilfe ist nur dadurch möglich, daß die Mobiliarsicherheiten an der Quelle ihrer Herkunft im Bürgerlichen Recht eingeschränkt werden. Der Gesetzgeber ist allerdings wegen der milderen Anforderungen des allgemeinen verfassungsrechtlichen Gleichheitssatzes nicht verpflichtet, die Insolvenzgerechtigkeit vollständig herzustellen, sondern kann im Rahmen einer Einschätzungsprärogative auch andere Ziele über die gleichmäßige Gläubigerbefriedigung stellen, etwa um bestimmte Vorrechte wie die das des Fiskus oder der Arbeitnehmer oder eben der Mobiliarsicherungsgläubiger zu schaffen und zu erhalten. *Tertium comparationis* ist die Haftungsverwirklichung einer privatautonom begründeten Forderung im Konkurs *genus proximum* die Eigenschaft als Inhaber einer solchen Forderung. Eine Ungleichbehandlung kommt dann in zwei Richtungen in Betracht: Entweder wird der Mobiliarkreditsicherungsgläubiger zu unrecht mit dem einfachen Insolvenzverwalter gleich oder ohne sachlich rechtfertigenden Grund mit dem Immobiliarsicherungsgläubiger ungleich behandelt. Als taugliches Differenzierungskriterium kommen weder Art des Rechts - ob dinglich oder schuldrechtlich - noch das Publizitätskriterium in Betracht. Beide lassen eine trennscharfe Abgrenzung nicht zu, da sie für sich benommen nichts über die Haftungsverwirklichung in der Insolvenz aussagen, weil es sowohl schuldrechtliche wie publizitätslose Rechte gibt, die zum Beispiel zur Aussonderung berechtigen. Ohne das Für und Wider einer haftungsrechtlichen Zuordnung abschließend zu bewerten, läßt sich jedenfalls feststellen, daß das Differenzierungskriterium seinen Ursprung in einer materiell wirtschaftlichen Betrachtung finden muß, wie sie im Steuer- und Handelsbilanzrecht als „materielles Eigentum" bekannt ist, denn die ursprünglich rein dinglich-formalistische Einteilung der KO ist nicht nur durch den Mobiliarkredit überholt. Aus dieser materiellen Betrachtung, die sich auch auf die Nutzungsfunktion des Eigentums stützen läßt, ergibt sich, daß die besitzlosen Mobiliarsicherheiten nicht dem Immobiliarkredit gleichgesetzt werden müssen, sich andererseits aber eine völlige Annährung an einfache Insolvenzgläubiger gleichfalls verbietet. Im Rahmen des Gestaltungsspielraumes ist allerdings eine weitgehende Annährung an das Pfandrecht zulässig, so daß auch der Eigentumsvorbehalt mit der Sicherungsübereignung haftungsrechtlich gleichgesetzt werden kann. Auch sind Einschränkungen der Verwertungsbefugnis mit dem allgemeinen Gleichheitssatz vereinbar.

III.

Für Art. 9 GG in seiner negativ-rechtlichen Ausprägung ist durch die Reformvorschläge schon der Schutzbereich nicht eröffnet, da es an einer Zwangsmitgliedschaft fehlt. Rechtliches Gehör im Sinne des Art. 103 GG ist nicht nur dem

Schuldner, sondern auch dem Gläubiger zu gewähren, wenn durch gerichtliche Maßnahmen in dessen Rechtspositionen eingegriffen werden soll. Hierunter fallen indessen mangels Zuordnung zur richterlichen Gewalt nicht Entscheidungen einer Gläubigergemeinschaft.

D.

Wegen der verfassungsrechtlichen Grenzen, auf die gerade die insolvenzspezifische Regelung des Mobiliarkredites stößt, können strukturelle Änderungen nur im materiellen Sachenrecht selbst vorgenommen werden. Daß hier besondere Sorgfalt erforderlich ist und die Gefahr besteht, durch Eingriffe in das Privatrechtssystem und dessen zentrale Regelungsmechanismen wie Prioritätsprinzip und Gutglaubensschutz schwer überschaubare und unerwünschte Nebenwirkungen zu erzeugen, kann hingenommen werden. Denn der Verfassungsverstoß wiegt schwerer als ein Prinzipienwiderspruch.

Schon ein kursorischer Blick auf das Recht der europäischen Einzelstaaten gestattet den Schluß, daß die deutschen Mobiliarkreditsicherheiten in ihrer Liberalität und Publizitätslosigkeit einzigartig sind. Soll das Ziel einer einheitlich europäischen Insolvenz, nicht nur vermittelt durch Transformationsregelungen, Wirklichkeit werden, empfiehlt sich auch aus diesem Grund eine Reformierung des Sachenrechts des BGB.

Die konsequente Vermeidung der Möglichkeit der Übersicherung der Sicherungsnehmer stellt hingegen nur vordergründig einen effektiven Weg zur Masseanreicherung dar, die tatsächlichen Auswirkungen dürften eher gering sein.

Auch die bilanztechnische Ausweisung der Sicherheiten ist weder europarechtskonform, da der deutsche Mobiliarkredit im europäischen Umfeld einen Sonderweg darstellt. Noch kann auf diesem Weg eine nennenswerte Publizitätssteigerung erreicht werden, weil die notwendigen Informationen nur einem bestimmten Personenkreis zur Verfügung stehen und außerdem wegen der langwierigen Veröffentlichungszyklen die notwendige Aktualität nicht erreicht werden kann.

Die Chance, den Sicherungsmitteln durch eine Registerpflicht Publizität zu verleihen, ist hingegen günstig wie nie, soweit rechtspolitisch gewollt. Die notwendige Infrastruktur steht bereit, die Kosten können in überschaubarem Rahmen gehalten werden.

E.

Nach alledem stehen dem Reformdruck, der auf dem deutschen materiellen Kreditsicherungsrecht lastet, immense dogmatische und rechtstechnische Probleme mit nur schwerlich voraussehbaren ökonomischen Konsequenzen bei der Reformierung gegenüber. Wenn es gelingen soll, im Spektrum von „insgesamt geglückte[m]

Richterrecht“[1] und „hypertropher Entwicklung anonymer Sicherungsrechte“[2] mit „fast leichtfertige[r] Kreditvergabe“[3] für das Mobiliarkreditsicherungsrecht eine Linie zu finden, ist es höchste Zeit, die Diskussion unter geändertem Blickwinkel des sich vereinenden Europas und in Kenntnis der verfassungsrechtlichen Vorgaben von neuem zu beginnen. Mit dem Mittel der Registerpublizität eröffnet sich zudem eine bislang völlig unbeleuchtete Chance: Die deutschen Mobiliarkreditsicherheiten haben gerade wegen ihrer Liberalität das Potential, sich europaweit zu einem Erfolgsmodell zu entwickeln.

---

[1] Stürner, Aktuelle Probleme des Konkursrechts – Zur Neubearbeitung des *Jaeger*schen Kommentars, ZZP 94 (1981), S. 263, *S. 274*.

[2] Kilger, Der Konkurs des Konkurses, DB 1975, S. 1445, *S. 1447*.

[3] Uhlenbruck, Erfahrungen mit dem geltenden Insolvenzrecht – Eine kritische Bestandsaufnahme – BFuP 1983, S. 96, *S. 108*.

Literaturverzeichnis

Adams Wilke Mecke Hartmann Ernthropel	Gutachten aus dem Anwaltsstande über die erste Lesung des Entwurfs eines Bürgerlichen Gesetzbuchs, Berlin 1890
Amtliche Ausgabe der Motive	Motive zu dem Entwurfe eines Bürgerlichen Gesetzbuches für das Deutsche Reich, Band III, Sachenrecht, Berlin 1896
Bar, Christian von Drobnig, Ulrich	The Interaction of Contract Law and Tort and Property Law in Europe – A Comparative Study, München 2004
Baum, Harald	Von der Freiheit des Reformgesetzgebers – verfassungskonforme Behandlung der publizitätslosen Mobiliarsicherheiten im Diskussionsentwurf einer Insolvenzordnung KTS 1989, S. 553-591
Baumbach, Adolf Hueck, Alfred	GmbH-Gesetz, 17. Auflage, München 2000
Baur, Fritz	Die Naßauskiesung – oder wohin treibt der Eigentumsschutz ? NJW 1982, S. 1734-1736
ders.	Lehrbuch des Sachenrechts, 15. Auflage, München, 1989
Baur, Fritz Stürner, Rolf	Zwangsvollstreckungs-, Konkurs- und Vergleichsrecht Band II Insolvenzrecht, 12. Auflage, Heidelberg 1990 (zit.: Baur/Stürner, Zwangsvollstreckungsrecht II, *Fundstelle*)
Baur, Jürgen F. Stürner, Rolf	Sachenrecht, 17. Auflage, München 1999 (zit.: Baur/Stürner, Sachenrecht, *Fundstelle*)
Berges, August Maria	Erster Bericht der Kommission für Insolvenzrecht, BB 1986, S. 753-757
Bernstorff, Christoph Graf von	Einführung in das englische Recht, München 1996

Bettermann, Karl August	Die verfassungskonforme Auslegung, Grenzen und Gefahren, Heidelberg 1986
Binz, Fritz Hess, Harald	Der Konkurs der Insolvenzrechtsreform, Darmstadt 1987
Bleckmann, Albert	Die Struktur des Allgemeinen Gleichheitssatzes, Köln, Berlin, Bonn, München 1995
ders.	Staatsrecht II – Die Grundrechte, 4. Auflage, Münster 1996
Bley, Erich Mohrbutter, Jürgen	Vergleichsordnung, Erster Band, §§ 1-81, 4. Auflage Berlin, New York 1979
Bonomi, Andrea	Der Eigentumsvorbehalt in Österreich und Italien unter Berücksichtigung anderer europäischer Rechtssysteme, Berlin 1993
Bork, Reinhard	Einführung in das neue Insolvenzrecht 2. Auflage Tübingen 1998
Böttcher, Roland	ZVG Gesetz über die Zwangsversteigerung und die Zwangsverwaltung, 3. Auflage, München 2000
Brox, Hans	Handels- und Wertpapierrecht, 17. Auflage, München 2004
Brox, Hans Walker, Wolf-Dietrich	Besonderes Schuldrecht, 28. Auflage, München 2003 (zit. Brox/Walker, Schuldrecht BT, *Fundstelle*)
Brüning, Christoph	Die Rückwirkung von Legislativakten, NJW 1998, S. 1525-1528
Bundesministerium der Justiz	Referentenentwurf Gesetz zur Reform des Insolvenzrechts, Köln 1989
dies.	Diskussionsentwurf Gesetz zur Reform des Insolvenzrechts – Entwurf einer Insolvenzordnung, Köln 1988
Burger, Anton	Zur Leistungsfähigkeit der Insolvenzordnung (InsO), AG 2000, S. 412-418

Bülow, Peter	Der erweiterte Eigentumsvorbehalt nach der Insolvenzrechtsreform, Der Betrieb 1999, S. 2196-2199
Bydlinski, Franz	Juristische Methodenlehre und Rechtsbegriff, Wien, New York, 1983
Coing, Helmut	Europäisches Privatrecht Band I: Älteres Gemeines Recht (1500 bis 1800), München 1985
Dassler, Gerhard	Gesetz über die Zwangsversteigerung und die Zwangsverwaltung, 12. Auflage, Stuttgart, Berlin, Köln 1991
Degenhart, Christoph	Systemgerechtigkeit und Selbstbindung des Gesetzgebers als Verfassungspostulat, München 1976
Dernburg, Heinrich	Preußisches Privatrecht, zweiter Band: das Obligationsrecht und das Urheberrecht, 3. Auflage, Halle 1882
Deubner, Karl	Zurückweisung verspäteten Vorbringens und Verfassungsbeschwerde, NJW 1976, S. 2113-2114
Dorndorf, Eberhard	Kreditsicherungsrecht und Wirtschaftsordnung, Heidelberg 1986
Dreier, Horst	Grundgesetz Band I: Art. 1-19, Tübingen 1996
Drobnig, Ulrich	Empfehlen sich gesetzliche Maßnahmen zur Reform der Mobiliarsicherheiten? in: Verhandlungen des 51. Deutschen Juristentages (1976), Band 1: Gutachten, München 1976
Drukarczyk, Jochen **Duttle, Josef** **Rieger, Reinhard**	Mobiliarsicherheiten: Arten, Verbreitung, Wirksamkeit, Köln 1985
Duursma-Kepplinger, Henriette-C. **Duursma, Dieter** **Chalupski, Ernst**	Europäische Insolvenzverordnung, Wien, New York 2002
Ehricke, Ulrich	Die neue Europäische Insolvenzverordnung, JuS 2003, S. 313-320

Eickmann, Dieter — Zwangsversteigerungs- und Zwangsverwaltungsrecht 2. Auflage, München 2004

Ekkenga, Jens — Gibt es „wirtschaftliches Eigentum" im Handelsbilanzrecht? - Besprechung der Entscheidung BGH WM 1996, S. 113, ZGR 1997, S. 262-270

Emmerich, Volker — BGB – Schuldrecht Besonderer Teil, 10. Auflage, München 2003

Engelhard, Hans A. — Politische Akzente einer Insolvenzrechtsreform, ZIP 1986, S. 1287-1291

Ensthaler, Jürgen — Gemeinschaftskommentar zum Handelsgesetzbuch, 6. Auflage, Neuwied, Kriftel, Berlin 1999

Erman, Walter — Handkommentar zum Bürgerlichen Gesetzbuch, 8. Auflage, Münster 1989

ders. — Handkommentar zum Bürgerliches Gesetzbuch Band I §§ 1-811 BGB, UKlaG, 11. Auflage, Köln 2004

Eschenbach, Jürgen — Der verfassungsrechtliche Schutz des Eigentums, Berlin 1996

ders. — Die ausgleichspflichtige Inhaltsbestimmung, Jura 1998, S. 401-403

ders. — Die Enteignung, Jura 1987, S. 519-522

Fikentscher, Wolfgang — Methoden des Rechts Band IV: dogmatischer Teil, Tübingen 1977

Flume, Werner — Zur Problematik des verlängerten Eigentumsvorbehalts, NJW 1959, S. 913-922

Foerste, Ulrich — Insolvenzrecht, 2. Auflage, München 2004

Frege, Michael C. — Die Rechtstellung des Gläubigerausschusses nach der Insolvenzordnung (InsO), NZG 1999, S. 478-484

Frege, Michael C.
Keller, Ulrich
Riedel, Ernst — Handbuch der Rechtspraxis Band 3: Insolvenzrecht, 6. Auflage, München 2002

Fumi, Horst-Dieter — Voraussetzungen wirtschaftlichen Eigentums, EFG Beilage 1999, Nr. 23, S. 89-90

Gaul, Hans Friedhelm — Lex commissoria und Sicherungsübereignung, AcP 168 (1968), S. 351- 382

Ganter, Gerhard — Die ursprüngliche Übersicherung, WM 2001, S. 1-7

Geiß, Eckhard — Grundzüge der Insolvenzrechtsreform, Rpfleger 1989, S. 353-358

Gerhardt, Walter — Insolvenzordnung und Bürgerliches Gesetzbuch, AcP 200 (2000), S. 426-444

ders. — Mobiliarsicherungsrecht, 5. Auflage, München 2000 (zit.: Gerhardt, Mobiliarsachenrecht, *Seite*)

ders. — Zur Reform des Insolvenzrechts: das Anfechtungsrecht im Konkurs, ZIP 1985, S. 583-592.

Gernoth, Jan — Das deutsche Handelsregister – telekommunikative Steinzeit im Zeichen des europäischen Wettbewerbs, BB 2004, S. 837-844

Glassen, Helmut
Hahn, Helmut von
Kersten, Hans-Christian
Rieger, Harald — Frankfurter Kommentar zum Kartellrecht, 50. Lieferung, Köln 2002

Gmür, Rudolf — Das schweizerische Zivilgesetzbuch verglichen mit dem deutschen Bürgerlichen Gesetzbuch, Bern 1965

Gravenhorst, Wulf — Mobiliarsicherheiten für Darlehens- und Wartenkredite in den sechs Ländern der Europäischen Gemeinschaften, Frankfurt am Main 1972

Grochtmann, Ansgar — Art. 14 GG – Rechtsfragen der Eigentumsdogmatik, Münster 2000

Gsell, Beate — Kaufrechtsrichtlinie und Schuldrechtsmodernisierung, JZ 2001, S. 65-75

Gundlach, Ulf
Frenzel, Volkhard
Schmidt, Nikolaus — Der Anwendungsbereich der §§ 170, 171 InsO, DZWiR 2001, S. 140-144

Haas, Lothar
Medicus, Dieter
Rolland, Walter
Schäfer, Carsten
Wendtland, Holger — Das neue Schuldrecht, München 2002

Habersack, Mathias
Schürnbrand, Jan — Der Eigentumsvorbehalt nach der Schuldrechtsreform, JuS 2002, S. 833-839

Hahn, C. — Die gesammten Materialien zur Konkursordnung und dem Einführungsgesetz zu derselben vom 1. Februar 1877 sowie zu dem Gesetze, betreffend die Anfechtung von Rechtshandlungen eines Schuldners außerhalb des Konkursverfahrens, vom 21. Juli 1879, Berlin 1881
(zit.: Hahn, Konkursordnung, *Fundstelle*)

Hadding, Walter
Schneider, Uwe H. — Recht der Kreditsicherheiten in europäischen Ländern Teil II: Frankreich, Berlin 1978

dies. — Recht der Kreditsicherheiten in europäischen Ländern Teil IV: England, Berlin 1980

dies. — Recht der Kreditsicherheiten in europäischen Ländern Teil VI: Österreich, Berlin 1986

Häsemeyer, Ludwig — Insolvenzrecht, 3. Auflage, Köln, Berlin, Bonn, München 2003

Henckel, Wolfram — Die letzten Vorrechte im Insolvenzverfahren in: Festschrift für Wilhelm Uhlenbruck, Köln 2000, S. 19-31

ders. — Zur Dogmatik der besitzlosen Mobiliarsicherheiten in: Festschrift für Albrecht Zeuner, Tübingen 1994, S. 193-218

ders. — Grenzen der Vermögenshaftung, JuS 1985, S. 836-842

Hess, Harald — Kommentar zur Konkursordnung, 6. Auflage, Neuwied, Kriftel 1998

ders. — Kommentar zur Konkursordnung, 5. Auflage, Neuwied, Kriftel 1995 (zit.: Hess, 5. Auflage, *Bearbeiter*, *Fundstelle*)

ders. — Kommentar zur Insolvenzordnung, Band 2 InsVV und EGInsO, 1. Auflage, Neuwied, Kriftel 1999

Hess, Harald; Boochs, Wolfgang; Weis, Michaela — Steuerrecht in der Insolvenz, Neuwied/Kriftel/Berlin 1996

Heß, Burkhard — Das neue Schuldrecht – In-Kraft-Treten und Übergangsregelungen, NJW 2002, S. 253-260

Heß, Rainer — Miteigentum der Vorbehaltslieferanten und Poolbildung, Berlin 1985

Heussen, Benno — Handbuch Vertragsverhandlung und Vertragsmanagement, 2. Auflage, Köln 2002

Heyer, Hans-Ulrich — Restschuldbefreiung im Insolvenzverfahren, Baden-Baden 2004

Hilgers, Petra — Besitzlose Mobiliarsicherheiten im Absonderungsverfahren unter besonderer Berücksichtigung der Verwertungsprobleme – Ein Vergleich des geltenden Konkursrechts mit der im Regierungsentwurf geplanten Insolvenzordnung, Frankfurt a. M., Berlin, Bern, New York, Paris, Wien 1994

Hofmann, Werner — Zur Geschichte der Reform des Insolvenzrechts, DRiZ 1994, S. 411-417

Hromadka, Wolfgang — Die Entwicklung des Faustpfandprinzips im 18. und 19. Jahrhundert, Köln, Wien 1971

Huber, Peter — Die Europäische Insolvenzverordnung, EuZW 2002, S. 490-496

ders.	Internationales Insolvenzrecht in Europa – Das internationale Privat- und Verfahrensrecht der Europäischen Insolvenzverordnung, ZZP 114 (2001), S. 133-166
Hübschmann, Walter Hepp, Ernst Spitaler, Armin	Kommentar zur Abgabenordnung und zur Finanzgerichtsordnung, 10. Auflage, Köln 1995
Hueck, Götz	Der Grundsatz der gleichmäßigen Behandlung im Privatrecht, München und Berlin 1958
Hundt-Eßwein, Hans Ulrich Schumann, Helmut	Umsatzsteuergesetz, 2. Auflage, Heidelberg 1998
Huntemann, Eva Maria Brockdorff, Christian Graf	Der Gläubiger im Insolvenzverfahren, 1. Auflage, Berlin, New York, 1999
Huth, Vera	Kreditsicherungsrecht im Lichte der neuen Insolvenzordnung, Frankfurt am Main 2000
Hüttemann, Rainer	BB-Gesetzgebungsreport: Internationalisierung des deutschen Handelsbilanzrechts im Entwurf des Bilanzrechtsreformgesetzes, BB 2004, S. 203- 209
Isensee, Josef Kirchhof, Paul	Handbuch des Staatsrechts der Bundesrepublik Deutschland Band V: Allgemeine Grundrechtslehren, 2. Auflage, Heidelberg 2000
Jaeger, Ernst	Konkursordnung, 1. Auflage, Berlin 1902 (zit.: Jaeger, KO 1902, *Fundstelle*)
ders.	Konkursordnung, 2. Auflage, Berlin 1904 (zit.: Jaeger, KO 1904, *Fundstelle*)
ders.	Konkursordnung, 8. Auflage, Berlin 1958 (zit.: Jaeger, *Fundstelle*)

ders. — Lehrbuch des Deutschen Konkursrechts, 8. Auflage, Berlin und Leipzig 1932
(zit. Jaeger, Lehrbuch des Deutschen Konkursrechts, *Fundstelle*)

Jarass, Hans D.
Pieroth, Bodo — Grundgesetz für die Bundesrepublik Deutschland, 6. Auflage, München 2002

Jauernig, Othmar — Zwangsvollstreckungs- und Insolvenzrecht, 21. Auflage, München 1999

ders. — Versuch, einige Dunkelheiten der Insolvenzordnung aufzuhellen in: Festschrift für Wilhelm Uhlenbruck, Köln 2000, S. 3-17

ders. — Bürgerliches Gesetzbuch, 11. Auflage, München 2004

Kaduk, Hubert — Eigentumsvorbehalt und Globalzession als konkurrierende Gläubigerrechte in: Festschrift für Karl Larenz, München 1973

Kajüter, Peter — Berichterstattung über Chancen und Risiken im Lagebericht – Auswirkungen des Referentenentwurfs für das Bilanzrechtsreformgesetz, BB 2004, S. 427-433

Kilger, Joachim — Der Konkurs des Konkurses, Der Betrieb 1975, S. 1445-1449

ders. — Der Konkurs des Konkurses, KTS 1975, S. 142-166

Kilger, Joachim
Schmidt, Karsten — Konkursordnung, 16. Auflage, München 1993

Kimms, Frank
Schlünder, Irene — Verfassungsrecht II: Grundrechte, München 1993

Kirchhof, Hans-Peter
Lwowski, Hans-Jürgen
Stürner, Rolf — Münchener Kommentar zur Insolvenzordnung Band 1, München 2001
(zit.: MüKo InsO, *Bearbeiter*, *Fundstelle*)

dies.	Münchener Kommentar zur Insolvenzordnung Band 2, München 2002 (zit.: MüKo InsO, *Bearbeiter, Fundstelle*)
dies.	Münchener Kommentar zur Insolvenzordnung Band 3, München 2003 (zit.: MüKo InsO, *Bearbeiter, Fundstelle*)
Kirchhof, Hans-Peter	Zwei Jahre Insolvenzordnung – ein Rückblick, ZInsO 2001, S. 1-13
Klees, Andreas	Der Direktleitungsbau im deutschen und europäischen Wettbewerbsrecht, Stuttgart 2001
Kohler, Joseph	Lehrbuch des Konkursrechtes, 1. Auflage, Stuttgart 1891
Kommission für Insolvenzrecht	Erster Bericht der Kommission für Insolvenzrecht, Köln 1985
dies.	Zweiter Bericht der Kommission für Insolvenzrecht, Köln 1986
Komo, Emil Seelig, Manfred Stech, Lorenz C.	Thesen zu einer Reform des Insolvenzrechtes, BB 1982, S. 1453-1455
König, Rainer	Rechtsstaatsprinzip und Gleichheitssatz in der Zwangsvollstreckung, Tübingen 1985
Körner, Werner Weiken, Heinz	Wirtschaftliches Eigentum nach § 5 Abs. 1 Satz. 1 EStG, BB 1992, S. 1033-1042
Kötz, Hein Schäfer, Hans-Bernd	Judex oeconomicus, Tübingen 2003
Kraushaar, Bernhard	Was wird aus den Sozialplänen im Konkurs?, Der Betrieb 1984, S. 346-350
Kuhn, Georg Mentzel, Franz	Konkursordnung, 7. Auflage, Berlin und Frankfurt 1962

Kupisch, Berthold — Schuldrechtsreform und Kunst der Gesetzgebung, NJW 2002, S. 1401-1402

Larenz, Karl — Methodenlehre der Rechtswissenschaften, 3. Auflage, Berlin, Heidelberg, New York, London, Paris, Tokyo, Hong Kong, Barcelona, Budapest 1995

Larenz, Karl
Wolf, Manfred — Allgemeiner Teil des Bürgerlichen Rechts, 8. Auflage, München 1997

Landferman, Hans-Georg — Die Rechtstellung der dinglich gesicherten Gläubiger im künftigen Insolvenzverfahren, KTS 1987, S. 381-409

ders. — Allgemeine Wirkungen der Insolvenzeröffnung in: Kölner Schriften zur Insolvenzordnung, 2. Auflage, Herne/Berlin 2000, S. 159-192

Leisner, Walter — Sozialbindung des Eigentums, Berlin 1972 (zit.: Leisner, Sozialbindung des Eigentums, *Seite*)

ders. — Grundrechte und Privatrecht, München 1966 (zit.: Leisner, Grundrechte und Privatrecht, *Seite*)

Lepa, Brita — Insolvenzordnung und Verfassungsrecht, Berlin 2002

Leske, Franz — Vergleichende Darstellung des Bürgerlichen Gesetzbuches für das Deutsche Reich und des Preußischen Allgemeinen Landrechts, 1. Auflage, Berlin 1900

Levy, Leopold — Konkursrecht, 2. Auflage, Berlin 1926

Lüke, Gerhard
Wax, Peter — Münchener Kommentar zur Zivilprozeßordnung Band 2: §§ 355-802, 2. Auflage, München 2000 (zit.: MüKo ZPO, *Bearbeite*, *Fundstelle*)

dies. — Münchener Kommentar zur Zivilprozeßordnung Band 3: §§ 803-1066, 2. Auflage, München 2001 (zit.: MüKo ZPO, *Bearbeiter*, *Fundstelle*)

Maintzer, Hermann Josef — Die Gewährung rechtlichen Gehörs im Rahmen des Konkursverfahrens, KTS 1985, S. 617-626

Mangoldt, Hermann von **Klein, Friedrich**	Das Bonner Grundgesetz, 4. Auflage, München 1999
Marotzke, Wolfgang	Marktkonformität und Gläubigergleichbehandlung in der vorläufigen Insolvenzverwaltung, ZInsO 2004, S. 113-187
Maunz, Theodor **Düring, Günter**	Grundgesetz Band II, Art. 6-16a, 43. Lieferung, Februar 2004
dies.	Grundgesetz Band IV, Art. 70-99, 43. Lieferung, Februar 2004
Maunz, Theodor **Zippelius, Reinhold**	Deutsches Staatsrecht, 30. Auflage, München 1998
Maurer, Hartmut	Staatsrecht I, 2. Auflage, München 2001
Medicus, Dieter	Bürgerliches Recht, 17. Auflage Köln, Berlin, Bonn 1996
Meilicke, Wienand	Die Kapitalaufbringungsvorschriften als Sanierungsbremse - Ist die deutsche Interpretation des § 27 Abs. 2 AktG richtlinienkonform? (Teil I), Der Betrieb 1989, S. 1067-1075
ders.	Die Kapitalaufbringungsvorschriften als Sanierungsbremse - Ist die deutsche Interpretation des § 27 Abs. 2 AktG richtlinienkonform? (Teil II), Der Betrieb 1989, S. 1119-1124
Möller, Johannes **Rühmaier, Alfred**	Die Bedeutung der Grundrechte für die verfassungsrechtlichen Anforderungen an rückwirkende Gesetze, NJW 1999, S. 908-911
Motive zum Bürgerlichen Gesetzbuch	Band I, Allgemeiner Theil, Berlin und Leipzig 1888
Mülbert, Peter O.	Das inexistente Anwartschaftsrecht und seine Alternativen, AcP 202 (2002), S. 912-950.

Mühl, Otto | Sicherungsübereignung, Sicherungsabrede und Sicherungszweck in: Festschrift für Rolf Serick, Heidelberg 1992

Münch, Ingo v. Kunig, Philip | Grundgesetzkommentar Band 1: Art. 1-19 GG, 4. Auflage, Berlin 1999

Mugdan, Benno Hahn, Carl | Die gesamten Materialien zu den Reichs-Justizgesetzen, Band 4: Konkursordnung, Berlin 1881

Mugdan, Benno | Die gesammten Materialien zum bürgerlichen Gesetzbuch für das Deutsche Reich, III. Band: Sachenrecht, Berlin 1899

Murswiek, Dietrich | Grundfälle zur Vereinigungsfreiheit – Art. 9 I, II GG, JuS 1992, S. 116-122

Nickel-Schweizer, Gaby | Rechtsvergleichender Beitrag zum fiduziarischen Eigentum in Deutschland und der Schweiz, Basel und Stuttgart 1977

Niesert, Burkhard | Das Recht der Aussonderung und Absonderung nach der neuen Insolvenzordnung Teil II, InVo 1998, S. 141-147

Obermüller, Manfred | Auswirkungen der Insolvenzrechtsreform auf Kreditgeschäft und Kreditsicherheiten Teil II, WM 1994, S. 1869-1875

Oechsler, Jürgen | Schuldrecht Besonderer Teil, Vertragsrecht, München 2003

Ossenbühl, Fritz | Staatshaftungsrecht, 5. Auflage, München 1998

ders. | Abschied von enteignungsgleichen Eingriff?, NJW 1983, S. 1-6

Ostheimer, Dieter | Neues Insolvenzrecht in Sicht, FLF 1989, S. 136-138

Pagenstecher, Max Grimm, Max | Der Konkurs, 4. Auflage, München 1968

Palandt, Otto | Bürgerliches Gesetzbuch, 63. Auflage, München 2004

Pape, Gerhard	Die Insolvenzordnung ist in Kraft getreten, NJW 1999, S. 29-32
ders.	Aktuelle Entwicklungstendenzen der Rechtsprechung zur Gesamtvollstreckungsordnung, DTZ 1997, S. 2-15
Pape, Gerhard Uhlenbruck, Wilhelm	Insolvenzrecht, 1. Auflage, München 2002
Paulus, Christoph G.	Die Insolvenzrechtsreform und der Schutz gesicherter Gläubiger unter Berücksichtigung der adequate protection des amerikanischen Bankruptcy Reform Act, ZIP 1985, S. 1449-1460
ders.	Verbindungslinien zwischen Insolvenzrecht und Privatautonomie in: Festschrift für Uhlenbruck, Köln 2000, S. 33-48
ders.	Grundfragen des Kreditsicherungsrechts, JuS 1995, S. 185-192
Peine, Franz-Joseph	Systemgerechtigkeit, Die Selbstbindung des Gesetzgebers als Maßstab der Normenkontrolle, Baden-Baden 1985
Pick, Eckhart	Die (neue) Insolvenzordnung - Ein Überblick, NJW 1995 S. 992-997
Pieroth, Bodo Schlink, Bernhard	Grundrechte Staatsrecht II, 18. Auflage, Heidelberg 2002
Pietzcker, Jost	Zu den Voraussetzungen des Anspruchs auf Gleichbehandlung nach Art. 3 I GG, JZ 1989, S. 305-310
Prütting, Hanns	Allgemeine Verfahrensgrundsätze der Insolvenzordnung in: Kölner Schriften zur Insolvenzordnung, 2. Auflage, Herne/Berlin 2000, S. 221-247
Rebmann, Kurt Säcker, Franz Jürgen Rixecker, Roland	Münchener Kommentar zum Bürgerlichen Gesetzbuch, Band 6 Sachenrecht, §§ 854-1296, WEG, ErbbauVO, SachenRBerG, SchuldRAndG, 4. Auflage, München 2004
dies.	Münchener Kommentar zum Bürgerlichen Gesetzbuch, Band 2a Schuldrecht §§ 241-432, 4. Auflage, München 2003

Reifner, Udo — Handbuch des Kreditrechts - Verbraucherkredit und Realkredit, München 1991

Reinicke, Dietrich
Tiedtke, Klaus — Kreditsicherung durch Schuldbeitritt, Bürgschaft, Patronatserklärung, Garantie, Sicherungsübereignung, Sicherungsabtretung, Eigentumsvorbehalt, Pool-Vereinbarungen, Pfandrecht an beweglichen Sachen und Rechten, Hypothek und Grundschuld, 4. Auflage,
Neuwied und Kriftel 2000
(zit.: Reinicke/Tiedtke, Kreditsicherung, *Fundstelle*)

RGRK — Das Bürgerliche Gesetzbuch mit besonderer Berücksichtigung der Rechtsprechung des Reichsgerichts und des Bundesgerichtshofs, Band III, 3. Teil, §§ 1204-1296, WEG, 12. Auflage, Berlin, New York 1996

Roller, Gerhard — Enteignung, ausgleichspflichtige Inhaltsbestimmung und salvatorische Klauseln - Eine Bestandsaufnahme im Lichte der neuen Judikatur des BVerfG, NJW 2001, S. 1003-1009

Rott, Thilo — Vereinheitlichung des Rechts der Mobiliarsicherheiten, Tübingen 2000

Rudolph, Kurt — Die Bindungen des Eigentums - Eine rechtsvergleichende Studie, Tübingen 1960

Rüfner, Wolfgang — Der Allgemeine Gleichheitssatz als Differenzierungsgebot in: Festschrift für Martin Kriele, 1997, S. 271-279

ders. — Enteignungsbegriff, Junktim und salvatorische Klauseln in: Festschrift für Karlheinz Boujong, München 1996,
S. 643-653

Rühl, Helmut — Eigentumsvorbehalt und Abzahlungsgeschäft einschließlich des Rechts der Teilzahlungsfinanzierung, Berlin 1930

Schäfer, Hans-Bernd
Ott, Claus — Lehrbuch der ökonomischen Analyse des Zivilrechts,
3. Auflage, Berlin u. a. 2000

Salje, Peter — Ökonomische Analyse des Rechts aus deutscher Sicht, Rechtstheorie 15 (1984), S. 277-312

Schenke, Wolf-Rüdiger	Entschädigungsansprüche bei legislativem Unrecht unter dem Aspekt des enteignungsgleichen Eingriffs, NJW 1988, S. 857-864
Schildbach, Thomas	Sicherheiten versus par condition creditorum - Eine betriebswirtschaftliche Analyse im Zusammenhang mit der Insolvenzrechtsreform, BB 1983, S. 2129-2136
Schmalz, Dieter	Grundrechte, 4. Auflage, Baden-Baden 2001
Schmidt, Karsten	Handelsrecht, 5. Auflage, Köln, Berlin, Bonn, München 1999 (zit.: Schmidt, Handelsrecht, *Fundstelle*)
ders.	Münchener Kommentar zum HGB, Band 4, Drittes Buch, Handelsbücher, §§ 238-342a HGB, 1. Auflage, München 2001 (zit.: MüKo HGB, *Bearbeiter, Fundstelle*)
ders.	Institutionen eines künftigen Insolvenzrechts der Unternehmen, ZIP 1985, S. 713-724
Schmidt-Räntsch, Ruth	Insolvenzordnung mit Einführungsgesetz, Erläuterung anhand der Materialien, 1. Auflage, Köln 1995
Schnorbus, York	Der Konzernvorbehalt in Vertrag und Geschäftsbedingungen, BB 1995, S. 2225-2233
Schoch, Friedrich	Rechtliche Konsequenzen der neuen Eigentumsdogmatik für die Entschädigungsrechtsprechung des BGH in: Festschrift für Karlheinz Boujong, München 1996, S. 655-672
Scholz, Hellmut **Lwowski, Hans-Jürgen**	Das Recht der Kreditsicherung, 6. Auflage, Hamburg 1986
Scholz, Oliver	Die Einführung elektronischer Handelsregister im Europarecht, EuZW 2004, S. 172-176
Schulze, Götz **Kienle, Florian**	Der Kauf unter Eigentumsvorbehalt - eine Kehrtwende des Gesetzgebers?, NJW 2002, S. 2842-2844

Schwab, Karl
Prütting, Hanns — Sachenrecht, 30. Auflage, München 2002

Schwab, Martin — Übersicherung und Sicherheitenfreigabe - BGH, NJW 1998, 671, JuS 1999, S. 740-746

Schwabe, Jürgen — Die Enteignung in der neueren Rechtsprechung des Bundesverfassungsgerichts, JZ 1983, S. 273-279

Schwerdtfeger, Gunther — Öffentliches Recht in der Fallbearbeitung, 11. Auflage, München 2003

ders. — Die dogmatische Struktur der Eigentumsgarantie, Berlin, New York 1983
(zit.: Schwerdtfeger, Die dogmatische Struktur der Eigentumsgarantie, *Seite*)

Seibert, Ulrich — Der Online-Abruf aus dem Handelsregister kommt! Verkündung des Gesetzes über elektronische Register- und Justizkosten für Telekommunikation, BB 2001, S. 2494-2496

Seif, Ulrike — Der Bestandsschutz besitzloser Mobiliarsicherheiten im deutschen und englischen Recht, Tübingen 1997

Seifert, Karl Heinz
Hömig, Dieter — Grundgesetz für die Bundesrepublik Deutschland, 7. Auflage, Baden-Baden 2003

Serick, Rolf — Eigentumsvorbehalt und Sicherungsübertragung Band 1: Der Einfache Eigentumsvorbehalt, Heidelberg 1963

ders. — Eigentumsvorbehalt und Sicherungsübertragung Band 5: Verlängerungs- und Erweiterungsformen des Eigentumsvorbehaltes und der Sicherungsübertragung - Zweiter und Dritter Teil, Heidelberg 1982

ders. — Eigentumsvorbehalt und Sicherungsübertragung Band 6: Verlängerungs- und Erweiterungsformen des Eigentumsvorbehaltes und der Sicherungsübertragung - Dritter Teil, Heidelberg 1986

ders.	Die Insolvenzrechtsreform aus der Sicht der Wissenschaft, BB 1985, S. 220-2204
ders.	Mobiliarsicherheiten im Diskussionsentwurf zur Reform des Insolvenzrechts – Möglichkeiten der Enteignung von Vorbehaltslieferanten zum Nulltarif, ZIP 1989, S. 409-421
ders.	Die Mobiliarsicherheiten im Referentenentwurf zur Insolvenzrechtsreform, BB 1990, S. 861-866
Seuffert, Walter	Verfassungsrechtliche Fragen zu den Reformvorschlägen der Kommission für Insolvenzrecht, ZIP 1986, S. 1157-1165
Simitis, Konstantin	Das besitzlose Pfandrecht, eine rechtsvergleichende Untersuchung, AcP 171 (1971), S. 94-154
Simon, Thomas	„Grundrechtstotalitarismus" oder „Selbstbehauptung des Zivilrechts"? Wie läßt sich eine Begrenzung der deliktischen Haftung Minderjähriger rechtlich begründen?, AcP 204 (2004), S. 264-293
Smid, Stefan	Grundzüge des Insolvenzrechts, 4. Auflage, München 2002
ders.	Insolvenzordnung, 2. Auflage, Stuttgart 2001
ders.	Das neue Insolvenzrecht/Probleme, Widersprüche, Chancen, Im Blickpunkt: Haftung und Sanierung, BB 1999, S. 1- 7
Soergel, Hs. Th.	Bürgerliches Gesetzbuch, Sachenrecht 3: §§ 1018-1296, Stuttgart, Berlin, Köln, Mainz 2001
Spinti, Henning	Die Ansprüche aus Sozialplan (§ 112 BertVG 72) und Nachteilsausgleich (§ 113 BetrVG 72) bei Insolvenz des Arbeitgebers, Berlin 1989
Stammler, Rudolf	Das gesamte Deutsche Recht, Zweiter Band, Berlin 1935
Starck, Christian	Das Bonner Grundgesetz: Kommentar Bd. 1 Präambel, Art. 1 – 19, 4. Auflage, München 1999 (zit.: BK, *Bearbeiter*, *Fundstelle*)

Staudinger, Julius von — Kommentar zum Bürgerlichen Gesetzbuch, Zweites Buch: Recht der Schuldverhältnisse: §§ 397-432, 13. Auflage, Berlin 1999

ders. — Kommentar zum Bürgerlichen Gesetzbuch, Zweites Buch: Recht der Schuldverhältnisse: §§ 433-487; Leasing, Neubearbeitung 2004, Berlin 2004

ders. — Kommentar zum Bürgerlichen Gesetzbuch Drittes Buch: Sachenrecht, §§ 925-984; Anhang zu §§ 929ff: Sonderformen der Übereignung, 13. Auflage, Berlin 1995

ders. — Kommentar zum Bürgerlichen Gesetzbuch Drittes Buch: Sachenrecht §§ 1204-1296; §§ 1-84 SchiffsRG, 14. Bearbeitung, Berlin 2002

Stern, Klaus — Insolvenzrechtsreform und verfassungsrechtlicher Schutz der Mobiliarsicherungsgläubiger in: Festschrift für Herbert Hellmrich, München 1994, S. 737-754

Sürner, Rolf — Aktuelle Probleme des Konkursrechts – Zur Neubearbeitung des *Jaeger*schen Kommentars, ZZP 94 (1981), S. 263-310

Thomas, Heinz
Putzo, Hans — Zivilprozessordnung, 25. Auflage, München 2003

Uhlenbruck, Wilhelm — Das neue Insolvenzrecht, 1. Auflage, Berlin 1994 (zit.: Uhlenbruck, Das neue Insolvenzrecht, *Seite*)

ders. — Insolvenzordnung, 12. Auflage, München 2003 (zit.: Uhlenbruck, InsO, *Bearbeiter*, *Fundstelle*)

ders. — Zum Diskussionsentwurf eines Gesetzes zur Reform des Insolvenzrechts, ZRP 1988, S. 471-475

ders. — Das rechtliche Gehör im Konkurseröffnungsverfahren in: Festschrift für Gottfried Baumgärtel, Köln, Berlin, Bonn München 1990, S. 569-583

ders. — Die Insolvenzordnung – ein Jahrhundertgesetz?, NJW 2000, S. 1386-1387

ders.	Erfahrungen mit dem geltenden Insolvenzrecht – Eine kritische Bestandsaufnahme, BFuP 1983, S. 96-111
ders.	Zur Krise des Insolvenzrechts, NJW 1975, S. 897-903
Vallender, Heinz	5 Jahre Insolvenzordnung – Bewährungsprobe weitgehend bestanden, NZI 2004, S. 17-18
ders.	Reparatur- und Verschönerungsarbeiten auf der „Baustelle Insolvenzordnung" schreiten voran, NJW 2003, S. 3605-3606
Vieweg, Klaus Werner, Almuth	Sachenrecht, Köln, Berlin, Bonn, München 2003
Walter, Gerhard	Handbuch des Schuldrechts, Band 6 Kaufrecht, Tübingen 1987
Wassermann, Rudolf	Kommentar zum Grundgesetz für die Bundesrepublik Deutschland in zwei Bänden, Reihe Alternativkommentare, 2. Auflage, Darmstadt 1989
Weber, Hansjörg	Kreditsicherheiten, Recht der Sicherungsgeschäfte, 7. Auflage, München 2002
Weber, Herrmann	Verfassungsrechtliche Grenzen für Enteignung und Inhaltsbestimmung des Eigentums, JuS 1982, S. 852-856
Weber, Friedrich	Ziele und Wege der Insolvenzrechtsreform in: Festschrift Einhundert Jahre Konkursordnung 1877-1977, Köln, Berlin, Bonn, München 1977
Welbers, Hartwig	Vollstreckungsrechtliches Prioritätsprinzip und verfassungsrechtlicher Gleichheitssatz, Düsseldorf 1991
Wellensiek, Jobst	Ein Jahr Insolvenzordnung – Erste Praxiserfahrungen mit dem neuen Recht, BB 2000, S. 1-8
Westermann, Harry	Sachenrecht, 7. Auflage, Heidelberg 1998
Wiegand, Wolfgang	Übersicherung und Freigabeanspruch, NJW 1995, S. 2513-2521

Wilmowsky, Peter von	Europäisches Kreditsicherungsrecht, Tübingen 1996
Wimmer, Klaus	Frankfurter Kommentar zur Insolvenzordnung, 3. Auflage, Neuwied, Kriftel 2002
Windel, Peter A.	Die Insolvenzordnung – Reform im Banner von Masseanreicherung, Unternehmenssanierung und Schuldbefreiung, Jura 1999, S. 1-10
Wittig, Peter	Der Erwerb von Eigentum und das Grundgesetz, NJW 1967, S. 2185-2188
Wolf, Christian	Die institutionelle Schiedsgerichtsbarkeit, München 1992
ders.	Die faktische Grundrechtsbeeinträchtigung als Systematisierungsmethode der Begleitfreiheiten nach dem EG-Vertrag, JZ 1994, S. 1151-1159
Wolf, Christian Lange, Sonja	Der praktische Fall – Bürgerliches Recht: Die Pfändung von Anwartschaftsrechten, JuS 2003, S. 1180-1187
Wolf, Christian Müller, Christian	Nebenpflichtenkanon bei der Forderungspfändung (BGH, NJW 2004, 954), NJW 2004, S. 1775-1780
Wolf, Manfred	Sachenrecht, 21. Auflage, München 2005 (zit.: Wolf, Sachenrecht, *Fundstelle*)
Wolff, Martin Raiser, Ludwig	Sachenrecht, 10. Bearbeitung, Tübingen 1957
Zimmermann, Reinhard	Schuldrechtsmodernisierung?, JZ 2001, S. 161-171

Kolibri 360 GmbH
Ferdinand-Jühlke-Straße 7
99095 Erfurt, Deutschland
produktsicherheit@kolibri360.de

Druck:
CPI Druckdienstleistungen GmbH
im Auftrag der
Kolibri 360 GmbH
Ferdinand-Jühlke-Str. 7
99095 Erfurt